사
유
재
산
의
 정
치
철
학

사유재산의 정치철학

: 이론, 신화 그리고 정치

초판 1쇄 발행 2022년 11월 30일
초판 2쇄 발행 2023년 10월 30일

지은이 김비환
펴낸이 유지범
책임편집 신철호
외주디자인 아베끄
편 집 현상철·구남희
마케팅 박정수·김지현

펴낸곳 성균관대학교 출판부
등록 1975년 5월 21일 제1975-9호
주소 03063 서울특별시 종로구 성균관로 25-2
대표전화 02)760-1253~4
팩시밀리 02)762-7452
홈페이지 press.skku.edu

ISBN 979-11-5550-563-2 93340

• 잘못된 책은 구입한 곳에서 교환해 드립니다.

Aristoteles

Locke

Kant

Hegel

Hume

Bentham

Mill

Rawls

이론, 신화 그리고 정치

사유재산의 정치철학

김비환 지음

성균관대학교
출판부

책머리에

왜 새삼스럽게 사유재산인가? 19·20세기와는 달리 무정부주의와 사회주의가 그다지 큰 위협이 되지 않고 있는 시대에, 더구나 대한민국처럼 사유재산제에 기반을 둔 자본주의가 번영을 구가하고 있는 곳에서, 굳이 사유재산이란 주제에 관심을 가질 필요가 있는가? 그저 사유재산을 유지·증식하고, 그것을 활용하며 우리가 원하는 삶을 살면 되지 않는가?

이런 의문은 타당하다. 우리는 태어나 성장하고, 가정과 사회 그리고 국가에서의 생활을 영위하는 모든 과정에서 재산과 함께 한다. 심지어 죽음이 임박한 순간에도 누구에게 재산을 남길 것인가를 두고 고민하며 무덤에 묻힐 때에도 재산의 도움을 받는다. 이처럼 자연스러운 삶의 일부가 된 재산을 주제로 책을 쓰는 것은 한가한 지적 놀음으로 비치기 쉽다.

사유재산제가 세계 도처에서 기본적인 사회제도로 자리 잡아가고 있는 현실은 그것의 보편적인 매력과 정당성을 입증해준다. 사유재산제의 우월성에 대해 정치인들과 일반인들이 공유하고 있는 믿음은 사유재산제의 현실적 성공을 반영하면서도, 사유재산제의 장기적인 존속을 보장해주고 있다.

하지만 사유재산제의 현실적 성공이 사유재산제가 완벽한 소유체제라는 것을 의미하는가? 사유재산제가 공산주의체제보다 우월하다는 평가가 그것이 결함이 없는 체제임을 말해주는가? 19세기 영국 사회에 대해 밀(J. S. Mill)이 냉정히 평가했던 것처럼, 사유재산제에 기반을 둔 자본주의체제는 많은 사람들에게 견디기 어려운 고통과 비참함을 안겨주었다. 공산주의 사상과 운동이 등장한 것은 바로 이와 같은 배경에서였다. 밀은 사유재산제가 공정하게 실천된 적이 없었

다는 이유로 사회주의의 전면적인 실험 대신 사유재산제를 개혁하는 길을 택했다

  21세기 대한민국에서도 자본주의는 갖가지 사회악들을 낳고 있다. 부와 자산의 양극화, 빈곤의 대물림, 사회적 갈등과 분열의 심화, 민주주의의 형해화 등 거대한 난제들을 야기하고 있다. 사유재산의 정당성과 자본주의의 외형적 성공이 이런 거악들까지 정당화시켜주지는 않는다. 2011년 9월 월가에 울려 퍼진 "월가를 점령하라!"는 구호가 순식간에 지구촌을 휩쓸었던 것처럼, "99프로 대 1프로"의 왜곡된 소유구조는 다른 체제에 대한 열망을 불 지필 수 있다. 사유재산제에 대한 맹목적인 옹호가 바람직하지 않은 이유다. 사유재산제의 현실적 성공에 도취되어 왜곡된 사유재산제가 야기하는 고통과 비참함을 외면한다면, 언젠가 그에 대한 불신과 분노가 체제의 안정성을 순식간에 뒤흔들어버릴지도 모른다.

  사유재산은 개인의 자아실현과 번영 그리고 사회의 일반적 이익을 증진하는 데 반드시 필요하다. 하지만 바로 그런 이유 때문에 현명하게 제도화하고 적절히 규제할 필요가 있다. 단순히 말해, 개인에게 사유재산이 필요하다면 특별한 개인들에게만 필요한 것이 아니라 모든 개인들에게 필요하다. 사람들의 타고난 운, 노력, 능력, 그리고 업적의 차이로 인한 불평등은 불가피할 뿐만 아니라 정당한 측면이 있다. 그럼에도 많은 사람들을 큰 고통과 절망에 빠트릴 정도의 불평등은 사회의 일반이익에 반할 뿐만 아니라, 적지 않은 사람들의 자아실현과 번영을 좌절시킴으로써 사유재산제의 도입 취지를 무색케 해버린다.

  2022년 여름 대한민국의 수도권을 강타한 기록적인 폭우는 왜곡된 소유구조의 어두운 단면을 들춰냈다. 서울의 신림동 반지하 빌라

에 살고 있던 한 가족 세 명이 빗물에 잠겨 사망한 것이다. 영화 '기생충'이 오스카상을 휩쓸고, BTS와 블랙핑크 등 K-팝이 전 세계의 대중음악계를 호령하며, K-푸드와 패션이 전 세계인들의 이목을 사로잡고, 우주 발사체 누리호와 KF-21 전투기 개발 성공이 대한민국의 위상을 급격히 끌어올리고 있던 차에, 전 세계에 타전된 이 뉴스는 우리 국민들에게 적지 않은 충격과 부끄러움을 안겨주었다. 이 비극은 왜곡된 소유구조가 단순히 경제적인 문제에 그치는 것이 아니라 훨씬 더 광범위한 영향을 미친다는 것, 즉 자산가들의 삶은 안전하고, 풍요롭고, 자유로우며, 여유가 넘치는 반면, 빈곤한 사람들의 삶은 취약하고, 무력하며, 부자유하고, 초라하며, 고립되고, 오명을 얻기 쉽다는 사실을 보여주었다.

사유재산권은 도덕적으로 정당화되어야 하고 대중적 지지를 받아야 한다. 대다수 사회구성원들이 사유재산제의 필요성과 정당성을 확신해야만 자본주의체제의 장기적 안정성이 담보될 수 있다. 그렇지만 사유재산권의 정당성에 대한 사회구성원들의 확신은 그것의 본질에 대한 올바른 이해에 토대를 두어야 한다. 그래야 사유재산제의 진정한 가치를 이해할 수 있고 그에 대해 확고한 지지를 보낼 수 있다. 또 그래야만 사유재산제에 대한 맹신에서 벗어나 사유재산제를 개선하는 데 힘을 보탤 수 있다. 재산권(혹은 소유권)에 대한 오해나 곡해가 시정되지 않을 경우 많은 고통을 초래하는 소유구조의 개혁은 대중적인 지지를 얻기 어렵다.

사유재산권의 정당성에 대한 믿음을 견지하면서도 사유재산권에 대한 잘못된 이해가 심화시킬 수 있는 사회악들을 최소화하기 위해서는 그것의 본질에 대한 정확한 이해가 필요하다. 이 책에서 위대한 철학자들의 재산이론을 살펴보고, 사유재산제와 소유구조의 개선에 도움이 될 수 있는 통찰들을 도출해보고자 하는 것은 바로 이런 이유 때문이다. 우리와 시대적인 차이가 큼에도 불구하고 사유재산에 대한 그들의 기본적인 통찰은 여전히 유효하다고 확신한다. 이 책이 좋은 정치공동체를 뒷받침할 수 있는 바람직한 소유구조를 모색하는 데 조금이나마 참고될 수 있기를 바란다.

이 책은 1997년 성균관대학교 정치외교학과에서 시작된 나의 교직 생활을 정리하는 마지막 저술이다. 이 책의 집필이 끝나면 내년 여름에 은퇴할 때까지 쉴 생각이었다. 하지만 집필이 끝나갈 무렵 새로운 주제가 나의 마음을 사로잡아 느린 속도나마 연구를 계속할 것 같은 예감이 든다. 몇 년 뒤에나 연구를 마칠 수 있을지 모르겠지만 힘닿는 데까지는 해볼 생각이다.

코비드-19의 창궐과 우크라이나 전쟁이 겹쳐 세계적인 경기침체가 불가피해진 상황에서 이 책의 출판을 수락해준 성균관대학교 출판부에 감사드린다. 남다른 학술적 사명감으로 그런 결정을 내려준 것에 대해 경의를 표한다. 특히 이번에도 정성스럽게 책을 편집해주신 신철호 선생님께는 특별한 감사의 마음을 전하고 싶다.

내가 지금까지 대과 없이 연구와 교육에 전념할 수 있었던 것은 많은 분들의 도움이 있었기 때문에 가능했다. 내가 오랫동안 재직한 성균관대학교 정치외교학과의 동료 교수들은 나의 든든한 울타리가 되어주었고 학생들은 내가 보람을 느끼며 교육과 연구에 정진할 수 있게 해주었다. 특히 윤비 교수 그리고 심리학과의 최훈석 교수와의 대화는 즐거웠고 큰 지적 자극이 되었으며, 나의 제자 심승우 교수, 김현주 교수, 김동일 교수, 박성진 교수, 이미준 박사, 그리고 미국 유학

8

중인 오준걸 군과의 지속적인 유대와 학술적 교감은 나에게 큰 자부심과 위로를 안겨주었다. 이들 모두와 성균관대학교에 진심으로 감사드린다.

한국정치사상학회와 회원들에게도 심심한 감사의 뜻을 표한다. 한국정치사상학회는 나의 학문 생활의 주된 공간이자 파트너였으며, 회원들과의 즐거운 소통과 교류는 내가 학문적 열정을 유지할 수 있었던 비결이었다. 특히 서병훈, 김병곤, 장현근 전임 회장님들과의 우정은 결코 잊을 수 없는 선물이었다.

나의 아내 윤경에게는 항상 미안하고 감사한 마음이다. 평생 변치 않는 마음으로 곁을 지켜주어 내가 하고 싶은 공부를 마음대로 할 수 있었고, 교직생활을 성공적으로 마무리할 수 있게 되었다. 내 여생을 그녀를 위해 산다 해도 그녀가 베풀어준 사랑과 헌신에는 충분한 보답이 되지 않을 것이다. 그녀와 일생을 함께 한다는 자체가 내게는 가장 큰 축복임을 그녀가 알아주면 좋겠다. 두 아들 대휘와 재휘에게도 고마운 마음을 전한다. 돌이켜보면 내가 연구하는 시간은 그들에게 내가 없는 시간이었다. 그래도 잘 커줘서 고마울 따름이다. 대휘 여친 한나와도 이 책의 출간을 함께 기뻐하고 싶다.

2022년 9월
위례호수공원을 바라보며

목차

I

서론:
왜 사유재산에 관한 정치철학이 필요한가?

본서의 목적과 정치철학

본서는 상호 연관된 두 가지 목적을 갖고 있다. 하나는 아리스토텔레스, 로크, 칸트, 헤겔, 흄, 벤담, 존 스튜어트 밀, 롤스 등 대표적인 서양철학자들의 재산이론을 심층적으로 분석해봄으로써 사유재산권의 도덕적·정치적 성격을 규명하고, 바람직한 소유체제를 모색하기 위한 규범적 통찰을 얻는 것이다. 그리고 다른 하나는 자본주의 사회의 대중적 신념으로 자리 잡은 절대적인 소유권 개념—이른바 소유권 신화—을 해체함으로써 빈곤, 사회적 갈등과 분열, 민주주의의 형해화 등 다양한 사회악의 근원이 되는 왜곡된 소유구조의 개혁을 뒷받침하는 것이다. 주요 철학자들의 재산이론에 대한 본서의 해석은 소유권 신화를 해체하는 데 필요한 이론적 근거를 제공한다.

오늘날 사유재산권은 대부분의 현대 국가에서 기본적인 사회제도로 확립되었다. 대부분의 국가에서 사유재산권은 핵심적인 기본권으로 인정받고 있으며, 심지어 가장 중요한 기본권으로 간주되고 있다. 약간의 과장을 무릅쓰면, 민주적 절차는 별로 존중하지 않지만 개인의 사유재산을 안전하게 보호해주는 정부는 대중의 지지를 받는 반면, 민주적 절차는 엄수하지만 사유재산권을 빈번히 침해하는 정부는 대중의 외면을 받는 경향이 있다(Murchland 1997, 127-41; Morlino, Dressel and Pelizzo 2011, 501-4). 이 때문에 현대 국가들은 정권의 안정성을 위해서라도 사유재산권을 보호해주기 위해 노력하며, 국가적 공익을 위한 경우에도 엄격한 조건 하에서만 사유재산권을 제한하는 경향이 있다.

역사사회학적으로 볼 때 사유재산권이 사회의 기본제도로 자리 잡기까지는 긴 시간이 걸렸다(Engels 2010[1884], Bowles and Choi 2019;

16

Sened 1997; Anderson and Hill 1975). 함무라비법전, 로마12표법, 성서
와 같은 역사적인 기록물들은 사유재산과 유사한 제도들이 이미 고
대사회에서 출현했으며, 인류가 집단적으로 정주한 이후의 역사와
사유재산의 확립이 그 궤를 같이 했음을 알려준다. 하지만 사유재산
에 관한 역사적 기록물들 대부분은 사유재산의 존재를 확인해주고
그것의 침해에 대한 처벌 규정을 포함하고 있을 뿐, 사유재산이 어떻
게 형성되고 제도화되었는지를 (혹은 정당화되었는지를) 설명해주지 않
는다. 기껏해야 점유, 증여, 이용, 처분, 보상과 배상에 관한 규정을 담
고 있을 뿐이다. 이것은 사유재산에 관한 역사적 기록들을 충분히 확
보한 경우에도 사유재산권의 확립 과정에 대한 사회학적 일반이론을
구성하기 어렵다는 것을 말해준다.

　물론 사유재산의 역사적 기원을 사회학적으로 설명하려고 시도
한 연구들도 쉽게 찾을 수 있다. 예컨대, 모건(Lewis Mogan)의 고대사
회 연구에 대한 마르크스의 주석을 기초로 엥겔스가 쓴 『가족, 사유
재산, 국가의 기원』(1884)은 생산성의 증대로 인한 잉여생산물의 발
생이 사유재산, 계급사회, 국가 발생의 물질적 토대였음을 밝히고 있
다.[1] 하지만 이 연구가 경험적 증거와 유물론적 상상력을 어떤 비율
로 결합시켰는지를 정확히 알 수 없기 때문에 이로부터 사유재산권
의 발생 및 진화에 대한 사회학적 일반이론을 얻기 어렵다.

　근대적 사유재산권의 기원에 관한 실증적 연구도 적지 않다[2]

[1]　이 과정은 원시공산사회의 해체과정이기도 하다.
[2]　실증적 이론은 객관적인 역사적 증거를 중시하는 연구와 특수한 이론적 틀―예컨대.
　　합리적 선택 이론―을 가지고 사회제도의 현상들을 인과적으로 설명하는 데 치중하

(Anderson and Hill 1975; Riker and Sened 1991 & 1997). 근대 초 유럽에서의 재산권 형성에 관한 연구에 따르면 유럽의 군주들과 통치계급이 국가통치와 대외 관계에 필요한 자금을 절실히 원하게 된 상황이 재산권 확립의 주요 배경이 되었다. 유럽의 군주들은 사유재산권을 인정해줌으로써 그에 필요한 자금을 세금 형태로 걷으려 했는데 이때부터 사유재산권이 분명한 제도적 형태를 취하게 되었다는 것이다.[3] 하지만 이런 설명은 사유재산권 확립에 기여한 추가적 요인을 알려주지만, 각 지역에서 사유재산이 발생한 원인과 제도화된 과정의 전모를 밝혀주지 못할 뿐만 아니라, 재산권 발생에 대한 역사사회학적 일반이론을 정립하는 데도 큰 도움이 되지 않는다.[4]

사유재산권이 어떤 요인 때문에 어떤 과정을 거쳐 오늘에 이르게 되었는지에 대한 사회학적·역사학적 설명과는 별도로, 사유재산 문제에 좀 더 합리적이고 논리적으로 접근한 사유 전통이 있다. 정치철학이 그것이다. 정치철학은 사유재산권의 기원과 정당성 그리고 제도화 과정을 논리적으로 추론해보고, 그로부터 실천적인 함의를 도출해내는 사유양식이다. 사유재산제도에 대한 정치철학적 접근은 사유재산제도의 필요성과 한계를 동시에 보여줌으로써, 개인의 행복과

는 연구로 분류할 수 있다. 하지만 어떤 경우든 역사적 현상—이 경우 사회제도의 형성—에 대한 '해석' 혹은 추론을 포함할 수밖에 없다.

3 이 과정에서 자유주의 정치철학자들은 봉건주의를 공격하기 위한 일환으로 재산권 개념을 활용함으로써 사유재산권과 자본주의 시장경제의 출현에 기여했다(Knewitz 2021, 13).

4 물론 이것이 사유재산권 형성 과정에 대한 사회학적 연구가 필요하지 않거나 포기해야 할 이유는 아니다.

공동체의 번영에 기여할 수 있는 사유재산제를 모색하는 데 기여해
왔다.

사유재산권에 대한 정치철학적 연구는 특히 모든 개인들을 합리적
이고 자유롭고 평등한 존재로 간주하는 현대사회에 적합한 접근방법
이다. 전근대 사회에서는 타고난 신분과 사회적 지위에 순응하며 사
는 것이 인간의 숙명이라는 생각이 지배했다. 사회는 자연적인 결사
로 여겨졌기 때문에 인위적으로 그것을 개혁하려는 시도는 자연에
반하거나 신성모독적인 행위로 간주되곤 했다. 반면, 인간을 자유롭
고 합리적이며 평등한 존재로 존중하는 문화가 형성된 근대 사회에
서는, 그런 평등주의적 인간관에 부합하지 않는 관행과 제도들을 개
혁해야 한다는 합리주의적·구성주의적 신념이 확산되었다.[5] 이런 현
상은 사회의 주요한 사회정치적 관행과 제도들이 도덕적으로 정당화
되지 못할 경우 강력한 개혁 요구에 직면할 수 있는 개연성을 높여놓
았다.

물론 사유재산제가 수립될 수 있었던 것은 무엇보다 사유재산제를
확립함으로써 자신들의 정치·군사적 의도를 관철시키고자 했던 통
치자들과 유력자들의 강력한 의지 때문이었다. 하지만 이 과정에는
소수의 지배자뿐만 아니라 농민이나 노동자 같은 평범한 사람들의
삶과 꿈, 저항과 투쟁 등도 복잡하게 연루되어 있다. 즉, 자신이 일군
사유재산의 정당성을 인정받음으로써 인생을 자율적으로 살아가기
를 원했던 다수 개인들의 염원은 물론, 빈곤과 억압의 고통을 당해온

---

5   근대의 사회계약이론은 합리주의적·구성주의적 사유의 대표적인 예이다.

서민들의 저항 및 개혁 의지도 반영되어 있다. 이처럼 다양한 의지와 열망이 충돌하는 상황에서 각 시대를 대표하는 정치철학자들은 사유 재산(권)이 필요한 도덕적 이유와 사유재산의 정당한 형성 근거, 그리 고 사유재산의 제도화 및 정의로운 분배에 대한 정치철학적 설명을 제시함으로써 체제의 개혁 또는 유지를 뒷받침했다.[6]

　정치철학적 연구는 역사적·사회학적 연구의 가치를 부정하지 않 는다. 현존하는 사유재산제도는 현재의 상태로 진화할 수밖에 없었 던 이유가 있었기 때문에, 그런 이유들을 이해하는 것은 현존하는 사 유재산제도의 성격과 문제점을 파악하는 데 큰 도움이 된다. 그럼에 도 정치철학적 연구가 필요한 이유는 대다수 사회구성원들이 사유재 산제의 도덕적 정당성에 대한 믿음을 견지하면서도, 더 바람직한 재 산제도와 소유구조를 발전시키기 위해 협력해야 할 이유를 알려주기 때문이다.

　때로 정치철학은 현존의 정치·사회제도들을 합리화하는 보수적인 역할을 수행하기도 한다. 하지만 대다수 정치철학자들은 (현존하는 사 회제도들의 정당성을 인정하는 경우에도) 보다 많은 사람들이 혜택을 입을 수 있는 사회제도를 모색하기 위해 노력했다.[7] 로크, 루소, 칸트, 헤

6　사유재산권에 대한 정치철학적 접근은 역사적·사회학적 설명과 현존하는 제도를 참 고한다. 하지만 그보다는 사유재산권이 제도화되는 과정을 논리적으로 설명함으로써 현존하는 사유재산제도를 정당화하거나 비판할 수 있는 근거를 제시하는 데 주력한 다. 역사적·사회학적 접근이 현존하는 사유재산제도가 실제로 발생·발전해온 역사 적 과정을 인과적으로 설명한다면, 정치철학적 연구는 인간의 심리적·윤리적·사회 적·물질적 조건에 관한 철학적 성찰에 입각하여 기성의 재산체제와 소유구조의 문제 점을 체계적으로 비판함과 동시에 개인의 발전과 사회번영을 견인할 수 있는 바람직 한 사유재산제도의 윤곽을 제시한다.

겔, 벤담, 존 스튜어트 밀, 롤스 등, 근현대의 대표적인 정치철학자들은 인간의 조건에 적합한 좋은 사회의 비전을 제시하기 위해 치열하게 고민했다. 그리고 이 과정에서 개인의 발전과 사회의 번영을 견인할 수 있는 사회제도로서 사유재산제를 정당화하고, 그에 부합하는 분배원칙(혹은 정의원칙)을 제시했다. 예컨대, 롤스의 『정의론』(1971)은 '공정한 협력체계'로서의 사회를 규제할 정의의 두 원칙—최대한의 기본적 자유의 평등 및 공정한 기회평등 하에서의 차등의 원칙—을 도출하고, 그에 부합하는 정치경제체제로 재산소유민주주의(property owning democracy)를 제시했다.

사유재산권의 정치철학사

서양정치사상사에서 사유재산에 관한 정치철학적 논의의 역사는 매우 길고 풍부하다. 소크라테스와 더불어 정치철학을 창시한 플라톤은 『국가』에서 이상국가의 일환으로 통치자와 수호자 그룹의 공산주의를 옹호한 바 있다. 통치그룹이 가족과 사유재산을 소유하게 되면 공동선에 대한 관심을 잃어버릴 수 있다고 우려했기 때문이다. 이와 같은 플라톤의 주장은 통치자와 수호자 그룹에 포함되지 않는 일반 시민들에게는 사유재산이 허용된다는 것을 의미한다. 플라톤의 만년 저작 『법률』은 사적 소유권의 존재를 시사해주는 많은 논의들을 담고 있다. 플라톤 생전의 아테네는 해상무역과 상업이 번창했지만 소

---

7 근대 보수주의의 아버지 에드먼드 버크마저도 실제 정치에서는 개혁파에 속했다. 다만 프랑스혁명과 같이 급진적이고 근본적인 변혁에는 반대했기 때문에 친구이자 급진 휘그파 당수였던 폭스(C. J. Fox)와 결별했다.

송이 빈번하여 내적인 갈등이 심각했는데 이런 분쟁은 대부분 재산과 관련되어 있었다(Heinze 2007, 100).

플라톤의 제자 아리스토텔레스는 시민들이 덕스러운 삶을 영위하기 위해서는 사유재산이 필요하다고 주장했으며, 중산층 기반의 혼합정을 가장 이상적인 정치체제로 제시했다. 이와 유사한 주장은 키케로와 아퀴나스의 사상에서도 발견된다. 고대 로마에서 확립되기 시작한 로마법 또한 사유재산과 관련된 중요한 규정들을 포함하고 있으며, 나중에 유럽에서 발전한 사유재산 관련 법규의 중요한 기초를 제공했다.

근대에 들어서면서 사유재산(권)은 정치철학의 가장 중요한 주제들 중 하나로 부상했다. 주지한 바와 같이 근대 이전에도 사유재산은 정치철학의 대상이 되었다. 하지만 정치공동체의 유지와 번영에 기여하는 보조적인 제도로 간주되었을 뿐, 근대에서처럼 국가의 가장 중요한 존립 근거로 간주되지는 않았다.[8] 로크처럼 생명을 광의의 재산 개념에 포함시킬 경우, 홉스 이후 근대 서양의 정치철학사는 사유재산—생명, 자유, 재산—을 보호하기 위한 최선의 방법을 모색하기 위한 일련의 시도로 볼 수 있다. 사유재산제와 계급사회의 공고화에 대한 루소, 프루동, 마르크스의 우려와 비판은 이런 사조에 대한 반발과 저항으로 볼 수 있지만, 사유재산제를 정치철학의 핵심 주제로 삼았다는 점에서 공통적인 측면이 있다. 요컨대, 근대 정치철학자들은, 사유재산제를 긍정하든 부정하든, 그것이 정치질서의 근간과 관련된

8　이에 관해서는 아리스토텔레스의 재산이론을 다루는 II장에서 자세히 설명할 것이다.

근본적인 문제임을 간파하고, 그것의 정당성(혹은 부당성) 및 정치제도
와의 관계를 지속적으로 검토했다.

하지만, 오늘날 사유재산권은 법학과 경제학 분야에서 활동하는
일부 학자들과 극소수의 정치철학자들을 제외하면 더 이상 주목을
받지 못하고 있다. 이런 현상은 일차적으로 사유재산권이 이미 현대
사회의 기본제도로 자리 잡았기 때문에 더 이상 철학적으로 정당화
할 필요가 없어진 데 원인이 있다. 또한 재산권의 기원과 정당성에
관한 철학적 논의보다는 사회적 현실로 존재하는 사유재산권의 법적
내용을 구체적으로 분석하는 실증법학적 연구가 대세를 이루게 된
현상도 영향을 미쳤다. 하지만, 법학적 연구는 사유재산권의 법적 성
격을 분석하고 재산권 관련 법규들이 개별 소송에서 갖는 의미를 드
러내는 데 관심이 있을 뿐, 현존하는 사유재산제도가 정치공동체 전
체의 안정과 번영에 미치는 전반적인 영향을 탐구하지 않는다.[9] 다시
말해 중요한 사회정치적 문제들이 현존하는 사유재산제와 밀접히 연
관되어 있다는 점을 간과하고 재산 관련 법규들에 대한 기술적인 해
석에 전념할 뿐, 바람직한 사회개혁의 방향을 모색하는 데는 거의 관
심이 없다.

사유재산은 국가의 강제력을 통해 구현된다는 점에서 본질적으로
정치적이다(Macpherson 1978[Kindle Edition], 103/4021; Knewitz 2021,
8-9). 다시 말해, 정치적 혹은 법적으로 뒷받침되지 않으면 사유재산

---

9 VI장에서 다룰 공리주의의 한 갈래인 법경제학파(Law and Economic School)는 사유재
산권을 재화의 효율적인 이용을 촉진하는 제도로 정당화한다는 점에서 순수 법학적
입장과 구분된다.

권은 사실상 존재하지 않는 것과 마찬가지다.[10] 근대 자유주의 정치
철학에 따르면, 사유재산의 보호는 개인의 생명 보호와 더불어 정치
사회의 가장 근본적인 이념이다. 로크는 정치질서의 존립근거가 생
명과 자유를 포함한 재산권 보호에 있다는 것을 명확히 천명했다. 정
치질서는 前정치적인 소유권—칸트에게는 잠정적인 권리(provisional
right)—을 실정법적인 권리로 보장하기 위해 수립된다. 다시 말해,
생명·자유·재산에 대한 개인의 자연권을 실정법적인 권리로, 그리
고 타인의 사유재산권을 침해해서는 안 된다는 자연법적인 의무를
실증법적인 의무로 전환시키기 위해 정치사회가 구성되었다.

　로크 이후 사유재산권은 정치철학의 핵심 주제로 부상했다. 루소
는 사유재산권이 근대 문명의 전반적인 타락을 초래한 근본악이라고
평가했다. 사유재산제는 유력한 자들이 약한 자들을 꾀어 맺은 낡은
사회계약을 통해 법적인 권리로 자리 잡았고, 이후 모든 사회정치적
불평등과 억압의 근원이 되었다는 것이 루소의 진단이다. 루소는『인
간불평등기원론』에서 사유재산의 발생 및 계급사회의 타락상과 억압
성을 통렬히 비판했으며,『학문예술론』에서는 학문과 예술도 타락한
나머지 인간의 습속과 도덕을 순화시킬 수 없다고 일갈했다. 루소는

10　이것이 도덕적 권리로서의 사유재산권의 존재를 부정하는 것은 아니다. 하지만, 도덕
　　적 권리는 집단적인 정치적 결정에 의해 실정법적 권리로 전환되지 않는다면 (의무의
　　이행을 강제할 수 없기 때문에) 온전한 의미의 권리가 될 수 없다. 그런 의미에서 재산권은
　　정치적 성격을 갖고 있다. 여기에 재산권의 또 다른 정치적 성격을 덧붙일 수 있다. 재
　　산권 개념은 현실의 사회·경제·정치질서를 정당화하거나 그에 도전하는 세력들의
　　정치적인 의도가 담겨 있다는 점에서 정치적이다. 이에 관해서는 곧 이어 언급할 것
　　이다. 미국의 문화적 담론에서 재산권 개념이 정치적으로 활용되어온 과정에 대해서
　　는 네위츠(Knewitz 2021)를 참고하라.

24

『사회계약론』에서 초기의 급진적인 입장을 완화시켜 어느 정도 소유의 불평등을 허용했다.

칸트는 개인이 자율성(혹은 자유)을 실천하는 데 사유재산이 필수적이라고 생각했다.[11] 아리스토텔레스와 아퀴나스는 개인들이 덕스러운 삶을 영위하는 데 사유재산이 필요하다고 주장했고,[12] 로크는 개인이 공유물에 자신의 노동을 투하함으로써 사유재산을 획득한다고 주장한 반면, 칸트는 인간의 도덕적 특성에 대한 철학적 분석에 입각하여 사유재산권의 당위성을 옹호했다. 다시 말해, 아리스토텔레스가 정치공동체에서 사유재산권이 수행하는 도구적 기능을 강조하고, 로크가 사유재산권이 형성되는 과정과 사회적 기능을 중시한 것과 달리, 칸트는 인간의 도덕적 특성—자유라는 선험적인 도덕능력—을 실현하기 위한 조건으로 사유재산권을 정당화했다.

사유재산권에 대한 로크와 칸트의 접근방법은 근대 초 영국과 독일 지식인들의 성향 차이와 더불어 사유재산권에 대한 상이한 접근방식을 보여준다. 영국의 경험주의적인 기질을 타고난 로크가 사유재산이 형성되는 '과정' 및 사유재산의 도구적 유용성에 초점을 맞췄다면, 관념주의적인 기질을 지닌 칸트는 (사유재산이 형성되는 과정보다는) 사유재산이 기여할 수 있는 도덕적 목적—즉, 인간의 자유(혹은 합리성으로서의 자율성)의 실현—에 주목했다(Ryan 1984, 5-13).[13] 로크와

---

11 칸트에게 자유는 독립과 선택을 포함하는 개념이다. 이에 관해서는 IV장에서 자세히 설명할 것이다.
12 이에 관해서는 II장에서 설명할 것이다.
13 라이언(A. Ryan)은 서구 철학사에서 사유재산을 다뤄온 두 가지 이론적 전통을 도구

칸트의 재산이론은 후대의 이론가들이 재산권 문제에 접근하는 상이
한 두 가지 방식을 대표한다는 점에서 중요한 의미가 있다.

큰 틀에서 보면 헤겔의 재산이론은 기본적으로 칸트의 이론과 친
화성이 있고, 공리주의자 벤담의 재산이론은 로크의 이론과 친화성
이 있다. 헤겔은 자유의지를 지닌 근대적 개인들이 자신의 인격을 발
전시킬 수 있는 외적 조건으로 사유재산을 요구하게 된다고 본 반면,
벤담과 밀은 희소한 자원을 둘러싼 사회적 갈등을 완화시키고, 사회
적 편익을 극대화하기 위해 사유재산제가 필요하다고 봤다. 다시 말
해, 헤겔이 칸트와 유사하게 인격이론에 입각하여 사유재산권을 논
리적으로 정당화한 반면, 벤담은 로크와 유사하게 사유재산권이 수
행하는 도구적 기능을 중심으로 사유재산권을 정당화했다.

그럼에도 로크와 칸트의 이론은 사유재산권에 접근하는 대조적인
두 가지 방식일 뿐, 모든 이론들이 다 이 두 범주에 속하지는 않는다.
로크가 대표하는 영국의 경험주의적 전통 내에서도 상당한 분화가
이루어져 있으며, 칸트가 대표하는 독일의 합리주의적·관념주의적
전통도 상당히 분화되어 있다. 예컨대, 로크는 사유재산권의 도구적
측면에 주목했으면서도 기독교 신학의 영향으로 인해 순전히 공리주
의적인 논리에 빠지지 않았다. 다시 말해, 공동체 전체(최대다수)의 행
복을 위해 소수의 권익을 희생시킬 수 있다는 공리주의적 논리를 받

적 전통(instrumental tradition)과 자기발전 전통(self-development tradition)으로 분류한
다. 하지만 이 두 가지 전통이 언제나 선명히 구분되지는 않는다. 로크마저도 자기발
전 측면을 포함하고 있기 때문이다. 하지만 로크와 흄, 그리고 벤담으로 이어지는 영
국의 전통과 루소, 칸트, 헤겔로 이어지는 대륙의 전통은 사유재산에 접근하는 방법
에 있어 중요한 차이가 있다는 점을 부정하기 어렵다(Ryan 1984, 5-13).

아들이지 않았다. 존 스튜어트 밀 또한 벤담의 공리주의를 계승했지
만 가장 많은 노동을 수행하는 계층이 가장 적은 보상을 받는다는 근
거로 기존의 사유재산제도를 비판했다. 공리주의적인 논거에 공정에
관한 관점을 덧붙인 것이다.

이처럼 좀 더 세밀히 검토해보면, 서양 정치철학사에서 사유재산
의 기원과 정당성에 관한 이론은 두 가지 이상 존재했다고 볼 수 있
다. 아리스토텔레스와 아퀴나스의 이론, 로크와 칸트의 이론, 헤겔의
이론, 공리주의 이론, 루소와 마르크스의 비판이론, 그리고 이들의 이
론을 비판적으로 종합해낸 롤스의 이론 등 다양한 이론들이 존재하
고 있다. 이 이론들은 사유재산권이 왜 필요하고 정당한 제도인지—
혹은 왜 부당하고 잘못된 제도인지—에 대해 합리적인 성찰을 유인
함으로써 우리사회가 현재의 재산권제도를 개선해 가야 할 방향을
탐색하는 데 중요한 통찰을 제공해준다.[14]

---

14 합리적 선택의 관점에서 사유재산에 접근하는 방법도 있다. 이 이론은 사회학적·역
사적 연구 및 전통적인 철학적 이론과 차별성을 갖고 있는데, 다양한 행위자들의 합
리적인 선택의 결과로 사유재산제가 형성되었다고 본다(Buchanan and Tullock, 1962;
Sened 1997). 이 이론에 따르면, 사유재산권을 비롯한 다양한 사회제도들은 사회적 행
위자들 사이의 복잡한 전략적 선택행위의 산물이다. 다시 말해, 이 이론은 합리적인
행위자들이 전략적인 상호작용을 통해 사유재산을 규정·부여·보호해주는 정치제도
들을 수립함으로써 사유재산제도가 확립된 것으로 본다. 이 이론은 사유재산제도가
수립된 '과정'을 설명하고 있다는 점에서 로크의 경험주의적 전통을 따르면서도, 실
제의 역사적 과정에 대한 인과적 분석을 시도하기보다는 논리적인 추론을 통해 사유
재산제도의 수립 과정을 추적한다는 점에서 순전히 실증주의적인 이론이라고 보기
어렵다. 이 이론은 사유재산권에 대한 준(準)실증적인 이론, 혹은 합리적 선택 이론이
라고 부를 수 있다. 본서에서는 사유재산권에 관한 합리적 선택 이론은 다루지 않는
다. 이에 관한 체계적인 논의로는 Sened(1997)를 참조하라.

사유재산권의 정치적 성격

사유재산이란 주제와 관련하여 이 책이 주목하는 또 다른 측면은 사유재산권의 정치적·공적 성격이다. 사유재산권은 무수한 개인들 사이의 상호작용을 통해 관행적인 제도로 확립되며 정치화과정을 통해 강제적인 규범으로 제도화된다(Hume 2011; Sened 1997, 33-101). 그래서 사유재산권에는 상호 수용 및 정치제도화라는 공적인 측면이 존재한다. 그리고 이 공적인 측면에는 사유재산의 범위와 정당한 사용, 그리고 증여와 상속에 관한 규정, 사유재산권의 충돌과 침해에 관한 규정 등, 사유재산권의 구체적인 내용을 입법화하는 정치적 선택(합의)이 전제되어 있다. 따라서 사유재산권의 정치적·공적인 성격에 대한 분석은 정치사회가 사유재산권을 정당하게 제한할 수 있는 근거와 범위를 이해하는 데 반드시 필요하다.

　오늘날과 같은 탈종교적·탈형이상학적 시대에는 사유재산권을 초(超)정치적인 자연권으로 받아들이기 어렵다. 다시 말해 사유재산권을 정당화할 필요가 없는 자명하고 절대적인 권리로 볼 수 없기 때문에 그것을 합리적으로 또는 도덕적으로 정당화할 수 있어야 한다. 또한 그 당연한 귀결로 사유재산권 및 그와 연관된 권리들에 관하여 심의·결정하는 정치제도와 과정에 관한 고찰을 수반할 수밖에 없다. 이는 사유재산권이 정치적인 성격을 띨 수밖에 없으며, 어느 정도 공적 가치를 반영할 수밖에 없음을 의미한다.

　어떤 이론들은 사유재산권의 정치적·공적 성격을 의도적으로 무시하는 반면 다른 이론들은 지나치게 강조하는 경향이 있다. 예컨대, 진보적인 이론에서는 사유재산권의 공적인 가치를 강조하면서 사회적 소유와 책임을 강조하는 경향이 있는 반면에 보수적인 이론에서는 사유재산의 절대성을 강조하면서 상대적으로 공적인 성격을 간과하는 경향이 있다. 이런 차이에도 불구하고 어떤 이론들도 사유재산권의 정치적·공적 성격을 완전히 무시할 수는 없다. 본서는 사유재산권의 정치적 성격을 상세하게 살펴봄으로써 재산권과 관련하여 현대 대중문화에 널리 퍼져있는 신화—이른바 신성하고 절대적인 소유권 개념—를 해체하는 데 일조하고자 한다. 이 신화는 자본주의의 현실적 성공 및 정치인들의 선거 전략과 결합하여 다양한 사회악들을 초래하는 현재의 왜곡된 소유구조를 온존시키고 있기 때문에 반드시 해체할 필요가 있다.

나아가서 지금과 같이 소유의 양극화가 심화된 상황을 배경으로 사유재산의 정치적 성격을 조명해보는 것은, 사유재산에 대한 규제의 필요성 및 적절한 규제방식을 이해하는 데도 도움이 될 수 있다. 신자유주의는 공공성의 영역을 현저히 축소시킴으로써 부와 재산의 양극화를 심화시키고 민주주의의 토대를 약화시켰다는 비판을 받고 있다(Stiglitz 2013; Piketty 2013). 그런데 이런 비판의 타당성은 민주주의체제의 병리 현상들을 근거로 확인할 수도 있지만, 사유재산권의 정치성 혹은 공공성에 대한 정치철학적 반성을 통해 규명해볼 수도 있다. 요컨대 사유재산권에 대한 정치철학적 연구는 민주주의의 공고화와 관련해서도 매우 중요한 실천적 함의가 있다.

세제(taxation system) 및 분배적 정의와의 연관성

사유재산제도에 관한 현대의 지배적인 신화는 그것이 자연권(natural right)과 같이 절대적이고 신성한 권리이기 때문에 (민주)정치를 통해 통제하거나 규제해서는 안 된다는 신념으로 존재한다. 정치질서는 신성한 천부권인 사유재산권을 보호하기 위해 수립된 것이므로, 정치가 그런 자연권을 편의에 따라 통제하는 것은 정치질서의 기본 목적에 위배된다는 것이다.[15] 하지만, 사유재산권을 정치질서가 수립되기 전부터 존재하는 신성한 자연권으로 인식하는 태도는 종교적·형이상학적 세계관이 지배했던 전통적인 시대에나 적합한 것이었다. 따라서 세속화되고 민주적인 현대 사회에서는 사유재산권을 정당화할 수 있는 새로운 근거가 필요하다. 정치적 합의와 결정이 중요한 것은 바로 이런 맥락에서다.

사유재산제도의 윤곽이 정치적인 합의와 결정을 통해 결정된다면, 그것의 구체적인 내용은 (마찬가지로 정치적 합의와 결정을 통해 정해지는) 특정한 세제(taxation system)에 의해 큰 영향을 받을 수밖에 없다. 세제는 사유재산의 형성과정에 결정적인 영향을 미칠 뿐만 아니라, 취득한 사유재산의 유지와 증여 그리고 상속에 이르기까지 막대한 영향을 미침으로써 사유재산제도의 골격과 내용을 좌우하는 중대한 정치적 변수이다. 따라서 이 책은 사유재산제도와 세제 그리고 분배적정의 사이에 존재하는 구조적인 연관성을 부각시킴으로써 절대적인 소유권 신화를 해체하는 데 힘을 보탠다. 하지만 조세가 무엇이며, 어떤 방식으로 세금을 부과하는 것이 바람직한가에 관한 논의는 조세제도를 통해 구현하고자 하는 바람직한 사회체제를 둘러싼 비전 투쟁과 연관되어 있는 큰 문제이기 때문에 그에 대한 본격적인 탐구는

---

15 이런 입장에서 보면 치안과 안보에 필요한 최소한의 세금 이상의 과세는 마땅히 개인에게 귀속되어야 할 소유물의 일부를 빼앗는 강탈행위와 같다(Nozick 1974).

후속 과제로 남겨놓는다.

본서의 구성

본서는 다음과 같이 구성되어 있다.

Ⅱ장부터 Ⅶ장까지는 사유재산에 관한 대표적인 이론들을 차례로 살펴본다. Ⅱ장에서는 아리스토텔레스와 후계자들의 재산이론을 살펴보고, Ⅲ장에서는 로크의 재산이론과 신고전주의 및 노직의 재산이론을 살펴본다. 특히 로크의 재산이론을 신자유주의적으로 해석하는 입장의 문제점을 비판하고, 로크의 이론이 종속과 자의적인 지배의 계기가 되는 심각한 불평등에 비판적인 함의가 있음을 부각시킨다.

Ⅳ장과 Ⅴ장에서는 독일 관념론의 시작과 완성을 상징하는 칸트와 헤겔의 재산이론을 검토한다. 특히 그동안 간과되었거나 강조되지 않았던 재산권의 정치적 성격(칸트)과 사회적 성격(헤겔)을 부각시킨다. 특히 칸트는 일반적인 소유권과 재산권을 구분하고, 구체적인 재산권은 관련 사회가 역동적인 정치과정을 통해 확정·변경할 수 있는 유동적인 권리로 보았음을 강조한다. 헤겔의 이론에서 재산은 개인의 인격―자유의지―을 실현·발전시킬 수 있는 계기가 되면서도, 다수 개인들이 상호 인정의 원칙하에 결합된 시민사회의 토대이자 국가의 법적 뒷받침을 필요로 하는 정치제도임을 강조한다.

Ⅵ장과 Ⅶ장에서는 공리주의 재산이론과 롤스의 재산이론을 검토한다. 공리주의는 개인적·사회적 편익의 극대화에 초점을 둔 재산이론이다. 하지만 사회의 일반적 편익을 어떻게 규정하느냐에 따라, 그리고 공리성의 원칙이 적용될 사회의 상황 변화에 따라 재산권의 내용을 신속히 변경해야 하는 난점이 있다고 주장한다. 롤스의 재산이

론은 주요 철학자들의 이론을 종합한 성격이 강하기 때문에 특정한
사상전통에 서있는 이론가들에게는 그다지 매력적이지 않게 보일 수
도 있지만 다원적인 사회의 평화공존에 기여할 수 있는 이론임을 강
조한다. 특히 그의 자유주의적 정의관에 부합하는 재산소유민주주의
는 정치적 논의와 조정을 통해 구체화되어야 한다는 점에서 정치의
개입 여지를 충분히 남겨놓고 있다고 주장한다.

　Ⅷ장 결론에서는 여섯 가지 재산이론이 함축하고 있는 정치적 성
격을 설명한 후, 절대적·배타적 소유권 개념을 '권리묶음(bundle of
rights)' 재산권 개념과 대조하고, 일반 대중들이 소유권 신화를 고수
하고 있는 이유를 분석한다. 이와 함께 절대적인 소유권 신화가 자본
주의의 현실적 성공 및 정치인들의 선거 전략과 결합하여 재산권체
제와 소유구조의 개혁을 가로막는 주요 원인이 되고 있다고 분석하
고, 소유구조와 세제가 일정한 함수 관계를 이루고 있음을 강조한다.
그리고 마지막으로 소유구조의 개혁을 뒷받침할 수 있는 세제 및 재
산권체제의 모색은 좋은 사회에 관한 포괄적인 비전들 사이의 투쟁
과 연계되어 있는 큰 문제로서 별도의 연구가 필요함을 지적한다.

II

아리스토텔레스의 재산이론: 좋은 삶을 위한 인간번영의 조건

머리말

BC 4세기 그리스 아테네에서 활동했던 아리스토텔레스는 재산에 관하여 어떤 생각을 갖고 있었는가? 아리스토텔레스는 우리와 약 2400년이란 시대적 거리를 두고 있는 고대 철학자로서 21세기 최첨단 기술문명 시대를 살아가는 우리와 많은 점에서 다를 수밖에 없다. 그리스인과 야만인들을 구분했고 노예제도를 옹호했으며, 남성이 여성보다 우월하다고 평가했고, (도시)국가가 시민들의 도덕적 발전을 위해 적극적으로 개입해야 한다고 생각했다. 그리고 현대인들이 동의하기 어려운 정치생활의 우월성을 옹호했으며 시장을 경시하였고, 정치생활에 참여할 수 있는 시민들만이 진정한 자유를 향유할 수 있다고 주장했다.

이런 견해들만 보더라도 아리스토텔레스가 재산 및 경제에 관하여 말하고 주장했던 것들을 귀담아 들을 필요성이 있는가에 대하여 의문을 제기하기에 충분할 것이다. 하지만 이런 시대적 한계성에도 불구하고, 오늘날 아리스토텔레스의 철학과 사상은 현대사회의 다양한 문제들에 대처할 수 있는 지적·도덕적 원천으로 활발히 재조명되고 있다. 특히 그의 덕의 윤리는 현대 자유주의의 지나친 권리 중심주의를 보완 또는 완화시켜 호혜적인 공동생활을 복원하는 데 활용할 수 있는 훌륭한 지적 자원으로 인정받고 있다.

덕의 윤리는 인간을 사회적인 존재로 간주하는 공동체주의적인 인간 이해에 기반을 두고 있으며, 개인의 삶이 닻을 내리고 있는 공동체의 존속과 번영에 기여할 수 있는 개인의 의무와 책임을 강조한다. 공동체는 인간이 성숙한 도덕적 존재로 성장하는 모든 과정에 심대한 영향을 미치며, 개인들이 삶의 목적과 가치를 발견하게 되는 궁극적인 의미지평이기도 하다. 그래서 개인은 자신이 성장한 공동체의 존속과 번영에 특별한 의무와 책임을 진다고 본다.

물론 덕의 윤리는 개인들이 공동선을 위해 자신의 행복을 무조건 희생해야 한다고 주장하지 않는다. 공동체에 대한 개인의 책무를 강조하지만 공동체가 더 건강하게 유지되기를 바라는 비판적인 기대를 견지한다. 개인은 자신이 성장한 공동체가 어떤 점에서 부족하고 개선할 필요성이 있는가를 비판할 수 있는 성찰능력을 갖고 있으며, 집단적인 심의 과정에서 그런 능력을 발휘함으로써 공동체를 더 바람직한 형태로 개혁할 수 있다고 보는 것이다(MacIntyre 1988, 361-4).

공동체주의적인 인간 이해와 덕의 윤리는 현대사회가 개인의 자유와 권리를 지나치게 강조한 나머지 의미 있고 풍요로운 삶의 원천인 공동체를 약화 또는 해체시키고 있다고 비판한다. 공동체와 공동선, 책임과 의무, 그리고 덕의 중요성을 강조하는 공동체주의는 개인이 사회보다 더 중요하며 개인의 행복이 공동체의 행복보다 더 중요하다고 여기는 자유주의 사회의 윤리풍토와 극명히 대조되는바, 점점 더 황폐화되어가고 있는 현대사회의 원자화 경향에 맞설 수 있는 강력한 지적·도덕적 대안으로 부상했다(MacIntyre 1981: Sandel 1982).

　사실 아리스토텔레스의 공동체주의적인 철학과 사상은 현대사회
를 지배하고 있는 자유주의 사조에 맞설 수 있는 가장 강력한 지적
전통으로서 이미 많은 추종자들을 거느리고 있다. 정치철학과 도덕
철학에서는 권리와 자유의 담론과 대비되는 덕과 공동선 담론에서
(MacIntyre 1981; Sandel 1982), 법철학에서는 칸트적인 의무론과 경쟁
하는 덕의 법이론(virtue jurisprudence)에서 그 존재감을 과시하고 있
다(Farrelly & Solum 2008). 심지어 경영 분야에서도 윤리경영과 덕의
경영으로, 정치·사회적인 운동에서는 개인주의에 대항하는 공동체
주의 네트워크 운동으로 구현되고 있다(Etzioni 1994). 원자화와 소외,
양극화와 불평등, 기후·환경 위기, 범죄, 자살 등, 현대사회의 근본
문제들이 헤게모니 문화인 자유주의와 무관하지 않다면, 공동체에
대한 책무를 강조하는 공동체주의는 다양한 사회병폐들의 원인으로
지목되고 있는 개인주의에 대한 유력한 대안이 될 수도 있다.
　여기에 재산(권) 문제를 아리스토텔레스의 공동체주의적 관점 혹
은 덕의 윤리적 관점에서 검토해볼 필요성이 있다. 앞에서 언급한 것
처럼 아리스토텔레스는 재산(권)이나 경제 문제와 관련하여 현대인
들이 받아들이기 어려운 주장들도 개진했다. 하지만 2400년이라는
시대적 거리를 감안하면 그런 차이는 큰 의미가 없으며 중요하지도
않다. 정말로 중요한 것은 아리스토텔레스의 공동체주의적인 덕의
윤리가 오늘날의 다양한 문제들에 대처할 수 있는 적실성 있는 관점
을 제공해주느냐의 여부이다.
　다행스럽게도 다양한 분야에서 아리스토텔레스의 사상이 활발히
재조명되고 있는 현상은 덕의 윤리가 오늘날에도 적실성 있는 대안
을 모색하는 데 활용될 수 있다는 확신을 갖게 한다. 이 책이 아리스

토텔레스의 재산이론을 다루는 것도 바로 이런 이유 때문이다. 특히 현대 법학계에서는 아리스토텔레스의 덕의 윤리에 입각하여 재산이론을 재정립하려는 움직임이 일고 있는데, 그들이 무슨 이유로 아리스토텔레스의 공동체주의에 입각하여 현대의 재산권체계를 재정비하려고 하는지를 살펴보는 것은 아리스토텔레스 사상의 현대적 중요성을 이해하는 데 도움이 될 것이다. 결론적으로 이 장은 아리스토텔레스, 아퀴나스 그리고 현대의 新아리스토텔레스주의자들로 이어지는 지적 전통은 재산권을 인간번영(human flourishing) 혹은 좋은 삶(good life)의 필수조건으로 이해하고 있으며, 재산권의 공동체적 의미와 책임을 강조한다는 점을 부각시킬 것이다.[16]

---

16   아퀴나스 재산이론의 핵심 내용에 대해서는 뒷부분에서 간략히 언급할 것이다.

02
아리스토텔레스 재산이론의
정치적·윤리적 기초

아리스토텔레스의 정치사상과 재산 문제

아리스토텔레스의 재산이론은 그의 정치사상에 토대를 두고 있다. 이것은 그의 정치사상의 전반적인 특징과 구조를 먼저 이해하지 않고서는 재산에 관한 그의 입장도 올바로 이해할 수 없다는 것을 의미한다. 경제와 시장 및 재산에 관한 아리스토텔레스의 이론은 가장 포괄적인 공동체인 (도시)국가에 관한 이론 안에서 전개되고 있기 때문에, 간략하게나마 국가와 인간이 맺고 있는 관계를 설명해야만 재산(권)이 갖는 개인적·사회적 의미를 포착할 수 있다.

『정치학』과 『니코마코스윤리학』은 아리스토텔레스의 정치사상과 윤리사상은 물론 재산에 관한 이론도 포함하고 있다. 따라서 이 두 책을 중심으로 그의 정치사상과 윤리사상을 살펴본 다음 사유재산의 개인적·사회적 의미를 조명해보고자 한다.[17]

---

17 『니코마코스윤리학』은 정치공동체의 궁극적 목적인 시민들의 탁월함이 무엇인지를 탐구함으로써 정치의 목적을 더욱 구체화한다. 특히 2권의 모두에서는 『니코마코스윤리학』의 목적이 '총기획적인 학문'으로서의 정치학을 보조하기 위한 것임을 확인한

아리스토텔레스는 『정치학』을 누구보다도 도시국가의 헌법을 제
정하는 입법자들이 읽기 바랐다. 당시에는 도시국가의 경계와 정체
성을 확립하기 위해 법을 제정하는 입법자에게 신성한 지위를 부여
하는 관행이 있었다. 아리스토텔레스는 이들이 『정치학』을 읽고 최
상의 도시국가를 건설해주기를 바라는 마음으로 『정치학』을 집필했
다. 이런 의도에는 "좋은 법률이 좋은 시민을 만든다."는 아리스토텔
레스의 신념이 깔려 있다. 그리고 좋은 법률을 만들기 위해서는 정
치와 윤리에 관한 풍부한 지식을 갖춘 훌륭한 입법자가 필요할 것이
다. 이처럼 『정치학』은 입법자가 좋은 법과 교육제도를 만들 수 있
는 지침과 자료를 제공해주기 위해 집필되었다. 입법은 순수한 이론
적 지식의 영역이 아니라 현명한 판단과 선택의 영역, 곧 '프로네시스
(phronesis)'라는 실천적 지혜의 영역이기 때문에 당시의 도시국가들
에 대한 경험적 자료가 좋은 법을 만드는 데 큰 도움이 될 것으로 생
각했다(POL, 1289a11).[18]

아리스토텔레스는 입법자뿐만 아니라 리케이온에서 수업을 받는
미래의 정치가들도 이 책을 읽고 정치에 필요한 지식과 공공정신으
로 무장하기를 바랐다. 그래야 아테네가 건강한 도시국가로 거듭날
수 있다고 생각했기 때문이다. 나아가서 일반 시민들 일부라도 이 책
을 읽을 수 있다면 건강한 도시국가의 재건에 적지 않은 도움이 될

후 국가라는 포괄적인 규범질서에서 법이 수행하는 목적과 기능을 시민들의 성품의
탁월성과 연관시켜 논의한다. 이에 관해서는 김비환, 『플라톤과 아리스토텔레스의 정
치철학과 변증법적 법치주의』(성균관대학교출판부 2011), 177을 볼 것.

18　이하에서 『정치학』은 POL로, 『니코마코스윤리학』은 NE로 표기한다.

것으로 생각했다.

　아리스토텔레스는 『니코마코스 윤리학』 서두에서 정치학을 으뜸 가는 학문이며 윤리학은 그것의 일부라고 주장했다(NE, 1181b15-19, 1094b5-9). 정치학이 으뜸가는 학문인 이유는 "도시국가에 어떤 학문 이 있어야 하고, 또 시민들이 어떤 종류의 학문을 얼마나 배워야 하 는지를 결정하는" 학문이라고 봤기 때문이다. 다시 말해, 정치학은 국 가의 모든 시민들이 '좋은 삶'을 살 수 있도록 인도하는 '총 기획적인' 학문이기 때문에, 윤리학, 교육학, 입법학 등을 포함하는 종합적인 학 문으로 간주했다. 이것이 『정치학』이 윤리, 교육, 법, 관습 등 많은 요 소들을 종합적으로 다루는 이유이다.

　아리스토텔레스의 『정치학』은 입법 지침을 제공하기 위해 다음과 같은 주제와 대상을 다룬다. 첫째, 어떤 정체가 최선인지를 다룬다. 둘째, 개별 국가들에 가장 적합한 정체가 무엇인지를 탐구한다. 입법 자와 정치가는 이상적인 최선 정체뿐만 아니라, 실현 가능한 최선 정 체에 대해서도 알아야 하기 때문이다. 셋째, 정체가 실제로 형성된 과 정과, 각 정체들이 유지되는 메커니즘을 다루고, 마지막으로는, 어떤 정체가 대부분의 국가에 적합한지를 연구한다.

　아리스토텔레스는 입법자가 『정치학』이 제공하는 광범위한 지식 에 입각하여 현명한 판단, 곧 프로네시스를 발휘하여 최상의 정체를 실현하기를 바랐다. 최선의 정체에서는 구성원들이 자신의 도덕적 잠재력을 충분히 계발함으로써 탁월한 성품을 갖추고, 그런 성품이 정치공동체를 지탱·유지하는 데 기여하는 선순환이 일어난다. 그리 고 이런 선순환을 촉진시키기 위해 개인을 덕스러운 시민으로 교육 시키는 공교육 또는 정치교육은 입법의 중요한 대상이 된다. 요컨대,

『정치학』은 인간의 본성에 대한 '이론적 지식'과 도시국가에 관한 '경험적 지식'을 종합하여, 입법자들이 실현 가능한 최선의 정치체제를 구성하도록 안내하는 지침서로 집필되었다.

아마도 『정치학』과 『니코마코스윤리학』의 가장 중요한 명제는 "인간은 본성적으로 정치적 동물이다."는 명제일 것이다. 『니코마코스윤리학』에서 아리스토텔레스는 다음과 같이 주장한다. "누구도 모든 좋은 것들을 혼자서 갖기로 선택하지는 않을 것이다. 인간은 사회적·정치적 존재이며, 그의 자연적 조건은 다른 사람들과 함께 사는 것이기 때문이다." 인간의 사회적·정치적 성격을 천명한 이 명제는 아리스토텔레스가 재산 문제에 접근하는 방식을 근본적으로 규정하기 때문에 이 명제의 의미를 이해하는 것은 재산에 관한 그의 입장을 이해하는 데 매우 중요하다.

이 명제는 크게 두 가지 관점에서 접근할 수 있다. 하나는 폴리스가 집단의 최소 단위인 가족에서 시작하여, 씨족사회 및 부족사회를 거쳐 국가로 진화하게 된 과정을 묘사하는 것으로 볼 수 있다. 개인은 가족과 같이 작은 집단에서는 생활에 필요한 것들을 모두 충족시킬 수 없기 때문에 더 큰 집단을 형성하게 된다. 이런 과정이 자연스럽게 진행되면 모든 면에서 자급자족할 수 있는 국가에 이르게 된다.

여기서 자급자족은 단순히 육체적 생존에 필요한 자원과 물품을 획득하는 것 이상의 의미를 갖고 있다. 인간의 정서적인 필요를 충족시키는 것도 포함된다. 이와 관련하여 『니코마코스윤리학』은 다음과 같이 진술하고 있다. "하지만 우리는 어떤 것을 자족적이라고 규정할 때, 자아(self)만 가리키지 않는다. 우리는 고립된 삶을 사는 사람을 의미하는 것이 아니라 부모, 자식, 아내, 그리고 친구와 동료 시민들을 통틀어 함께 사는 사람을 의미한다. 인간은 본성적으로 사회적·정치적 존재이기 때문이다"(NE, 1097b9-10).

　더 중요한 것은 두 번째 관점이다. 이 관점에서 보면 국가는 인간이 자신의 지적·도덕적 잠재력을 충분히 계발하여 자기완성의 삶, 곧 행복한 삶을 사는 데 필요하다. 다시 말해 국가는, 기본적인 의식주의 충족을 넘어, 인간이 진정한 도덕적 존재이자 성숙한 시민으로 성장하는 데 반드시 필요하다. 인간은 매우 작은 규모의 공동체에 살거나 고립된 채 살아 갈 경우 자신이 가지고 있는 잠재력을 충분히 계발할 수 없으며 좋은 삶도 살 수 없다. 인간은 폴리스라는 포괄적인 공동체에서 다른 사람들과 함께 생활할 때만 모든 잠재력을 최대한 계발할 수 있고 인간이 누릴 수 있는 최선의 삶을 살 수 있다. 그래서 아리스토텔레스는 폴리스 바깥에서 사는 존재는 사실상 야수이거나 신이라고 주장했으며, 폴리스는 본성적으로 존재한다고 주장했다. 야수는 도시생활을 통해 계발할 수 있는 잠재력이 없고 신은 모든 점에서 완전무결한 존재이기 때문에 도시에서의 공동생활이 필요하지 않다.

　정치생활을 통해 인간이 자기완성을 성취할 수 있는 이유는 다른 동물에게서 찾아볼 수 없는 이성과 언어 능력이 있기 때문이다. 언어와 이성은 다른 동물이 누릴 수 없는 '선택의 자유'를 준다. 우리가 정치적인 존재가 될 수 있는 것도 바로 이 능력 덕분이다. 이성과 언어 능력으로 인해 우리는 전쟁과 평화, 자유, 평등, 정의와 같은 중요한 문제들에 대해 숙고하며 결정할 수 있다. 다시 말해, 공동의 심의와 결정을 통해 공동의 문제를 논의·해결하고, 정의와 부정의, 옳고 그름의 기준을 세우고 변경할 수 있다. 이런 측면에서 보면 "인간은 본성적으로 정치적 동물이다."는 명제는, 인간이 자기완성을 추구하고 '좋은 삶'을 살기 위해서는 '특수한' 형태의 도시국가가 필요함을 암시한다.

아리스토텔레스는 현실적으로 과두정적인 요소와 민주정적인 요소를 혼합한 온화한 법치 민주정, 곧 폴리티(polity)를 최선의 정체로 생각했다. 이 체제에서는 시민들이 교대로 지배하고 지배받음으로써, 다시 말해 정치적 자유를 누림으로써, 덕을 갖춘 성숙한 시민이 되어 국가에 대한 책임과 의무를 다할 수 있다. 일정 기간이나마 국가 경영, 곧 정치에 참여하는 경험은 지도자들과 시민들이 도덕적 절제, 책임감, 자기통제, 판단력, 정의감 등 다양한 덕목을 배양하는 데 큰 도움이 된다. 공동체를 위해 중요한 결정을 하며 다른 시민들의 상황과 행복을 살피는 것은 인간의 자기완성과 행복에 필요한 덕목들을 함양시켜주기 때문이다.

이미 언급한 바와 같이 아리스토텔레스의 사상은 여러 가지 시대적인 한계를 안고 있다. 그럼에도 인간과 국가에 관한 그의 공동체주의적인 사고방식은 현대사회의 병폐들에 대처할 수 있는 귀중한 지적·윤리적 통찰을 제공해 주고 있다. 그의 재산이론도 마찬가지다. 그의 재산이론은 오늘날의 재산권 관련 문제들에 새롭게 접근할 수 있는 대안적 시각을 제공해준다. 그의 재산이론에는 자유주의와 대비되는 공동체주의적인 인간 이해와 덕의 윤리가 깔려 있기 때문이다.

우리와 2400년이라는 시대적 거리를 사이에 두고 있는 아리스토텔레스의 재산이론은 그의 계승자들에 의해 꾸준히 진화하고 있다. 이것이 현대의 新아리스토텔레스주의자들의 재산이론을 검토하는 이유이다. 현대 학자들 중 일부는 아리스토텔레스와 아퀴나스의 이론을 계승·보완하여 재산에 관한 '인간번영이론'을 발전시키고 있다. 이들은 인간번영이론이 (개인의 배타적 권리와 자유를 강조하는 주류 입장과 달리) 사회 혹은 공동체에 대한 의무와 책임을 강조하는 새로운 시각을 담고 있으며, 진보적 가치를 훌륭하게 수용할 수 있다고 주장한다. 여기서는 알렉산더(Alexander)와 페냘베(Penãlver)의 新아리스토텔레스주의 재산이론을 다룰 것이다.

재산이론의 윤리적 기초: 행복, 선(good), 덕과 정의

아리스토텔레스는 행복(eudaimonia, well-being) 혹은 번영(flourishing life)을 인생의 가장 궁극적인 목적으로 규정했다.[19] 다른 선(혹은 가치)들은 행복에 도움이 되거나 행복으로 인도하기 때문에 가치가 있다고 생각했다.

　아리스토텔레스의 행복 개념은 매우 다원적이고 심지어 서로 통약 불가능한 구성 요소들을 포함하고 있는 복잡한 개념이다. 하지만 모든 행복한 삶(혹은 번영하는 삶)에는 공통적인 요소가 있다. 그것은 인간의 고유한 능력들을 충분히 계발하고 발휘할 수 있어야 한다는 점

19　오늘날 행복이란 용어는 주로 개인의 주관적인 평가나 느낌(주로 쾌락)을 위주로 이해되고 있기 때문에 선(good)에 관하여 객관주의적인 입장을 견지한 아리스토텔레스의 eudamonia의 번역어로는 다소 적합하지 않다. 그래서 인간의 잠재력을 모두 계발·실현하고, 부와 사회적 평판과 같은 객관적인 조건을 두루 갖춘 상태를 의미하는 '인간번영(human flourishing)'이란 용어를 더 선호하는 경향이 있다. 그러므로 아리스토텔레스의 사상을 다루는 부분에서 행복이란 용어는 '인간번영'을 의미하는 것으로 이해해도 좋다.

이다. 사람들은 다양한 목적들을 추구하는 과정에서 인간이 지닌 고유한 능력들을 발휘한다. 특히 이성은 인간의 고유한 능력이기 때문에, 이 능력을 충분히 계발하고 발휘할 수 있는 삶의 방식이 좋은 삶이라고 할 수 있다.

아리스토텔레스에게 이성은 일상적인 행위에 관하여 성찰하고 다양한 정서적 반응들을 조절할 수 있는 능력이며, 사실들을 검토하여 이론을 세우고 또 그 이론을 비판할 수 있는 능력이다(NE, 1098a10-12). 이성을 사용하는 능력이 사람마다 다르고, 추구하는 목적에 따라 이성을 사용하는 정도도 다를 수는 있다. 하지만 인간이 추구할 가치가 있는 목적들은 한결같이 이성의 적절한 사용을 포함하고 있다.

하지만 이성은 인간이 태어날 때부터 완벽한 상태로 갖춰져 있는 것이 아니라 타인들과 공동생활을 하는 과정에서 점진적으로 계발된다. 이것이 이성의 계발과 발휘에 적합한 공동체가 필요한 이유다. 좋은 공동체에서 태어나 성장하는 과정에서 인간은 자신의 행위를 타인들에게 합리적으로 설명할 수 있는 능력을 함양하고 인생의 목적을 선택·추구할 수 있게 되며, 공동의 문제를 타인들과 함께 심의·결정할 수 있는 능력을 배양하게 된다.

이성과 더불어 아리스토텔레스가 행복한 삶에 필수적인 요소로 강조한 것은 덕(virtue)이다. 덕은 인간을 좋은 삶으로 이끌어주는 동시에 좋은 삶을 구성하는 요소로, 좋은 삶을 영위하는 데 필요한 의식과 행위양식을 의미한다. 시민들이 폴리스의 공동생활에 참여함으로써 번영하는 삶을 살 수 있는 것도 폴리스 생활에 필요한 의식과 태도, 곧 시민의 덕을 갖췄기 때문이다. 이처럼 덕은 폴리스 생활을 통해 시민들이 습득하게 되는 행위양식이자 태도로서, 폴리스는 시민들이 실천하는 덕을 통해 이상적인 상태를 유지할 수 있다.

　다양한 덕 중에서 아리스토텔레스가 정치와 윤리생활과 관련하여 가장 강조하고 있는 것이 바로 정의다. 정의는 『니코마코스윤리학』 5권의 주제로 정의론의 역사에서 지속적으로 소환되는 부분이다. 아리스토텔레스는 다양한 측면에서 정의를 설명한다. 특히 인간의 성품과 관련하여 정의를 다루는 부분과 정의를 분류하는 방법—기하학적 비례로서의 분배적 정의 대 산술적 비례로서의 교환적 정의 및 교정적 정의(형벌)—은 매우 유명하다. 정의로운 성품을 지닌 사람도 가끔은 부정의를 저지르는 실수를 범한다. 하지만 부정의를 싫어하는 올곧은 성품 때문에 의도적으로 부정의를 행하지는 않는다. 정의로운 성품을 지닌 시민은 정치공동체의 법규와 관습을 존중하며, 동료 시민들의 행복과 공동선을 증진하기 위해 기꺼이 정치생활에 참여한다.

　분배적 정의는 특히 재산이론과 관련하여 중요하다. 분배적 정의는 일종의 비례적 평등이다. 아리스토텔레스에 의하면 재화는 가치에 따라 분배되어야 한다. 사람들이 동등한 가치를 지니고 있다면 재화도 동등하게 분배해야 하며, 어떤 사람이 다른 사람들보다 (가치나 공동체에 대한 기여에서) 우월하다면 그에 비례하여 보상받는 것이 정의에 부합한다. 아리스토텔레스는 재화분배의 기준이 되는 가치에 대해 개방적이었다. 능력, 신분, 기여와 공헌 등 다양한 가치들이 기준이 될 수 있다고 생각했다. 일반적으로 볼 때 아리스토텔레스는 공동체 전체의 행복, 곧 공동선에 기여하는 정도에 비례하여 분배하는 것이 정의에 부합한다고 생각했다.

정치적 삶과 사유재산

주지하듯이 아리스토텔레스의 『정치학』과 『니코마코스윤리학』에는 다양한 삶의 방식에 관한 성찰이 담겨 있다. 아리스토텔레스는 철학적인 삶이 활동적인 삶보다 더 우월하다고 생각했다. 하지만 정치적 삶도 그에 못지않게 중요하다고 봤다. 철학적인 삶은 철학적인 능력과 성향을 지닌 소수만이 누릴 수 있는 반면, 정치적인 삶은 도시국가의 자유 시민들이라면 누구나 누릴 수 있는 좋은 삶의 양식이다.[20]

반면에 가정은 생계를 유지하고 자손을 생산해야 할 필요성에 따라 움직이는 필연성의 영역이다. 가정에서의 생활은 공적인 공간에서 언어를 매개로 행해지는 정치생활보다 가치가 낮으며, 주로 여성과 노예가 활동하는 영역이다. 가장인 자유인의 관점에서 보면 노예는 사실 상 주인의 재산으로, 주인이 폴리스의 정치생활에 자유롭게 진출하는 데 필요한 존재다. 이성 능력을 갖추지 못한 노예는 주인의 명령에 따라 가정의 생계를 책임짐으로써 주인의 정치참여를 지원해야 한다. 그것이 자신에게 유익할 뿐만 아니라 주인과 정치공동체에도 도움이 된다.

아리스토텔레스의 재산이론은 폴리스의 정치생활에 참여하는 삶이야말로 시민에게 적합한 최선의 삶이라는 명제에서 파생된다. 로

---

20 일반 시민들은 교양과 문화생활을 즐김으로써 정치생활이 줄 수 없는 또 다른 즐거움을 경험할 수 있다. 이렇게 보면, 아리스토텔레스는 이론상 다양한 삶의 방식들의 서열을 제시했음에도 불구하고, 각각의 다양한 삶의 방식들이 인간의 (집단)생활에서 고유한 가치를 지닌다고 보았다. 그럼에도 아리스토텔레스가 이성의 능력을 발휘할 수 있는 정도에 따라 다양한 삶의 방식들의 가치를 상이하게 평가했다는 점은 부인하기 어렵다.

크와 칸트와 같은 근대 철학자들은 재산을 정치생활을 보조하는 제
도로 보지 않았다. 오히려 재산을 보호하기 위해 정치사회가 필요하
다고 생각했다. 이와 달리 아리스토텔레스는 자유시민의 정치생활을
뒷받침하기 위해 재산이 필요하다고 봤다. 이런 관점은 인간의 정치
적 본성을 강조한 공동체주의적인 인간이해의 당연한 귀결이다. 정
치생활은 이성을 지닌 자유 시민들이 폴리스 전체의 공동선을 위해
참여하는 생활방식이며, 재산은 시민들이 물질적인 필요에 얽매이지
않고 자유롭게 정치생활에 참여하는 데 필요하다.

　『정치학』과 『니코마코스윤리학』의 주된 관심이 좋은 삶을 사는 데
필요한 정치공동체의 윤곽과 개인의 덕을 탐구하는 데 있다면, 이런
목적을 뒷받침할 수 있는 소유체제를 모색하는 것은 당연한 일이다.
즉, 아리스토텔레스는 자유 시민들이 좋은 삶을 살 수 있는 정치공동
체에 적합한 물적 토대로 재산제도를 모색했다.

　이와 같은 아리스토텔레스의 기본 관점을 이해하면 재산제도의 성
격과 내용에 관한 그의 설명을 보다 쉽게 이해할 수 있다. 또한 아리
스토텔레스가 왜 재산의 획득보다는 사용에 더 깊은 관심을 보였으
며, 자연적인 획득방식과 비자연적인 획득방식을 구분했고, 플라톤의
(지배계급 내에서의) 재산공유제를 비판하고 재산의 사적 소유와 공동
사용 원칙을 옹호했으며, 시장과 화폐에 대해 부정적인 태도를 취했
는지를 더 쉽게 이해할 수 있다. 아리스토텔레스에게 재산은 자유시
민의 정치생활을 뒷받침하는 물질적인 수단에 불과했던바, 폴리스의
정치생활과 공동체의 행복을 뒷받침하는 한에서만 가치를 가질 수
있었다.

재산의 의미

주지하듯이 아리스토텔레스는 자족적인 생활을 위해 폴리스가 자연적으로 형성된다고 보았으며, 인간이 잘 살기 위해서 혹은 행복하거나 번영하기 위해서 폴리스가 필요하다고 생각했다. 그런데 자족적인 삶과 행복한 삶을 영위하기 위해서는 반드시 재화가 필요하다. 재화는 좋은 삶(혹은 덕스러운 삶)을 구성하는 요소는 아니다. 하지만 생명을 유지하고 자손을 생산·양육하는 데 반드시 필요하다. 다시 말해, 외적인 재화를 획득하거나 사용하는 일 자체가 덕스러운 활동은 아니지만 덕스러운 활동을 뒷받침하기 위해 반드시 필요하다. 이처럼 인간은 생명을 유지하고 덕스러운 삶을 살기 위해 외적인 재화를 필요로 하는데 이 외적인 재화가 바로 재산이다. 폴리스의 기본 단위인 가계는 생계를 유지하기 위해 재산을 획득해야 하며, 획득된 재산을 현명하게 사용함으로써 자유 시민인 가장의 정치생활을 지원해야 한다.

하지만 재산을 획득하는 활동 자체가 덕스러운 활동이 아니라는 데 문제가 있다. 자유 시민인 가장은 폴리스의 정치생활에 참여해야 한다. 하지만 재산의 획득에 관여할 경우 정치생활에 관심을 집중할 수 없고 바람직한 정치생활에 필요한 의식과 태도를 유지하기 어렵다. 재산을 획득하는 활동은 인간의 물질적 욕망을 자극하고 육체적인 향락을 자극함으로써 자유 시민을 정치생활로부터 멀어지게 한다. 그러므로 자유시민은 재산을 획득하는 일에 참여해서는 안 되며, 노예나 여성에게 그 일을 맡겨야 한다. 그럼에도 가장은 재산에 대해 완전히 무관심할 수는 없는바, 현명하게 재산을 사용함으로써 자신의 정치생활을 효과적으로 뒷받침해야 한다.[21]

『정치학』 1권에는 재산의 획득에 관한 아리스토텔레스의 생각이
나타나 있다(POL, 1254a1-1258a18). 물론 재산 획득을 포함한 경제활
동에 대한 아리스토텔레스의 논의는 좋은 정치공동체의 윤곽을 제시
하기 위한 노력의 일환으로 전개된다. 이런 전체적인 틀 안에서 재산
및 그 획득에 관한 문제가 가정관리의 일부로 논의된다.

　가정관리는 포괄적인 선을 추구하는 폴리스와 달리 부분적인 선
을 추구한다. 다시 말해, 폴리스가 잘 사는 것(fairing well or wellbeing)
이나 행복, 혹은 인간의 고유한 능력들을 계발하고 실현하는 데 주된
목적이 있다면, 가정생활은 인간의 물질적인 필요를 충족시키는 데
주된 목적이 있다. 물론 이런 주장은 조심스럽게 이해할 필요가 있다.
정치공동체인 국가는 순전히 정치생활을 위해 존재하고, 가정은 오
직 물질적인 필요를 충족시키기 위해 존재한다는 뜻으로 오해될 수
있기 때문이다. 아리스토텔레스에 의하면 국가는 가정이 씨족공동체
와 부족공동체를 거쳐 진화한 결과이다. 씨족사회나 부족사회는 완
전한 자급자족을 달성할 수 없기 때문에 국가가 발생했다. 이와 같은
형성과정은 국가가 정치생활에만 필요한 것이 아니라, 다른 목적, 즉,
물질적·정서적·군사적인 자급자족을 위해서도 필요하다는 사실을
말해준다.

21　아리스토텔레스는 재산의 성격에 관해서는 그다지 깊게 다루지 않는다. 그래서 재산
　　이 (현대의 재산권 개념과 유사하게) 소유자가 자유롭게 사용·처분·증여할 수 있는 배타
　　적인 권리인지 아니면 다른 성격을 지닌 것인지에 대해 명확히 설명하지 않는다. 다
　　만 이와 관련하여 미리 언급해둘 필요가 있는 것은 현대적인 권리 개념에 가깝다고
　　해석하는 경우에도 현대적인 재산권 개념과는 상당한 괴리가 있다는 점이다. 이에 관
　　해서는 후술할 것이다.

하지만 정치공동체인 폴리스가 자급자족적인 삶을 위해 발생했다고 해서 다른 목적을 추구할 수 없는 것은 아니다. 처음에는 물질적인 자급자족이 유일한 목적이었다고 해도, 폴리스 생활을 영위하는 과정에서 인간은 더 중요하고 고차적인 목적을 발견할 수 있다. 폴리스 생활을 통해 인간은 지적·도덕적 능력을 최대한 계발하고 실천할 수 있으며 정의와 부정의를 분별할 수 있게 된다. 폴리스는 자연적으로 형성되었지만 더 고차적이고 중요한 목적을 추구할 수 있다.

가계도 마찬가지다. 애초에 가계는 물질적이고 정서적인 필요를 위해 구성되었다. 하지만 폴리스라는 정치공동체에 속하게 되면서 다른 목적도 갖게 되었다. 즉, 가족구성원의 물질적 필요를 충족시켜주는 것 외에, 자유 시민인 가장의 정치참여를 효과적으로 뒷받침함으로써 공동체의 번영에 기여하는 역할도 수행하게 되었다.

가계의 두 가지 목적에 대해 설명한 다음 아리스토텔레스는 (폴리스의 기본 단위인) 가정관리에 대해 설명한다. 아리스토텔레스가 주인·노예 관계, 부부관계, 부자관계와 더불어 재산 획득에 관하여 논하기 시작한 것은 바로 이와 같은 맥락에서다. 아리스토텔레스는 주인·노예 관계를 다룬 후 재산 일반에 대해 검토하는데, 이런 순서는 노예의 주인과 정치가는 다르다는 것을 보여주기 위한 것이기도 하지만, (재산과 관련해서 볼 때는) 노예가 특수한 종류의 재산이기 때문이기도 하다(Mathie 1979). 특히 아리스토텔레스는 관습적인 노예와 구분되는 본성적인(혹은 '자연적인') 노예 관념을 도입하고 있는데, 이 부분은 조금 후 설명할 '자연적인' 획득과 교환 관념을 시사하고 있다(자연적인 노예 관념이 지닌 모호성은 자연적인 획득과 교환 관념이 지닌 모호성과 연계되어 있다).[22]

특수한 형태의 재산인 노예를 다룬 후 아리스토텔레스는 재산 일
반 및 부를 획득하는 기술에 관하여 고찰한다(POL, 1256a1-1256b39).
부의 획득이 가정관리와 동일한 것인지, 가정관리의 일부인지, 아니
면 가정관리를 뒷받침하는 것인지에 대해 고찰할 필요가 있기 때문
이다. 아리스토텔레스는 가정관리와 부의 획득을 동일한 것으로 보지
않는다. 부의 획득은 재화를 '조달'하는 일이고, 가정관리는 재화를
'사용'하는 일이기 때문이다.[23]

이어서 아리스토텔레스는 재화의 사용을 다루기 전에 자연에 부합
하는 획득술과 (흔히 돈벌이로 불리는) 비자연적인 획득술을 비교한다
(POL, 1256b40-1258a13). 먼저 자연적인 획득술은 자족적인 삶을 추구
하는 과정에서 자연스럽게 발생한다. 이런 형태의 획득술은 자연에
의존하며 생계유지의 필요에 의해 규정·제약된다. 자연적인 획득술
은 전적으로 자연에 의존하기 때문에 자연이 인간에게 제공하는 생
계수단(자원)—즉, 식물과 동물—을 중심으로 이해할 수도 있다. 아
리스토텔레스는 자연이 인간에게 필요한 것들을 공급해준다고 가정
하며, 돈벌이가 목적이 아닌 자족적인 삶을 위한 물물교환이나 단순
한 교환, 그리고 폴리스와 가계를 위해 필요하고 유용한 것들을 획득

22　자연적인(혹은 본성적인) 노예는 조리 있는 발언 능력은 없지만 그것을 이해할 수 있는
　　능력이 있고, (자신은 숙고된 판단 능력이 없기 때문에) 주인의 신중한 판단과 지배에 의해
　　혜택을 입을 수 있는 노예이다(POL, 1254b23, 1254b 16-7, 1260a13). 하지만 자연적인
　　노예가 유전되지 않는다는 사실은 자연적 노예에 대한 아리스토텔레스의 주장이 당
　　대의 노예제도를 크게 교란시킬 수 있는 잠재성이 있음을 시사한다.

23　"재화 획득술은 그 특성상 가정관리의 일종이다"(POL, 1256b26). 즉, 부의 획득술은 더
　　포괄적인 가정관리의 일부이다.

하는 기술을 자연적인 획득술로 간주한다. 반면에 돈벌이와 무제한 적인 부의 축적을 목표로 삼는 획득술을 비자연적인 획득술로 간주 한다. 이런 구분과 관련하여 아리스토텔레스는 정치학 3권(1256b30- 39)에서 자연적인 획득술의 특성에 관하여 설명한다. 밀러(D. Miller) 는 그것을 다음과 같이 정리하고 있다(Miller 1986, 9). 1. 어떤 기술에 속하는 도구는 수나 사이즈에서 한계가 있다. 2. 진정한 부는 가계 소 유자와 정치가를 위한 도구의 모음이다. 3. 그러므로 부의 한계는 정 해져 있다. 4. 따라서 좋은 삶에 충분한 재산의 양은 무제한적이지 않 다. 5. 좋은 삶은 폴리스의 목적이다. 6. 그러므로 진정한 부는 폴리 스와 가계공동체에 필요하고 유용하며 저장할 수 있는 것들로 구성 되어 있다. 7. 진정한 부를 제공하는 획득술은 자연에 따르는 것이다. 8. 그러므로 획득술은 자연에 따라서 가계 소유자와 정치가들에 속 한다.

여기서 자연적인 획득술의 주목할 만한 특징은 가정관리와 폴리스 의 통치에 기여해야 한다는 것이다. 획득술의 궁극적 목적이 돈벌이 가 아니라 좋은 폴리스에서 좋은 삶을 증진하는 데 있다면, 재산 획 득의 방법과 크기도 그런 목적에 부합할 때만이 정당성을 갖게 된다.

물물교환은 자연적인 획득술의 좋은 예이다. 돈벌이를 위한 교환 과 달리 물물교환은 자연이 인간에게 제공한 것들이 균질적이지도 균형적이지도 않기 때문에 자연스럽게 발생한다. 인간은 자연으로부 터 생활에 필요한 것들 중 어떤 것들은 넘치게 받고 어떤 것들은 부 족하게 받는 경우가 많다. 이처럼 불완전한 자연의 공여는 물물교환 을 자급자족에 필요한 자연적인 획득술로 만든다. 어떤 때는 넘치고 어떤 때는 부족한 상황이 사람들로 하여금 부족한 것들을 얻기 위해

남은 것들을 서로 교환하도록 이끌기 때문이다.[24]

자연적인 획득술과 달리 비자연적인 획득술은 더 중요한 목적을 위해 발휘되는 것이 아니라 더 많은 부와 재산을 갖기 위해 발휘되며, 무제한적인 성격을 갖고 있다(POL, 1257b17-1257b39). 부를 좋은 삶을 사는 데 필요한 도구, 혹은 가계와 폴리스 생활에 필요한 도구로 보지 않고, 돈의 양으로 환산하는 경향이 있다.

비자연적인 획득술은 획득술 자체에 내재하는 특성 때문에 발생하기도 한다. 인간의 본성에는 부를 무제한적으로 추구하려는 강력한 성향이 있는바, 이는 획득술을 광범위하게 적용하려는 욕구로 나타난다. 사람들은 가정관리를 위해 자연의 공여를 획득·사용하는 과정에서 자연스럽게 가사에 필요한 이상으로 부를 증식하려는 욕구를 갖게 된다(POL, 1257b40). 부는 매우 광범위한 영역에서 사용되기 때문에 부를 획득하고 증식하는 획득술이 다른 활동들보다 더 중요하다는 생각을 불러일으키기 때문이다.

마지막으로 자연적인 획득술과 비자연적인 획득술의 구분은 다소 모호한 측면이 있다. 예컨대, 상업이 무제한적인 부를 추구하기 때문에 폴리스 생활에 대한 관심을 약화시킨다는 주장은 상당히 설득력이 있지만, 상업 전체를 그렇게 매도하는 것은 너무나 일방적인 주장인 듯 보인다. 상업을 통한 부의 축적도 상인이 추구하는 다른 목표

---

24 이런 물물교환의 횟수와 경험이 증가하고 화폐가 고안되면서 점차 교환을 통한 부의 획득과 증식이 가능하게 되었다. 이런 식으로 돈벌이를 위한 상업이 발달하게 되는데, 이런 획득술은 자연에 반한다고 볼 수 있다. 대외무역은 돈의 고안에 결정적인 영향을 미쳤다.

에 따라서 어느 정도 통제될 수 있기 때문이다. 의술도 어디부터 어디까지가 자연적인 의술이며 비자연적인 의술인지 정확히 판단하기 어렵다. 사람들은 사정에 따라서 (일시적으로 혹은 상당히 오랫동안) 다른 활동을 무시하고 오직 건강에만 전념해야 할 때가 있다. 즉 상황 변화에 따라 자연적인 의술과 비자연적인 의술을 교대로 수행할 필요가 있다.

하지만 자연적인 획득술과 비자연적인 획득술의 구분이 모호하다는 비판을 제기함에 있어서 잊지 말아야 할 것이 있다. 그것은 획득술에 대한 아리스토텔레스의 설명이 폴리스의 구성 요소이자 폴리스 생활을 뒷받침하는 가계에 관한 설명의 일부로 개진되고 있다는 점이다. 아리스토텔레스는 부의 획득이 가정관리의 물적 토대를 제공하기 때문에 검토할 필요가 있는 주제라고 생각했지만, 부의 획득술 자체가 지닌 중요성 때문에 그렇게 생각한 것은 아니었다. 사실 부의 획득술은 자유 시민의 주된 관심사가 아니며 또 관심사가 되어서도 안 된다. 부의 획득에 마음을 빼앗긴 가부장 시민은 정치생활에 무관심해질 수 있음은 물론, 정치생활에 필요한 덕—의식과 태도—을 함양하기 어렵기 때문이다. 부의 획득은 다른 가계 구성원들이 담당해야 할 몫으로, 가부장 시민은 재산을 폴리스 생활을 위해 현명하게 사용하는 데만 관심을 둬야 한다.

03

아리스토텔레스의 재산이론

소크라테스(플라톤) 비판

주지한 바와 같이 부의 획득은 아리스토텔레스의 주된 관심사가 아니었고, 재산에 관한 그의 이론에서도 큰 부분을 차지하지 않는다. 재산에 관한 아리스토텔레스의 주된 관심은 가부장 시민의 정치생활과 폴리스의 공공생활을 위해 재산이 어떻게 소유되고 사용되는 것이 바람직한가의 문제로 모아진다. 아리스토텔레스는 이 주제에 관한 자신의 입장을 플라톤의 입장과 대비시켜 설명하는 가운데 재산에 관한 번영이론(human flourishing theory of property)을 제시한다.

플라톤 대화록의 대부분이 소크라테스의 입을 통해 플라톤 자신의 입장을 정당화한 시도라고 볼 때, 소크라테스의 (지배계급 내에서의) 공산주의에 대한 아리스토텔레스의 비판은 플라톤의 재산이론에 대한 비판이라고 보는 것이 합리적이다. 이런 인식하에 아리스토텔레스의 플라톤(소크라테스) 비판을 검토해보고, 재산에 관한 그의 일반적 입장을 소개한다.

『정치학』 2권의 전체적인 목표는 최선의 정치공동체를 탐구하기 위한 일환으로 다양한 레짐의 결함을 보여주는 것이다. 특히 2권에서 아리스토텔레스가 주목했던 부분은 폴리스가 허용해야 할 공유 (sharing)의 정도 혹은 공동체(koinonia)의 결속력이었다. 아리스토텔 레스에 의하면 좋은 레짐은 실제적인 것이든 이상적인 것이든 공유 (혹은 재산)와 관련된 특징이 있다. 즉, 어떤 물건들을 얼마만큼 공유하 고 있거나 공유해야 하는지를 기준으로 좋은 레짐과 나쁜 레짐을 평 가할 수 있다. 아리스토텔레스는 2권에서 이 주제를 다룬 후 3권 4권 에서 좋은 레짐의 윤곽을 제시하게 된다. 재산에 관한 이론은 아리스 토텔레스 레짐이론(혹은 정치이론)의 예비적 요소인 셈이다. 하지만 레 짐에 관한 포괄적인 논의는 본서의 범위를 넘어서는 만큼 여기서는 레짐과 재산 형태의 문제만을 다루기로 한다.

폴리스는 무엇을 어느 정도까지 공유해야 하는가? 이에 대한 아리 스토텔레스의 답변은 플라톤의 『국가』에서 개진된 소크라테스의 견 해에 대한 반론 형태로 제시된다(POL, 1260b27-1264b25). 소크라테스 는 "하나의 전체로서 최선의 도시는 가능한 한 최대한으로 하나로 통 합되어야 한다."고 주장했다. 소크라테스는 지배계급 내에서는 가정 을 폐지하고 재산을 공유하게 하는 것이 도시의 통합을 이루는 데 유 리하다고 봤다. 이에 대해 아리스토텔레스는 도시는 본질적으로 '특 정한 종류의 다수(a certain kind of many)'이기 때문에 지나치게 하나 로 통합될 경우 파괴될 수 있다고 반박한다. 도시가 지나치게 통합되 면 한 사람과 다를 바 없게 된다는 것이다.

"국가는 계속해서 통일체가 되어 가면 결국 국가이기를 그만 두 게 될 것이다. 국가는 본성적으로 하나의 복합체이다. 따라서 국가 는 복합체에서 점점 더 통일체가 되어갈수록 국가 대신 가정이 되고, 가정 대신 개인이 될 것이다. 가정은 국가보다 더 통일체이고, 개인은 가정보다 더 통일체라고 할 수 있기 때문이다. 따라서 국가를 그런 통일체로 만들 수 있다 하더라도 그렇게 해서는 안 된다. 그럴 경우 국가는 파괴되고 말 것이기 때문이다"(POL, 1261a19-1261a21).

　도시는 여러 사람, 즉, 여러 종류의 다른 사람들로 구성되어 있다. 군사동맹과 달리 "도시는 동일한 사람들로부터 발생하는 것이 아니다"(POL, 1261a24). 시민들 사이의 상호적인 평등이 도시를 보전한다고 지적하면서 아리스토텔레스는 상호성과 정의에 관한 『니코마코스 윤리학』에서의 논의를 상기시킨다. 도시는 생존을 위해서 제화공과 목수의 생산물이 서로 평등하게 엮어지는 가능성에 의존한다. 이것은 도시가 구성원들의 다양성에 기초해 있다는 사실을 반영한다. 소크라테스처럼 아리스토텔레스도 한 사람이 신발도 만들고 가구도 만드는 것보다 두 사람이 각각 제화공이 되고 목수가 되는 것이 더 유리하다고 생각했다. 이런 원리는 통치에도 적용된다. 치자와 피치자 사이의 상호성은 제화공과 목수 사이의 교환처럼 당사자들 사이의 차이를 전제한다. 통치자는 피치자들에게 좋은 통치자의 역할로 보답하고, 피치자는 통치자에게 좋은 시민의 역할로 보답한다. 윤번제로 공직을 담당하는 자유롭고 평등한 사람들조차도 통치자와 피치자 사이의 역할 구분을 가정한다. 이런 구분과 차이가 제거되면 도시가 제대로 기능할 수 없게 되어 소멸하고 만다.
　도시가 지나치게 하나로 통합되어서는 안 된다는 이치는 도시가 자족성을 추구하는 과정에서 발견할 수 있는 이치와 유사하다. 가계는 한 인간보다 우월하며 도시는 가계보다 더 우월하다. 작은 결사들로 구성된 큰 결사는 더 큰 자족성을 제공해주기 때문이다. 도시는 수와 종류에서 자족적인 공동체가 될 때 그 완성에 이르게 되는바, 자족성은 다양한 사람들이 부족한 것들을 서로 보충하기 위해 결합할 때 발생한다. 도시 형성의 과정과 목적을 두고 볼 때, 좋은 도시는 구성원들이 다양한 능력과 차이를 유지할 수 있을 때 오래 존속할 개연성이 높다. 반면에 다양한 능력과 차이들을 제거하며 통합성을 높이는 정도에 따라 도시는 축소되고 자족성을 상실하게 되어 해체의 과정에 들어간다.

소크라테스(플라톤)의 기획에 대한 아리스토텔레스의 비판은 이에 그치지 않는다. 아리스토텔레스는 완전히 통합된 도시를 추구하기 위한 소크라테스의 방법은 폴리스 생활에서 기대할 수 있는 최고선들 중 하나인 우정마저 위축시키거나 파괴할 것으로 본다. 소크라테스는 폴리스가 하나의 커다란 가계가 되기를 바랐다. 그렇게 되면 가족적인 정서적 유대가 도시 전체로 확산되어 사적인 이익이 형성되지 않을 것으로 생각했다.

아리스토텔레스는 하나의 가계로 통합된 도시의 유대는 실제로 가계의 구성원들 사이에 존재하는 유대감과 비교해볼 경우 상대적으로 약할 것이라고 봤다(POL, 1261b16-1262a24). 하나의 커다란 가계가 된 도시국가에서 상이한 세대 구성원들 사이에서 통용되는 '나의 아버지'나 '나의 아들,' '나의 딸'과 같은 표현들이 갖는 애정(유대감)의 강도는 실제적인 가족구성원들 사이의 애정에 비해 현저히 낮을 것으로 예상했다. 더구나 사촌, 삼촌, 조카와 같은 용어들이 가리키는 더 복잡한 관계들은 사실상 소멸되어버릴 개연성이 높다고 봤다. 통합된 도시에서 소크라테스가 기대하는 정서적 유대는 실제의 가계에서 찾을 수 있는 유대감에 비해 현저히 낮을 수밖에 없다는 것이다.

이런 근거에서 아리스토텔레스는 소크라테스가 제안한 소유물의 공동 소유체제는 현존하는 사적 소유체제보다 훨씬 더 열등하다고 평가한다(POL, 1263a21-1263a23). 더구나 현존하는 소유 체제에 다소 결함이 있다고 해도 시민들에게 훌륭한 습관을 길러줄 수 있는 좋은 법률을 제정함으로써 얼마든지 향상시킬 수 있다. 즉, 시민들이 사적으로 소유하고 있는 것들을 함께 사용할 수 있도록 독려하고, 그런 공동 사용에 필요한 덕을 함양시킴으로써 시민들 사이의 우정 혹은 유대를 촉진시킬 수 있다. 이와 같은 개선의 여지를 고려할 경우 현존 체제는 소크라테스가 제안한 공유체제가 야기할 수 있는 문제들을 피할 수 있다.

요컨대, 아리스토텔레스는 도시가 하나의 가계처럼 통합되면 도시의 자족성이 떨어져 해체될 가능성이 높다고 보았으며, 소크라테스적 통합을 뒷받침할 공유재산체제는 다양한 병폐를 일으켜 도시의 건강을 해칠 것으로 예상했다. 그리고 이런 인식하에 재산공유제보다는 기존의 재산체제를 개선하는 것이 도시의 발전과 개인의 번영에 더 이로울 것으로 확신했다. 아리스토텔레스가 다양한 재산 체제를 분류하고, 더 바람직한 재산체제의 윤곽을 제시하게 된 것은 바로 이와 같은 맥락에서다.

공산주의 대 사유재산체제

아리스토텔레스는 결코 금욕주의자가 아니다. 그는 인간이 행복한 삶을 영위하기 위해서는 부를 포함한 다양한 종류의 외적 재화가 필요하다고 본다. 따라서 중요한 문제는 사유재산이 필요한가의 여부보다는 도시의 정치생활을 위해 어떤 재산제도를 채택하는 것이 바람직한가의 여부이다. 이런 문제의식 하에 아리스토텔레스는 『정치학』 5권에서 세 가지 재산제도를 검토한다. 사적 소유와 공동 사용의 결합 형태, 공동 소유와 사적인 사용의 결합 형태, 공동 소유와 공동 사용의 결합 형태가 그것들이다(POL, 1262b37-1263a7). 사적 소유와 사적 사용의 결합은 제외시킨다. 그것은 재산의 소유자가 모든 종류의 기부와 공유를 거부하는 무제한적인 소유체제와 다름이 없어서 고려할 가치가 없다고 보기 때문이다. 아리스토텔레스는 세 가지 재산체제 중에서 사적 소유와 공동 사용을 결합한 체제를 가장 바람직하다고 주장한다.

아리스토텔레스는 자신의 주장을 정당화하기 위한 일환으로 공산주의체제의 난점을 지적한다. 『니코마코스윤리학』 5권 3장은 공산주의의 가장 근본적인 문제점을 정의에 어긋나는 데서 찾는다. 정의는 평등한 자들이 평등한 몫을 얻고 불평등한 자들이 불평등한 몫을 얻는 것인데, 공산주의는 이와 같은 기본적 정의와 정면으로 충돌한다는 것이다. 즉, 공산주의는 유능한 사람들이 더 많이 일하면서도 무능하고 더 적게 일하는 사람들과 동등한 몫을 가지도록 강요하기 때문에 근면하고 유능한 사람들의 불만을 일으켜 사회적 갈등과 분열을 초래할 수 있다. 이런 상황은 두 가지 측면에서 국가에 치명적이다. 하나는 유능한 사람들의 일할 의욕을 꺾어버려 국가 전체에 큰 손실을 초래하는 것이고, 다른 하나는 유능하고 근면한 사람들이 그들의 노력과 기여에 상응하는 응분의 몫을 받지 못하는 부정의가 발생한다는 점이다(Mayhew 1993, 803-831).[25]

아리스토텔레스는 모든 사람에게 동등한 양의 생필품을 보장해주면 범죄를 저지를 이유가 없다는 견해를 거부한다. 대신에 사람들이 생필품을 얻기 위해, 필요한 것 이상의 욕망을 충족시키기 위해, 그리고 고통 없는 쾌락을 얻기 위해 부정의나 범죄를 저지른다고 주장한다(NE, 1152b36,-1153a2, 1173b15-19, 1177a25-26). 또한 상대적으로 큰 범죄는 생필품을 얻기 위해서가 아니라 과다(excess)에 의해 저질러지는 경향이 있다.

부정의와 범죄의 주된 원인을 생필품의 결핍이 아닌 과다에서 찾기 때문에 아리스토텔레스가 제시하는 범죄의 해결책도 공산주의와는 거리가 멀다.[26] 그는 과욕을 절제하지 못하거나 고통 없는 쾌락을 추구하는 잘못된 성품을 교정하고 향상시킬 수 있는 교육에서 최선의 해결책을 찾는다. 사유재산을 폐지하는 방식으로 시민들의 행위를 통제하기 보다는 사유재산을 잘 사용할 수 있는 훌륭한 성품을 함

25　이에 덧붙여 아리스토텔레스는 공산주의가 생산성을 낮출 것이라는 익숙한 논리를 펴기도 한다. 만일 개인들이 각자 자신의 것을 돌본다면 서로를 기소할 필요가 없을 것이며, 자신의 것을 더 향상시키려고 노력할 것이라고 본다. 이런 평가는 이미 아리스토텔레스가 일종의 '공유지의 딜레마'를 인식하고 있었음을 알려준다. 그럼에도 아리스토텔레스가 공유지의 딜레마 때문에 공산주의를 거부했다고 보기는 어렵다. 자유 시민들의 정치생활을 뒷받침할 수 있는 윤리적 품성 계발을 재산체제의 가장 중요한 기능으로 보았기 때문이다.

26　아리스토텔레스는 다른 이유에서도 공산주의를 비판하고 사유재산체제를 옹호한다. 『수사학』에서 아리스토텔레스는 공산주의가 개인이 사유재산을 통해 누릴 수 있는 특별한 종류의 즐거움을 축소하거나 파괴한다고 평가한다(POL, 1263a40; 『수사학』 1371b12-23). 개인은 자신에게 특별한 애착을 느끼는 존재이고 또 사유재산은 자신에게 속하는 것이기 때문에, 개인이 사유재산에 특별한 애착을 갖는 것은 당연한 일이다. 공산주의는 이와 같은 자연스런 이치에 어긋난다.

양하는 방법이 실용적인 측면에서나 윤리·정치적인 측면에서 훨씬 더 바람직하다고 본다. 이것이 아리스토텔레스가 공산주의 대신에 사적 소유에 공동 사용을 결합한 체제를 옹호하는 이유이다.

아리스토텔레스에 의하면, 사유재산은 개인이 자신의 이성적 판단에 따라 자유롭게 행위할 수 있는 공간을 제공해주기 때문에 공산주의보다 바람직하다(Mayhew 1993, 812). 자신만의 재산을 갖는 것은 이성적 판단을 고무함으로써 자신을 더 도덕적이고 독특한 존재로 정립할 수 있도록 해준다. 사유재산은 자신의 것을 소유하는 즐거움을 주는 데 그치지 않고, 개인이 인격과 성품 그리고 이성적 판단능력을 계발할 수 있는 중요한 조건이다. 이런 관점에서 보면, 공산주의의 근본적인 폐해는 단순히 생산성을 떨어뜨리거나 공유물의 오남용을 초래하는 데 있는 것이 아니라, 다양한 덕을 함양할 수 있는 기회를 원천적으로 차단해버리는 데 있다(POL, 1263b8-1263b14). 예컨대 여성과 자식의 공유제는 중용이라는 덕을 파괴하고, 재산의 공산주의는 소유와 관련된 덕을 파괴한다. 공산주의는 사유재산을 허용하지 않기 때문에 개인이 자신의 재산으로 타인과 공동체에 기여할 수 있는 기회를 원천적으로 봉쇄해버린다. 자신의 것을 마음대로 사용할 수 없다면 타인에게 자신의 관대함과 너그러움을 보여줄 수 없기 때문이다. "재산을 공유하면 어느 누구도 선심을 쓴다고 과시할 수도 없고, 실제로 선심을 쓸 수도 없다. 선심은 사유재산을 써야 가능하다." 요컨대 공산주의는 다양한 덕들을 함양하고 실천할 수 있는 기회를 박탈함으로써 개인이 도덕적으로 성숙해질 수 있는 기회를 앗아가버린다.

하지만 재산의 사적인 소유만이 관대함이나 관대한 행위를 가능하

게 한다는 아리스토텔레스의 주장은 매우 일방적이다. 관대함의 덕
은 내가 가진 소유물을 나눠줄 수 있을 때만 실천할 수 있다는 의미
로 해석되기 때문이다. 재산이 적어도 사람들은 다양한 방식으로 관
대함의 덕을 실천할 수 있다. 내가 마음대로 처분할 수 있는 재산을
갖고 있어야만 관대하게 행동할 수 있다는 견해는 관대함을 물질을
나누는 행위로 제한할 때만 성립한다. 어쩌면 관대함의 미덕은 중요
한 생필품들을 모두가 함께 소유하고 함께 사용할 수 있을 때 더 잘
발휘할 수 있을지도 모른다. 물론 이런 주장은 아리스토텔레스의 주
장과 다른 의미에서 일방적일 수도 있다. 하지만 관대함의 덕이 재산
의 사적 소유 형태에서만 실천될 수 있다고 보는 아리스토텔레스의
입장은 상식에 반하는 측면이 있다.

　아리스토텔레스는 이런 반론에 대해 공산주의체제의 폐해를 부각
시키며 응수할 것이다. 모든 재산을 공유하면 내가 다른 사람에게 특
별한 호의를 베풀거나 나눠줄 것이 없다. 공유물은 모두의 것이기 때
문에 내가 그것에 특별한 관심을 가질 필요가 없다. 다른 사람들이
그것을 관리하게 놔두는 것이 더 편할 것이다. 나아가서 공유물을 타
인에게 베푸는 행위는 너그러운 행위라고 할 수 없다. 엄밀히 말해
그것은 나의 것이 아니거나 모두의 것이기 때문에 그것을 다른 사람
에게 후하게 분배하는 것을 관대한 행위로 보기 어렵다. 또한 내가
특별한 관계를 맺고 있는 사람들에게 공동의 것을 후하게 분배해주
는 행위는 (엄밀히 말해) 나의 것이 아닌 것을 나의 것처럼 사용하는 잘
못을 범하는 것이다. 요컨대 공동소유는 개인들이 관대함의 미덕을
함양하고 발휘할 수 있는 조건을 심각하게 훼손한다는 주장도 일리
가 있다.

　물론 아리스토텔레스는 재산의 공유제가 사적 소유체제에서 기인하는 몇 가지 문제점을 해결하는 데 도움이 된다는 것을 인정한다(POL, 1263b15). 예컨대 공산주의체제에서는 "계약파기로 인한 상호고소, 위증으로 인한 재판, 부자들에 대한 아첨 등"이 발생하지 않을 수도 있다. 하지만 이런 병폐의 근본 원인은 사유재산제보다는 인간의 타고난 사악함에 있는바, 그런 문제를 방지할 수 있는 공산체제의 장점은 재산 공유로 인해 발생하는 문제점들에 비하면 하찮은 것이다. 아리스토텔레스는 "재산의 공유로 인해 얼마나 많은 해악들이 사라질 것인가에 대해서뿐만 아니라 얼마나 좋은 것들이 사라질 것인가에 대해서도 말하는 것이 정당하다."고 강조한다(POL, 1263b27-29). 요컨대, 재산의 공유제는 몇 가지 문제들을 해결해주지만 삶 전반을 악화시키는 반면, 재산의 사적 소유제는 몇 가지 문제점들을 지니고 있지만 개선되기만 하면 좋은 삶, 특히 시민의 이상적인 성품 계발과 실천에 큰 도움이 된다는 것이 아리스토텔레스의 결론이다.

사적 소유와 공동 사용

재산의 사적 소유가 개인의 좋은 삶과 공동체의 번영에 기여하기 위해서는 그것을 어떻게 보완하는 것이 바람직할까? 아리스토텔레스는 재산의 사적인 소유와 공동사용을 결합한 체제를 가장 이상적인 체제로 제시했다(POL, 1263a21-1263a39). 아리스토텔레스의 해법은 이례적인 것으로 여겨질 수도 있지만 완전히 새로운 것은 아니다. 이미 여러 도시들에서 시행되어왔기 때문에 적실성도 충분하다.

　"재산은 한 가지 점에서는 공유이어야 하지만 전체적으로 사유이어야 한다.…이런 제도는 결코 불가능한 것이 아니다. 몇몇 국가에서는 대략적이나마 그 단초를 발견할 수 있고, 특히 잘 정돈된 국가들에서는 벌써 일부가 시행되고 있으며, 나머지도 아마 시행될수 있을 테니 말이다. 그런 국가들에서는 각자가 자기 재산을 소유하되, 그중 일부는 친구들이 마음대로 사용하게 하는가 하면 자신도 남의 재산을 마치 공유물인 양 사용한다. 예컨대 라케다이몬에서는 남의 노예나 말이나 개를 제 것인 양 사용하며, 여행 중 식량이 떨어지면 길가 남의 밭에서 식량을 구한다. 이상에서 밝혀졌듯이 재산은 개인이 소유하되 공동으로 사용하는 것이 더 바람직하다. 그리고 사람들이 그런 품성을 갖도록 만드는 것이 입법자의 본연의 임무다"(POL,1263a21-1263a30).

　사적인 소유와 공동사용이 결합된 재산체제가 아리스토텔레스의 해법이라는 것이 명백해졌음에도 여전히 의문은 남는다. 먼저 재산을 공동으로 사용하는 것이 구체적으로 무엇을 의미하는지가 분명하지 않다. 재산을 사적으로 소유할 수 있는 권리에 공동으로 사용해야 한다는 의무를 덧붙이고 있는데, 이런 의무가 강제적인 것인지 단순한 권고에 불과한 것인지 불분명하다. 또한 공동사용의 조건은 재산의 사적인 소유에 큰 제한을 가한다는 점에서 사적인 재산권이 온전한 것인가 하는 의문을 불러일으킨다. 그리고 입법자는 시민들이 재산을 올바로 사용할 수 있도록 유인하기 위해 어떤 조치를 취할 수 있는가?
　먼저 사유재산의 공동 사용은 어느 정도가 바람직한가? 무제한적인 공동 사용은 사실상 사유재산을 부정하는 것이기 때문에 공산주의와 다를 바 없다. 그렇다고 공동 사용을 지나치게 축소시키는 것도 완전한 사유체제에 가까워지기 때문에 바람직하지 않다. 그렇다면 사유재산제를 기본으로 채택하면서도 순수한 사유재산제로 보기 어려울 정도의 공동 사용이 바람직하다고 볼 수 있을 것이다. 아리스토텔레스는 "각자가 자기 재산을 소유하되, 그중 일부는 친구들이 마음대로 사용하게 하는가 하면 자신도 남의 재산을 마치 공유물인 양 사용[하는] 것"이 좋다고 주장한다(POL, 1263a30). 여기서 아리스토텔레스는 공동으로 사용할 수 있는 두 가지 재화에 대해 얘기하고 있다. 한 가지는 친구들과 공동으로 사용하지만 다른 사람들과는 공동으로 사용하지 않는 재화들이고, 다른 하나는 모든 사람들이 공동으로 사용할 수 있는 재화들이다.

우정의 수준도 공동 사용의 정도에 영향을 미칠 수 있다. 우정의 깊이에 따라 공동으로 사용할 수 있는 재산의 종류나 양도 차이가 날 것이다. 아리스토텔레스가 선호하는 라케다이몬 체제에서는 사용하지 않고 남아 있는 재화가 있을 경우 동료 시민들이 그것을 사용할 수 있게 허용한다(POL, 1263a36-1263a39). 주로 노예, 말, 사냥개, 사냥용 음식 등이 이에 해당된다. 그 밖에 어떤 것들을 공동으로 사용할 수 있는가? 아리스토텔레스는 "여행 중 식량이 떨어지면 길 가 남의 밭에서 식량을 구한다고" 언급하고 있는데, 필요한 경우 다른 가계에서 쓰고 남은 식량도 공동으로 사용할 수 있다고 보는 것 같다.

아리스토텔레스가 라케다이몬을 예로 든 것을 보면, 사용하지 않거나 남아도는 재산 및 동료 시민들의 긴급한 의식주 해결에 도움이 되는 식품과 토지의 공동 사용을 권고하고 있는 것처럼 보인다. 특히 아리스토텔레스는 부유한 시민들이 자신의 토지와 식량을 공동으로 사용할 수 있게 허용하는 것이 바람직하다고 보았는데, 이런 주장은 "국가는 부와 자유민의 신분 없이 존립할 수 [없으며]" 국가의 존립을 위해서는 식량이 있어야 한다는 그의 소신과 긴밀히 연계되어 있다 (POL, 1263a16-19, 1328b15).

관대함은 필요에 처한 자들에게 의식주를 해결할 수 있는 길을 열어줄 뿐만 아니라, 폴리스의 모든 시민들을 결속시켜주는 효과가 있다. 아리스토텔레스는 『정치학』 6권 5장에서 타라스인들의 행동을 본받을 만하다고 주장하는데, 그것은 타라스인들이 빈민에게 자신의 것을 공동으로 사용할 수 있게 허락함으로써 대중의 선의(goodwill)를 유지하고 도시를 안정적으로 관리해왔다고 생각하기 때문이다(POL, 1320b9-1320b11).[27]

사유재산의 공동 사용과 관련하여 남은 문제는 자발적으로 이루어져야 하는지 아니면 법적으로 강제되어야 하는지의 여부이다. 너쓰바움(M. Nussbaum)은 아리스토텔레스가 법적인 강제를 선호했다고 본다(Nussbaum 1990, 205). 그녀는 사유재산의 공동 사용에 대한 아리스토텔레스의 옹호를 사회민주주의 국가에서 홈리스들에게 빈 가옥에 대해 일정한 권리를 부여하는 것과 같다고 본다.

하지만 메이휴는 두 가지 이유에서 이 해석에 반대한다(Mayhew 1993, 819-20). 먼저 너쓰바움의 발상은 재산의 사적 소유를 옹호하는 아리스토텔레스의 기본 입장과 배치된다. 둘째, 아리스토텔레스에게

27　그럼에도 아리스토텔레스는 공동 사용의 정도는 경우에 따라 달라져야 한다고 주장한다. 예컨대, 노예와 사냥개의 공동 사용은 더 제한적이어야 하지만, 들판에서의 말이나 음식의 공유는 더 관대해야 한다.

70

는 무엇보다 덕의 함양과 실천이 중요하다.[28] 『수사학』에서 아리스토
텔레스는 어떤 것이 개인의 소유라는 결정적 증거로 그것을 마음대
로 처분할 수 있는 가능성, 곧 선물로 주거나 팔 수 있는 가능성을 제
시한다. 재산이 정말로 사적인 것이 되려면, 그 소유자가 재산을 마음
대로 처분할 수 있는 권한—공동사용을 허용할 수 있는 권한도 포함
한다—을 가져야 한다는 것이다. 그래서 아리스토텔레스는 재산에
대한 특정한 권한들은 필요에 처한 동료 시민들에게도 양도할 필요
가 없다고 본다.

　그러면 재산의 사적 소유와 공동 사용을 결합한 재산체제의 구체
적인 형태는 어떤 모습인가? 어떤 경우에는 입법자가 공동 사용을 위
한 다양한 조치들을 법으로 규정할 수도 있을 것이다. 하지만 아리스
토텔레스는 법적으로 공동 사용의 의무를 강제하는 것은 바람직하지
않다고 보고, 재산의 소유자들이 자발적으로 공동 사용을 실천할 수
있는 덕을 함양할 필요가 있다고 강조한다(POL, 1263a37-1263a39). 그
렇지만 법적 강제가 없다면 재산 소유자가 공동 사용을 실천하지 않
거나 거부할 때 공동 사용 원칙은 사실 상 무효화되어버릴 것이다.
이런 상황이 일반화되거나 장기화되면 어떤 조치를 취해야 하는가?
재산의 공동 사용은 순전히 덕에 달여 있기 때문에 공동 사용 원칙을
홍보할 뿐 그 이행에 대해서는 침묵해야 하는가? 이런 의문들은 아리
스토텔레스가 과연 사적 소유/공동 사용 원칙을 구현할 수 있는 정책

28　주지하듯이 개인의 재산을 친구들과 공동으로 사용하는 것은 덕을 함양하고 실천하
기 위한 중요한 방법이다.

이나 조치를 분명히 제시하거나 최소한 암시하고 있는지에 대해 면밀한 검토를 요구한다.

『정치학』 7권 10장에는 식량 공급과 농토 분배에 관한 원칙이 제시되어 있는데, 여기서 아리스토텔레스는 도시의 재산 중 어떤 곳에 있는 재산을 얼마만큼 사적으로 소유해야 하는지에 대한 자신의 견해를 밝힌다(POL, 1320a40-1330a33). 그는 "[재산은] 호의적인 동의를 받아 공동으로 사용하고, 어떤 시민도 식량이 부족해서는 안 된다."는 대원칙을 다시 한 번 확인하고, 공동식사 제도와 토지의 분배에 관하여 설명한다. 아리스토텔레스는 공동 식사 제도와 토지 분배의 원칙을 논하기 위해 몇 가지 원칙을 전제한다. 소유는 개인적이어야 하지만 사용은 공동적이어야 한다는 원칙, 어떤 시민도 생계수단이 부족해서는 안 된다는 원칙, 공동식사는 잘 갖춰진 도시에 속해야 한다는 원칙, 신들과 관련된 경비는 도시 전체에 공동적이어야 한다는 원칙 등이 그것들이다.

이런 원칙들을 뒷받침하기 위해 아리스토텔레스는 토지 분배에 관한 원칙을 제시한다. 먼저 그는 토지를 공유지와 사유지로 양분하고, 양분된 토지를 다시 양분할 것을 권고한다. 공유지 가운데 일부는 신들에 대한 예배 비용을 충당하기 위한 것이며, 그리고 다른 일부는 공동 식사에 드는 비용을 충당하기 위한 것이다. 또 사유지 가운데 일부는 도시의 변경(邊境)에, 다른 일부는 도시 가까이에 둘 것을 제안한다. 각자가 두 필지를 소유하되, 두 곳에 한 필지씩 갖도록 하는 것이다. 이런 토지 분배 방식은 평등과 정의에 부합할 뿐만 아니라, 이웃 나라와 전쟁을 치를 경우 강한 연대감으로 뭉쳐 효과적으로 전쟁을 수행할 수 있게 해준다. 이런 제안 외에 아리스토텔레스는 도시

의 토지를 어떤 방식으로 분배해야 하는지에 대해 전혀 언급하지 않는다.[29]

다음으로 공유지는 관공서, 신전, 공동식사, 공무원 급료 등을 조달하기 위해 필요하다. 도시가 소유한 토지는 이런 제도들을 유지하기 위한 곡식과 가축을 생산하는 데 할애된다. 아리스토텔레스는 이 외에도 도시가 다른 수입원들을 필요로 한다고 보지만 특별히 조세의 중요성을 강조하지는 않는다.

이 맥락에서 아리스토텔레스는 공동식사 제도를 검토한다. 그는 『정치학』 2권 9장에서 스파르타의 공동식사 제도를 비판하고 크레타의 제도를 칭찬한다(POL, 1271a26-1271a36). 스파르타에서는 극빈자도 비용을 지불해야 하기 때문에 공동식사에 참여하기 어렵다. 반면에 크레타에서는 공유지에서 거둬들인 곡식과 가축으로 공동식사를 제공하기 때문에 가난한 성인 남성과 소년들도 참여할 수 있다. 여성은 식사를 준비하지만 식사에 참여할 수는 없다. 크레타의 공동식사 제도에 대한 아리스토텔레스의 평가를 감안해보면, 아리스토텔레스가 (플라톤과 마찬가지로) 여성을 위한 공동 식사에 대해 긍정적인 생각을 갖고 있었음을 알 수 있다(Mayhew 1993). 요컨대 아리스토텔레스는 도시가 최소한 한 번은 공동식사를 운영하는 방식으로 모든 시민의 기본 생계를 보장하는 것이 바람직하다고 생각한 듯 보인다.

마지막으로 공동식사에 대한 참여는 자발적이어야 하는가 아니면

---

29 이 문제에 대한 아리스토텔레스의 침묵을 (너쓰바움이 해석한 것처럼) 토지의 반을 공동으로 사용할 것을 제안한 것으로 해석하는 것은 무리한 억측이다.

강제적이어야 하는가? 이에 대한 아리스토텔레스의 입장은 명확하지 않다. 그럼에도 그의 재산이론의 전체적인 성격을 고려해볼 때, 공동식사 제도를 단순히 빈민을 구제하기 위한 제도로 보기는 어렵다. 공동식사 제도의 궁극적 목적을 이해하기 위해서는 윤리적·정치적 관점에서 접근해야 한다. 요컨대, 공동식사 제도는 시민의 덕을 함양하고 훌륭한 시민적 성품을 형성하기 위해 도입되었다고 보는 것이 더 타당하다. 즉, 공동식사에 참여함으로써 젊은이들은 시민들 사이에서 어떤 태도와 자세로 행동하는 것이 바람직한가를 배움으로써 덕을 갖춘 훌륭한 시민으로 성장할 수 있다. 나아가서 공동식사는 시민들 사이의 우정을 촉진시킴으로써 도시를 통합하는 중요한 기능을 수행한다(NE, 1313a41-b6; 1155a23-6, 1167a22-8).

사적 소유에 대한 제한

일반적으로 시민들은 토지를 포함한 재산을 사적으로 소유한다(물론 공동으로 사용할 의무는 있다). 그렇다면 사적인 재산에 다른 제한은 없는가? 아리스토텔레스는 재산을 범죄에 사용하는 것을 엄격히 제한하며, 필요한 공무를 수행하는 과정에서 사유재산을 어느 정도 제한할 수 있음을 시사한다(POL, 1321b4-1323a13). 첫째는 시장과 관련하여 합의와 질서를 감독하는 공무가 있다. 이런 임무를 담당하는 관리들은 모든 사람들이 정직하게 합의와 계약을 이행하도록 감독하고 질서를 유지해야 한다. 또한 시장 감독자들은 교환되는 상품에 일정한 가격을 매기는 기능도 담당했던 것으로 보인다. 시장 감독자의 역할을 생각해볼 때 이들이 사유재산에 대해 가했던 제한은 그다지 크지 않았던 것으로 사료된다. 오히려 이들은 시장에서의 기만행위를 감독함으로써 사유재산을 보호해주었다고 볼 수 있다.

다음으로 타운 관리자는 주로 세 가지 기능을 수행했다. 첫째는 질서 유지 차원에서 사유재산과 공유재산을 감독했다. 둘째는 오래된 건물과 도로를 보전하고 수선했다. 셋째는 경계에 관한 논란을 방지했다. 이런 역할을 수행하기 위해 타운 관리자들은 사유재산에 대해 어느 정도 간섭했지만 그 정도는 그다지 심하지 않았다. 이들의 간섭 행위는 사유재산 자체를 제한하기 위한 것이었다기보다는 공적인 임무를 수행하기 위한 최소한의 것이었다.

물론 사적 소유/사적 사용 체제를 단호히 거부하고 사적 소유/공동 사용 체제를 옹호한 아리스토텔레스의 입장을 두고 볼 때 아리스토텔레스가 사유재산에 대해 자유방임적 태도를 견지했다고 보기는 어렵다. 그런 해석은 아리스토텔레스가 무제한적인 부의 획득을 비판한 동시에 부의 지나친 불평등이 시민적 우정의 형성에 부정적인 영향을 미친다고 보아 공동식사 제도를 권고했던 사실과 모순된다.

주지하듯이 아리스토텔레스는 부의 무제한적이고 비자연적인 획득에 대해 비판했다. 하지만 그가 어떤 방식으로 부의 무제한적이고 비자연적인 획득을 금지하려 했는지는 분명하지 않다. 부유한 시민들에게 세금을 부과했으며, 또 부과했다면 어느 정도 부여했는가? 일정한 한계를 넘는 재산들은 강제로 몰수했는가? 아리스토텔레스가 시장과 상인의 삶을 바람직하지 않게 여겼다는 사실은 그가 무제한적인 부의 축적에 반대했다는 유력한 근거다. 그가 이런 태도를 취하게 된 것은 최선의 폴리스 생활을 모색하기 위한 물질적 조건을 탐색한 결과로서, 재산의 제한 및 간섭에 대한 아리스토텔레스의 제안들은 궁극적으로 시민적 덕을 함양하고 번영하는 폴리스생활을 뒷받침하기 위한 것이었다.

　이런 시각에서 보면, 도시에는 부자들이 있어야 한다고 밝힌 아리스토텔레스의 입장을 이해하기 쉬워진다. 그것은 부자들이 있어야 도시가 잘 유지될 수 있다고 보았기 때문이다. 부자들은 관대함의 덕을 실천함으로써 빈자들을 구제하고 시민적 우정을 촉진시킬 수 있다고 보았던 것이다. 아리스토텔레스는 덕을 자발적으로 실천하는 것이 매우 중요하다고 생각했기 때문에 부를 강제적으로 재분배하는 정책에 반대했다. 물론 부자의 역할에 대한 긍정적 평가와 기대를 그들에게 세금을 부과하지 말아야 한다는 주장으로 오인해서는 안 된다. 아리스토텔레스는 특히 군사적·정치적인 목적을 위해서는 부자에게 어느 정도 과세할 수 있음을 시사한다(POL, 1283a16-19; 1328b10-23). 요컨대, 사유재산의 제한에 대한 아리스토텔레스의 입장은 다음과 같이 정리해볼 수 있다. 최상의 상황에서는 공유지로부터, 그리고 시민들의 관대한 행위로부터 얻은 기금으로 도시의 모든 공동 경비를 충당하는 것이 좋다. 하지만 이런 상황은 지극히 예외적인 경우에 해당하기 때문에 부유한 시민들이 부족한 경비—특히 군사적인 목적의 경비—를 메우기 위해 어느 정도 세금을 납부하는 것이 바람직하다. 소유자가 재산을 기만적으로 사용하지 않고 도시의 공동기금이 비교적 넉넉할 때는 시민들이 사유재산을 자유롭게 사용할 수 있어야 한다.

재산제도와 입법자의 역할

재산의 공동 사용과 관련하여 아리스토텔레스는 "시민들이 소유를 공동으로 사용하게 되는 것은 입법자의 역할이다."고 주장했다(POL,

1263a38-1263a39). 이 주장은 어떻게 해석해야 하는가? 입법은 궁극적으로 도시의 강제력으로 뒷받침된다. 그렇다면 아리스토텔레스는 재산의 공동 소유를 강제하는 것이 바람직하다고 보았는가? 덕을 함양함에 있어서 법, 관습, 교육을 종합적으로 활용할 것을 주문하는 아리스토텔레스의 입장에서 볼 때, 공교육을 통해 시민들의 덕을 함양함으로써 재산의 공동 사용을 촉진시키는 방법이 최선인 듯 보인다. 공교육을 통해 어린 아이들의 성품과 덕을 계발하여 나중에 자신의 재산을 친구들 및 동료 시민들과 함께 사용할 수 있도록 준비시키는 것이다. 공교육과 법률을 통한 훈육 과정을 거침으로써 시민들은 공동체의 운명과 자신의 삶 사이에 밀접한 연관성이 있다는 것을 자각하게 되며, 자신의 재산을 친구 및 동료 시민들과 나누면서 시민적 우정을 쌓을 수 있게 된다. 그래서 아리스토텔레스는 입법자의 가장 우선적인 역할이 젊은이를 올바르게 교육시키는 것이라고 주장하고, 젊은이들에게 동일한 교육을 실시하는 것이 좋다고 권고한다.

아리스토텔레스가 재산의 공동 사용과 관련하여 강제적인 법과 공교육의 필요성을 주장했음에도 불구하고, 그의 제안은 더 넓은 맥락에서 이해할 필요가 있다. 법과 공교육은 재산을 친구들 및 동료 시민들과 함께 사용할 수 있는 관대한 태도를 기르기 위해서도 필요하지만, 일차적으로는 도시에서의 좋은 삶에 필요한 훌륭한 시민들을 양성하기 위해 필요하다. 도시에 좋은 시민들이 많이 존재할수록 좋은 도시가 되며, 모두가 함께 번영하는 도시가 될 수 있다. 사유재산의 공동 사용은 이런 전체적인 기획의 일부이기 때문에, 법과 공교육을 통해 그에 적합한 성품과 덕을 함양해야 한다. 그런 훌륭한 성품과 덕이 계발되어야만 시민들은 적절한 범위에서 자신의 재산을 친구들 및 동료 시민들과 함께 사용하며, 시민적 우정과 연대감을 쌓을 수 있다.

이런 관점에서 보면, 입법자의 역할은 반쯤은 강제적이고 반쯤은 자율적이다. 올바른 성품과 덕을 충분히 계발하지 못한 어린 시절에는 법적인 강제와 공교육을 통해 교육시키는 것이 좋다. 하지만, 훌륭한 성품과 덕을 갖춘 시민으로 성장하게 되면 법적인 강제가 없어도 도시의 번영에 필요한 행동을 취할 수 있게 된다. 재산의 획득과 소유를 스스로 절제하며, 사유재산을 개인적으로만 사용하지 않고 친구들 및 동료 시민들과 함께 사용하며 우정과 연대감을 쌓을 수 있다. 따라서 입법자는 사유재산을 엄격히 규제하거나 폐지해서는 안 된다. 아리스토텔레스가 (수호자들 사이에서) 여성과 자식의 공동 소유를 통해 도시를 통합시키고자 했던 플라톤을 비판했던 이유가 바로 여기에 있다. 아리스토텔레스는 교육, 법, 관습을 종합적으로 활용하여 시민의 성품과 덕을 함양시키고자 했지만, 성인 시민들이 재산을 자율적으로 통제하는 것이 더 바람직하다고 생각했던 것이다.

소결론

아리스토텔레스의 재산이론은 사유재산 자체에 대한 관심에서 나온 것이 아니다. 소유제도는 모든 시민들이 좋은 삶을 살 수 있는 훌륭한 폴리스에 필요한 한 가지 제도일 뿐이다. 다시 말해 소유제도는 인간이 번영할 수 있는 공동체를 조성하고, 그런 공동체를 이상적으로 유지할 수 있는 훌륭한 시민의 성품 계발과 덕의 실천을 뒷받침하기 위한 물질적 조건으로서 제시된 것이다. 그것은 개인들이 배타적으로 사용·처분할 수 있는 권리를 옹호하기 위한 이론과는 거리가 멀다. 재산의 획득과 소유 그리고 재산의 공동 사용은 시민들이 자신의 덕을 함양하고 실천함으로써 좋은 삶을 영위할 수 있는 공동체를 만들기 위한 노력의 일환일 뿐이다. 이렇게 보면 아리스토텔레스의 재산이론은 재산에 관한 번영이론으로 부르는 것이 적합해 보인다. 궁극적으로 개인과 공동체의 공동 번영에 이바지할 수 있는 재산체제를 모색하기 위한 작업의 산물이기 때문이다.

04

新아리스토텔레스주의적 재산이론: 알렉산더와 페냘베

알렉산더와 페냘베

현대에도 아리스토텔레스의 공동체주의 사상을 지지하는 新아리스토텔레스주의자들이 있듯이, 사유재산에 관한 아리스토텔레스의 인간번영이론을 계승·발전시키고 있는 이들이 있다. 알렉산더(G. Alexander)와 페냘베(E. Penãlver)가 대표적이다. 그들은 재산에 관한 정보이론(information theory)의 대척점에 있는 진보이론 내에서 아리스토텔레스의 인간번영이론을 계승·발전시키고 있다(Alexander 2018 & 2009; Alexander & Penãlver, 2012; Penãlver 2009). 재산에 관한 정보이론도 재산의 사회적 측면 혹은 중요성을 완전히 부정하지는 않는다. 하지만 정보이론에 비해 진보적인 이론은 재산소유자의 사회적 의무와 책임을 훨씬 더 강조한다. 이런 진보 진영에 속하는 알렉산더와 페냘베는 아리스토텔레스와 아퀴나스의 인간번영이론과 덕의 윤리를 계승하여 독자적인 재산이론을 발전시키고 있는 동시에 몇몇 분야에서는 실질적인 법 개혁을 추진하고 있다.[30]

알렉산더와 페냘베는 사유재산권이 주로 개인의 독점적이고 배타적인 권리로 간주되어 공동체의 번영에 기여하지 못하고 있는 현실에 대한 아쉬움과 우려에서 출발한다. 이들의 문제의식에는, 주요한 종교·윤리들은 타인과 공동체에 대한 책무를 강조한다는 인식과 아울러, 자신의 것을 타인과 함께 나눌 수 있는 덕의 중요성을 강조한 아리스토텔레스 및 아퀴나스의 윤리적 관점이 짙게 배어 있다.[31] 그리고 이런 윤리적 관점은 인간은 사회적 존재이며, 삶의 의미와 행복은 상호의존적인 인간관계망 속에서만 실현될 수 있다는 공동체주의적인 존재론에 바탕을 두고 있다.

알렉산더와 페냘베는 인간의 번영을 주로 개인의 자아실현으로 이해하는 개인주의적인 사고전통을 거부하고, 인간의 번영이 사회적인 협동을 통해 실현되는 사회적인 성취임을 강조한다. 이들이 아리스토텔레스와 아퀴나스의 인간번영 개념을 토대로 재산권을 다루는 이유는 인간은 사회적 존재이기 때문에 모든 공동체구성원들의 공동번영에 기여할 수 있는 재산제도를 고안해야 한다는 신념 때문이다. 다시 말해, 사유재산권은 순전히 개인의 행복에만 이바지해서는 안

30　진보 진영 내에서도 일부는 민주주의와 평등의 가치를 더 중시하는 반면 일부는 공유와 포용의 가치를 더 강조한다.

31　아퀴나스의 재산이론은 근본적으로 이웃사랑의 의무와 우정에 대한 공동체주의적인 이해에 입각해 있다. 이웃사랑에 대한 의무는 모두에게 번영에 필요한 사회적·물질적 조건들을 제공하도록 요구한다. 또한 공동선에 관한 그의 공동체주의적인 인식은 우리 각자의 번영이 공동선을 증진하는 정치공동체의 존재에 달려 있다는 주장으로 표현된다. 그 당연한 귀결로 아퀴나스의 재산이론은 재산이 인간의 행복을 증진시키기 위해 존재하며, 재산권은 인간번영을 구성하는 선들에 종속된다는 것을 강조한다. 이와 같은 측면에서 보면, 아퀴나스는 사유재산을 기본적으로 도구적인 관점에서 이해하고 있으며 재산의 소유자들은 필요에 처한 이들에게 자신의 재산을 나눠주어야 한다는 아리스토텔레스의 입장을 계승하고 있음을 알 수 있다.

되고, 사회의 모든 구성원들이 공동 번영할 수 있도록 뒷받침할 수 있어야 한다는 믿음 때문이다.

알렉산더와 페냘베가 표방하는 번영이론에서 번영 개념은 두 가지 측면을 갖고 있다(Alexander & Penälver 2012, 87).[32] 하나는 잘 사는 것(faring well or well-being)이고 다른 하나는 잘 행하는 것 혹은 덕(doing well or virtue)이다. 인간이 번영하는 삶을 살기 위해서는 올바른 환경에서 살거나 최소한 용인할 만한 환경에서 살아야 한다. 기본적인 필요를 충족시키지 못하거나 극단적인 빈곤 상황에서는 번영하는 삶을 영위하기 어렵다. 또한 번영하는 삶은 단순히 기본적인 필요를 충족시킨다고 해서 실현되지 않는다. 생존에 필요한 자원이나 환경은 물론 자신의 지적·도덕적·미적 능력을 계발하고 실현하는 데 필요한 추가적인 자원과 조건이 필요하다.

나아가서 번영하는 삶은 덕의 함양과 실천을 필요로 한다. 덕스러운 삶을 살기 위해서는 인간의 고유한 능력들—이를 테면, 사유하고 판단하며 윤리적으로 행동할 수 있는 능력 등—을 충분히 계발하고 발휘할 수 있어야 한다. 덕스러운 행위는 좋은 인간관계와 관계양식을 구성하는 요소일 뿐만 아니라, 그런 관계양식을 유지·강화시켜줌으로써 인간번영에 기여한다. 따라서 인간이 자신의 잠재력을 계발하고 번영하는 삶을 살기 위해서는 반드시 다른 사람들과 다양한 관계를 맺으며 살아야 한다.

마지막으로 인간번영은 다원적인 세계관과 인생관들 중에서 자신

---

32 물론 이 두 측면은 아리스토텔레스의 인간번영 개념에서 원용한 것이다.

에게 어떤 것이 가장 가치 있고 의미 있는지를 성찰하고 선택할 수 있는 능력의 계발과 실천을 포함한다(Alexander & Penãlver 2012, 87-8). 다시 말해, 번영하는 삶은 의식주의 충족, 지적·윤리적·미적 능력의 계발과 실천, 적절한 사회관계, 그리고 자유와 진정성의 실현을 포함한다. 이런 요소들 중 하나라도 부족할 경우 번영하는 삶을 살 수 없다.

물론 이런 요소들이 모두 충족될 때 달성되는 인간번영의 구체적인 내용은 다양하고 풍부하다(Alexander & Penãlver, 2012, 88). 피니스(J. Finnis)는 다음과 같이 주장한다.

"인생관의 무한한 다양성 외에, 헌신의 깊이, 강도 그리고 지속성도 다양하며, 주어진 가치의 추구가 인생과 성품의 형성에서 우선성을 갖는 정도도 다양하다. 한 사람이 진리라는 가치를 인정하면, 그것은 그 사람의 전 인생에 걸쳐 엄격한 자기수양과 노력을 이끌어낼 수 있다. 다른 사람의 경우에는 지적으로 좋은 주장을 전개하는 즐거움을 누릴 수 있기에 충분한 헌신을 이끌어낼 수 있다. 또 다른 사람의 경우에는 TV에서 방송 중인 거짓 광고에 투덜대는 성향 정도에 그칠 수도 있다.…이런 다양성은 진리가 유일한 기본 가치가 아니라는 사실에서 나올 뿐만 아니라, 모든 인간이 (따라서 전체 문화가) 결정, 열중, 냉철함, 선견지명, 확고함, 및 가치에 대한 모든 반응 양상들에서 차이가 있다는 사실에서도 연유한다"(Finnis 1980, 34).

하지만 상이한 가치들에 대한 반응이 사람마다 다르다는 사실이 좋은 삶, 번영하는 삶에 공통적인 몇 가지 특징들이 있다는 주장과

모순되지는 않는다. 번영하는 삶의 형태는 다양하지만 몇 가지 공통
요소들을 지니고 있다. 예컨대, 인간이 지닌 지적·정서적·도덕적·
심미적 잠재능력의 계발과 실천은 모든 형태의 번영하는 삶에 공통
적으로 필요하며, 어느 정도의 물질적 자원도 반드시 필요하다.

　　알렉산더와 페냘베는 특히 너쓰바움과 센(A. Sen)의 역량접근법
(capabilities approach)을 원용하여 번영이론을 발전시킨다. 그들은 번
영하는 삶을 영위하기 위해서는 잠재 역량을 계발하는 것이 중요하
다고 보고, 인간의 번영을 촉진시킬 수 있는 법의 역할에 주목한다
(Alexander & Penãlver, 2012, 88). 역량접근 방법은 인간의 행복을 측정
함에 있어서 사람들이 소유하고 있는 것보다는 무엇을 할 수 있는가
에 더 주목한다. 이 접근법에 따르면, 잘 살기 위해서는 (다시 말해 행복
하기 위해서는) 존엄한 삶을 선택할 수 있는 실질적인 힘, 즉, 역량을 갖
는 것이 중요하다.

　　번영하는 삶은 단지 재화를 소유하고 선호를 충족시킨다고 해서
달성되지 않으며, 소극적인 자유를 보장받는 것만으로 실현되지 않
는다. 인간의 번영은 훌륭한 인격을 함양하고 가치 있는 목적을 추구
할 때 성취할 수 있다. 객관적인 가치를 지닌 조건과 활동들은 매우
기본적인 것에서부터 (공동체의 정치생활에 참여하는 활동처럼) 더 복잡한
것에 이르기까지 매우 다양하다(Alexander & Penãlver, 2012, 89). 번영
하는 삶을 위해 이런 조건과 활동들을 다 경험할 필요는 없다. 적절
한 시점에 번영에 이르기 위해서는 이런 것들 중 일부를 반드시 경험
해야 하지만, 인간번영의 다양한 형태들은 개인들이 선택할 수 있는
폭넓은 기회를 제공한다.

　　알렉산더와 페냘베는 너쓰바움과 센의 역량 개념을 참고하여 좋은

삶, 혹은 번영하는 삶에 필수적인 네 가지 능력을 제시한다(Alexander & Penālver, 2012, 89). 각 사람에게 어떤 역량이 더 중요한지는 논란의 여지가 있지만, 이것들이 모두 인간번영에 필요하다는 점은 부인하기 어렵다. 첫째, 생명역량. 이 역량은 건강 및 안전과 같은 보조적인 역량을 포함하고 있다. 둘째, 자유역량. 이 역량은 정체성과 자기에 관한 지식을 포함한다. 셋째, 실천이성역량. 이 역량은 자신에게 무엇이 좋고 유익한 지에 대해 잘 숙고할 수 있는 능력이다. 넷째, 사회성역량. 이것은 너쓰바움이 귀속역량이라 부르는 것으로, 사회참여, 자존감, 우정의 가능성과 같은 보조적인 역량을 포함하고 있다. 이미 언급한 바와 같이 이런 역량들에 깔려 있는 가치들은 다원적이고 통약불가능하다. 이 네 가지 역량을 어느 정도 갖춰야 번영하는 삶을 살수 있으며, 이 중 하나라도 결여하게 되면 다른 것이 넘치더라도 적절히 보충하기 어렵다.

그러면 이 네 가지 역량은 어떻게 계발·획득할 수 있는가? 이 질문에 대한 알렉산더와 페날베의 답변에는 아리스토텔레스와 아퀴나스의 공동체주의적인 존재론의 영향이 짙게 배어 있다. 인간은 유아기와 아동기 그리고 청소년기를 거치는 과정에서 지적·신체적·심리적으로 타인의 도움을 절실히 필요로 한다. 인간은 타인의 도움이 없다면 신체적·심리적 안전은 물론 지적·도덕적 성장도 기대할 수 없다. 장성한 이후에도 사회생활의 모든 측면에서 타인들과 협력하며, 집단에 대한 소속감을 유지해야만 정서적인 안정을 꾀할 수 있다. 노년기에 이르면 유아기와 아동기에 못지않게 주변의 도움을 많이 받아야한다. 이처럼 인간은 전 생애에 걸쳐 타인과 사회에 대한 의존에서 벗어날 수 없다.

이와 같은 인간의 상호의존성을 두고 볼 때, 생명역량, 자유역량, 실천이성역량, 사회성역량은 사회제도와 관계양식들 안에서만 계발될 수 있음을 알 수 있다. 가장 고립적이고 독립적으로 보이는 자유역량만 보더라도, 그것이 충분히 계발되기 위해서는 많은 사람들이 서로 의존하며 상호작용하고 있는 사회·문화·제도를 필요로 한다. 테일러(C. Taylor)는 자유로운 개인의 지위 자체가 사회적인 이슈들에 대한 공적인 토론을 전제한다고 지적한 바 있다.

다른 세 가지 역량들의 계발에 대해서도 유사한 답변을 할 수 있다. 우리들은 완벽한 역량을 가진 채 태어나지 않고, 오랜 기간에 걸쳐 많은 사람들의 도움을 받으며 그런 역량을 계발해나간다. 부모형제, 친척과 이웃 그리고 학교 선생님은 물론, 양육에 필요한 모든 과정과 프로그램을 개발한 수많은 사람들의 도움을 통해 그런 역량을 길러나간다.

알렉산더와 페냘베는 이와 같은 공동체주의적인 인식과 평가에 입각하여 재산에 관한 인간번영이론을 구축한다. 원자론적 존재론과 개인주의 윤리관에 토대를 둔 재산권 이론들이 주로 재산권의 배타적인 측면을 강조해왔다면, 공동체주의적인 존재론과 윤리론에 토대를 둔 알렉산더와 페냘베의 재산권 이론은 사회적 의무와 책임을 강조한다. 이들이 생각하는 것처럼, 인간이 신체적·지적·정서적으로 성장하는 과정에서 타인의 도움이 절대적으로 필요하고, 타인의 도움을 통해 성장한 현재의 세대들도 비슷한 방식으로 후세대의 성장과 발전에 도움을 준다면, 우리 모두는 다른 사회구성원들에게 그런 역량의 계발과 실천에 필요한 자원과 사회구조를 제공할 책임이 있다고 말할 수 있다. 이처럼 번영하는 삶이 타인들과의 상호의존 관계를 통해서만 달성될 수 있다면, 인간번영에 기여하는 요소들 중 하나인 사유재산도 공동체주의적인 관점에서 고찰하지 않을 수 없다. 아퀴나스의 주장처럼 번영하는 삶은 개인적인 성취가 아니라 공동의 성취이기 때문이다.

인간번영과 법

알렉산더와 페냘베는 인간번영을 촉진시킬 수 있는 주요 수단으로 법을 활용한다(Alexander & Penãlver, 2012, 92-4). 그들이 채택한 법 개념은 풍부한 도덕적 함축성을 내포하고 있다. 하지만 도덕과 법을 통합시켜보는 순수한 자연법 전통과는 차이가 있다. 그들의 법 개념은 도구적인 성격도 지니고 있다. 다시 말해 그들은 개인들이 번영할 수 있는 사회를 만들기 위해 법을 중요한 수단으로 활용한다. 하지만 몇 가지 실천적인 이유 때문에 법은 꼭 필요할 경우에만 집행되는 것이 바람직하다.

먼저 법은 특수한 도덕적 의무의 이행을 직접적으로 강제해서는 안 된다. 직접적인 강제는 (도덕적 의무를 법적으로 강제하지 않을 경우) 인간번영의 기회를 아예 박탈당하거나 심각하게 제한받는 사람들을 보호하기 위해서만 사용해야 한다. 절도와 사기 등을 금하는 법규 등이 여기에 포함되지만 재분배를 위한 과세도 포함시킬 수 있다. 재분배를 위한 과세는 충분한 잉여분의 자원을 지닌 사람들이 자원 부족 때문에 역량을 계발하지 못한 사람들을 돕도록 강제하는 방식으로 볼 수 있다(Alexander & Penãlver, 2012, 92).

또한 법적 개입은 인간번영에 필요한 사회적 의무를 명료히 밝혀주고 집단적 행위들을 조정함으로써 개인들이 스스로 노력할 필요성을 덜어준다. 예컨대, 잘 설계된 환경법이나 규제는 개인들이 수행한 행위의 장기적인 결과에 대해 정보를 제공해줌으로써 최선의 행위 양식을 널리 확산시킬 수 있다. 민권 관련 법규는 또 다른 예다. 차별을 금지하는 법규는 사회적인 비난이나 보복이 두려워 차별에 동참할 수밖에 없었던 소유주나 고용주에 힘을 실어줄 수 있다. 다시 말해 그 법규는 차별을 원치 않는 사람들이 옳은 일을 행할 때 직면할 수도 있는 희생이나 비용을 줄여줄 수 있다.[33]

마지막으로 인간번영의 구성요소인 자율성이라는 가치는 법이 (잘못된 선택을 막는 데 효과적인 경우에도) 특정한 조건에서만 간여하기를 요구한다. 때로 법은 자유를 침해할 수 있기 때문에 개인의 선택에 개입하지 않는다. 또 어떤 경우에는 프라이버시의 자유를 침해할 수 있다는 이유로 개입하지 않는다. 그래서 민권에 관련된 법은 사적인 클럽이나 가옥을 개입 대상에서 제외시킨다. 그런 제외 영역을 두는 것은 거기서 일어날 수 있는 인종차별에 무관심해서가 아니라, 법이 개입할 경우 자유의 전반적인 행사를 위축시킬 수 있기 때문이다.

인간번영과 재산

주지한 바와 같이 법은 인간번영을 촉진하는 데 매우 중요한 역할을 수행한다. 하지만 더 중요한 문제는 (인간번영의 다양한 구성요소들을 고려

---

33 물론 이 주장을 무분별한 법적 개입을 옹호하는 것으로 오해해서는 안 된다. 그런 생각은 자유에 대한 믿음에 부합하지 않는다. 재산권에 관한 번영이론은 다양한 형태의 법적인 강제와 설득에 대해 시민들이 반응하는 양식도 고려해야 하며, 공동체가 발전시켜온 정치적 결정메커니즘과 법집행 메커니즘도 함께 고려해야 한다.

하면서) 법을 최선으로 활용하여 인간번영을 촉진시킬 수 있는 방법을 모색하는 것이다. 지금부터는 이런 측면을 중심으로 인간번영과 재산의 관계에 대한 알렉산더와 페날베의 견해를 살펴보고자 한다.

인간의 다양한 역량을 계발하고 인간번영에 필요한 사회구조를 조성해야 할 의무는 특히 재산소유자들에게 중요한 의미가 있다(Alexander & Penãlver, 2012, 94-7). 미국의 재산법은 재산권의 관계적인 성격 때문에 재산 소유자들이 타인들에게 져야 할 의무를 인정해 왔다. 예컨대, 코먼로는 토지소유자들이 이웃에 해를 끼치는 방식으로 토지를 사용해서는 안 될 소극적 의무를 인정해왔다.

하지만 알렉산더와 페날베는 소극적인 의무만으로는 충분치 않다고 생각한다. 인간이 번영하기 위해서는, 타인에게 해를 가하지 말아야 할 소극적 의무를 넘어서, 자신이 참여하고 있는 여러 공동체에 대해 더 적극적인 의무를 져야 한다고 본다. 재산소유자들은 인간번영에 필요한 역량을 계발할 수 있도록 뒷받침해준 공동체들이 지속적으로 번창할 수 있도록 지원할 의무가 있다는 것이다. 공동체의 구조는 인간의 번영에 계속해서 영향을 미치기 때문에, 각 공동체는 인간번영에 필요한 구조를 유지하기 위해 재산소유자들에게 필요한 자원을 요구할 수 있고, 심지어 재산의 일부를 공동으로 활용할 것을 요청할 수도 있다.

하지만 고도로 복잡하고 분화된 현대사회에서는 개인들과 (그들이 속해 있는) 공동체들에게 인간번영에 필요한 역량을 계발·실천하는 데 필요한 물질적·사회적 조건들을 충분히 제공하라고 요구하기 어렵다. 최소한 자본주의가 흥기한 이후로는 개인들과 그들이 속한 공동체들의 노력과 헌신만으로는 인간번영에 필요한 조건을 충분히 확충하기 어렵다. 국가의 관여가 필요한 것이다.

이처럼 번영하는 삶에 필요한 역량 계발을 위해 국가의 관여가 필요하다면 국가는 재산소유자들에게 어떤 의무를 부과해야 하는가?(Alexander & Penälver, 2012, 95-6). 먼저 빈곤에 시달리는 동료 시민들은 기본적인 생존에 필요한 의식주를 제공받아야 한다. 어떤 이념을 지지하든 대다수 시민들은 국가가 극심한 빈곤에 시달리는 동료 시민들에게 생존에 필요한 기본재를 공급할 의무가 있다고 생각할 것이다. 자유주의 내의 가장 우파에 속하는 자유지상주의자들과 신자유주의자들도 이와 같은 최소한의 의무에 대해서는 반대하지 않는다.[34] 따라서 빈곤층의 기본적 필요를 충족시켜주기 위해 재산권에 약간의 제한을 두는 것은 정당하다고 볼 수 있는바, 재산소유자들은 잉여 재산의 일부를 제공할 의무가 있다. 이런 의무는 더 일반적으로 확대될 수 있다. 예컨대 위급한 건강상의 문제에 처한 동료 시민들을 위해, 그리고 미래 세대의 기본적인 의식주에 대비하기 위해, 현재의 재산소유자들은 잉여 재산의 또 다른 일부를 공동체에 제공할 의무를 진다. 이런 의무가 다소 과중하다면, 최소한 국가의 조치에 역행하는 방식으로 자신의 재산권을 행사하지 말아야 한다.

더구나 현대 자본주의 사회에서 태어난 아이들은 부모의 사회적인 배경이나 운에 상관없이 번영에 필요한 역량을 배양하기 위해 훌륭한 공교육을 받을 권리가 있고, 또 그래야만 인간번영을 뒷받침할 수

34　예컨대 하이에크와 노직도 이에 대해 반대하지 않는다. 그들은 포괄적인 재분배 국가를 거부하지만, 국가가 빈곤한 자들의 최소 생계를 보장해주는 것에 대해서는 반대하지 않는다.

있는 시장경제가 번창할 수 있는바, 현재의 재산소유자들은 국가의 공교육을 지원하기 위해 잉여 재산의 일부를 추가적으로 제공할 의무를 져야한다.

이처럼 자본주의 사회의 지속적인 번영에 필요한 후세대 교육을 포함한 다양한 공공재를 마련하기 위해 국가는 잉여 재산을 지닌 재산소유자들에게 추가적인 납세의 의무를 부과할 수 있다. 이와 같은 일련의 조치들은 국가가 재분배정책을 입안하고 실시할 수 있는 권한과 책임을 갖지 않으면 추진할 수 없다.

이처럼 국가는 재산소유자들에게 인간번영에 필요한 사회구조와 조건을 조성하기 위해 잉여 재산의 일부를 제공할 일반적인 의무를 부과할 수 있다. 하지만 재산소유자들이 그런 의무를 지는 것은 마땅하지만, 국가가 지나치게 많은 것을 요구할 경우에는 문제가 된다. 인간번영에 필요한 환경을 조성하기 위한 국가의 개입은 무제한적일 필요가 없으며 무제한적이어서도 안 된다(Alexander & Penãlver, 2012, 96). 일정한 선을 넘을 경우 국가의 권력은 인간번영의 핵심적인 원칙들을 어기게 될 뿐만 아니라 훼손할 수도 있기 때문이다. 다시 말해, 국가의 과도한 권력 사용은 자유, 실천적 합리성, 사회성과 같은 인간번영의 핵심 요소들을 발휘하는 데 방해가 될 수 있다. 예컨대, 자유 역량은 가정이나 친밀한 클럽과 같은 사적 공간에 대한 국가의 간섭을 단호히 배격한다. 또한 생활필수품들은 중앙의 배급보다는 자유로운 시장 거래를 통해 공급되어야 한다.

그럼에도 국가 행위자들, 사적인 공동체들, 그리고 시장 사이의 책임 분배는 (개인의 배타적인 재산권이라는 관점에서가 아니라) 모든 사회구성원들이 함께 번영할 수 있는 최적의 조건을 창출한다는 관점에서 논의되어야 한다는 것이 알렉산더와 페냘베의 입장이다(Alexander & Penãlver, 2012, 96). 그들은 개인의 재산권도 이와 같은 관점에서 논의되어야 한다고 주장한다. 왜냐하면 개인이 번영하는 삶을 영위하기 위해서는 자신을 위해 쓸 수 있는 재산에 대한 배타적 권리도 어느 정도는 필요하기 때문이다. 일단 사적인 소유권 체제가 수립되면, 국가가 시민들의 역량 계발을 위해 사용할 수 있는 수단은 제한을 받을 수밖에 없다.

　알렉산더와 페냘베에 의하면, 공동체의 공동 자원은 구성원들이 번영할 수 있는 능력에 큰 영향을 미치기 때문에 공리주의적인 관점에서 특수한 정책의 예상된 결과를 분석할 필요가 있다(Alexander & Penãlver, 2012, 97). 그럼에도 재산에 관한 인간번영이론은 궁극적으로 모든 사회구성원들의 번영 혹은 행복의 촉진을 목적으로 삼기 때문에 (공리주의적인 분석과 평가를 초월하는) 추가적인 사항을 고려해야 한다. 이런 관점에서 보면, 재산에 관한 인간번영이론은 일종의 약한 복지주의 이론이라 할 수 있다. 약한 공리주의는 전반적인 복지 향상을 추구하지만, 다른 고려사항들, 이를테면 분배와 같은 고려사항에도 도덕적 가치를 부여한다.

인간번영의 다원성

이 맥락에서 인간번영이론이 공리주의를 일부 수용할 수 있는 가능성과 관련하여 검토할 사항이 있다. 그것은 인간번영이론이 다원주의를 표방하면서도 효용이라는 단일 가치를 표방하는 공리주의를 수용할 수 있는가의 여부이다(Alexander & Penãlver, 2012, 97-102). 단일 척도를 사용하는 공리주의는 모든 가치를 효용—그 내용이 어떤 것이든—이란 궁극적 가치로 환원시켜 평가한다. 모든 가능한 결과들을 효용성의 높고 낮음에 따라 서열화한다. 공리주의의 이런 특성 때문에 복지주의 이론가들은 다원주의자들이 최상의 행동전략을 제시하지 못한 채 갈팡질팡한다고 비판한다. 인간번영이론도 인간번영에 관한 다양한 발상을 옹호하기 때문에 공리주의자들로부터 동일한 비판을 받곤 한다.

　알렉산더와 페냘베도 이런 비판의 엄중성을 인정한다. 이런 비판의 엄중성 때문에 가치다원주의를 옹호하는 철학자들은 다원적이고 통약 불가능한 가치들에 직면하여 합리적 선택의 가능성을 논증하려고 애써왔다. 이와 같은 '인덱스 문제(index problem)'에 대한 한 가지 대응 방법은 인덱스 문제가 본말을 전도시킨다고 반박하는 것이다. 즉, 모든 가능한 선택지들을 서열화할 수 있는 단일한 가치척도는 존재하지 않거나 확인할 수 없기 때문에, 가치다원주의에 대한 비판은 타당성이 없다고 반박하는 것이다. 물론 가치일원론자들이 믿고 있듯이 모든 가능한 선택지들을 하나의 가치척도에 따라 서열화할 수만 있다면 이상적일 것이다. 하지만 그럴 수 없다는 것이 가치다원주의자들의 신념이다. 일원주의자들은 단일하고 포괄적인 단일한 가치척도가 존재한다는 사실을 입증해야 함에도 불구하고 누구나 받아들일 수 있는 단일한 객관적 척도를 제시하지 못했다. 일부 다원주의자들은 이런 상황을 수용하는 것이 타당하다고 주장한다. 너쓰바움의 지적과도 같이, "보다 쉬운 결정 메커니즘을 모색하는 과정에서 도덕적 우주를 단순화시키는 것은 진보가 아니라 회피에 불과하다."고 보는 것이다. 이런 관점에서 보면 근본적인 문제는 가치가 다원적인지의 여부이지 (가치가 다원적일 경우) 사회적 선택이 어려워질 것이라는 우려가 아니다.

나아가서 가치다원주의자들은 다원적인 가치들 사이의 불가피한 충돌 가능성은 다원주의 이론의 매력이지 단점이 아니라고 주장한다(Alexander & Penãlver, 2012, 98-9). 우리는 개인생활이나 공적인 관계에서 가치들이 충돌하는 것을 자주 경험하며, 그때마다 크고 작은 비극적 선택을 해야 한다. 그럼에도 반드시 선택하고 행동해야 할 상황에서는 한 쪽을 택하고 다른 쪽을 포기한다. 이런 선택의 결과에 대해 나중에 후회하는 경우도 많다. 이와 유사한 경험들은 우리가 지지하는 가치들이 하나의 위계적인 가치질서로 통합되기 어렵다는 것을 보여주기 때문에 일원주의자들을 반박할 수 있는 좋은 경험적 근거가 된다. 그러므로 다원주의자들에게는 불가피하게 한 쪽을 택하고 다른 쪽을 포기하는 것이 비극적이긴 하지만 (반드시 행동해야 할 상황에서는) 합리적인 행위로 이해된다. 하지만 가치일원주의자들은 개인이 스스로 내린 선택을 나중에 후회하는 일이 빈번히 발생하는 현상을 설명하기 어렵다.

다원주의자들의 이와 같은 응수는 어느 정도 설득력이 있지만, 일원주의자들이 제기한 '인덱스 문제'에 대한 만족스런 답변은 될 수 없다. 최소한 다원주의 이론이 다양한 영역에서 행위자들의 선택을 안내해줄 수 있는 만족스런 기준을 제시해주지 못하는 것은 사실이기 때문이다. 그러므로 다원주의자들은 사람들이 다원적이고 통약 불가능한 가치들에 직면하여 보다 합리적인 결정을 내릴 수 있는 방법이나 기준에 관하여 지속적으로 고민할 필요가 있다.

이런 의무는 다원주의자들에게 둘째 단계의 대응책으로 인도한다(Alexander & Penãlver, 2012, 99). 즉, 다원주의자들은 충돌하는 가치들 중에서 어느 하나를 선택했을 때, 그 선택이 다른 선택보다 더 우월하다고 주장할 필요가 없다. 사람들은 다양한 선택지들 중에서 하나를 선택할 경우 그것이 꼭 우월해서 선택하는 것은 아니다. 그때의 기분에 따라 선택할 수도 있고, 차례로 선택을 할 수도 있다. 우월하기 때문에 하나를 선택한다고 주장하는 것은 가치의 통약 불가능성과 합리적 선택의 본질을 오해하는 것이다.

'인덱스 문제'에 대한 다원주의적 대응의 마지막 단계는 다양한 역할을 수행하는 사람들이 통약 불가능한 가치들에 직면하여 어떻게 선택해야 하는지에 대해 적극적으로 설명하는 것이다(Alexander & Penãlver, 2012, 99). 통약 불가능한 가치들 사이에서 합리적으로 선택할 수 있는 가능성 및 방법은 아리스토텔레스의 실천이성 개념을 발전시키는 것이다. 다시 말해 우리의 궁극적 목적들과 그것들을 성취하는 수단들에 대해 깊이 숙고하는 것이다.

앨렉산더와 페냘베가 지지하는 다원주의적 입장에 따르면, 인간이 번영할 수 있는 다양한 길이 있으며, 인간번영의 다원성은 상이한 가치들 혹은 선들을 반영한다. 인간번영에 부합하는 인생의 패턴들은 다양하고 상이하기 때문에 사람들은 다양한 선들을 추구함으로써 다양한 인간번영을 성취할 수 있다. 따라서 인간번영을 추구하는 과정에서 하나의 척도에 따라 다양한 가치와 선들의 우열 혹은 서열을 정하는 것은 객관적인 타당성이 없다. 이런 사실은 많은 경우 우리가 각각의 가치들을 독립적으로, 다시 말해 다른 가치로 환원시키지 말고 판단해야 한다는 것을 의미한다.

물론 가치의 통약 불가능성이나 비교불가능성 자체가 상이한 가치들에 직면해 있는 사람들의 선택을 불가능하게 만들지는 않는다.

조셉 라즈(J. Raz)가 언급한 바와 같이, 우열을 가리기 힘든 선택지들 앞에서 개인은 자신의 인생목표나 가치관과 더 잘 어울리는 선택지를 선택할 수 있다. 마찬가지로 집단적 선택을 할 경우에도 집단이 진화해온 경로나 집단이 추구하고 있는 긴급한 목표에 더 적합한 선택을 할 수 있다. 테일러의 이른바 선택지의 보완성(options' complementarity) 개념은 비극적인 선택 상황에서 개인이나 집단의 선택을 안내하는 중요한 실천적 원리가 될 수 있다(Alexander & Peñalver, 2012, 96). 요컨대, 가치다원주의를 표방하는 인간번영이론가들은 경합하는 다양한 가치들 사이에서 개인이나 집단이 선택할 수 있는 다양한 길이 있음을 인정하는바, 공리주의자들의 '인덱스 문제'에 얼마든지 대처할 수 있다고 믿는다. 그럼에도 불구하고 다원주의자들은 통약불가능하고 비교 불가능한 가치들 사이에서 선택을 해야 하는 개인이나 집단이 실천이성을 적절히 사용할 수 있는 선택방식에 대해 더 진지하게 검토할 필요가 있다는 지적은 수용할 필요가 있다. 선택의 어려움을 가치다원성 탓으로 돌리는 것은 편리하지만 지나치게 소극적인 대응이기 때문이다.

재산소유자들의 의무

공동체에 대한 재산소유자들의 책임과 의무를 강조하는 알렉산더와 페날베의 인간번영이론은 그 정신에 있어서 19세기 후반부터 20세기 초 사이에 영국에서 대두한 새로운 자유주의(New Liberalism)의 정신과 가깝다(Mautner 2020, 528-9). 보즌켓과 홉하우스 등 새로운 자유주의자들도 재산권을 개인의 배타적인 권리로만 이해하지 않고, 재산소유자들이 능력을 계발하고 실천할 수 있게 해준 사회적 조건들

96

및 문화적 유산의 산물로 보았다. 그들은 세금을 자신의 부를 창출할 수 있도록 해준 사회를 유지하기 위해 당연히 지불해야 할 비용으로 보았다. 새로운 자유주의자들은 인간의 번영에 필요한 사회생활의 조건을 창출·유지하는 데 상당한 재원이 필요하다고 봤으며, 그런 과업을 체계적으로 추진하기 위해 정부가 일정한 역할을 수행해야 한다고 생각했다.

인간번영이론은 쉐플러(A. Scheffler)의 관계 중심적 책임성 이론과도 맥이 닿아 있다(Scheffler 1997, 189-90). 쉐플러에 의하면, 사람들이 가치와 의미를 부여하는 인간관계들은 그 자체가 책임을 발생시킨다. 이것은 사람들이 특수한 관계에 가치를 부여할 때, 그 관계가 특수한 의무를 발생시키는 이치와 같다.

알렉산더와 페냘베에 따르면, 공동체에 대한 재산소유자의 의무는 과거 세대와 미래 세대에까지 확장된다(Alexander & Penãlver 2018, chapter 4). 사람들은 자신이 죽은 뒤에도 존속하는 공동체의 장기적인 기획에 관심을 갖고 있다. 그 기획을 시작한 이들은 미래 세대가 그 기획을 계승·발전시키기 위해 최선을 다할 것이라는 기대를 전달한다. 기획을 시작한 이들이 죽음과 함께 그 기획이 중단될 것이라고 생각한다면, 삶이 위축되어 번영하는 삶을 성취하기 어려울 것이다. 미래 세대 또한 선배 세대로부터 물려받은 기획을 계속 추진함으로써 자신의 번영을 꾀하는 한편 선배 세대의 번영을 뒷받침할 것이다. 이와 같은 방식으로 각 세대는 앞뒤 세대와 교감하고 협동함으로써 서로의 번영에 기여한다. 이것은 재산소유자들이 이런 교감과 협동의 공동체에 대해 과거와 미래 양쪽으로 도덕적 의무를 지고 있다는 것을 의미한다.

05
맺음말

재산에 관한 인간번영이론은 미국의 법학계 및 주류 재산이론에 도전하는 세 가지 주장을 제시했다(Mautner 2020, 534). 첫째, 대부분의 법학자들이 권리담론에 경도되어 있는 반면, 그들은 재산소유자들이 공동체에 지고 있는 의무와 책임을 강조했다. 둘째, 전통적으로 미국의 법학자들이 자율성과 효용극대화의 관점에서 재산법을 다룬 반면, 그들은 인간번영에 대한 아리스토텔레스와 아퀴나스의 이상을 토대로 재산권 문제에 접근했다. 셋째, 인간번영이론가들은 개인주의 존재론과 윤리관에 입각하여 재산이론을 다룬 대부분의 학자들과 달리 공동체주의적인 존재론과 윤리관에 입각하여 재산(법)이론에 접근했다. 이 세 가지 차별성을 바탕으로 인간번영이론가들은 재산이론뿐만 아니라 법이론 전반에 걸쳐 매우 도발적이고 생산적인 논쟁을 일으키고 있다.

III

로크의 재산이론:
노동의 대가 및 도덕적 계몽의 매개

머리말

로크는 근대 이후 재산권에 대한 철학적·이념적 논쟁에서 가장 지속적이고 중요한 영향을 미쳐온 철학자다. 그의 재산권 이론은 18세기 스코틀랜드의 아담 스미스의 이론과 함께 근대 자본주의 정신과 제도를 확립하는 데 결정적인 영향을 미친 것으로 평가되고 있다. 더구나 1980년대 이후 신자유주의적 세계화를 이념적으로 뒷받침해온 자유지상주의—노직(R. Nozick)과 호스퍼스(J. Hospers)와 같은 학자들이 대표적이다—는 로크의 자유주의적 재산권 이론을 토대로 삼고 있기 때문에 新로크주의(Neo-Lockianism)로 불리기도 한다.

로크는 역사와 경험을 중시하며 재산권 이론을 구성했다. 이런 경험주의적인 태도는 약 1세기 후 프러시아에서 인격과 권리 개념에 대한 논리적 추론에 입각하여 재산권과 시민사회를 정당화했던 칸트의 관념주의적인 입장과 선명히 대조된다. 하지만 바로 이런 이유 때문에 로크의 재산권 이론은 칸트의 이론 및 공리주의 이론과 더불어 근대 재산권 제도의 본질을 규명함에 있어서 매우 중요한 역할을 해온 것으로 평가받고 있다. 이런 인식하에 이 장에서는 근대적 재산권 제도의 근본 성격을 이해하기 위한 첫걸음으로 로크와 신(新)로크주의의 재산이론을 고찰한다. 17세기 후반에 활동했던 로크의 재산권 이론에는 종교적·신학적 영향이 반영되어 있다. 이 때문에 탈(脫)종교적이고 탈형이상학적인 현대의 로크주의 이론을 과연 로크주의적인 것으로 간주할 수 있는지에 대해 논란이 있긴 하다. 그럼에도 현대의 자유지상주의자들은 로크의 기본 입장을 계승하여 재산권 이론을 전개하고 있기 때문에 그 대표자들의 재산권 이론도 검토해볼 필요가 있다.

재산이론의 시대적 배경

로크의 재산권 이론은 『통치론 2편』 5장에서 본격적으로 전개된다. 주로 필머(R. Filmer)의 왕권신수설을 비판한 『통치론 1편』에도 재산권에 관한 그의 견해가 산발적으로 피력되어 있긴 하다. 하지만 사유재산에 관한 종합적이고 체계적인 이론은 『통치론 2편』 5장에서 펼쳐진다. 그런데 『통치론 2편』을 순서대로 읽다보면 5장에 이르러 조금 의아한 생각이 들게 된다. 『통치론 2편』은 『통치론 1편』에서 비판한 필머의 왕권신수설을 대체할 새로운 정치이론(혹은 국가이론)을 구성하는 것이다. 그런데 5장에 이르러 갑자기 경제적인 주제인 사유재산 문제로 관심을 전환하고 있다. 왕권신수설을 대체할 정치이론을 구성하기 위해서는 정치권력의 본질을 설명하고, 자연상태와 전쟁상태, 그리고 노예에 관하여 설명한 다음, 바로 부권과 정치사회에 관한 설명으로 넘어가는 것이 자연스러워 보이는데, 왜 갑작스레 정치질서와 직접적인 연관성이 없어 보이는 사유재산 문제를 다루는 것인가?

(정치)철학사에서 로크가 차지하고 있는 위상과 중요성을 생각해보면 로크가 단순히 흥미 있는 삽화적 이론으로 사유재산권 이론을 덧

104

붙였다고 보기는 어렵다. 그러므로『통치론』5장의 재산권 이론은 로크가 바람직하게 생각하는 정치사회(civil society 시민사회)에 관한 이론과 밀접히 연관되어 있다고 생각하는 것이 합리적이다. 즉, 로크는 사유재산 문제가 정치사회의 기원과 연관성이 있으며 정치질서의 본질적 요소인 정치권력의 행사와도 밀접히 연관되어 있다고 봤기 때문에 정치질서의 기원을 논하기 전에 사유재산권 문제를 먼저 논하고자 했던 것이다. 더구나 사유재산권을 다룬 5장이『통치론 2편』중에서도 가장 분량이 많은 장에 속한다는 사실은 로크가 사유재산권 문제를 그 자체로 매우 중요한 정치철학적 주제로 간주했다는 사실을 뒷받침해준다.

『통치론』이 쓰인 정치적 배경은 로크가 사유재산권 문제를 중요한 정치적 이슈로 다루게 된 이유를 시사해준다(Kelly, 2007, 8-12). 로크는 명예혁명 이듬해인 1989년에 새로 쓴 서론을 덧붙여『통치론』을 익명으로 출판했다. 이런 사실은 로크의『통치론』이 명예혁명을 정당화한 저술이라는 해석에 의문을 제기한다. 왜냐하면, 만일『통치론』이 명예혁명을 정당화한 저술이라면 명예혁명으로 공동 국왕이 된 메리와 윌리엄 공 및 궁정의 휘그들에게 지지를 받았을 것인바 익명으로 출판할 이유가 없었기 때문이다. 그러므로 로크가『통치론』을 익명으로 출판했다는 사실은『통치론』이 명예혁명 체제와는 다른 정치적 입장을 옹호했다는 해석, 즉, 당시 윌리엄3세의 지지자들이 옹호했던 체제보다 훨씬 더 급진적인 입헌군주정을 옹호했다는 해석을 뒷받침한다.

실제로『통치론』은 명예혁명의 현실적 결과에 대한 불만을 반영했기 때문에 익명으로 출판되었다는 데 학자들의 의견이 수렴되고 있다. 그럼에도 이 불만은 오렌지 공 윌리엄이 왕위에 오른 것에 대한 불만이었다기보다는, 새로 수립된 권위가 혁명 정신과 대의를 너무 빨리 부정해버린 것에 대한 불만이었다고 보는 것이 더 타당하다 (Kelly, 2007, 10). 『통치론』을 쓴 로크의 의도는 통치에 대한 신뢰를 저버린 군주에 대해 저항할 수 있는 인민의 권리와, 동의에 기초하여 새로운 정부를 수립할 수 있는 인민의 권리를 옹호하는 것이었다. 하지만 윌리엄3세의 옹호자들은 아예 혁명이 발생하지 않았을 뿐만 아니라 인민의 저항도 존재하지 않았다고 강변했으며, 메리와 결혼한 윌리엄3세가 제임스2세의 도피로 공석이 된 왕관을 정당하게 상속했을 뿐이라고 주장하기 시작했다. 이들에 의하면 명예혁명은 혁명이 아니라 단지 (제임스의 왕위 포기로 인해) 다소 불편하게 진행되었던 전통적인 왕위세습 사건이었을 뿐이다. 새로운 군주의 입장에서 보면 이와 같은 보수적 설명이 훨씬 더 마음에 들었을 것이다. 군주의 권위가 인민의 동의에 기반을 두고 있으며, 왕이 신탁을 위배한 경우 인민이 왕권에 저항할 수 있다고 주장한 이론을 어떤 군주가 좋아할 것인가? 로크는 명예혁명에 대한 이와 같은 보수적 정당화에 급진적인 도전을 제기했던바, 『통치론』을 익명으로 출판할 수밖에 없었고 죽을 때까지 그 비밀에 대해 함구했던 것이다.

　『통치론』의 급진적 성격은 『통치론』이 입헌군주제를 옹호했다는 주장에 국한되지 않는다. 이 책의 주제와 관련하여 더 중요한 점은 『통치론』이 당시 온건 휘그파의 입장보다 훨씬 더 급진적인 사유재산권 이론을 제시했다는 사실이다. 애쉬크라프트(R. Ashcraft)와 월드런(J. Waldron)에 의하면, 『통치론』에서 로크는 당시 영국에서 디거스(Diggers)와 함께 급진세력에 속했던 수평파(Levellers)와 유사한 입장을 피력했다(Ashcraft 1986, chap. 9; Waldron 2002, 84). 수평파는 현상유지에 기울었던 제도권 휘그파보다 훨씬 더 진보적이고 평등주의적인 재산권 이론을 주창했는데 로크의 사유재산권 이론이 이들과 유사한 입장을 반영했다는 것이다. 로크가 수평파와 유사한 견해를 제시했다는 사실은 (『통치론 1편』 9장에서 개진된) 장자상속제에 대한 그의 가차 없는 비판과 더불어 로크가 명예혁명 체제보다 더 진보적인 체제를 옹호했다는 증거로 제시되곤 한다.

하지만 사유재산권과 관련하여 로크가 수평파와 유사한 평등주의적 입장을 옹호했다는 해석은 관례적인 휘그적 해석은 물론 현재의 신고전주의적 해석이나 자유지상주의적인 해석과도 다르기 때문에 매우 체계적이고 설득력 있는 정당화를 요구한다. 그럼에도 로크가 명예혁명이 성공한 이후에도 『통치론』을 익명으로 출판했던 사실과, 수평파와 유사한 재산권 이론을 옹호했다는 해석이 일부 로크 학자들로부터 지지를 받고 있다는 사실은 로크의 재산권 이론이 다양한 해석에 부쳐질 정도로 복잡한 측면이 있음을 시사한다.

로크는 17세기 후반의 긴박했던 영국의 정치적 상황을 배경으로 샤프츠버리 백작이 이끌고 있었던 휘그파의 정치적 입장을 옹호하기 위해 『통치론』을 집필했다. 『통치론』이 집필된 시기—1679년에서 1682년 사이—가 휘그파가 가톨릭 신자 제임스2세의 왕위 계승을 위해 필사적으로 노력했던 '배척위기(exclusion crisis)' 시기와 일치했다는 사실이 이를 뒷받침한다. 스튜어트 왕가의 절대주의에 대해 휘그파의 반감이 매우 컸던 당시의 상황에서 가톨릭 신자 제임스2세의 왕위계승 문제는 영국 정치를 소용돌이 속으로 몰아가고 있었다. 샤프츠버리가 이끄는 휘그파는 처음에는 합법적인 수단으로 그리고 다음에는 비합적인 수단으로 제임스2세의 왕위 계승을 저지하려고 시도했다. 그러므로 이런 와중에 샤프츠버리와 한 배를 타고 있었던 로크가 『통치론』을 집필했다는 사실은 『통치론』에 반영된 로크의 정치적 입장을 이해하는 데 중요한 실마리가 된다. 그리고 로크가 『통치론』을 1편과 2편으로 구성하고 1편 전체를 스튜어트 왕가의 절대주의를 옹호한 필머를 공박하는 데 할애한 것은 (당시 보수 세력 및 대중 사이에서 필머가 누리고 있었던 권위를 생각해볼 때) 로크가 취할 수 있었던 최선의 정치적 대응이었다고 볼 수 있다. 만일 대중들이 스튜어트 절대주의의 이념적 토대인 필머의 왕권신수설이 모순에 가득 차 있으며 성서의 교리와도 배치된다는 것을 알게 된다면 스튜어트 왕가의 정치적 정당성은 치명상을 입게 될 것이기 때문이다.

　『패트리아카(족장론)』는 필머가 17세기 전반 영국 내란기에 찰스1세의 권위를 옹호하기 위해 집필했지만, 1680년대에 스튜어트 절대주의를 옹호하기 위한 일환으로 다시 출판되었다. 필머는 성서에 입각하여 자식들이 부모의 권위에 예속된 채 태어나듯이 인간은 지배와 예속관계 속에서 태어난다고 주장했다. 이 '자연적 예속' 명제에 입각하여 필머는 군주의 절대권을 인정하고, 토지와 재산에 대한 군주의 자의적인 처분권을 인정했다. 이런 입장에서 보면 군주의 자의적인 권력을 제한할 수 있는 근거가 전혀 없기 때문에 의회가 군주의 과세권을 막는 것은 부당한 일이었다.

　로크는 성서 해석을 통해 필머의 입장을 조목조목 반박했다. 로크는 모든 인간은 평등하게 태어났다는 '자연적 평등' 명제로 필머의 '자연적 예속' 명제에 대응했다. 왕권은 신이 부여해준 것이 아니라 자유롭고 평등한 개인들이 상호계약을 통해 수립했다고 되받아쳤다.

또한 군주가 인민의 신탁에 의해 맡은 통치 권력을 남용한 것이 분명히 드러났을 경우 인민이 새로운 군주를 세울 수 있다고 주장하는 등 모든 점에서 필머와 대립했다. 그런데 로크가 가부장권의 연장선상에서 절대군주정을 옹호한 필머를 비판한 것이 중요한 이유는, 로크가 정치권력의 기원과 성격에 관한 대안적인 이론을 제시한 이유와, 사유재산권을 다룬 5장이 『통치론』의 가장 중요한 부분들 중 하나인 이유를 시사해주기 때문이다.

요컨대, 사유재산권을 개인의 자연권으로 정당화한 로크의 이론은 필머가 왕권신수설로 옹호한 스튜어트 왕가의 절대주의에 대항하는 중요한 정치적 메시지를 담고 있었다. 개인이 자기소유권(self-ownership)과 노동을 통해 형성한 사유재산은 신성불가침의 권리이기 때문에 아무리 군주라 하더라도 개인의 신체와 재산을 동의 없이 자의적으로 강탈하는 것은 결코 용납될 수 없다는 메시지를 담고 있었던 것이다. 이처럼 사유재산권은 정당한 통치의 목적과 한계를 제시한다. 나아가서 자기소유권과 사유재산권은 개인이 신체와 재산을 (자연법이 허용하는 범위에서) 계획한 대로 사용할 수 있는 존재라는 가정을 전제하기 때문에, 개인의 합리성과 자율성을 존중하지 않는 정부와 군주는 인민의 저항을 통해 교체할 수 있다는 주장을 함축하고 있다.

로크의 사유재산권 이론은 17세기 영국의 경제체제 및 대외정책과도 밀접한 연관성이 있다. 17세기 영국은 농업사회에서 점차 자본주의 사회로 전환되고 있었다. 세력을 키운 일부 상인들이 선대제도를 통해 생산과 유통을 장악하면서 상업 자본이 형성되기 시작했다. 이런 추세는 1588년에 스페인의 무적함대를 격파한 이후 자신감을 가지고 아메리카 식민지 개척에 뛰어들었던 영국 정부의 보호 아래 거대한 상업 자본이 형성되는 데 기여했다. 이런 추세는 미국 독립혁명과 산업혁명 전까지 지속되었으며, 기본적으로 로크의 사유재산권 이론을 틀 지은 현실적인 배경이 되었다.

맥퍼슨과 같은 일부 이론가들은 마르크스의 사적유물론에 따라 17세기 영국이 성숙한 자본주의 사회라고 주장하면서, 홉스와 로크의 정치사상이 부르주아 계급의 이해관계와 가치를 반영했다고 주장했다(Macpherson 1962). 하지만 17세기 영국 사회는 기본적으로 상업 자본주의가 형성되기 시작한 초기 자본주의 사회로, 아직은 성숙한 산업자본주의 시대에 나타나는 계급관계가 뚜렷이 형성되지 않았다. 거대 산업자본이 형성되고 부르주아와 프롤레타리아 사이의 계급관계가 지배적이 된 성숙한 산업자본주의 시대는 18세기 후반 산업혁명 이후에야 도래했기 때문이다. 17세기 영국은 농업경제와 상업자본주의가 자리바꿈하고 있었던 전환기적 사회로, 아직은 전통적인 기독교 윤리가 사람들의 의식과 행위를 지배하고 있었다.

아메리카 식민지 개척과 해외 무역도 로크가 사유재산권 이론을 구성하는 데 상당한 영향을 미쳤다(Arneil 1996).『통치론 2편』에는 당시의 영국 사회와 아메리카 대륙을 비교하는 내용이 포함되어 있으며, 전쟁에 비해 무역과 상업이 지닌 이점들에 대한 논의가 나온다. 이것은 로크가 사유재산권 이론을 발전시키는 데 당시 영국의 식민지 경영과 대외무역이 적지 않은 영향을 미쳤다는 것을 보여주는 동시에, 로크의 이론에 깔려 있는 유럽 혹은 영국중심주의를 이해하는 데 도움이 된다. 요컨대, 농업사회에서 자본주의 사회로의 점진적인 이행, 대외 무역과 상업의 발달, 그리고 화폐와 은행업의 발달 등, 새

로운 경제적 추세들은 로크가 사유재산권 이론을 특정한 방향으로
발전시키는 데 중요한 영향을 미쳤다.

03

사유재산권의 토대와 형성

자연법과 이성

로크는 『통치론 2편』 5장("소유권에 관하여")을 다음과 같이 시작한다. "자연의 이성은, 인간은 태어나면서부터 자신을 보전할 권리를 가지므로, 고기나 음식물, 그리고 자연이 인간의 생존을 위해 제공하는 것에 대한 권리를 가진다고 가르친다. 하나님께서…우리에게 주신 계시를 생각해보자."[35]

이 주장에는 로크의 사유재산권 이론을 이해하기 위한 중요한 단서들이 나타나 있다. 자연, 이성, 권리, 하나님, 계시 등이 그런 단서들이다. 이런 단서를 조합해보면, 하나님(기독교적 신)은 계시를 통해 인간에게 권리를 주셨으며 그 권리는 인간이 생존을 위해 하나님으로부터 부여받은 것인바, 인간은 이성을 통해 그런 권리를 이해할 수 있다는 주장으로 요약할 수 있다.

로크가 이런 주장으로 사유재산권 이론을 시작하는 데는 이유가

35　이하에서는 『통치론 2편』을 STG로 표기한다.

있다. 여전히 기독교적인 세계관과 윤리 관념이 지배적인 사회 속에서 사유재산권의 궁극적 토대를 신의 계시와 무관한 다른 요인에 둘 경우 이교도나 무신론자라는 비난을 받을 수밖에 없기 때문이다. 설혹 로크가 내심으로는 신의 계시와 사유재산권 사이에 결정적인 연관성이 있다는 것을 의심했다고 해도, 당시의 윤리적 풍토에서 대중적으로 수용될 수 있는 사유재산권 이론을 수립하기 위해서는 기독교적인 프레임을 사용해야 했다. 따라서 신학적 프레임이 어느 정도로 로크의 사유재산권 이론을 규정했는가 하는 문제와는 별도로, 로크는 기독교 신학의 틀 내에서 인간이 자연적인 권리를 가지고 있다고 주장함으로써 사유재산권을 포함한 다양한 권리의 기초에 관한 논란을 우회할 수 있었다. 만일 신의 계시나 명령이 권리의 기초가 아니라면, 사유재산권을 포함한 다양한 권리의 새로운 근거를 어디서 찾아야 하는가? 로크는 권리의 기초를 신의 계시이자 자연의 이성인 자연법에 둠으로써 이 위험하고 골치 아픈 문제를 더 이상 다룰 필요가 없었다. 다시 말해, 신의 권위는 자연법의 도덕적 정당성을 담보해주는바, 자연법 프레임 안에서 구성된 로크의 사유재산권 이론을 도덕적으로 정당화해주는 궁극적인 기반이었다.[36]

---

36 분석적으로 보면, 자연법이 규정하고 있는 자연권은 자연적인 의무를 수반하며, 의무를 강제할 수 있는 권위와 힘을 전제한다. 자연상태에서는 궁극적으로 신의 권위와 능력이, 그리고 그 다음에는 자연법을 이해하고 적용하는 개인과 집단의 능력이 자연법적 의무의 이행을 강제하는 힘이다. 하지만 자연법에 대한 개인과 집단의 해석 차이는 전쟁상태를 초래할 개연성이 있다. 그리고 이와 같은 갈등 상황에서는 제1 자연법인 자기보전의 의무는 물론 제2 자연법인 인류의 보전 의무도 이행할 수 없기 때문에, 이런 상태를 피하고 상호 이익이 될 수 있는 질서 수립에 대한 요구가 뒤따르게 된다. 이에 관해서는 뒤에서 상세히 설명할 것이다.

그럼에도 로크의 사유재산권 이론은 권리의 토대에 대한 별도의 논의를 담고 있다. 그것은 위의 인용문에 나오는 "자기를 보전할 권리"라는 문구와 그 다음 문단에 담겨 있다. "대지와 거기에 있는 모든 것은 인간의 생존과 안락한 삶을 위해 주어진 것이다."는 주장이 그것이다. 이 주장에는 인간은 살고 싶어 할 뿐만 아니라 안락한 삶을 살고 싶어 하기 때문에, 이런 기본적인 욕구를 충족시키기 위해 "대지와 거기에 있는 모든 것을" 사용할 수 있는 권리를 가져야 한다는 의미가 담겨 있다. 이 권리는 자기보전의 권리와 다를 바 없는 것으로 자연법이 인정하는 것이다.

하지만 이 권리와 자기보전의 권리 사이에는 미묘한 차이가 있다. 자기보전의 권리는 자연의 이성인 자연법이 규정한 권리지만, 후자는 자연법과 무관하게 옹호할 수 있는 권리이기 때문이다. 만일 자연법이 그런 사용권을 인정하지 않는다고 해도, 인간은 생존하기 위해 (진정한 권리는 없지만) 대지와 거기에 있는 것들을 사용해야만 한다. 인류가 생존하기 위해서는 그런 권리를 인정하지 않을 수 없는 것이다. 그러므로 자연법의 존재와 상관없이 개인들은 생존하기 위해 반드시 자신만이 사용할 수 있는 생존 수단을 획득·이용할 수 있는 권리가 필요하다. 실제로 로크는 「소유권에 관하여」의 앞부분에서 다음과 같이 진술하고 있다.

"그것들[자연의 공유물]은 사람들에게 이용되도록 주어진 것이기 때문에 무엇인가로 이용되거나 특정한 어느 누군가에게 유익한 것이 되려면 그것들을 점유할 수단이 반드시 있어야 한다. 미개한 원주민은 울타리 칠 줄을 몰랐고, 여전히 공유지의 소작인으로서 자

신을 먹여 살리는 과일이나 사슴고기는 먼저 그것이 그 자신의 것
이 되어야 한다. 따라서 다른 사람이 그것에 대해 아무런 권리도
가질 수 없는 그만의 것이 되어야 비로소 그의 생명을 유지하기 위
해 도움이 된다"(STG, 5: 26).

물론 타인들이 그런 이용권을 인정하지 않을 수도 있다. 하지만 사
람들이 생존에 필요한 것들을 서로 인정하지 않을 경우 홉스적인 공
멸의 공포상태가 지속될 것이기 때문에 어느 정도는 생존을 위해 대
지에 있는 것들을 획득·이용할 수 있어야 한다. 최소한 생존에 필요
한 것들 정도는 점유·이용할 수 있는 권리가 있어야 하는 것이다. 그
렇지 않으면 개인의 생명은 물론 인류의 보전도 보장할 수 없는 상황
에 빠질 수밖에 없다. 이런 방식으로 로크는 자연법의 유무와 상관없
이 인간 조건에 관한 합리적인 추론에 입각하여 잠정적인 권리의 수
립 가능성을 인정하고 논의를 진행시킬 수도 있었다.[37]
　어쨌든 사유재산권 이론을 구성하기 위해서는 사유재산권을 포함
한 제반 권리의 기초를 우선적으로 규명할 필요가 있는데, 로크는 기
본적으로 기독교적인 자연법에 의거하여, 그리고 이차적으로는 인간
의 생명과 인류의 보전에 필요한 조건에 관한 합리적인 추론에 입각
하여 권리의 수립 필요성을 정당화했다.

37　이렇게 보면 로크와 칸트의 거리는 상당히 가까워진다. 로크와 칸트의 유사성과 차이
에 대해서는 칸트의 사유재산권 이론을 다루는 과정에서 설명할 것이다.

사유재산권의 형성

권리의 필요성이 이런 식으로 우회 또는 정당화되었다면 이제는 사유재산권이 정당하게 형성되는 방식에 관한 문제가 대두한다. 사유재산권이 허용된다면 어떻게 획득해야만 정당성을 인정받을 수 있는가? 로크는 권리의 필요성과 마찬가지로 자연법에 투영된 신의 목적 혹은 계시에서 사유재산권의 기원을 찾는다. 로크는 그로티우스와 달리 (묵시적) 동의나 계약에서 사유재산권의 기원을 찾지 않았다(김병곤 2009, 27-30; 양삼석 2010, 133-4; 권경휘 2015, 193-4).[38] 만일 동의가 사유재산권의 진정한 기원이라면 "대지와 거기에 있는 것"을 공유하는 모든 사람들로부터 일일이 동의를 받아야 하는데 그것은 사실상 불가능하다. 로크는 이렇게 말한다. "그가 그것들을 자기의 소유물로 하기 위해 온 인류의 동의를 구하지 않았다고 한들 그가 이렇게 점유한 도토리와 사과에 대해 아무런 권리도 가질 수 없다고 말하는 사람이 있을까? 만인의 소유인 공유물을 이렇게 그의 소유물로 만드는 것은 훔치는 행위일까? 만약 그러한 동의가 필요했다면 신이 인간에게 준 풍부한 혜택에도 불구하고, 인간은 이미 굶어 죽었을 것이다"(STG, 5: 28).

대지와 그에 속한 것으로부터 사유재산을 형성할 수 있는 정당한 방법은 신의 의지와 목적 혹은 자연법에 의해 규정된다. 로크는 사유재산권이 형성되는 조건을 다음과 같이 기술한다.

---

[38] 그들은 '무주물 선점이론'을 표방하여, 자연의 공유물—특히 토지—을 최초로 점유하는 자가 묵시적 동의에 입각하여 정당한 재산 소유자가 된다고 본다(양삼석 2010, 134; 정대성 2012, 112).

"하나님은 사람들에게 이 세상을 공유물로 주셨고, 동시에 삶에 이득이 되고 세상을 유리하게 이용할 수 있는 이성도 주셨다. 대지와 거기에 있는 모든 것은 인간의 생존과 안락한 삶을 위해 사람들에게 주어진 것이다. 그리고 대지에서 자연스럽게 생산된 과실과 자라난 모든 동물은 자연이 만들어낸 것이기 때문에 인류에게 공유물이다. 따라서 그것들이 이렇게 자연 상태에 있는 동안에는 어느 누구에게도 다른 사람을 배제하고 사적으로 지배하는 것이 허락되지 않았다.…대지와 모든 열등한 피조물은 공유물이지만 모든 인간은 자기 자신의 신체에 대한 소유권을 가진다. 이에 대해 본인 이외의 누구도 어떠한 권리를 가지고 있지 않다. 그가 하는 노동과 그의 손놀림은 당연히 그의 것이라 할 수 있다"(STG, 5: 26).

이 인용문에는 개인의 신체 및 그에 속한 것을 제외한 세계의 모든 것을 신이 인류에게 공유물로 주셨다는 공유명제 및 그 유명한 자기소유권 명제가 들어 있다.[39] 물론 개인의 자기소유권도 신이 부여하신 것이다. 따라서 세계의 모든 것들에 대한 공유명제와 자기소유권 명제는 인간과 세계를 향한 신의 목적을 반영한 것으로 사유재산 형

---

39 로크의 재산 관념에 함축되어 있는 존재론적 함의—인격이론—에 관해서는 김종철(2016)을 참조하라. 그는 로마법의 물권(rigs in rem) 개념이 로크의 재산이론에 복원되어 있다고 보고, 이것이 로크로 하여금 재산권을 소유자와 재산 사이의 직접적인 관계로 이해하게 만들었다고 본다. 추가적으로 그는 로크의 인격이론 즉, '사람=인격+재산' 관계가 로크의 잘못된 재산이론으로 이끌었고, 이 관계에 대한 로크 학자들의 오해가 그의 재산이론을 곡해하게 만들었다고 비판한다. 로크의 인격이론에 대한 김종철의 해석은 로크의 노동가치론적 재산이론이 지닌 난점의 근원을 이해하는 데 도움이 된다.

성의 대전제가 된다. 먼저 공유명제는 세계가 어떤 특정인의 소유가 아니라 모든 인류의 공동 소유라는 뜻으로, 세계는 주인이 없는 곳이라는 주장과는 미묘한 차이가 있다. 세계를 모든 사람들이 공동으로 소유한다는 것은 특정 개인이나 집단이 그 소유물의 일부를 이용하고자 할 때 다른 사람들의 동의를 받아야 한다는 의미가 함축되어 있는 반면, 세계를 무주공산으로 간주하는 입장은 그런 동의가 필요 없다는 의미를 함축하고 있기 때문이다.

  물론 이 구분은 사유재산의 획득이라는 측면에서는 그다지 큰 의미가 없을 수도 있다. 하지만 로크가 자신의 사유재산 개념을 아메리카 대륙의 인디언들에게 적용할 때는 비교적 큰 차이를 만들어낸다. 자연이라는 공유물은 인류 전체의 것이기 때문에 아메리카 인디언들도 특정 개인이 사유재산을 형성할 때 그에 동의할 자격이 있다. 따라서 세계를 공유물로 간주하는 경우에는 아메리카 대륙의 공유지를 영국인들이 인클로저와 개간을 통해 정당하게 사유화할 수 있다고 주장하는 데 큰 무리가 따른다. 왜냐하면, 비록 사유재산의 근거가 동의나 계약이 아니라고 해도, 공유물 중 일부를 개인의 것으로 전유하는 경우 (모두가 자연법을 인식·인정하고 있다고 가정하지 않을 경우) 다른 사람들이 그것을 용납하지 않을 수도 있기 때문이다. 이와 달리 대지와 거기에 있는 것을 주인이 없는 것으로 가정한다면, 선점하는 사람이 그것을 점유하거나 사용해도 (이용할 수 있는 것이 좋은 상태로 충분히 남아 있다면) 다른 사람들이 그것을 용인하지 않을 특별한 이유가 없다. 어쨌든 로크는 개인의 신체와 그에 속한 것을 제외한 모든 것들을 신이 인류에게 공유지로 주신 것이라고 전제하고, 개인이 공유물에 자신의 노동을 혼합하거나 더함으로써 자신의 것으로 전환시킬 수 있다

118

고 주장한다.

"자연이 준비하고, 그대로 방치한 상태에서 그가 제거하는 것이 무
엇이든 자신의 노동을 혼합하고, 또한 무엇인가 자신의 것을 더하
면 그것은 그 자신의 소유물이 된다. 그것은 자연에 놓아둔 공유
상태에서 그에 의해 제거된 것이므로, 이 노동으로 다른 사람의 공
유권이 배제된다. 이것은 노동한 자의 의심할 여지없는 소유물이
기 때문에, 적어도 (자연의 혜택이) 공유물로서 다른 사람에게 충분
히 남겨진 경우에는, 한 번 노동이 더해진 것에 대해서는 그 이외
의 누구도 권리를 가질 수 없다"(STG, 5: 27).

로크는 자연의 공유물을 사유화할 수 있는 다양한 방식을 예로 든
다. 대지의 과실을 줍고 대지에서 양육된 동물들을 잡는 행위, 이미
나의 것이 된 말이나 하인 등이 채집하거나 채굴하는 행위 등 다양한
방식이 있다. 대지의 일부를 개간하고 점유하는 행위도 사유재산을
형성하는 중요한 노동 형태이다. 나아가서 화폐와 상업을 통해 부를
축적하는 것도 새로운 형태의 노동이다. 이처럼 로크는 공유물과 개
인의 노동을 혼합함으로써 사유재산이 형성된다고 본다. "노동이 만
물의 어머니인 자연이 행한 것 이상으로 무엇인가를 그것에 더한 것
이다. 이렇게 하여 그것들은 그의 사적인 권리가 된다"(STG, 5: 28).
우리가 살고 있는 현시점에서 공유물에 노동을 가하는 행위를 사
유재산권 획득의 근거로 보는 것은 매우 제한된 타당성을 갖는다. 오
늘날에도 바다나 강에서 물고기를 낚거나 공해상에서 그물로 물고
기 떼를 잡는 행위는 수용할 수 있는 사유재산 형성 방법이다. 사냥

이 허용된 시기와 장소에서 멧돼지를 포획하는 것도 사유재산을 형성하는 정당한 노동이 될 수 있다. 하지만 현대의 자본주의 사회에서는 공유물에 노동을 가함으로써 재산을 획득하기 어렵다. 이미 사유화된 재화와 상품들을 서로 교환하거나 금융시장에 투자함으로써 재산을 획득하고 증식시킨다. 어떤 경우에는 노동으로 보기 어려운 알고리즘을 개발함으로써 많은 부를 획득하기도 한다. 창의적인 아이디어와 같은 지적인 자원들은 무제한적인 잠재력을 지니고 있으며 모두가 공유할 수 있는 자원이기 때문에 노동을 통한 사유화의 원리가 통하지 않는다.[40] 또한 한 국가 차원에서는 공유물로 남겨진 곳이 거의 없을 뿐만 아니라, 공해와 같은 곳은 어떤 국가도 독점적인 권리를 주장할 수 없도록 국제적인 합의가 이루어져 있다. 그러므로 오늘날의 관점이나 기준에서 로크의 노동가치론을 평가하는 것은 로크가 살았던 시대적인 배경을 무시한 시대착오적인 시도이다. 로크의 주장이 지닌 의미와 설득력은 17세기 영국 및 유럽을 배경으로 평가해야만 한다. 노동가치설에 토대를 두고 있는 로크의 사유재산권 형성 이론은 (이어서 지적할 여러 가지 난점에도 불구하고) 당시로서는 매우 참신하고 개혁적인 성격을 지니고 있었다. 그 뿐만 아니라 일부 진보적인 정치 세력들―예컨대, 수평파와 디거스―의 입장과도 일부 부합하는 현실성을 지니고 있었다.

　로크가 『통치론 1편』에서 비판했던 필머의 왕권신수설에 의하면,

40　그러므로 로크의 노동이론은 유한한 자원을 대상으로 삼고 있으며, 지적 재산과 같은 무한한 무형자원에는 적용되지 않는다.

군주는 왕국을 통치할 수 있는 권위를 신으로부터 부여받았다. 따라서 왕은 자신이 원할 경우 의회의 동의가 없더라도 자의적으로 신민의 토지와 재산을 처분할 수 있다. 하지만 로크의 노동가치설에 따르면, 사유재산권은 신의 목적과 계시가 담긴 자연법에 따라 개인의 노동을 통해 형성된다.

왕권신수설과 마찬가지로 로크의 사유재산권 이론도 성서의 권위에 의존하고 있기 때문에 사유재산권의 기원에 관한 문제는 성서 해석과도 연관되어 있다. 로크는 왕권신수설의 규범적 토대였던 성서의 권위에 입각하여, 개인들이 자연법 안에서 노동을 통해 재산을 형성하고 사용할 수 있다고 주장했다. 로크가 볼 때 기독교의 하나님이 아담과 그 자손에게 세계를 공유물로 주셨다고 보는 왕권신수설적 가정 하에서는 한 사람의 보편적 군주를 제외하고는 어느 누구도 소유권을 주장할 수 없다. 로크는 이런 필머의 주장이 현실과 부합하지 않을 뿐만 아니라 성서의 가르침과도 일치하지 않는다고 주장했다. 성서를 합리적으로 해석할 경우 사유재산의 기원은 왕권신수설이 주장하는 바와는 완전히 다르다는 것이다. 신이 인류의 공유물로 주신 것에 개인이 자신의 노동을 혼합함으로써 사유재산이 발생된다고 보는 것이 훨씬더 합리적이라고 본 것이다.

노동의 윤리적 함의

사유재산의 도덕적 근거가 되는 개인의 노동은 다양한 윤리적 함축성을 지니고 있다. 첫째, 인간은 모두 평등하기 때문에 개인은 자신의 노동을 통해 재산을 형성할 수 있다는 원칙을 함축하고 있다. 필머가 옹호하는 '자연적 예속' 명제에 따르면, 인간은 태어나면서부터 군주와 부모에게 예속되어 있어서 자신의 노동마저도 진정한 의미에서 자신의 것이라고 주장할 수 없다. 이것은 개인이 노동을 통해 재산을 획득할 수 없다는 것을 의미한다. 하지만 로크는 (하나님의 목적과 계시에 따라) 모든 인간은 평등하고 합리적인 존재로 태어났기 때문에 자신의 노동을 통해서 정당하게 사유재산을 형성할 수 있다고 본다. 이와 같은 로크의 노동가치설은 전통적인 위계적 신분사회의 도덕적 토대를 허무는 혁명적인 의미를 담고 있었다.

　둘째, 노동가치설은 정의 원칙과 관련해서도 중요한 함의를 지니고 있다. 당시의 지배적인 윤리관에 따르면 신분과 통치권위는 신의 명령과 의도를 반영한 것이며, 부와 재산 또한 그런 위계질서의 태두리 안에서 분배되는 것이 정의에 부합한다. 노동과 상업을 통해서도 재산이 형성된다고 하지만, 원할 경우 군주가 재산을 몰수하여 마음대로 사용할 수 있기 때문에 사실상 노동이 재화분배의 원칙이라고 보기 어렵다. 하지만 로크가 옹호한 노동가치설은 노동하지 않는 자는 재산을 가질 자격이 없다고 보기 때문에, 노동하는 자만이 재산을 소유할 자격이 있다는 원칙을 함축하고 있다. 이런 입장은 17세기의 급진 정치세력 디거스의 입장과 유사하다. 당시에 디거스는 경작되지 않고 유흥을 위해 사용되고 있었던 영주들의 토지를 몰수하여 농부들이 공동으로 개간할 수 있는 공유지로 삼아야 한다고 주장했다. 로크는 게으른 빈민을 꾸짖었지만 게으른 부유층에 대해서도 동일한 잣대로 비판했다(Henry 1999, 615). 로크는 나아가서 같은 노동을 하더라고 근면하고 합리적인 방식으로 노동하는 자들은 그렇지 못한 자들보다 더 많은 재산을 가지는 것이 정의롭다고 주장했다. 이처럼 로크는 응분의 몫을 요구할 수 있는 정당한 근거로 '더 근면하고 효과적인 노동'을 제시했다.

셋째, 노동가치설은 신 중심적인 윤리로부터 인간 중심적인 윤리로의 변화를 재촉했다. 이런 측면은 뒤에서 자세히 설명할 것이므로 여기서는 일단 노동가치설이 인간의 도덕적 계몽과 연관되어 있다는 점만을 간략히 지적한다. 로크에 의하면, 인간은 이성을 갖고 있기 때문에 (자연법의 테두리 내에서이긴 하지만) 노동을 근면하고 합리적인 방식으로 실천함으로써 '인류의 자산'을 증식시킬 수 있다. 다시 말해 근면하고 합리적인 사람들은 자신의 사유재산을 늘릴 수 있을 뿐만 아니라, 다른 사람들이 소유 또는 사용할 수 있는 자산(asset)을 증식시킴으로써 인류의 보전에 더 많은 기여를 한다.

그런데 이 맥락에서 중요한 것은 인간은 근면하고 합리적인 노동을 통해 점점 더 자신을 계몽시켜 왔으며, 자연에 의존하는 단계에서 점점 더 자신에 의존하는 단계로 성숙해왔다는 점이다. 인류 역사의 초기에 인간은 대지에 속하는 것들을 채취하여 생명을 부지했기 때문에 완전히 자연에 예속되어 있었다. 하지만 오랜 역사적 과정을 통해 이성이 발달하게 되면서 점점 더 자신의 창의력에 기대어 노동할 수 있게 되었다. 창의적인 노동을 통해 동일한 자연에서 더 많은 것을 생산할 수 있게 된 것이다. 화폐와 상업이 발달하면서 이런 계몽의 과정은 더욱 촉진되었다. 이처럼 노동가치설은 인간이 자신의 이성을 계발·활용하여 삶의 여건을 더 향상시킬 수 있으며, 또 그 과정에서 더 이성적이고 도덕적인 존재로 성숙해간다는 계몽의 명제를 함축하고 있다. 나아가서 이 계몽의 명제는 평등주의적으로 해석할 경우, 개인의 독립과 자율을 방해하는 모든 자의적인 힘들에 대한 저항 원칙으로 구체화할 수 있다.[41]

하지만 노동가치설에 내포된 도덕적·윤리적 함축성과는 별도로, 사유재산을 정당하게 획득할 수 있는 유일한 방법이 노동이라는 로크의 주장은 상당한 난점을 내포하고 있다. 내가 공유지에 울타리를 두르고 개간하는 행위는 누가 보더라도 노동으로 인정할 수 있기 때문에 나의 정당한 재산이라고 주장할 수 있다 치자. 자연에서 거둬들인 도토리나 과실도 나의 수고를 통해 얻은 것이므로 나의 것이라고 간주하자. 하지만, 노직이 예로 들 듯, 큰 호수에 나의 토마토 주스를 붓는 행위는 노동인가 아닌가? 나의 머리카락이나 침과 같이 나의 일부였던 것을 자연의 공유물에 혼합하는 행위도 노동으로 볼 수 있는가? 내가 대지에 있는 과실나무를 감싸 안는 행위는 그 과실나무 전체를 나의 것이라 주장할 수 있는 정당한 근거가 될 수 있는가? 내가 힘껏 달려서 거대한 토지에 원을 그리면 그 안의 것이 전부 나의 것이 되는가? 이런 의문은 수없이 제기할 수 있다. 로크는 상식적으로 이해하기 쉬운 예들을 제시하면서 노동을 통한 재산 형성을 정당화했지만 어떤 노동을 사유재산권의 근거로 볼 수 있는가에 관한 일반적인 원칙을 제시하지는 않았다. 이상의 의문들은 사유재산권을 형성할 수 있는 정당한 노동의 범위와 성격에 대해 좀 더 깊이 숙고할 필요가 있음을 말해준다(Mossof 2012; Russel 2004).[42]

어쨌든 로크는 신의 목적과 의지가 반영된 자연법에 근거하여 공

---

41 사유재산권 이론을 포함한 로크의 전체 정치사상을 이해함에 있어서 이에 대한 해석은 매우 중요하다. 이에 대해서는 후술할 것이다.

42 Simmons(1998)는 "노동을 섞는다."는 관념은 개인이 삶에서 의미 있는 어떤 것을 창조하는 활동으로 이해해야 한다고 해석한다.

유물과 개인의 노동을 혼합함으로써 사유재산이 형성된다고 주장함으로써 영국 정치경제학의 근간이 되는 노동가치설을 창안했을 뿐만 아니라 사유재산의 기원에 관한 근대적인 논의의 토대를 마련했다. 물론 위에서 지적했듯이 로크는 사유재산의 근거가 되는 정당한 노동의 성격과 형태에 대해 많은 의문점을 남겼다.[43] 그럼에도 개인이 필요에 따라 노동을 통해 사유재산을 정당하게 획득할 수 있고, 또 그렇게 획득한 재산은 무정부적인 자연상태에서도 정당성을 갖는다고 주장함으로써 전통적인 신분제가 개인에게 가하는 억압성을 넌지시 비판했다.

로크의 발상에 따르면 사유재산은 정치사회가 결성되기 이전의 자연상태에서 개인이 신의 의도에 따라 노동을 수행함으로써 정당하게 획득할 수 있다. 따라서 정치적 권위가 개인의 재산을 마음대로 몰수하거나 침해하는 것은 신의 의도에 어긋난다. 그러므로 노동을 실천함으로써 사유재산을 획득할 수 있다는 주장에는 단순한 경제적인 의미를 넘어 매우 중요한 정치적 의미가 담겨 있다. 요컨대, 사유재산은 신의 뜻에 따라 자연상태에서 형성된 것이기 때문에 정치권력이 사유재산권을 침해하는 것은 권력의 정당한 사용을 넘어선 것이며, 정치권력은 정당하게 획득한 사유재산을 존중하고 보호해줄 때만 정

---

43 김종철은 로크의 인격이론 즉, '사람=인격+재산' 관계에 대한 해석을 바탕으로 로크의 재산이론이 지닌 불합리성을 비판한다. 본서에서는 로크의 재산이론에 전제되어 있는 존재론—인격이론—에 주목하지는 않았다. 하지만 인격의 핵심(본체)과 노동의 관계에 대한 니체와 화이트헤드의 입장이 옳은가에 대해서는 별도의 논의가 필요해 보이며, 재산과 화폐의 사회적·정치적 역할에 관한 그의 논의도 본서의 입장과 차이가 있는 듯해서 추가적인 논의가 필요한 것 같다.

당성을 얻을 수 있다는 중요한 메시지를 함축하고 있다. 정치권력은 사유재산권의 정당성을 인정해준 동일한 자연법에 따라 사유재산을 어느 정도 제한·통제할 수 있을 것이다. 하지만 개인의 재산을 자의적으로 처분할 수 있는 권리는 없다. 사유재산에 대한 정치권력의 자의적인 침해는 시민적 저항의 빌미가 되며, 정치질서의 기초를 허무는 위험한 행위이다.

사유재산의 제한

자연법은 사유재산을 형성할 수 있는 정당한 방법은 물론 사유재산의 한계에 대해서도 알려준다. "우리에게 소유권을 주는 똑같은 자연법이 그 소유권을 제한한다." 사유재산에 대한 첫째 제한은 맥퍼슨(C. B. Macpherson)이 '충분한계'(sufficiency limit)로 명명한 것이다. 로크는 개인이 노동을 통해 공유물을 자신의 것으로 만들 수 있다고 주장하는 맥락에서, "다른 사람에게 충분하고 좋은 것을 남겨[두어야 한다]"는 조건을 덧붙인다. 즉, 개인이 자연의 공유물에 노동을 혼합하여 자기의 것으로 만들 수 있는 조건으로 다른 사람들이 이용할 수 있는 충분하고 좋은 상태의 공유물을 남겨두어야 한다는 조건을 단다. 만일 어떤 사람이 하나밖에 없는 우물을 먼저 발견하여 자기의 것으로 만든 다음 다른 사람들이 그것을 이용하지 못하게 한다면, 그 우물은 그의 정당한 재산이 될 수 없다. 왜냐하면 그와 같은 독점 행위는 다른 사람들이 이용할 수 있는 충분한 양의 물을 남겨놓지 않기 때문이다.

로크는 자연법의 충분한계가 중요한 역할을 했던 역사적 단계에 대해 언급함으로써 충분한계가 모든 시대에 똑같이 중요한 역할을 수행하는 것은 아님을 시사한다. 충분한계는 원시적인 수렵채취 시대 및 개간할 수 있는 공유지가 비교적 많이 남아 있었던 초기 농업 경제 시대에 중요한 역할을 수행했다. 다음과 같은 언급은 충분한계가 심지어 로크가 살았던 17세기에도 꽤 중요한 역할을 수행했다는 판단을 보여준다. "오늘날의 소유권의 주요 대상은 대지의 과실과 거기에서 양육된 동물이 아니라, 다른 모든 것을 수용하고 그 위에 존재하는 대지 그 자체이다. 그러나 나는 대지의 소유권도 과실이나 동물과 마찬가지로 분명히 획득할 수 있다고 생각한다. 한 사람의 인간이 경작하고 심고 개간하고 재배하고 그 수확물을 이용할 수 있을 만큼의 토지가 그의 소유인 것이다"(STG, 5: 32).

하지만 로크는 충분한계만으로는 사유재산권의 정당한 한계를 정할 수 없다고 생각한 듯하다. 왜냐하면 바로 몇 문단 뒤에서 다른 조건을 제시하기 때문이다. 로크의 시대에는 충분한계의 적실성에 의문을 불러일으킬 정도로 많은 것이 변해가고 있었다. 대지를 포함한 공유물 대부분이 이미 개인적으로 점유되어 버렸기 때문에 충분한계는 (특히) 새롭게 성인이 된 사람들 사이에서는 적실성이 떨어질 수밖에 없었다. 사람들이 드문드문 떨어져 사는 원시적인 수렵채취 사회에서는 한 사람 또는 몇 사람이 자신의 생명을 유지하는 데 필요한 만큼의 공유물을 취했다 하더라도 다른 사람들이 이용할 수 있는 공유물이 아직 충분히 남아 있어서 충분한계가 유효했다. 하지만 공유물이 거의 사유화된 상황에서는 그다지 유효한 조건이 될 수 없다.

"오랫동안 세상에는 자연이 주는 혜택이 풍부하였지만 그것을 소비하는 사람은 많지 않았다. 그래서 한 인간이 근면함으로써 그 혜택의 일부를 소유하게 되더라도 그 분량은 매우 적은 것이어서 다른 사람에게 피해가 될 정도로 독점하는 경우는 드문 일이었다. 특히 이성에 의해 정해진 한계를 지키는 한 그러했다는 것을 생각해보면, 당시에 그렇게 하여 확립된 소유권을 둘러싼 논쟁이나 다툼이 일어날 여지란 거의 없었다"(STG, 5: 31).

이와 달리 많은 사람들이 공동생활을 하고 있는 지역에서는 새로운 구성원이 획득·이용할 수 있는 공유물이 거의 남아 있지 않기 때문에 다른 사람들이 이용할 수 있는 충분한 양을 남겨놓기 위해서는 자신의 것을 어느 정도 포기해야만 한다. 하지만 이런 상황은 자기보전이라는 자연법과 모순된다. 왜냐하면 자기보전 원칙은 자연법의 첫째 명령이기 때문이다. 그러므로 모든 사람이 생존을 위해 이용하고도 충분한 잉여분이 남아 있는 상황에서는 충분한계가 유효하다고 볼 수 있지만, 너무 많은 사람들이 모여 사는 곳에서는 아무리 검소한 생활을 하더라도 충분한계를 충족시킬 수 없다. 이런 상황에서는 많은 사람들이 자기보전 의무를 위반하거나, 자기를 보전하기 위해 자연법을 위반할 수밖에 없다.

　로크는 역사적 단계에 따라 사유재산권 문제에 상이하게 접근함으로써 이와 같은 딜레마를 벗어나고자 했다. 다시 말해, 원시적인 수렵채취 사회에서 사유재산이 형성되는 방식과 정주적인 농경사회 이후에 사유재산이 형성·증식되는 방식의 차이에 주목함으로써, 역사 단계에 따라 사유재산의 획득과 자연법 사이에 발생할 수 있는 딜레마를 해결할 수 있는 다단계적인 해법을 모색했다.

　주지한 바와 같이 원시적인 수렵채취 시대에는 충분한계가 그대로 관철된다. 개인들이 생존을 위해 자연의 것들을 획득한 후에도 다른 사람들이 이용할 수 있는 공유물이 충분히 남아 있기 때문이다. 정주적인 농업경제 시대에 이르면 생산성이 급격히 향상되어 자기를 보전하고도 다른 사람들이 이용할 수 있는 충분한 생필품이 생산된다. 이 단계에서는 인류의 지적 능력도 급격히 향상되기 때문에 동일한 토지에서 훨씬 더 많은 곡식과 농작물이 생산된다. 다시 말해 인류가 이용할 수 있는 자원이 대폭적으로 증가한다. 이런 상황은 자연법의 다른 원칙들과 함께 인류의 생존에 유리한 조건을 조성함으로써 충분한계를 극복할 수 있도록 해준다. 로크는 미개척지 아메리카의 상황과 상업 자본주의가 등장하고 있었던 영국(및 유럽)의 상황을 다음과 같이 대조한다.

"노동으로 땅을 점유하는 것은 인류의 공동 자산을 소멸시키지 않고, 도리어 증가시키는 행위이다. 왜냐하면 울타리를 치고 경작된 1에이커의 땅에서 생산되는 인간의 생활 유지에 필요한 양식은, 똑같이 비옥하지만 공유지로 방치되어 있는 1에이커의 땅에서 생산되는 식량보다 10배나 많기 때문이다. 따라서 자연 상태에 방치된 100에이커의 땅에서 얻을 수 있는 것보다 울타리를 친 10에이커의 땅에서 더 많은 의식주의 편의를 얻는 사람은, 실로 90에이커의 땅을 인류에게 제공한 것이나 마찬가지다. 왜냐하면 지금 그의 노동으로 말미암아 공유인 채로 방치되어 있는 100에이커의 땅에서 얻어내는 것과 맞먹는 식량을 10에이커의 땅에서 얻어냈기 때문이다. 나는 여기에서 개척지와 황무지의 생산고를 최소한으로 어림하여 10대 1로 보았지만 실제로는 거의 100대 1에 가까울 것이다. 이것은 경작되지 않은 자연 상태로 방치되어 있는 아메리카 대륙의 원시림에 있는 1000에이커의 황무지에서, 그것의 빈곤하고 비참한 주민들에게 과연 데본셔의 잘 경작되어 비옥한 10에이커의 땅에서 산출하는 것과 맞먹는 의식주의 편의를 산출해낼 수 있을지 의심스럽기 때문이다"(STG, 5: 37).

하지만 이런 상황은 다른 방식으로 자연법과 모순을 일으킬 수 있다. 즉, 급격히 제고된 생산성으로 인해 모든 사람들의 생존을 담보하고도 남아도는 잉여 생산물이 산출될 수 있다. 이런 잉여 생산물의 상당 부분은 곧 소비하지 않을 경우 부패해버릴 것이다. 하지만 이런 상황은 신의 의도에 반하는 것으로 자연법에 의해 엄격히 금지한다. 로크에 의하면 "신이 인간을 위해 만든 것 중 어느 것도 손상시키거나 파괴하기 위해 만든 것은 없다." 만일 급격한 생산성 향상으로 인해 생산물 일부가 부패해버린다면 그것은 신의 의도에 명백히 위배된다. 따라서 자연법은 충분한계와는 별도로 개인이 사유재산을 소유할 수 있는 조건으로 '부패한계'를 제시한다. 예컨대 과실나무에 달려 있는 과일이 떨어져 부패하는 현상이나 자연의 황무지를 개간하지 않고 내버려두는 것은 부패한계에 저촉되며, 지나치게 많은 과실을 거둬들이거나 너무나 많은 잉여산물을 생산하여 부패하도록 허용하는 것도 신의 뜻에 위배된다.

아메리카 식민지의 플랜테이션에 대해 로크가 개진했던 주장도 이런 인식을 반영했다(Arneil 1996, 67). 로크는 부패 없이 이용할 수 있는 한도까지만 재산권이 인정되어야 한다는 원칙을 플랜테이션 제도에도 적용했다. 로크는 사유화되었지만 경작되지 않고 방치된 거대한 규모의 토지가 식민지 쇠퇴의 주된 요인이었다고 주장한 다브닝 (C. Davenant)의 입장에 공감했다. 부패와 낭비를 조장할 수 있는 과도한 토지 점유는 자연법에 위배된다고 본 것이다. 이런 관점에서 보면 경작되지 않고 남아도는 미경작지는 (일종의 낭비이므로) 경작할 의사와 능력을 갖고 있는 다른 사람들이 소유하는 것이 마땅하다.

이 맥락에서 '유익'이라는 개념이 지닌 정확한 의미를 살펴볼 필요가 있다. '유익'하게 사용되지 않고 남은 것이나 부패된 것들은 신의 의도에 반하여 낭비된 것으로 볼 수 있기 때문이다. 유익하게 쓰인다는 것은 생명을 유지하는 데 쓰인다는 것인가, 아니면 상당히 안락하거나 품위 있는 삶을 사는 데 쓰인다는 것인가? 원시적인 수렵채취 단계에서는 겨우겨우 연명하는 데 사용되는 것이 유익한 사용의 기준이 될 수 있고, 생산성이 높아진 농업경제 단계에서는 풍족한 생활에 쓰이는 것이 유익한 사용의 기준이 될 수 있다. 이처럼 '대지와 대지에 속한 것들이' 유익하게 쓰여야 한다는 원칙은 상이한 역사적 단계에서 매우 다른 내용을 가질 수 있다. 그럼에도 원칙적인 관점에서 보면, 자연의 공유물이 제대로 사용되지 않고 방치되고 있는 경우나, 지나치게 개발되어 부패할 정도도 많은 잉여물이 생산되는 경우는 모두 자연법의 부패한계에 저촉된다. 따라서 이런 이중의 딜레마를 동시에 극복할 수 있는 길을 찾지 못할 경우 농업경제가 가져다준 풍요도 자연법에 저촉되는 상황을 피할 수 없다.

그러면 부패한계와 충분한계 중 어느 것이 더 중요한가? 조금만 깊이 생각해보면 부패한계가 충분한계보다 훨씬 더 중요하다는 것을 알 수 있다. 충분한계는 다른 사람들이 사용할 수 있는 충분한 양의 자원만 남겨둔다면 충족되기 때문에, 생산성이 높아진 농업경제

이후에는 그다지 위력을 발휘하지 못할 개연성이 높다. 모든 사람들이 사용할 수 있는 충분한 양의 생필품들이 생산되기에 사실상 그 유효성이 다했다고 볼 수도 있다. 하지만 부패한계는 그렇지 않다. 부패는 수렵채취 단계에서는 물론 과잉 생산 단계에서도 발생한다. 그만큼 부패한계는 까다로운 조건으로, 항상 부패한계를 극복할 수 있는 묘책을 고안하도록 압박한다. 어떤 측면에서는 기술발전으로 인해 생산성이 고도화될수록 부패한계의 유효성은 더욱 더 높아진다고 볼 수 있다. 잉여생산물이 빠른 속도록 늘어나기 때문이다. 그러므로 로크의 재산권 이론에서는 충분한계보다 부패한계가 훨씬 더 지속적인 중요성을 갖고 있다. 로크가 부패한계를 제시한 이후에는 부패한계를 토대로 사유재산권의 정당한 범위에 관해 논했다는 사실이 이런 해석을 뒷받침한다(Layman 2015, 154).

04
사유재산의 한계, 화폐 그리고 도덕경제

이제 다음과 같은 질문을 제기할 수 있다. 급격히 향상되는 생산성으로 인해 충분한 양의 잉여 산물이 생산될 수밖에 없다면, 부패한계를 위배하지 않기 위해 노동의 양을 축소해야 하는가? 아니면 불성실한 노동을 통해 생산성을 줄여야 하는가? 후자는 결코 대안이 될 수 없다. 왜냐하면 그것은 근면하고 성실한 자를 우대하고자 하는 하나님의 의지에 반하기 때문이다. 로크에 의하면, "신이 토지를 준 것은 근면하고 이성적인 사람들에게 도움이 되도록 하기 위함이지, 싸움을 좋아하고 다툼을 즐기는 사람들의 변덕과 탐욕을 위함이 아니다."

근면하고 이성적인 사람들은 자연의 공유물을 최대한 효율적으로 활용함으로써 다른 사람들이 이용할 수 있는 자원을 증대시킨다. 그들은 창조적인 노동을 통해 인류의 보전과 안락함에 기여하기 때문에 신의 뜻에 충실한 사람들이다. 문제는 그들이 생산한 잉여를 임금이나 기증 혹은 선물의 형태로 필요에 처한 사람들에게 이전하지 않을 경우 부패가 발생할 수밖에 없다는 데 있다. 즉, 근면하고 이성적인 사람들의 노동은 충분한계를 더 쉽게 극복할 수 있게 해주지만, 부패한계의 제약을 더 악화시킬 개연성이 있는 것이다.

이 딜레마를 어떻게 해소할 수 있는가? 로크는 화폐의 발명과 보편적 동의 개념에서 해결책을 찾는다. 이성적인 사람들은 근면한 노동을 통해 인류가 사용할 수 있는 공동의 자산을 늘리는 동시에 자연법도 충실히 이행할 수 있는 창의적인 해법으로 화폐를 도입한다.[44] 즉, 노동 생산성이 증대됨에 따라 잉여생산물의 부패 또는 낭비가 발생하기 때문에 부패와 낭비를 막을 수 있는 효과적인 수단으로 화폐를 도입하기로 동의함으로써 잉여를 부패하지 않는 화폐로 축적할 수 있다는 것이다.

여기까지만 보면 화폐의 도입은 자연법과 생산성 증대 사이의 긴장을 성공적으로 해소시켜주는 듯 보인다. 근면하고 이성적인 사람들의 창조적인 노동을 통해 충분제한은 자연스럽게 극복되고, 화폐의 발명과 도입으로 남아도는 잉여를 부패하지 않게 저장할 수 있게 되었기 때문이다.

하지만 이런 변화는 자연법에 어긋나는 또 다른 상황을 초래할 수 있다. 즉, 화폐의 도입으로 부의 무한 축적이 가능해짐에 따라 부자 계급과 빈자 계급으로 분열된 계급사회가 출현할 수 있다. 로크는 근면하고 이성적인 사람들이 부를 무한히 축적할 수 있는 정당한 방식을 보여줌으로써 당시에 형성되기 시작한 자본주의 경제양식을 정당화하고 있는 듯 보인다. 이런 해석은 맥퍼슨의 해석 및 신고전주의 경제학파의 해석과 부합하는 것으로, 로크의 사유재산권 이론을 시대착오적이나 탈(脫)맥락적으로 해석한 결과이다(Macpherson 1962).

44　이런 과정을 통해 인간은 지적·도덕적으로 더욱 성숙해진다.

특히 신고전주의적 해석은 로크가 인간을 자기이익을 극대화하는 합리적인 행위자들로 가정하고, 사회적 부와 효용을 극대화시킬 수 있는 행위와 정책을 옹호했다고 해석한다. 나아가서 개인이 사유재산권을 효율적으로 활용할 수 있도록 각자의 사유재산권을 보호해주는 것이 국가의 마땅한 임무라고 주장했다고 본다(Kirzner 1974).

하지만 이런 해석들은 재산권 이론을 포함한 로크의 정치경제 이론이 기독교 신학의 토대 위에 구축되었다는 사실을 간과한 채 20세기적인 관심과 시각으로 로크의 이론을 자의적으로 재단했다는 비판을 면하기 어렵다. 18세기 후반의 산업혁명 이후에나 충분히 성숙하게 된 산업자본주의를 로크 이론의 역사적 배경으로 갖다 붙이거나, 脫역사적이고 脫맥락적인 (신고전주의) 경제법칙을 로크의 이론에 적용함으로써 시대착오적인 해석을 제시하기 때문이다.

주지하듯이 로크는 기독교적인 자연법에 의거하여 사유재산이 정당화되는 방식은 물론 사유재산의 한계에 대해서도 설명했다. 로크는 기독교적인 신의 섭리와 무관한 사유재산의 도덕적 토대가 존재한다고 생각하지 않았다. 그는 마르크스주의자들이 분석했던 산업·독점자본주의 시대의 정치철학자도, 완전경쟁적인 시장경제 체제를 옹호한 신고적주의적인 정치철학자도 아니었다. 그가 옹호한 것은 자연법에 의해 지탱되는 일종의 도덕경제(moral economy)였다. 도덕경제는 신이 창조한 세계의 일부이며 도덕법인 자연법에 의해 규제된다. 그것은 부의 불평등이 경제적인 약자들의 자율성과 독립성을 해치지 못하게 관리함으로써 호혜적인 공존공영을 추구한다.

그러므로 이 맥락에서 반드시 검토해야 할 문제는 화폐의 도입으로 가능해진 부의 무한축적과 자연법적 의무 사이에 존재하는 긴장 혹은 모순을 자연법에 저촉되지 않는 방식으로 해소할 수 있는가의 여부이다. 만일 근면하고 이성적인 사람들이 열심히 노력한 결과 대부분의 사람들이 자연상태에서보다 더 많은 혜택을 누릴 수 있게 된다면, 자연법이 초과분의 잉여를 화폐 형태로 축적하는 것을 허용할 수도 있지 않을까?

자연법과 화폐의 도입

사실 화폐는 자연법이 규정한 제도가 아니라는 점에서 인위적이고 관습적인 제도이다. 그럼에도 자연법은 화폐의 도입을 명시적으로 금하지는 않는다. 따라서 중요한 것은 합의라는 인위적인 절차를 통해 도입된 화폐가 자연법의 목적을 성취하는 데 도움이 될 수 있는가의 여부이다. 만일 화폐가 자연법에 반영된 신의 의도를 실현하는 데 기여한다면 그것이 인위적인 제도라고 해서 거부할 이유는 없을 것이다.

로크의 사유재산권 이론에서 화폐가 수행하는 기능은 대체로 두 가지 시각에서 해석되어 왔다. 하나는 사회경제적 측면을 강조하는 시각이고 다른 하나는 기독교 자연법 전통에 입각하여 도덕적인 측면을 강조하는 시각이다(Ince 2011, 29-30).

먼저 사회경제적인 시각은 자기이익(self-interest), 개인주의, 공리주의, 임금노동, 사유재산권, 자본주의적 축적, 부의 자연적 불평등을 불변적인 자연법칙으로 간주하며, 합의에 의한 화폐의 도입을 부패 한계에 저촉되지 않고 자본을 무한히 축적할 수 있는 묘책으로 간주한다. 즉, 화폐는 무한축적에 대한 자연법의 제약을 무효화해버리는 변수로 해석된다. 따라서 이 시각은 로크의 재산권 이론이 개인의 사유재산권 및 자유로운 이윤추구 원칙에 기반을 둔 자유방임적 자본주의체제를 정당화시켜준다고 해석한다. 로크의 사유재산권 이론에 동원되는 신학적 요소들과 자연법적 표현들은 부르주아적인 가치를 노골적으로 내세울 때 발생할 수 있는 저항과 반감을 완화시켜주는 수사적 기능을 수행하는 것으로 본다.

반면에 신학적인 시각은 신의 의도와 섭리가 담긴 자연법의 중요성, 인류의 보전, 신의 피조물로서 인간의 근본적인 평등, 인격의 신성성, 노동의 양도불가능성, 사유재산권에 대한 자선과 공동선의 우선성 등, 윤리도덕적인 측면들의 실질적인 중요성을 강조한다. 이 시각에 따르면 인위적인 제도인 화폐는 자연법의 목적을 실현하는 데 도움이 되기 때문에 도입된다. 이 시각에서 부의 무한축적은 근본적인 관심사가 아니다. 그보다는 부의 산출과 축적 과정에서 타인들이 해를 당하지 않도록 보호하며, 그들의 물질적 형편과 도덕적 지위를 향상시키는 데 관심을 둔다. 그러므로 신학적인 시각은 화폐가 자연법의 목적을 실현하는 데 장애가 된다고 판단할 경우 화폐를 폐지하는 것이 바람직하다고 결론지을 수도 있다. 하지만 로크가 사유재산권 이론에 화폐를 도입한 것은 화폐가 자연법의 목적을 구현하는 데 도움이 된다고 생각하기 때문이다. 따라서 로크의 사유재산권 이론과 화폐의 관계를 규명할 때의 관건은 화폐가 자연법의 목적에 부합하면서도 부의 무한 축적을 정당화시켜준다는 것을 입증하는 것이다. 도덕경제를 지향하는 자연법과 부의 무한축적 사이에 존재하는 (상식화된) 긴장과 갈등을 두고 볼 때, 화폐제도의 도입을 통해 이 둘을 화해시키고자 한 로크의 시도는 매우 독창적이라 아니할 수 없다.

이제부터는 로크가 화폐를 도입함으로써 부의 무한 축적을 정당화하는 논리를 좀 더 세밀히 살펴보기로 한다. 부의 무한 축적을 정당화하는 로크의 논리에는 역사적 단계가 달라질 때마다 자연법의 원칙들이 상이한 방식으로 관철된다고 보는 역사의식은 물론, 화폐의 도입과 인류의 발전을 연계시켜 파악하는 그의 진보적인 상상력이 반영되어 있다.

먼저 로크의 정치사상 체계에서 자연법적 의무가 상수적인 요소임은 지적한 대로이다. 자연법은 무정부적인 자연상태에서의 인간 행위는 물론 정치사회에서의 인간관계도 규제하는 의무의 체계이다. 로크는 이렇게 말한다. "문명의 혜택을 입은 사람들, 즉 소유권을 결정하기 위해 실정법을 만들고 증가시켜 온 사람들 사이에서도, 공유물이었던 것에서 발행하는 소유권에 관한 이러한 근원적인 자연법은 여전히 유효하다"(STG, 5: 30). 그렇다면 자기 자신의 보전, 인류의 보전, 자선, 충분한계, 부패한계는 정치사회에서도 여전히 도덕적 효력을 지닌다. 단지 정치사회는 인위적으로 만든 실정법에 의해 관리되기 때문에, 자연상태에서처럼 신의 의지가 직접 관철되는 대신 주권적 통치자―군주든 의회든―를 통해 관리된다. 그럼에도 실정법은 자연법에 따라 제정되어야만 정당성을 지닐 수 있다는 점에서 주권자의 통치권 역시 기본적으로 자연법에 의해 제한된다.

화폐를 도입함으로써 사유재산권의 확대를 정당화하는 로크의 논리를 따라가 보기 위해 먼저 자연법의 원칙들을 다시 한 번 상기해보자. 자연법이 자기보전을 인간의 첫째 의무로, 그리고 인류의 보전을 둘째 의무로 규정한 것은 주지한 바와 같다. 인간은 이성을 사용하여 자연법적 의무를 이해할 수 있으며, 그런 의무를 이행할 수 있는 신체 및 노동의 능력을 지니고 있다. 신과 이성은 "인간에게 생활에 도움이 되도록 토지를 개간하고, 거기에 그 자신의 것인 노동을 더할 것을 [명하셨는바], 이러한 신의 명령에 따라 인간은 토지를 개간하고, 경작하고, 씨를 뿌려야했다"(STG, 5: 32). 요컨대 신은 세계의 공유물이 최대한 인간의 편의를 위해 사용되기를 바라셨다.

이 맥락에서 로크는 토지를 경작하지 않고 공유물로 남겨두는 것은 신의 뜻에 반하며, 신이 토지를 준 것은 근면하고 이성적인 사람들에게 도움이 되도록 하기 위함이었다고 지적한다. 이어서 "토지가 아무리 넓어도 거기에 노동이 더해지지 않으면 아무런 가치가 [없고]", "노동으로 땅을 점유하는 것은 인류의 공동 자산을 소멸시키지 않고 도리어 증가시키는 행위"라고 덧붙인다. 왜냐하면 공유지로 남아 있는 대지는 인류의 편의를 위해 사용되고 있지 않기 때문에 낭비(부패)되는 것과 다름이 없는바, 인류와 세계를 향한 신의 뜻에 부합하지 않기 때문이다. 다시 말해 대지의 황무지에 울타리를 치고 그것을 개간하는 노동은 인류의 편의를 위해 사용될 것들을 효율적으로 생산하는 방식일 뿐만 아니라, 대지가 낭비되는 것을 방지해주기 때문에 도덕적인 의무이기도 하다. 로크는 "근면하고 이성적인 사람들"이 노동을 통해 토지를 개간함으로써 인류의 공동 자산을 증대시키는 행위가 신의 의도에 부합한다고 강조한다(STG, 5: 37).

따라서 자기 자신과 인류를 보전하라는 신의 명령(혹은 자연법적 의무)을 이행하기 위해 토지의 생산량을 극대화하려는 노력은 모든 인간의 도덕적 의무다. 같거나 비슷한 양의 토지에서 더 많은 식량을 생산할수록 인류가 이용할 수 있는 자산이 증대되어 인류를 보전하라는 의무를 이행하기 쉬워진다. 다만 노동의 생산물은 그것을 생산한 사람들의 소유가 되기 때문에, 자연법은 그들이 소유하거나 이용할 수 있는 생산물에 일정한 제한을 둠으로써 다른 사람들이 남은 것들을 사용하여 자기를 보전할 수 있도록 다양한 원칙들을 정해놓았다. 충분한계와 부패한계, 그리고 자선의 의무(혹은 권리) 등이 그런 것들로, 이 원칙들은 역사발전의 단계마다 상이한 형태로 부의 분배를 규제함으로써 인류를 보전해왔다.

예컨대, 원시적인 수렵채취 사회에서는 모든 개인이 충분히 이용할 수 있는 공유물이 있기 때문에 개인들이 자기 자신의 보전을 위해 노동하는 것만으로 자연법의 원칙이 관철된다. 하지만 인구가 급증하고 화폐와 상업이 발달한 사회에서는 사유재산이 없거나 적은 사람들이 이용할 수 있는 공유자산이 충분하지 않다. 그래서 적지 않은 사람들이 잉여 자산을 소유하고 있는 사람들을 위해 노동력을 제공하고 그에 대한 보상으로 임금을 받아 생계를 유지한다. 재산이 적거나 없더라도 근면하고 이성적인 사람들은 창의적인 노동을 통해 자연상태에서 얻을 수 있는 것보다 훨씬 더 많은 것을 얻을 수도 있다. 근면하지도 이성적이지도 않은 사람들도 근면한 사람들이 늘려놓은 자산의 일부를 자선 형태로 받아 쓸 수 있기 때문에 자연상태보다 더 나은 삶을 살 수 있다. 이런 식으로 역사적 단계마다 인류의 공동 자산이 크게 증가함으로써 자연법의 원칙들을 구현하는 데 더 유리한 환경이 조성된다. 그러므로 근면하고 이성적인 사람들의 노동을 통해 인류의 공동 자산이 증대되는 추세는 인류의 생존과 편의에 관심을 갖는 신의 섭리(자연법)에 부합한다.

하지만 충분한계 및 자선의 원칙에 입각하여 전 인류(혹은 한 공동사회)의 보전을 담보하고도 남는 잉여재화는 어떤 원칙에 의해 분배 또는 축적되어야 하는가? 인류 또는 한 사회의 모든 구성원들이 최소한의 생존을 보장받았을 경우, 남은 자산은 더 근면하고 이성적인 사람들이 독점하도록 허용하는 것이 자연법의 원칙인가? 만일 잉여 생산물 중 일부라도 부패하여 버려지는 일이 발생한다면 그것은 자연법의 원칙에 저촉될 것이다. 이처럼 근면하고 이성적인 사람들의 노동에 의해 증대된 인류의 공동 자산은 자연법에 커다란 딜레마를 야기한다. 신은 인류의 보전에 유리한 환경을 조성하기 위해 근면하고 창의적인 노동을 통해 공동 자산을 증대시키라고 명령하셨다. 하지만 과잉 생산된 것들이 사용되지 않고 낭비(=부패)되어버리는 딜레마가 야기될 수 있다. 특히 부패한계는 충분한계보다 더 엄격한 조건이기 때문에 근면하고 이성적인 사람들이 생산한 잉여 생산물은 자연법에 대한 심각한 위반을 초래할 수 있다.

이런 상황에서 근면하고 이성적인 사람들은 노동 시간을 단축하거나 생산성을 낮춤으로써 과잉생산이 발생하지 않도록 조심할 수도 있다. 하지만 역으로 그런 전략은 자연의 공유물 중 일부를 이용하지 않고 내버려둠으로써 다른 종류의 낭비를 초래하는 것으로 볼 수 있는바, 결코 신의 뜻에 부합한다고 보기 어렵다. 그러므로 생산성이 고도로 높아진 특정한 역사적 국면에서는 근면하고 이성적인 사람들의 노동을 통한 공동 자산의 증대가 자연의 공유지를 미개간지로 남겨두는 낭비를 초래하느냐, 아니면 과잉 생산이라는 낭비를 초래하느냐의 딜레마를 야기한다. 이 딜레마는 인간이 자연법을 준수하려고 노력하는 과정에서 초래되기 때문에 자연법(혹은 신의 섭리) 안에서의 모순이라는 점에서 반드시 해소되어야 한다(Ince, 2011, 43). 활용되지 못한 채 방치된 공유물은 소극적 낭비이고 과잉 생산은 적극적인 낭비이기 때문에, 이 두 가지 낭비를 동시에 극복하거나 우회할 수 있는 묘안을 찾는 것은 인류의 보전과 발전을 위해 반드시 필요하다. 특히 이 과제는 공유물인 대지가 거의 소진되고 잉여생산이 발생하기 시작한 역사적 단계에서 인류가 직면하게 된 최대의 난제이다.

　잉여 생산물을 부패시키지 않고 저장할 수 있는 수단이 없었던 시기에는 근면하고 이성적인 사람이든 그렇지 않은 사람이든 자신의 생계와 편의를 위해 이용할 수 있는 범위 내에서 사유재산을 형성해야만 했다. 그 이상의 것을 생산하거나 취득해서 부패시키는 것은 자연법이 허락하지 않았기 때문이다. 그러므로 자연법이 생계유지와 최소한의 편의에 필요한 것 이상의 생산을 전혀 허용하지 않았다면 인류는 자급자족이나 최소한의 편의를 위한 생산 단계에 머무를 수밖에 없었을 것인바, 인류는 정체 상태에 머물렀거나 매우 완만하고 미약한 발전 수준에 만족해야 했을 것이다. 다음과 같은 로크의 진술은 이런 인식을 반영한다.

"인간에게 필요 이상의 소유욕이 생기면서 인간 생활의 유용성에 기초를 두었던 사물의 고유 가치가 변질되기 전에는, 소모되거나 부패하지 않는 영구적이며 작은 황금빛의 작은 금속 조각을 큰 고깃덩어리나 산처럼 쌓인 곡물과 똑같은 가치로 생각하기 전에는, 사람들은 스스로 이용할 수 있는 한도 내에서 자연의 산물을 노동을 통해 점유할 수 있는 권리를 가지고 있었다. 그러나 노동하는 사람들에게는 예전과 마찬가지로 풍부한 자연의 산물이 남겨져 있었기 때문에 이러한 권리가 대단치 않았으며, 다른 사람에게 손해를 끼치지도 않았다.…[사람들은] 자기가 이용하기 위해 필요로 하는 것, 그리고 그것들이 그에게 제공해주는 의식주의 편의 이상의

어떠한 권리도 가지고 있지 [않다].···똑같은 기준이 토지의 소유에
도 적용된다"(STG, 5: 37).

하지만 로크는 화폐의 도입에서 자연법에 부합하는 부의 축적 가
능성을 발견했다. 그뿐만 아니라 인간의 이성이 단계적으로 계몽되
고 역사가 발전하는 중요한 계기를 발견했다. 이런 측면에서 보면 로
크는 화폐를 부패한계에 저촉되지 않고 부를 축적할 수 있는 효과적
인 수단으로만 보지 않고, 인간의 지적·도덕적 능력을 향상시키고
역사를 발전시키는 추동력으로 보았음을 알 수 있다.

주지한 바와 같이 인간은 자기 자신과 인류를 보전하기 위해 땅을
개간하고 향상시켜야 할 도덕적 의무를 지니고 있다. 근면한 노동을
통해 토지의 생산성을 극대화하려는 노력은 자연법적 의무를 이행
하는 가장 중요한 방법이다. 하지만 노동의 생산성을 최대한 끌어올
리게 되면 과잉 생산을 야기하여 부패한계에 저촉될 개연성이 높아
진다. 따라서 노동에 의해 생산된 가치를 부패시키지 않고 저장할 수
있는 수단을 모색함으로써 부패한계를 극복할 필요가 있다. 화폐가
바로 그것으로, 화폐를 도입함으로써 인류는 자연법을 위반하지 않
고 현재 산출된 가치를 필요한 때까지 저장해둘 수 있게 되었다. 화
폐는 자연법에 명시되어 있는 수단이 아니라는 점에서 인위적인 제
도로 볼 수 있지만, 부패한계를 위반하지 않고 부를 저장·축적할 수
있도록 해주기 때문에 자연법의 목적을 실현하는 데 반드시 필요하
다.

로크 학자 인스(O. U. Ince)에 따르면 화폐의 일차적 기능은 부패
한계를 충족시키면서 부를 축적할 수 있게 해주는 것이다(Ince, 2011,

44). 다시 말해 화폐는 다른 사람에게 해를 끼치지 않으면서 부의 축적을 가능하게 해준다. 이런 관점에서 보면 개인이 소유할 수 있는 정당한 부의 한계는 양이나 크기가 아니라 불필요한 낭비를 초래하는지의 여부이다. 화폐는 부패하거나 낭비될 수 있는 것을 추상적 가치로 저장할 수 있게 해주고, 필요할 때 다시 사용가치로 전환시켜주는 기능을 수행한다. 화폐는 재화 사용에 시간이란 변수를 도입함으로써 노동의 산물을 즉각 사용해야 하는 부담을 덜어주었으며, 즉각적인 사용가치가 아니라 미래 가치를 염두에 두고 생산 활동에 임할 수 있게 해주었다.

　　인스에 의하면 화폐는 낭비와 가치의 이분법에 중대한 함의를 갖는다. 화폐는 낭비되게 방치하는 것(letting waste)과 낭비하는 것(making waste) 사이의 딜레마를 (낭비하는 것을 중지시킴으로써) 해결해준다(Ince, 2011, 44-5). 화폐의 도입으로 인해 인간은 즉각적이고 구체적인 필요에 따라서 노동(=생산)하는 대신 능력에 따라 자유롭게 노동할 수 있게 되었다. 이런 식으로 화폐는 인간이 노동을 통해 지구를 최대한 활용할 수 있는 방식으로 자연법의 목적을 달성하게 해준다. 화폐는 자연을 효과적으로 개발·활용하여 충분한 재화를 공급할 수 있게 해주는 촉매일뿐만 아니라, 모든 사회 구성원들의 최저 생활수준을 대폭 향상시켜줌으로써 (자연법이 명령하는) 호혜적인 공존에 이바지한다. 그러므로 로크의 이론에서 화폐는 단순히 부의 무한 축적을 뒷받침해주는 부르주아적 제도가 아니라, 만인의 번영을 촉진시키라는 신의 뜻을 실효성 있게 이행할 수 있게 해주는 도덕적인 제도인 것이다.

05

화폐, 역사의 진보, 그리고 평등한 권리

화폐와 인간의 계몽

인류의 공동 번영을 견인해낼 수 있는 화폐의 기능에 대한 로크의 통찰에는 역사의 진보 및 인간 지성의 점진적인 계몽에 대한 낙관적인 비전이 깔려 있다. 이하에서는 화폐를 매개로 전개되는 인간의 지적·도덕적 진보에 관한 로크의 역사 이해를 소개함으로써 그의 재산 이론에 대한 설명을 마무리하고자 한다.

화폐가 통용되기 이전의 자연경제—특히 수렵채취와 초기 농업경제—에서는 노동의 생산성이 개인과 가족을 보전하는 데 충분하지 않았고 자연의 공유물도 충분히 남아 있었기 때문에 잉여생산이 발생할 여지가 거의 없었다. 또 잉여가 발생하지 않았기 때문에 미래에 사용하기 위해 잉여를 저장할 수단을 고안할 필요도 없었다. 시간이 지남에 따라 인간의 이성이 발달하고, 근면하고 이성적인 사람들이 토지를 효율적으로 활용함으로써 인류의 공동 자산을 조금씩 더 증대시켜왔지만 부패한계로 인해 잉여 생산물을 생산할 유인이 거의 없었다. 하지만 자연법의 명령에 따라 근면하고 이성적인 사람들이 토지의 생산성을 대폭 향상시키게 되면서 잉여 생산물을 저장하여 미래에 사용할 수 있는 방안을 고민할 수밖에 없었다. 만인의 동의에 의한 화폐제도의 도입이 그 결과였다. 그러므로 화폐가 도입된 데에는 신의 명령에 따라 인류의 공동 자산을 늘리고자 했던 근면하고 이성적인 사람들의 염원이 중요한 역할을 했다.

이런 관점에서 보면 동의에 의한 화폐의 도입은 역사 발전의 중요한 변곡점이 되었음이 분명하다. 화폐가 도입되기 이전에는 잉여 가치를 저장할 수단이 없어 부패한계에 따라 자급자족하는 정도의 생활에 만족하는 것이 고작이었던바, 역사발전과 인간의 지적·도덕적 진보를 추동할 수 있는 유인이 거의 없었다. 근면하고 이성적인 사람들의 노동 욕구가 그다지 크지 않아 대지의 생산성은 낮게 유지되었으며, 인류의 진보와 역사발전도 기대하기 어려웠다. 인간은 신의 뜻(혹은 자연법적 의무)에 철저히 예속되어 있었기 때문에 독자적인 계획에 따라 인간사를 주체적으로 영위할 수 있는 능력을 발전시킬 수 없었다.

하지만 화폐의 도입은 이런 상황을 급반전시켰다. 화폐는 인간이 이성을 발전시키고 주체적으로 발휘할 수 있도록 유인함으로써 역사 발전의 결정적인 계기를 제공했다(Brubaker 2012, 207-232). 인간이 화폐에 저장한 가치를 미래에 사용할 수 있게 됨으로써 소비의 시간적 한계가 극복되자, 근면하고 이성적인 사람들이 부패한계의 족쇄에서 벗어나 자신의 창의성과 능력을 마음껏 발휘할 수 있게 되었다. 이윽고 "[이 세계에서] 의식주의 편의를 최대한 이끌어 내[라는]" 신의 뜻을 온전히 이행할 수 있게 되었다. 창의적인 노동은 인류의 생산성을 비약적으로 제고시켰으며, 적어도 특정 지역에서는 서민들의 삶을 매우 풍성한 수준으로 향상시켰다. 이처럼 화폐의 도입은 (특히) 근면하고 이성적인 사람들의 노동 욕구와 창의성을 자극함으로써 문명 발전을 추동한 동시에, 인간을 자연에 예속된 존재에서 점점 더 독립 적이고 주체적인 존재로 변모시켰다.

역사의 초기에 인간은 대지와 그에 속한 것들에 전적으로 의존하는 삶을 살았다. 하지만 창의적인 노동을 통해 점점 더 많은 것을 자신의 힘으로 생산하고 활용할 수 있게 되었고, 급기야는 화폐를 통해 엄청나게 많은 잉여 가치를 저장할 수 있게 되었다. 나아가서 토지 재산이 없는 사람들에게도 노동에 대한 임금 형태로 (가상적인 자연 상태에서 획득할 수 있는 것보다) 더 많은 편익을 제공할 수 있게 되었다. 자선의 의무 또한 보다 쉽게 이행할 수 있게 되었다. 로크는 인간의 창의성과 근면한 노동이 가치 생산의 대부분을 차지하고 있으며, 화폐의 도입이 이런 추세를 급격히 가속시켰음을 다음과 같이 강조한다.

"노동에 의한 소유권이 토지에 대한 공유권보다 우월할 수 있다는 주장이 조금 이상하게 생각될지도 모른다. 하지만 잘 생각해보면 그렇게 이상한 것도 아니다. 왜냐하면 모든 사물에 가치 차이가 생기도록 하는 것은 노동이기 때문이다. 담배와 사탕수수가 심어지고, 밀과 보리가 싹을 틔운 1에이커의 땅과 전혀 경작되지 않고 공유지로 남아 있는 1에이커의 땅 사이에, 어떤 차이가 있는지 생각해보면 된다. 그러면 노동에 의한 개간이 그러한 가치 대부분을 산출한다는 것을 알게 될 것이다. 나는 인간의 생활에 유용한 토지의 산물 중 10분의 9는 노동의 성과라고 해도 지나친 평가라고 생각하지 않는다. 그보다도 우리가 노동의 대가로 얻게 된 것을 정당하게 평가하고 그에 따른 여러 지출 중에서 순전히 자연의 힘을 빌린 것과 노동의 힘을 입은 것에 대해 한번 계산해보면, 대부분은 그 100분의 99까지 전적으로 노동에 의한 것임을 발견하게 될 것이다"(STG, 5: 40).

로크는 풍부한 과실과 동물이 넘치는 아메리카 대륙의 족장이 누리는 삶이 영국의 일용직 노동자의 삶만도 못한 상황을 대조시키는 한편, 그런 차이를 만들어내는 것이 인간의 노동, 특히 근면하고 이성적인 사람들의 창의적인 노동임을 부각시킨다. 이런 대조법에는 인간이 자연의 풍부한 과실과 동물에 의존하며 연명하는 단계에서 훨씬 더 풍부한 삶을 살게 된 단계로의 변화가 인간 자신의 창의적이고 근면한 노동에 의해 이루어졌다는 인식이 깔려 있다. 그러므로 로크의 사유재산권 이론에는 화폐가 인간이 전적으로 신의 은총에 의존했던 자연경제에서 점점 더 주체적이고 자율적인 삶을 살게 된 단계로의 발전을 매개했다는 평가가 함축되어 있다. 로크의 다음과 같은 주장은 이와 같은 해석의 타당성을 뒷받침해준다.

"이 모든 사실로부터 다음과 같은 점이 분명해진다. 즉 자연의 모든 사물은 공유물로서 주어졌지만 인간은 자기 자신의 주인이며 스스로의 몸과 행동 또는 노동의 소유자로서 그 자신 안에 소유권의 주된 기초를 가지고 있었다. 따라서 인간의 발명이나 기술이 의식주의 편의를 개선시킨 다음부터는, 그의 생존 유지나 위안을 위해 그가 이용한 대부분의 것은 전적으로 그 자신의 소유이지 다른 사람과 공유하는 것이 아니다"(STG, 5: 44).

화폐의 발명은 사람들이 재산을 계속해서 축적하고 확대시킬 수 있도록 유인했으며, 인간의 근면성과 창의성을 끊임없이 자극하여 인류 공동의 자산을 증대시켰다. 또한 모든 사람들이 (가상의 자연상태에서보다) 충분한 식량과 자원을 더 쉽게 얻을 수 있게 해줌으로써 충분한계를 극복할 수 있게 해주었다. 그렇다면, (충분조건이 실현되었다는 가정 하에) 화폐의 도입으로 인해 발생한 부익부 빈익빈 현상은 얼마든지 정당화될 수 있는가? 자연법의 첫째 원칙인 충분한계와 둘째 제한인 부패한계를 충족시켰기 때문에 근면하고 창의적인 노동을 통해 많은 재화를 생산한 사람들은 화폐를 사용하여 사유재산을 무한히 늘려도 좋은가? 한편으로 로크는 화폐가 동의에 의해 도입되었고, 또 화폐 도입에 대한 동의는 지속적인 축적과 불평등에 대한 정당화를 포함한다고 주장하고 있기 때문에(STG, 5: 50), 결국은 사유재산의 무한 축적과 불평등한 계급사회를 정당화하고 있다고 볼 수도 있다. 하지만, 자연법의 다른 원칙들과 인간의 자율성, 그리고 자유에 대한 로크의 아이디어는 그가 무한 축적 및 계급사회를 정당화했다는 해석과 충돌한다.

물리적인 자유와 도덕적인 자유

로크가 화폐의 도입으로 인한 부의 무한 축적과 계급사회의 출현을 정당화했다는 해석은, 정치사회의 구성 이후에도 자연법적 의무가 지속적으로 관철된다는 로크의 주장은 물론 자유에 대한 그의 '평등한 권리 명제'에 입각하여 반박할 수 있다.

로크는 5장에서 사유재산권을 다룬 다음 6장에서 부권을 비판적으로 고찰하는데, 5장의 논리 구조와 6장의 논리 구조 사이에는 상당한 연관성이 있다. 즉, 5장에서 역사 단계에 따라 정당한 사유재산의 규모에 차이가 있을 수 있다는 것을 보여주었듯, 6장에서는 인간의 성장 단계에 따라 개인이 독자적으로 누릴 수 있는 자유의 범위에 차이가 있다는 것을 보여주고 있다(Brubaker 2012, 217-22, 232). 자연법적 의무를 지고 있는 아버지(정확히 말하면 부모)는 자식이 이성 능력을 스스로 충분히 발휘할 수 있을 때까지 자식을 교육시킬 의무를 진다. 하지만 자식이 도덕적으로 성숙한 단계에 이르면 그동안 자식에 대해 행사했던 권위를 상실하게 된다. 다시 말해, "자식이 [자연]법을 분명히 이해할 수 있다고 생각되는 성인의 상태, 그리고 자기 행동을 그 법이 정하는 범위 안에서 통제할 수 있는 상태"에 이르게 되면, 자식은 진정한 의미에서 자유인이 된다. 로크는 오성이 부족한 자들—지적 장애자 등—은 진정한 자유인이 될 수 없기 때문에 부모와 후견인의 감독과 지배를 받아야 한다고 주장하고 다음과 같이 언급한다.

"이처럼 인간은 자유롭고 이성적인 존재로 태어나지만 처음부터 두 가지 모두를 행사할 수 있는 존재는 아니다. 그것은 어떤 나이에 이르러 이성을 가지게 되면 그에 따라 자유도 누리게 된다는 것이다. 그러므로 사람들은 자연적인 자유와 부모에 대한 복종이 어떻게 양립하게 되는지, 또한 어떻게 해서 동일한 원리에 근거하게 되는지 알게 된다. 자식들은 아버지가 갖는 권리와 아버지의 오성에 의해 통제되어야 한다. 분별할 수 있는 나이에 이른 성인의 자유와 아직 그 나이에 이르지 못한 자식이 아버지에 대해 복종하는 것은 서로 양립되고 구별된다. 따라서 부권에 의한 군주제를 주장하는 분별없는 사람들이라도 이 차이를 인식하지 못할 리가 없으며, 완고한 사람도 양자가 양립하는 것을 받아들여야 한다"(STG, 6: 61).

인간의 계몽―도덕적 성숙―과정은 인간이 점점 더 자유로워지는 과정이자 독자적으로 자신의 일을 해결할 수 있는 능력이 향상되는 과정이다. 이 과정은 개인이 타인들과 함께 구성한 정치사회를 자율적으로 운영할 수 있게 되는 과정과 조응한다. 이런 역사발전 과정에 대한 로크의 설명을 유심히 살펴보면, 사유재산이 확대되고 문명이 발달하는 과정에서 신의 섭리와 역할(자연적인 공유물)은 점점 더 축소되고, 인간의 근면과 창의성이 더 큰 역할을 하게 되는 변화를 포착할 수 있다. 로크가 이런 조응관계를 분명히 인식하고 있었는지는 정확히 알 수 없다. 그럼에도 사유재산에 관한 로크의 이론에는 인간이 지적·도덕적으로 성숙해짐에 따라 신의 역할과 비중이 그에 비례하여 축소되고, 인간이 (신의 도움 없이) 독자적으로 일을 해결하고 문명을 발전시키며 정치사회를 구성·관리하게 되는 비중이 높아가는 추세가 뚜렷이 나타난다.

그런데 이 맥락에서 로크는 인간의 보편적인 능력인 이성의 평등성을 강조하는데, 이 부분은 사유재산제도의 한계와 관련하여 중요한 정치적 의미가 있다. 즉, 인간은 모두 이성 능력을 갖춘 평등한 존재이기 때문에 물질적인 이유로 타인의 속박을 받아서는 안 될 뿐만 아니라, 이성 능력을 행사하는 과정에서도 이런저런 이유로 타인의 속박을 받아서는 안 된다는 의미를 담고 있다.

로크는 『통치론 2편』 6장에서 부권은 자연법적 의무에 따르는 권력이며, 자식들이 이성을 충분히 계발하여 자신의 일을 스스로 결정하고 수행할 수 있도록 교육시키는 의무를 진다고 주장한다. 그리고 자식이 이성을 자율적으로 사용할 수 있게 된 후에는 아무리 부모라 하더라도 자식의 일에 마음대로 간섭해서는 안 된다고 강조한다. 자녀 양육에 관한 부모의 의무와 권한은 자녀들이 이성을 스스로 사용할 수 없는 미성년 시기에만 유효하기 때문이다.

이처럼 로크는 5장에서 사유재산권을 다룬 다음 6장에서 부권의 목적과 한계를 논함으로써, 사유재산의 확대와 인간의 계몽 사이에 존재하는 연관성이 자녀의 도덕적 성숙(혹은 독립) 과정과 부권의 단계적 축소 과정 사이의 연관성과 유사한 듯 보이게 한다. 이런 관점에서 보면, 화폐의 도입을 통해 (부패한계를 우회하여) 부를 무한하게 축적할 수 있게 된 과정은 인류가 신의 뜻과 의지에 일방적으로 예속되었던 단계에서 벗어나 (근면과 창의적인 노동을 통해) 주체적이고 자율적인 존재로 성숙하게 되는 계몽의 과정과 다를 바 없는바, 이 과정은 아이들이 부모의 권위로부터 벗어나 점점 더 독립적인 도덕적 존재로 성숙하게 되는 과정에 비유할 수 있다.

요컨대 역사발전 단계를 배경으로 재산권 이론을 전개한 로크의 주된 목적은 단순히 사유재산권을 정당화하는 데 있었던 것이 아니라, 사유재산제도의 확립 과정을 인간의 도덕적 계몽, 문명의 진보, 자유롭고 안전한 정치질서의 확립과정과 연계시켜 조명할 수 있는 종합적인 역사·문명이론을 확립하는 데 있었다. 그리고 이런 관점에서 보면 로크의 사유재산권 이론은 단순히 부의 무한 축적을 정당화하기 위한 것이 아니라 모든 개인들의 도덕적 독립을 옹호하기 위한 이론이라고 볼 수 있다. 즉, 만인에게 도덕적 독립에 필요한 최소한의 물질적 필요를 보장해주는 동시에 권력 남용을 효과적으로 방지함으로써, 개인이 자신의 도덕적 능력을 최대한 발휘할 수 있는 자유로운 결사를 모색한 이론이라고 볼 수 있다.

로크에게 정치사회 혹은 시민사회는 계몽된 개인들이 자신의 문제를 스스로 해결하기 위해 구성한 결사였다. 즉, 정치사회의 결성은 인간이 도덕적 미성숙과 지적 불완전함으로 인해 신의 권위에 전적으로 예속되었던 단계에서 벗어나 스스로 모든 일을 해결할 수 있는 능력을 갖추게 된 역사적 단계에서 필연적으로 발생한 사건이었다(Judge 2002, 332-3). 정치사회를 구성한 이후에도 신의 계시적 지식은 여전히 범우주적인 규범적 장악력을 지니고 있다. 하지만 이제 신의 위대한 섭리는 인간의 자율적인 판단과 선택을 통해 실현된다.[45] 그에 따라 자연법은 실정법으로 전환되며, 자연상태에서 신이 수행했던 역할은 개명된 인민 다수의 동의에 의해 수립된 정부가 맡게 된다. 정부는 인민을 대표하는 입법부에 의해 취합된 인민의 뜻을 이행하며, 개인들이 자연상태에서 누렸던 자유와 권리—사유재산권을 포함하여—를 보호하고, 개인들 사이의 권리 충돌을 중재함으로써 평화와 질서를 유지한다. 동시에 법의 지배와 헌정주의 원칙을 통해 자의적인 권력 남용을 방지함으로써 개인들의 도덕적 독립을 보호할 뿐만 아니라, 자연법을 토대로 제정된 실정법에 의거하여 자연상태에서 살았던 때보다 더 안전하고 자유로우며 풍요로운 삶을 살 수 있도록 보장해준다. 요컨대 로크의 사유재산권 이론은 단순히 경제적

45　이런 관점에서 보면 로크는 이신론적 입장을 견지한 것으로 해석할 수 있다.

인 권리에 국한된 이론이 아니라, 인간의 계몽과 도덕적 성숙, 그리고 문명 진보에 관한 이론이자 (계몽된 개인들이 정치적·도덕적 자유를 누릴 수 있는) 자유로운 결사에 관한 이론을 함축하고 있다. 이것이 그가 사유재산권을 다룬 다음 부권을 다루고 이어서 정치사회를 다루게 된 이유이다.

06

新로크주의 재산이론: 노직과 신고전주의

현대에도 로크의 사유재산권 이론은 상당한 영향력을 미치고 있다. 정치철학과 경제이론 분야에서 로크의 강력한 영향을 읽을 수 있다. 1980년대에 본격적으로 전개된 지구화는 기본적으로 로크의 자유주의 이론에 기반을 두고 있다. 최소국가와 큰 시장으로 요약되는 신자유주의는 로크 사상에 대한 잘못된 해석에 기반을 두고 있긴 하지만, 로크의 사상에 토대를 두고 있기 때문에 新로크주의로 불러도 무방할 것이다.

물론 노직이 『아나키, 국가 그리고 유토피아』(1974)에서 전개한 최소국가 이론은 그 출발부터가 非로크적이다. 노직은 로크의 전체 사상을 틀 짓고 있는 기독교적인 자연법사상을 거부하기 때문이다. 그럼에도 노직의 최소국가 이론은 脫종교화된 (로크의) 자기소유 명제를 이론적 전제로 삼고 있다는 점에서 로크주의적인 측면이 있다.

노직은 자기소유권을 지닌 개인들이 자신의 생명과 재산을 지키기 위해 보호결사를 세우기로 동의하고, 자유롭게 재화를 거래함으로써 부를 축적할 수 있는 (최대한) 자유로운 결사체를 논리적으로 구성해나간다. 노직이 그렇게 구성한 국가는 최소국가 즉, 개인들의 자유로운 거래 활동에 거의 개입하지 않는 작은 국가다. 개인들이 정당한 방법으로 재화를 획득하고 자발적으로 재화와 서비스를 거래했다면, 그로부터 발생한 불평등은 전적으로 정당하다. 만일 강탈과 속임수와 같은 부당한 방법으로 재화를 취득했다면 반환과 배상을 통해 교정함으로써 정의를 회복하면 된다. 노직에 따르면, 국가 활동에 필요한 최소한의 재원을 마련하기 위해 약간의 세금 징수는 필요하다. 하지만 그 이상의 세금을 부과하는 행위는 강탈행위에 다름 아니다. 이처럼 노직은 최소한의 생계보장을 넘어선 포괄적인 재분배정책에 반대한다.

노직의 이론은 국가를 개인들이 자발적인 동의와 거래를 통해 재화를 분배·축적하는 과정을 보호해주는 보호기관에 불과한 것으로 본다. 이와 같은 노직의 국가관은 상식적인 이해에 부합하지 않을 뿐만 아니라, 바람직한 정치결사가 구현해야 할 다른 가치와 이상들을 완전히 배제하고 있다는 점에서 로크의 비전과도 부합하지 않는다.

노직은 로크의 정치사상이 전제 또는 지향했던 인류의 공동 번영의 이상, 만인의 물질적인 독립과 도덕적인 자율의 보장, (부의 편중과 불평등이 야기할 수 있는) 자의적인 권력의 횡포에 대한 거부, 만인의 삶을 개선시켜줄 수 있는 사유재산권의 옹호, 인간중심적 가치관의 지양 등을 공유하지 않았다. 그 결과 자기소유권이라는 로크의 아이디어를 차용했음에도 불구하고, 로크의 정신 및 가치지향과 거리가 먼 非로크적인 사유재산권 이론과 정치이론을 산출했다.

신고전주의 경제이론도 로크의 아이디어를 차용했다는 점에서 新로크주의로 명명할 수 있다. 하지만 이들은 인간에 대한 로크의 포괄적이고 균형잡힌 이해 대신, 인간을 효용이나 부를 극대화하는 데만 관심이 있는 경제인으로 가정하고, 이들의 자유로운 생산과 거래를 통해 사회적 부와 효용이 극대화되는 시장경제체제를 옹호했다 (Henry 1999, 618-9).

신고전주의자들에 따르면 국가라는 정치결사는 개인들이 사유재산권을 최선으로 활용하는 것을 타인들이 방해하지 못하도록 막아주기 위해 수립된 제도에 불과하다. 이들은 경제법칙을 모든 사회에서 보편적으로 관철되는 일종의 자연법칙으로 간주하며, 공동체를 단지 자기 이익을 극대화하기 위해 노력하는 개인들의 군집에 불과하다고 본다. 이들은 공동체가 인간의 삶에 다차원적이고 복합적인 영향을 미친다는 사실을 무시한다.

신고전주의 경제이론의 전제와 주장들은 로크의 이론 체계에 깔려 있는 인간관 및 가치관과 극명히 대조된다. 주지하듯이 로크의 사유재산권이론과 정치이론은 기독교적 인간관과 가치관을 고려할 때만 적절히 이해할 수 있다. 반면에 신고전주의는 개인들이 노동서비스를 필요로 하는 사람들에게 자신의 노동을 자유롭게 팔 수 있는 시장이 형성되고, 완전고용과 가격의 유연성이 담보된 자본주의 체제를 가정한다. 하지만 로크에게 이런 가정은 안중에 없었다. 로크가 지향했던 체제는 17세기에 지배적이었던 도덕경제였기 때문이다. 타인과 공동체의 보전을 담보하지 못한 개인의 부 축적과 개인의 도덕적 독립을 해칠 정도의 불평등은 정당화될 수 없다는 로크의 주장은 17세기 영국의 경제적·도덕적 풍토에 적합한 것이었다.

IV

칸트의 재산이론:
독립과 자율성 실천의 조건

01
머리말

지적·도덕적 차원에서 칸트가 활동했던 시기는 계몽주의가 무르익기 시작한 때였다. 동시에 계몽주의적 합리주의와 보편주의에 대한 반발이 서서히 움트는 시기이기도 했다. 특히 칸트의 『도덕형이상학』이 완성되었던 1790년대는 독일에서 낭만주의가 정점으로 치달아 가던 시기로서, 짐멜에 따르면 양적인 개인주의가 질적인 개인주의로 전환되고 있었던 때였다. 인간은 누구나 보편적인 이성을 소유한 평등한 도덕적 존재라는 인식이 각 개인은 보편적 인간성으로 환원될 수 없는 독특하며 고유한 존재라는 자각으로 발전되던 시기였다(Simmel 1971).

이런 시대적 성격은 칸트의 소유권 이론에도 반영되었다. 모든 인간은 보편적인 이성을 구유하고 있기 때문에 동일한 자유와 평등을 누려야 하지만 각 개인은 스스로 선택한 목적을 자유롭게 추구할 수 있어야 한다는 그의 주장에는 낭만주의적 요소가 잠복해 있었다. 요컨대 칸트에게 사유재산권은 개인들이 자율적으로 인생을 영위함으로써 보편적 인간성과 개인적 고유성을 동시에 실현할 수 있는 필수적인 물적 조건이었다.

산업적·경제적 차원에서 보면, 칸트가 살았던 시기는 농업사회가 초기 상업자본주의 시대로 급속히 이동하던 때였다. 이런 변화는 소유권 및 무한 축적의 정당성에 대한 문제를 중요한 사회 문제로 부각시켰다. 칸트가 소유의 문제를 실천철학의 주요 이슈로 다루게 것은 이런 배경에서였다.

물론 칸트는 자신의 실천철학에 조응하는 재산권의 구체적인 형태를 제시하지는 않았다. 이런 문제는 논리적 사유로는 해결하기 어려운 사회정치적인 문제로, 주로 실정법을 다루는 법학자들과 법률가들이 다뤄야 할 문제라고 보았기 때문이다. 대신에 칸트는 재산권의 근저에 있는 형이상학적 문제를 고찰했다. 즉, 외적인 대상(=물건)에 대한 소유 및 사용의 권리를 인간의 생득적 자유권―독립과 자율성―과 삶의 기본조건에 관한 성찰에 입각하여 추론해내고, 그로부터 정치사회 수립의 필요성을 연역해냄으로써 재산권을 철학적으로 정당화하고자 했다.

칸트의 소유권 이론의 배경으로 관념주의 전통을 추가할 필요가 있다. 독일 관념주의 전통의 기원은 정확히 설명하기 어렵다. 하지만 16·17세기 독일의 지식인들이 프랑스의 번영과 강대함에 비해 상대적으로 낙후한 독일 사회에 대한 비애감을 해소하는 과정에서 형성된 문명/문화의 이분법과 연관된 것으로 추정해볼 수 있다(Berlin 2005, 61-3). 30년 전쟁에서 프랑스에 패배한 독일의 지식인들은 외적인 문명과 내적인 문화의 이분법을 고안해낸 한편으로, 내적인 문화의 중요성을 강조함으로써 독일인들의 콤플렉스를 벗어나려고 했는데, 이런 노력이 관념주의적이고 합리주의적인 사고양식의 형성에 영향을 미친 것으로 보인다. 즉 "독일의 비참한 현실 앞에 좌절한 이성은 객관적 현실의 모순을 주관내의 모순으로 바꾸고 모든 인간적 문제를 인간의 자기극복의 문제로 바꾸는 주관주의에 귀의했다"(임화 연 1990, 218). 이런 측면에서 보면, 소유권과 시민사회 수립의 정당성을 순전히 논리적으로 정당화하고자 했던 칸트의 이론적 시도가 로크의 경험주의적인 재산이론과 대비되는 것을 충분히 이해할 수 있다.

 칸트는 로크의 재산권 이론 중 필요한 것을 제한적으로 수용했다. 하지만 소유권은 노동과 같은 경험에 입각해서는 정당화할 수 없다고 보았으며, 인간의 생득적인 자유 능력 및 기본적인 삶의 조건에 대한 이해에 입각하여 (논리학의 법칙에 따라서) 논리적으로 정당화할 수 있을 뿐이라고 생각했다. 칸트에 의하면 규범은 경험적으로 도출할 수 없다. 소유권 역시 경험적으로 수립할 수 없으며, 생득적 자유권에 대한 분석판단 및 종합판단에 입각하여 논리적으로 추론할 수 있을 뿐이다.[46] 즉, 칸트에게 소유권은 경험적인 현실이 아니라 객관적인(혹은 본체적인) 실재인 것이다. 이것이 바로 칸트가 물리적인 소유(점유)와 대비되는 예지적인 소유(정당한 소유)의 가능성을 전제로 소유권과 사용권 그리고 시민사회를 추론한 이유였다.

---

46 이에 관해서는 후술할 것이다.

02

소유권의 전제: 자유와 평등

칸트의 소유권 이론을 이해하기 위해서는 먼저 그 전제가 되는 인간에 대한 견해를 살펴보아야 한다. 그의 소유권 이론은 인간의 본성에 대한 이해, 곧 인격의 도덕적 특성에 대한 가정에 근거를 두고 있기 때문이다. 앞에서 살펴본 로크의 경우에도 인간에 대한 이해가 재산권 이론의 전제이기는 하다. 그렇지만 로크에게는 인간이 어떤 존재냐 하는 측면보다는 인신의 진정한 소유자가 누구냐 하는 측면이 더 근본적인 문제였다. 이 문제가 확정될 경우 인간은 노동을 통해 외적인 대상들을 자신의 소유로 정당하게 편입할 수 있다고 생각했다. 즉, 개인은 자신의 인신에 대한 정당한 소유자이며, 노동을 통해 자신의 몸과 재능을 외부의 대상과 섞음으로써 재산을 형성할 수 있다고 봤다. 원래 자신의 것이었던 노동을 외부에 섞는 행위는, 자기 자신의 일부(노동)를 외부에 섞는 행위이기 때문에 그렇게 획득한 대상을 자신의 연장으로 간주할 수 있다는 것이다.

이처럼 로크의 자기소유권 명제에도 인격에 대한 설명이 함축되어 있다. 인간을 이성을 지닌 존재, 합리적 존재로 전제하고 있는 것이다. 하지만 더 중요한 것은 자신이 이미 소유하고 있는 것이나 (자신의 일부라고 볼 수 있는) 노동을 사용함으로써 외적인 것을 자신의 소유물로 만들 수 있다는 점이다. 즉, 노동이라는 경험적인 활동이 재산 형성의 유일한 근거이며, 그렇게 형성된 재산은 정당하게 자신의 것이 된다는 것이다.

그렇지만 로크는 왜 노동이 외적인 대상을 자신의 것으로 만들 수 있는지에 대해 더 깊이 천착하지 않았다. 단순히 노동을 통한 전유가 자연법에 명시된 하나님의 의지라고 전제하고 있을 뿐이다. 하지만 하나님의 존재를 믿지 않거나, 하나님의 뜻을 다르게 생각하는 사람들에게 로크의 주장은 전혀 설득력이 없다. 이런 반론에 대해 (관련된 모든 사람들이) 노동을 소유권의 정당한 기초로 합의하면 되지 않겠냐고 응수할 수도 있다. 하지만 이런 주장은 노동이 아니라 사회적인 합의가 소유권의 참된 근거라는 주장과 다름이 없다. 이처럼 노동은 모든 사람들이 합의하지 않을 경우 소유권의 정당한 기초가 될 수 없다. 그런 인정이나 합의가 존재하지 않는 상황에서 외적인 대상에 노동을 섞는 행위는 노동을 쓸데없이 낭비해버리는 것일 수도 있다.

칸트는 경험에 근거하여 소유권을 확립하려는 시도는 실패할 수밖에 없다고 본다. 노동과 같은 경험이 소유권의 정당한 근거가 되기 위해서는 소유권의 획득에 관한 상호 합의가 전제되어야 하고, 나아가서는 권리에 대한 사회적인 이해가 전제 되어야 한다. 그러므로 소유권은 경험적이고 현상적인 실재라기보다는 이성에 의해서 확립된 객관적인(혹은 본체적인) 실재로 보아야 한다. 소유에 대한 권리는 인격체의 도덕적 특성과 인간조건에 대한 객관적 사실에 입각하여 논리적으로 수립될 수 있을 뿐이다. 재산권의 구체적 내용은 경험적인 상황에 따라 정치사회가 직접 결정해야 할 문제로, 소유권의 정당성을 인격 개념으로부터 추론·정당화하는 철학자가 다룰 문제가 아니다.

주지하듯이 칸트의 재산권 이론은 인간이라는 인격체의 도덕적 특성에 대한 관점을 전제하고 있다. 여기서 '전제'는 그로부터 소유권을 추론해낼 수 있는 기본 공리 즉, 더 이상 추가적인 증명이 필요 없는 명제를 의미한다.[47] 이를테면 "자유는 모든 이성적인 존재의 의지가 갖는 속성으로 전제되어야 한다."는 명제나, 이성을 지닌 인간은 자유에 대한 천부적인 권리(혹은 능력)를 갖고 있다는 명제가 그런 공리들이다(GMM 447; MM, VI. 237).[48]

자유는 분석적으로 두 가지 요소 혹은 측면으로 구성되어 있다.[49] 하나는 독립으로서의 자유이다(MM 6: 237). 자유는 타인의 자의적인 의지에 좌우되지 않는 상태를 의미하며, 개인이 스스로 선택한 목적을 추구위기 위한 조건이다. 개인은 먼저 타인으로부터 독립되어야만 진정으로 자신의 선택능력을 행사할 수 있다. 그러므로 독립은 선택보다 더 근본적인 자유의 구성 요소로, 법이 보호해야 할 가장 기본적인 가치다(James 2016, 303). 독립은 어떤 행위가 적법(정당)하고, 어떤 법률과 제도가 올바른 것인가를 결정하기 위한 가장 근본적인 기준이다.

---

47 따라서 이 명제를 거부하면 그 명제 위에 수립된 모든 이론은 타당성을 잃고 만다.

48 이하부터는『도덕형이상학을 위한 기초 놓기』는 GMM으로,『도덕형이상학』은 MM으로 표기한다.

49 여기서 분석적으로라는 표현은 자유 개념에 이미 들어있는 내용을 설명하는 것이어서 자유를 설명하기 위해 무엇을 덧붙일 필요가 없는 판단을 의미한다. 즉, 주어에 이미 술부가 포함되어 있는 논리적 판단을 의미한다. 반면에 종합적인 판단은 주어에 포함되어 있지 않은 추가적인 사항을 덧붙이는 판단을 의미한다.

　개인의 독립이 보장되지 않으면 개인은 자신이 원하는 대로 선택할 수 없다. 예컨대, 노예는 주인에게 종속되어 있기 때문에 자신이 원하는 것을 스스로 선택할 수 없다. 노예는 독립적인 존재가 아니기 때문에 주인의 선택을 따를 수밖에 없다. 이런 관점에서 보면, 자유의 가장 근본적인 측면은 능동적인 '선택'이 아니라 타인의 간섭과 선택에 좌우되지 않는 상태로서의 독립이다.

　자신이 의지한 대로 선택할 수 있는 능력은 독립을 의미 있게 하고, 독립이 전제되어야만 발휘될 수 있는 자유의 또 다른 측면이다. 만일 스스로 선택하고 선택한 바에 따라 행위 할 수 있는 능력이 없다면 독립은 별로 의미가 없을 것이다. 그러므로 독립의 상태에서 스스로 선택할 수 있는 자유에 대한 옹호는 "인간은 자기 자신의 주인이다."는 신념, 즉 인간의 도덕적 질에 관한 확신을 천명한 것으로 볼 수 있다(MM VI 238).

　칸트의 도덕철학 및 법철학에서 독립으로서의 자유와 한 쌍을 이루고 있는 요소 혹은 가치는 평등이다. 칸트는 모든 인간이 이성을 지닌 자유롭고 존엄한 존재로서 (최소한 잠재적으로나마) 평등하다고 전제한다. 평등은 모든 개인들의 독립과 자유로운 선택을 가능하게 해주는 조건, 즉 인간의 자격을 의미한다(MM VI:; 238). 만일, 개인들 사이에 신분상의 차이가 있거나 도덕적 잠재력에 현격한 불평등이 존재한다면 독립은 보편적인 이상이나 가치가 될 수 없다. 지적·도덕적으로 열등한 존재는 우월한 존재에게 의존하는 것이 자신의 생존과 복지에 더 유리하기 때문이다. 하지만 모든 개인들이 (최소한 잠재적으로나마) 도덕적으로 평등하다면, 독립은 평등한 도덕적 존재들 사이에서 가장 근본적인 가치로 인정되어야 하며, 자유를 행사하는 데 반

166

드시 필요한 조건이다.

칸트에게 중요한 영향을 미친 루소의 사회계약 이론은 평등이 자유 개념과 어떻게 연관되어 있는지를 이해하는 데 큰 도움이 된다 (James 2016, 305). 루소가 제시한 새로운 사회계약은 모든 당사자들이 자신의 권리를 사회에 양도하는 행위에서 출발한다. 일부 개인들만 권리를 포기하는 것이 아니라 모든 계약 당사자들이 권리를 포기한다. 언뜻 보면 이런 권리 포기는 개인들이 제3의 주권자에게 권리를 전부 다 양도해버리는 홉스의 사회계약과 유사해 보인다. 홉스의 사회계약에서 주권자는 (계약의 당사가가 아니기 때문에) 자신의 권리를 양도하지 않는 반면 다른 개인들이 양도한 권리를 독점하기 때문에 절대적인 권한을 갖게 된다. 반면에 루소의 사회계약에서는 개인들이 포기한 권리들을 독점하여 절대적인 권한을 행사하는 제3의 주권자가 존재하지 않는다. 한 사람의 예외도 없이 모든 개인들이 동등한 조건으로 권리를 포기하기 때문이다. 이런 행위는 권리를 포기한 개인들을 억압과 착취에 취약하게 만드는 것처럼 보인다. 개인들이 권리를 모두 포기해버렸기 때문에 어떤 권리도 행사할 수 없기 때문이다. 하지만 모든 개인들이 다 동등한 상황에 처해 있고 또 예외적인 제3의 주권자가 존재하지 않기 때문에 그들이 자의적인 지배와 억압에 노출될 가능성은 없다.

권리를 포기한 루소의 개인들은 어떤 권리를 가지고 어떤 의무를 질 것인가에 대해 동등한 자격으로 심의하고 결정을 내리게 된다. 이런 과정을 통해 그들은 동등한 시민적 지위에 적합한 (평등한) 권리와 의무를 갖게 된다. 모든 개인들이 이런 과정에 동등한 자격으로 참여하기 때문에 일반의지에 입각하여 법과 제도를 수립할 수 있다. 이처럼 일반의지를 담고 있는 법은 상호주의와 평등주의를 반영하기 때문에 특정 개인들에게 우월한 지위나 특권을 부여하지 않으며, 특정한 개인들을 차별하거나 배제하지도 않는다. 시민들은 일반의지가 반영된 법의 지배를 받기 때문에 독립적이고 자율적인 삶을 영위할 수 있다.

　루소의 핵심 아이디어는 칸트의 자유 개념에 반영되어 있다. 칸트에게 자유는 일차적으로 자신의 선택이 타인의 선택에 의해 왜곡되거나 제약받지 않는 상황, 곧 독립을 의미한다. 이 독립으로서의 자유 개념은, 신(新)로마공화주의가 옹호하는 비지배(non-domination)로서의 자유와 유사하다. 보편적인 비지배 상황에서 개인들이 자신의 목적을 자유롭게 선택하고 추구할 수 있는 능력 및 상황을 의미하기 때문이다.

　칸트에게 자유는 모든 개인들이 생득적으로 소유하는 능력이자 권리로서 인격성의 근본 요소이자 인간존엄의 근거이다. 따라서 자유는 사회적 효용이나 복지 혹은 인간번영을 위한다는 명분으로도 결코 침해해서는 안 되는 절대가치이자 궁극적 가치로 간주된다. 타인을 수단이 아닌 목적으로 대하라는 윤리적 지상명령(=정언명령)은 자유롭고 존엄한 존재로서의 인간의 도덕적 능력, 곧 자유에 대한 절대적인 믿음에 기초해 있다. 칸트는 이 자유를 유일한 생득적 권리로 간주하며, 이로부터 다른 권리들의 필요성을 도출한다. 이 책의 주제인 소유권 역시 이 자유 개념으로부터 도출되며, 법제도와 정치사회도 궁극적으로 자유 개념에 입각하여 정당화된다.

03

자유에서 소유로

주지하듯이 자유에 대한 권리는 유일한 생득적 권리로, 이 자유를 존중하고 보호하는 것이 근대 국가의 존재 이유다. 물론 국가를 정당화시켜줄 수 있는 다른 가치들도 있을 것이다. 인간의 행복과 복지도 그런 가치에 속한다. 하지만 칸트는 이런 가치들은 보편적인 권리 원칙의 토대가 되기에는 지나치게 모호하다고 봤다(MM VI:215-216). 그런 가치들은 주관적인 성격이 강할 뿐만 아니라 상황에 좌우되는 경향이 있어서 권리(혹은 법률)의 보편적인 토대가 되기 어렵다고 본다. 만일 특정한 행복 관념이나 복지 관념을 토대로 국가의 법률과 정치제도를 구성한다면, 다른 관념들을 선호하는 사람들과 집단은 그런 법률과 제도의 수립에 반대할 것이다. 하지만 자유는 주관적인 관념도 아니며 상황에 따라 그 의미가 달라지지도 않는다. 인간은 모두 이성을 지닌 자유로운 존재이기 때문에, 자유를 보호해줄 수 있는 법률과 정치제도는 보편적인 토대를 가지게 된다.

"도덕(Sitt)법칙은 아프리오리한 근거를 가질 수 있고 필연적으로 통찰될 수 있는 경우에만 법칙으로 간주될 수 있다. 우리 자신이나 우리 행위에 관한 개념과 판단에 도덕적 의미가 있으려면 한낱 경험으로 알려지는 내용이 그것 안에 포함되어 있으면 안 된다. 후자에서 유래한 것을 도덕적 원칙으로 만들라는 유혹에 빠지는 경우 우리는 최악의 오류를 저지르는 위험에 직면하게 될 것이다. 만일 도덕 이론이 행복에 관한 이론에 불과하다면 도덕 이론을 위해 아프리오리한 원리를 찾는 것은 불합리한 일이었을 것이다.…즐거움을 추구하는 수단 역시 오직 경험으로만 각자에게 알려질 수 있다. 이와 관련된 논변들은 사실상 모두, 아프리오리한 것으로 보인다고 할지라도, 귀납을 통해 보편성으로 고양된 경험에 불과할 뿐이다.…하지만 도덕성(Sittlichkeit)의 이론은 사정이 다르다. 도덕성의 이론은 경향성을 고려하지 않고 우리가 자유로운 존재이며 실천이성을 가지고 있다는 이유만으로 그리고 바로 그런 한에서 우리에게 명령을 내린다"(MM VI:215-216).

그렇지만 자유는 저절로 실현되지 않는다. 힘 있는 자들이 약한 자들을 다양한 방식으로 굴복시키고 자의적으로 지배할 수 있다. 건장한 남성이 유약한 여성을 완력으로 지배할 수도 있고, 막대한 자본을 지닌 기업주가 해고의 위협을 통해 피고용인들을 자의적으로 지배할 수도 있다. 이런 상황은 특정 개인들—건장한 남성과 기업가 등—의 선택에 의해 다른 사람들—유약한 여성과 피고용인—의 독립과 선택이 방해를 받는 상황으로, 자유가 보편적으로 실현되고 있는 상황이라 볼 수 없다. 그러므로 인간의 자유가 보편적으로 존중되고 보호되기 위해서는 특수한 법과 제도가 필요하다. 이처럼 칸트는 인간의 생득적 권리인 자유 개념에 대한 분석적 종합판단을 통해 법의 정당성과 보편성을 도출해낸다.

한편, 독립과 선택으로서의 자유는 보편적인 법률과 정치제도를 통해 보호받아야 하지만 그것만으로는 충분히 실현될 수 없다. 보편적인 법과 제도는 자유를 형식적으로 보호해줄 수 있지만 개인들을 대신해서 자유를 행사해줄 수는 없기 때문이다. 결국 자유의 실질적 내용—특히 자율성—은 개인들이 스스로 발휘하고 향유해야 한다. 여기서 개인들의 자유 실현을 위한 필수 조건인 수단의 문제가 대두한다. 개인이 자신의 신체만으로 이룰 수 있는 목적에는 한계가 있다. 자유롭게 걷거나 달릴 수 있지만 외적인 대상을 사용하지 않고서는 자신의 목숨마저 부지할 수 없고 다른 목적을 추구할 수도 없다. 더 의미 있고 풍성한 삶을 영위하기 위해서는 자기 신체 이외의 외적인 대상들이 필요한 것이다.

이처럼 자유는 타인의 간섭을 받지 않는 독립의 상태뿐만 아니라, 자율성(=선택 능력)을 의미 있게 행사하기 위한 조건으로 외적인 대상들에 대한 소유 및 사용의 권리를 필요로 한다. 생득적인 자유권으로부터 외적인 대상들을 소유·사용할 수 있는 권리가 파생되는 것이다. 이 권리는 자신의 신체에 대한 생득적 권리가 아니라, 외부 대상을 획득하는 데 필요한 추가적 권리라는 점에서 파생적이다. 그럼에도 소유에 대한 권리는 순전히 형식적인 권리에 불과할 수도 있는 자유권을 실질적이고 유의미한 권리로 만들어주는 매우 중요한 권리이다.

외적인 대상에 대한 (획득된 혹은 파생된) 권리는 특히 인간이 다양한 목적을 추구하는 존재라는 측면과 불가분적인 관계에 있다. 만일 인간이 여타의 동물처럼 생존만을 위해 행동하는 존재라면 외적인 대상에 대한 소유권이나 사용권은 매우 제한적일 것이다. 하지만 인간이 의미 있고 가치 있는 삶을 추구하는 도덕적 존재임을 인정한다면, 외적인 대상에 대한 소유권이나 사용권은 매우 폭넓게 허용될 필요가 있다. 인간은 다양한 목적을 추구하는 존재이기 때문에 다양한 대상들을 소유·사용할 수 있는 권리를 보장받아야 한다. 그렇지 않으면 인간은 의미 있고 가치 있는 삶을 추구하기 어려울 것이며 단순히 생명을 유지하는 정도에 만족해야 할 것이다. 이처럼 소유권을 비롯한 다른 권리들은 천부적인 자유권을 의미 있게 행사할 수 있는 외적인 조건—즉 소유 대상—과 관련된 추가적인 권리들로 정당화된다. 다시 말해, 자유라는 인간의 본성과 인간 삶의 조건에 관한 기본적인 사실을 두고 볼 때, 인간이 의미 있고 가치 있는 삶을 영위하기 위해서는 일정한 권리의 체계가 필요하다. 칸트는 이런 문제의식을 가지고 『도덕형이상학』의 「법론」에서 특정한 외적 대상을 소유하거나 사용할 수 있는 권리와 그런 권리를 상호 존중해야 할 의무에 관하여 고찰한다.

　획득된 권리의 체계를 떠받치고 있는 원칙을 실천이성의 공리라 부른다. 이 공리는 보편적인 법 원칙, 곧 "행위는 보편적인 법칙에 따라 만인의 자유와 양립할 수 있는 한에서 옳다."는 보편법칙을 연장한 것으로(MM VI: 230), 개인이 특수한 목적을 추구하기 위해 외적인 대상을 정당하게(혹은 합법적으로) 사용할 수 있어야 한다는 원칙으로 확장된다. 이런 공리가 전제될 때에야 개인들은 천부적인 자유권 및 자신의 신체에 대한 본유적 권리를 넘어 다양한 외적 대상들을 소유할 수 있는 권리를 정당하게 획득할 수 있다.

　주지하듯이 생득적인 자유권의 실질적인 행사는 개인들이 자신의 목적을 추구하는 데 필요한 외적인 대상의 소유와 사용을 필요로 한다. 하지만 외적인 대상들은 나의 것이 될 수도 있고 다른 사람들의 것이 될 수도 있다. 나의 것이 될 수도 있고 다른 사람의 것이 될 수도 있는 개방성 때문에 외적인 대상들을 정당하게(혹은 합법적으로) 사용할 수 있는 권리가 필요하다. 권리는 (보편적인 법칙에 따라서) 다른 사람들의 자유를 침해하지 않으면서 외적인 대상들을 나의 목적을 위한 수단으로 소유·사용할 수 있는 자격을 의미한다. 그러므로 앞으로 다뤄야 할 문제는 외적인 대상들이 정당하게 나의 것이 될 수 있는 조건을 확인하는 것이다. 칸트는 보편적인 자유 원칙 및 실천이성의 공리—외적 대상들은 나의 것이나 너의 것이 될 수 있고, 인간의 특수한 목적을 위해 수단으로 사용될 수 있어야 한다는 원칙—와 인간의 객관적인 조건에 관한 이해를 종합함으로써 권리체계로서의 법(=사법)을 도출·정당화한다.

물리적 점유와 예지적(본체적) 소유

칸트는 '외적인 대상을 나의 것으로 소유하는 것'의 의미를 밝히는 데서 출발한다(MM VI: 246-254). 만일 사람들이 자신의 목적을 이루는 데 신체로 충분하다면 천부적인 자유권으로 충분할 것이다. 하지만 외적인 대상을 사용해야만 자신의 목적을 달성할 수 있고 또 그런 목적을 추구함으로써 자유를 실현할 수 있다면, 당연히 그렇게 할 수 있는 권리를 가져야 한다. 그리고 자유는 모든 사람들이 동시에 향유해야 하기 때문에 모든 사람들이 외적인 대상을 소유할 수 있는 동등한 권리를 누려야 한다. 하지만 사람들이 동일한 대상을 동시에 원할 경우 문제가 발생하기 때문에 그런 상황을 해결하기 위한 원칙이 필

요하다. 이런 원칙의 구체적인 내용은 실정법으로 구체화될 것이며
해당 사회의 상황에 따라 달라질 것이다. 이 때문에 칸트는 외적 대
상을 취득·사용하는 구체적인 방법을 다루는 대신, 외적인 대상들에
대한 소유권(및 사용권)을 허용해주어야 할 당위성을 논리적으로 정당
화하는데 주력한다.

　　먼저 칸트는「실천이성의 법적 요청」에서 "내 자의[=선택]의 모든
외적 대상을 나의 것으로 소유하는 것은 가능하다."고 단정한다(MM
VI: 246). 인간이 자유로운 존재이고 특수한 목적을 추구하기 위해 신
체 이외의 대상들을 사용해야 한다면, 외적인 대상들을 소유·사용할
수 있는 권리를 허용해주지 않는 것은 인간의 자유―선택 능력―를
인정하지 않는 것과 다름이 없다. 예컨대, 세계의 대상들에 대한 소
유와 사용을 금지하는 실천 법칙이 존재한다고 가정해보자. 나아가
서 그 대상들을 소유하고 사용할 수 있는 자의 자유가 (보편 법칙에 따
라) 만인의 자유와 양립 가능하다고 가정해보자. 이 실천법칙은 자유
에 대한 권리와 모순된다. 그 법칙은 정의상(by definition) 권리인 어
떤 것을 금지하는 법칙이기 때문이다. 따라서 세계의 외적인 대상들
은 개인이 (보편적인 법칙 하에서 만인의 자유와 공존할 수 있는 한) 소유하고
사용할 수 있도록 허용되어야 한다.

"내 자의[=선택]의 모든 외적 대상을 나의 것으로 소유하는 것은
가능하다. 다시 말해서 법칙화된 준칙이 자의의 대상을 그 자체로
(객관적으로) 주인 없는 것(無主物)으로 만들게 되는 경우 그와 같은
준칙은 법에 어긋난다. 그 이유는 다음과 같다. 내 자의의 대상은
'그 사용이 물리적으로 내 지배력 안에 있는 어떤 것'을 의미한다.

그런데 만일 동일한 것의 사용이 법적으로 내 지배력 안에 있지 않다면, 즉 보편 법칙에 따라 모든 사람의 자유와 병존할 수 없다면, 자유는 사용가능한 대상들을 모든 사용 가능성의 외부로 쫓아내버림으로써, 다시 말해서 사용 가능한 대상들을 실천적 관점에서 폐기하여 무주물로 만들어버림으로써 결과적으로 자유는 대상과 연관된 자의[=선택]를 자기 자신에게 박탈하게 될 것이다. 비록 자의가 형식적으로는 사물 사용에서 보편 법칙에 따라 모든 사람의 외적 자유와 상호 일치하게 될 지라도 말이다.…결국 내 자의의 모든 대상을 객관적으로 가능한 나의 것으로 간주하고 그렇게 취급하는 것은 실천이성의 아프리오리한 전제다"(MM VI: 246).

인간이 자유로운 존재이고 그 자유를 실천하기 위해서 외적인 대상을 필요로 한다면, 외적인 대상을 나의 것으로 소유할 수 있어야 한다는 원칙의 타당성은 충분히 입증된다. 그 원칙의 타당성을 부인하면, 인간이 자유롭다는 명제는 아무런 의미가 없거나 공허한 진술에 불과하기 때문이다.

외적인 대상을 소유할 수 있는 권리의 객관적 타당성이 논증되었기 때문에 이제는 그에 부합하는 소유 개념을 더 분명히 밝혀야 한다. 소유권의 객관적 타당성이 입증되었다고 해도, 그 소유권이 일시적이고 물리적인 것에 국한된 것인지, 아니면 장기적이고 非물리적인 것까지 포괄하는지를 명료히 밝힐 필요가 있기 때문이다. 인간이 추구하는 목적은 단기적인 것에서 중장기적인 것에 이르기까지 매우 다양하다. 그런데 특히 중장기적인 목적을 추구할 경우에는 (직접적이고 물리적인 점유가 아닌) 非물리적이며 비적접적인 소유권도 인정될 필요가 있다. 다시 말해, 지금 당장 물리적으로 점유하고 있거나 사용하고 있는 대상이 아니라도, 나의 것으로 인정받고 있기 때문에 아무 때나 내가 원할 때에 사용할 수 있는 대상이 있어야 한다. 칸트는 두 가지 소유 양식을 구분함으로써 非물리적이고 非직접적인 소유권의 중요성을 부각시킨다. 감성적인(혹은 현상적인) 소유(sensible possession)와 예지적인(혹은 본체적인) 소유(intelligible possession)의 구분이 그것이다(MM VI: 245-250).[50]

"법적 의미에서 나의 것은 나와 사물의 결합 관계를 의미한다. 즉 그 사물을 타인이 내 동의 없이 사용하는 경우 그로 인해 내가 피해를 받게 되는 결합 관계를 의미한다. [사물] 사용 일반의 가능성을 위한 주관적 조건은 점유다. 그런데 외적 사물이 나의 것으로 되는 경우는 오직 '타인이 하나의 사물을 사용하고 내가 그것을 점유하지 않는데도 그의 사물 사용으로 내가 피해를 보게 될 경우'뿐이다. 그러므로 만일 점유 개념이 감성적 점유와 예지적 점유라고 하는 서로 다른 의미를 가질 수 없다면 외적 사물을 자신의 것으로 소유한다는 것은 자기모순일 것이다. 하나의 동일한 대상에 대해 우리는 한편으로 물리적 점유를 생각하면서 동시에 다른 한편으로 순수 법적 점유를 생각할 수 있다. 그런데 '하나의 대상이 나의 외부에 존재한다.'는 표현은 '그것은 단지 나(주체)와 구분되는 대상

---

50   한국 학계에서는 '예지적인 소유'로 표기하는 관행이 형성되어 있는 듯하다(김옥경 2002, 162; 김석수 2007, 55-6). 영어권에서는 '이해가능 한'을 의미하는 intelligible로 표기하는 것이 보통인데, '감성적인'에 대비되는 '지성적인'으로 번역해도 될 듯하다.

이다.'를 의미하거나 아니면 '그것은 공간·시간적으로 다른 위치에 존재하는 대상이다.'를 의미한다. 첫째 의미로 받아들여지는 경우에만 점유는 이성 개념으로 이해될 수 있다. 반면에 둘째 의미로 받아들여지는 경우 그것은 분명 경험적 점유를 지칭한다. 예지적 점유는 (만일 그러한 것이 가능하다면) 보유 없는 점유를 의미한다"(MM VI: 245-6).

감성적인(혹은 감각적인) 소유는 순전히 물리적인 점유를 의미한다. 어떤 대상에 대한 감각적인 소유는 실제로 그것을 물리적으로 점유하는 것을 의미하기 때문에 다른 사람이 그것을 사용하기 위해서는 원래의 점유자에게서 억지로 빼앗아야 하는 소유 형태이다. 혹은 어떤 사람이 점유하고 있는 땅에서 그를 강제로 밀어내어 그 자리를 빼앗을 때 침해되는 소유 개념이다. 이 감각적(혹은 물리적) 소유 개념은 지속성을 갖기 어려우며, 인간의 생득적인 자유권에도 부합하지 않는다. 감각적인 소유 개념 하에서 개인이 추구할 수 있는 목적은 현재 물리적으로 점유하고 있는 외적 대상을 가지고 추구할 수 있는 즉각적이고 단기적인 목적에 국한된다. 더구나 목적을 추구하는 과정에서 점유물을 한 순간이라도 내려놓거나 몸에서 분리해서는 안 된다. 그것이 신체와 분리되는 순간 자신의 소유물이 아니게 되며, 그것을 낚아챈 다른 사람의 소유물이 되기 때문이다. 그러므로 물리적인 점유를 의미하는 감각적 소유 개념은 자유 개념에 부합하지 않는다.

이와 달리 예지적 소유 개념은 자유 개념 및 보편적인 권리 법칙에 조응한다. 예지적 소유 개념 하에서는 내가 어떤 대상을 물리적으로 점유하고 있지 않아도 나의 것으로 간주되기 때문에, 그것이 시공간적으로 나와 분리되더라도 다른 사람이 그것을 사용하게 되면 나에게 해가 된다.[51] 왜냐하면 나의 동의를 얻지 않고 그것을 사용하는 것은 내가 원하는 시점에 그것을 사용할 수 있는 자유를 침해하기 때문이다. 그러므로 예지적 소유 개념은 특정 물건을 대상으로 한 소유 개념이 아니라, 인간의 생득적 자유권과 보편적인 권리 법칙을 전제하는 (반드시 인정되어야 할) 객관적이고 추상적인(혹은 본체적인) 소유 개념이다. 이 소유 개념은 이성의 논리 법칙으로 볼 때 객관적으로 존재해야 할 소유 개념이라는 의미에서 예지적인 소유 개념이다.

감각적 점유와 예지적 소유의 구분은 칸트가 재산을 하나의 관념, 즉 본체(noumenon)로 취급하고 있다는 것을 말해준다. 로크와 달리 칸트는 재산을 경험적으로 발견하거나 확립할 수 있는 것으로 보지 않고, 오직 이성에 의해서만 논리적으로 수립할 수 있는 非경험적인 관념, 즉 하나의 본체로 간주한다. 그래서 칸트는 소유권을 (소유보다 더 구체적이고 복합적인 관념인) 재산권과 엄밀히 구분하고, 자유권과 보편적인 권리 법칙에 부합하는 소유 개념에 논의를 집중한다. 구체적인 재산권은 전적으로 특정 국가의 정치적·법적 결정에 따라 정해지는 반면, 소유권과 사용권은 이성의 논리법칙에 따라 그 필요성과 정당성을 객관적으로 논증할 수 있기 때문이다.[52]

---

51 이런 관점에서 보면 로크는 노동을 통한 물리적인 점유를 소유권과 혼동하고 있다고 볼 수 있다.

52 다른 관점에서 보면, 재산은 대상이 아니라 하나의 제도이다. 즉, 외적인 소유(혹은 사용) 대상을 매개로 형성된 사람들 사이의 관계를 규제하는 제도이다. 다시 말해 재산은 이성의 논리 법칙에 따라서 도달한 관념상의 제도인 재산권—더 정확히 말하면, 소유권—에 대한 종합판단을 통해서 논리적으로 도달한 규칙들의 체계이다.

"공간 시간상에서 경험적 점유의 모든 조건을 제거하고 난 이후 [제기되는] 나의 외부에 있는 사물의 점유 가능성에 관한 명제(즉 예지적 점유의 가능성이라는 전제)는 그와 같은 제한 조건들을 넘어간다. 그러한 명제가 종합적인 이유는 그것이 외적인 나의 것이라는 개념을 위해 불가피한 '보유 없는 점유'를 정식화하기 때문이다. 경험적 점유의 개념을 넘어 자신을 확장해가는 그와 같은 아프리오리한 명제가 어떻게 가능한가? 이 점을 제시하는 것이 이성의 과제에 도움이 될 수 있을 것이다"(MM VI: 250).

재산의 대상과 소유권의 관계성

생득적 자유권을 의미 있게 행사할 수 있는 조건으로서의 재산—엄밀히 말하면 정당한 소유와 사용의 대상—은 정당하게 나의 것이 될 수도 있고 다른 사람들의 것이 될 수도 있는 외적인 대상들이다. 이 대상들은 세 가지 종류로 구분할 수 있다(MM VI: 247-8). 첫째는, 나의 외부에 있는 (물체로서의) 사물. 둘째는, 특정한 사실 행위를 하려는 타인의 자의[=선택], 즉 계약. 셋째는 나와의 관계 속에 있는 타인의 상태, 곧 지위.

첫째 범주에는 사과, 가구, 집과 같이 내가 소유하고 사용할 수 있는 모든 것들이 속한다. 둘째 범주인 타인의 특별한 행위는 계약에 의해 이루어지는 것으로, 계약 당사자들이 물리적으로 반드시 현존할 필요가 없다. B가 나에게 일정한 반대급부를 대가로 집안일을 해주기로 계약하였다면 나는 B의 계약 행위에 대한 소유권을 가지며, 그 소유권은 내가 집밖에 있어도 유효하다. 셋째 범주는 가부장의 아내, 자식, 그리고 하인들과 같이 나와 특수한 관계를 맺고 있는 사람들의 지위 때문에 나의 정당한 재산으로 간주되는 대상들이다. 이들은 법적인 관점에서는 가부장의 재산으로 간주된다. 하지만 도덕적인 관점에서는 (모두가 이성을 지니고 있기 때문에) 자율적인 개인들로 간주된다. 가부장이 그들을 정당하게 소유하기 위해서 반드시 그들 앞에 현존할 필요는 없다. 그들과 가부장이 어디에 있든 그들은 법적으로 가부장의 소유로 인정된다. 따라서 이들을 재산의 한 가지 대상으로 간주한다는 사실은 칸트가 물리적인 점유가 아니라 예지적인 (따라서 정당하거나 합법적인) 소유 개념을 전제로 논의하고 있음을 말해준다.

칸트의 이론에서 소유권은 관계적이다.[53] 소유권은 소유자와 외적 대상과의 직접적인 관계가 아니라 대상을 매개로 한 소유자와 타인들의 관계로서, 타인들에게 특수한 성격의 의무를 부과한다. 내가 어떤 것을 정당하게 소유하고 사용할 수 있는 권리를 갖고 있다면 타인들은 그것을 소유하고 사용할 수 있는 나의 권리를 침해하지 말아야

---

53 세 가지 대상들에 대한 소유권은 생득적 자유권에서 파생된 (획득된) 권리이다. 획득된 소유권은 나의 신체 바깥에 있는 것들을 소유하고 사용할 수 있는 권리이기 때문에 전적으로 사물 대 인간의 관계로 보이지만 전혀 그렇지 않다. 소유권은 반드시 다른 사람들과의 관계를 포함하고 있기 때문이다. 다른 사람(들)이 나에게 해를 가한 상황은 소유권의 관계적 성격을 더욱 분명히 드러내준다. 특히 칸트는 "타인이 하나의 사물을 사용하고 내가 그것을 점유하지 않는데도 그의 사물 사용으로 내가 피해를 보게 될 가능성이 있는 경우", 즉 정당하게 또는 합법적으로 나의 것인 어떤 것—예지적인 소유—을 타인이 침해함으로써 받게 되는 해에 관심을 집중한다(MM VI: 245). 이런 부류의 해는 나의 신체나 인격에 직접적인 해를 가하지 않고서도 발생할 수 있다. 즉, 나의 인격에 대한 직접적인 해라기보다는 내가 특수한 목적을 추구하는 데 사용할 수 있는 소유물을 침해함으로써 미치는 해이다. 이런 경우에는 나의 신체적 온전성이 아니라 선택의 자유를 의미 있게 사용할 수 있는 권리를 침해당한다.

180

할 의무를 진다. 만일 타인들이 (나의 동의 없이) 부당하게 나의 것을 빼앗거나 사용한다면, 그런 행위는 나의 소유물을 내가 정당하게 사용할 수 있는 권리를 침해함으로써 나의 외적인 자유를 방해하는 것이다. 그러므로 "엄격하게 문자 그대로 말하면, 사물에 대한 (직접적인) 관계는 존재하지 않는다. 단지 '한 인격에 대립하여 [특정한] 누군가에게 귀속되어 있는 것'을 우리가 그렇게 부르는 것일 뿐이다"(MM VI: 261).[54] 그런 관계들은 (유일한 생득적 권리인 자유권을 존중하려면) 일방적인 의지가 아니라 일반의지에 토대를 두어야 한다(MM VI: 237).

특히 계약에 의해 성립되는 권리와 의무 관계는 사물에 대한 소유권보다 더 관계적이며 상호의존적이다. 그것은 계약 관계에서 가해지는 해를 보면 분명히 알 수 있다. 계약의 상대방이 계약을 깨트리면 그 계약을 통해 이루고자 하는 나의 목적이 좌절될 수 있다. 즉, 계약 관계에서는 한 당사자의 행위와 태도가 상대방의 목적 추구에 직접적인 영향을 미칠 수 있다. 이처럼 계약은 상대방의 적극적인 수행 행위를 요구한다는 점에서, 상대방의 소극적 태도, 즉, 불간섭만을 요구하는 사물에 대한 소유권과 성격이 다르다.

지위와 관련된 소유권도 상호의존적인 관계를 전제한다. 지위와

---

54 이와 관련하여 플릭슈(K. Flikschuh)는 재산과 자연상태에 대한 칸트와 로크의 입장 차이를 다음과 같이 지적한다. "사실, 칸트는 두 가지 측면에서 로크의 견해를 비판한다. 첫째, 로크가 재산권을 주체와 대상 사이의 직접적인 관계로 오해한다고 비판한다. 둘째는 (대상에 노동을 가하는 행위처럼) 일방적인 경험적 획득행위를 정당한 주장(rightful claim)의 근거로 오인한다고 비판한다"(Flickschuh 2000, 118. Ellis 2006, 549에서 재인용). 칸트와 로크의 차이에 관해서는 이충진(2000)도 같이 참조하라(61-3). 그리고 흄과 칸트의 차이에 대해서는 이충진(2015)을 참조하라.

관련된 상호의존성은 평등한 인격체들 사이에 형성되는 상호의존 관계와는 차이가 있다. 지위 관련 소유 관계에서는 불리한 지위에 있는 당사자가 (법적인 불능 상태로 인해) 관계를 벗어나거나 수정할 수 없다. 이들 사이에서는 계약이 성립될 수 없기 때문이다. 칸트는 부부관계와 부자 또는 부녀 관계, 주인과 종 사이의 관계들이 이에 속한다고 본다. 신탁/수탁 관계나 의사/환자 관계처럼 한쪽이 다른 쪽에 일방적으로 의존하고 있는 다른 관계들도 이에 속한다.

소유권의 잠정적 성격과 국가의 정당성

인간이 자율적인 존재이고, 자유를 실현하기 위해 재산에 대한 권리를 소유하는 것이 허용되어야 한다면, 이제는 재산의 획득 방법에 관한 문제가 제기된다. 그런데 이런 논리적 순서는 로크와 같은 경험주의자들이 제시한 이론과 뚜렷이 대조된다. 주지한 바와 같이 로크는 인간이 자연의 공유물에 자신의 노동을 가함으로써 '정당하게' 재산을 획득할 수 있다고 본다. 로크의 이론에서도 권리는 타인들의 의무를 불러일으키며 국가의 강제력을 통해서 보장된다. 그럼에도 로크에게 가장 중요한 것은 개인이 노동을 통해 재산을 정당하게 소유할 수 있다는 것이다. 하지만 칸트에게 이런 주장은 전혀 타당성이 없다. 경험적 현상과 행위는 재산권을 수립할 수 있는 규범적 근거가 될 수 없기 때문이다.

노동이 재산권의 정당한 획득 근거가 될 수 없는 이유는 (인간의 기본적인 조건을 두고 볼 때) 노동에 의한 획득 행위가 타인의 행위를 제약할 수 있기 때문이다. 예컨대, 내가 노동을 통해 한 지역의 모든 과실을 '정당하게' 독점하게 되면 다른 사람들은 굶주릴 수밖에 없는데 이런 행위가 정당성을 얻기는 어렵다. 그렇다면 다른 사람들의 행위를 정당하게 구속할 수 있는 규범적 타당성은 어디서 찾을 수 있는가?

　로크가 생각했던 것처럼 노동을 통한 물리적 점유가 재산 획득의 필요조건일 수는 있다. 어쨌거나 어떤 공유물을 다른 사람들이 점유하기 전에 내가 먼저 점유하는 것이 필요하기 때문이다. 하지만 그것으로 그 점유물에 대한 정당한 소유권이 인정될 수 있는가? 모든 사람들이 동의하는 재산권 제도 하에서 노동을 통한 재산 획득의 정당성을 부분적으로 인정해줄 수는 있을 것이다. 그럼에도 재산권 제도의 일부에 불과한 원칙을 재산제도 전체의 유일한 원칙으로 삼을 수는 없다.

　칸트의 재산권 이론의 또 다른 축인 공법질서의 중요성은 여기서 찾을 수 있다. 자연상태에서는 재산권을 포함한 모든 권리들이 잠정적인(provisional) 성격을 지니고 있다(MM VI: 255-7, VI: 312). 자율성을 지닌 개인이 특정한 목적을 추구할 수 있도록 외적인 대상에 대한 소유권을 인정해주어야 한다는 주장은 논리적으로 타당하다. 하지만 그런 소유권을 인정하고 보호해줄 수 있는 강제력이 수반되지 않을 경우 소유권은 사실상 존재하지 않는 것과 같은바 자유에 대한 생득적 권리도 의미 있게 행사할 수 없다. 자연상태에서는 소유권의 규범적 타당성과 실효성 사이에 심각한 딜레마가 존재하는 것이다.

　공법질서는 자연상태에서의 재산 획득을 실효성 있게 만들어줌으로써 이런 딜레마를 극복하게 해준다. 로크의 경우 재산권은 타인의 동의나 공법질서의 존재 여부와 상관없이 노동을 통해 수립된다. 물론 로크의 경우에도 자연상태에서의 재산권은 불확실하고 불확정적이다. 너의 것과 나의 것을 정확히 구분하는 것도 쉽지 않을 뿐더러, 재산권에 대한 침해가 발생했을 경우 분쟁 당사자들 모두가 승복할 수 있는 공정한 심판자가 존재하지 않기 때문이다. 이처럼 로크의 이론에서도 자연상태에서의 재산권은 '사실상' 잠정적인 성격을 지니고 있기 때문에, 그것들을 확정된 권리로 보호해줄 수 있는 공법질서를 필요로 했던 것이다.

칸트는 로크보다 더 분명하고 단호하게 자연상태의 권리들은 잠정적이고 불확정적이라고 단언한다(MM VI: 256). 그럼에도 소유권은 생득적 자유권을 의미 있게 행사하기 위한 필요조건이기 때문에 그것을 확정적인 권리로 전환시킬 필요가 있다. 칸트가 자연권적 소유권을 실정법적인 권리로 전환시킬 당위성을 추론해내는 한편으로, 그런 당위성을 구현하는 데 필요한 공법질서의 구성을 모든 관련 개인들의 상호 의무로 규정하는 것은 바로 이런 이유 때문이다.

"외적이고 따라서 우연적인 점유와 관련하여 [한 사람의] 일방적 의지는 모든 사람에게 강제 법칙으로 쓰일 수 없다. 그것은 보편 법칙에 근거하는 자유를 방해하게 되기 때문이다. 결국 위와 같은 확실성을 보장할 수 있는 의지는 다른 모든 사람에게 구속성을 부과하면서, 즉 집합적 – 보편적(공통적)이면서 동시에 권력을 가지고 있는 의지뿐이다. 그런데 '보편적이고 외적이면서(즉 공적이면서) 또한 권력을 수반하는 입법' 아래 있는 상태는 곧 시민상태다. 그러므로 오직 시민 상태에서만 외적인 각자의 것이 존재할 수 있다. 귀결: 만일 외적 대상을 나의 것으로 소유하는 것이 법적으로 가능해야 한다면, 나와 함께 시민 체제로 진입할 것을 외적 대상의 소유와 관련하여 [나와] 분쟁을 일으키고 있는 다른 모든 사람에게 강요하는 것 역시 주체[나]에게 허용되어야 한다"(MM VI: 256; cf. VI 312).

물론 소유권을 자연권으로 본 칸트의 주장이 갖는 정치적 함의는 적지 않다. 소유권은 국가가 수립되는 도덕적 근거이기 때문에 소유권에 대한 제약은 지극히 신중하게 이루어져야 한다는 메시지를 함축하고 있다. 이와 같은 함축성은 칸트가 공유재산제보다 사유재산제를 인간의 도덕성에 더 잘 맞는 제도로 보고 있다는 해석의 근거가 되기도 한다. 하지만 칸트의 소유권 이론이 실제로 어떤 소유제와 더 잘 부합하는지를 판단하는 것은 그리 단순한 문제가 아니다. 그러므로 칸트의 이론에 부합하는 소유형태에 관한 논의는 잠시 미뤄두기로 하고 여기서는 개인들이 자연상태에서 정치사회를 수립하게 되는 이유에 대해 좀 더 부연 설명하고자 한다.

칸트는 자연상태의 메타포를 활용하여 재산권의 최초 획득에 대해 설명한다. 이 부분은 로크의 설명과 유사하게 보이지만 실제로는 상당한 차이가 있다. 칸트는 정치사회를 수립하기에 앞서 권리의 지위를 분석하기 위해 자연상태를 활용한다. 즉, 소유권을 포함한 제반 권리들의 잠정적인 성격을 부각시키기 위해 자연상태 메타포를 사용한다. 자연권의 잠정적 성격으로 인해 야기될 수 있는 딜레마 상황은 모든 개인들에게 시민상태로 이행해야 할 의무를 부과한다는 것을 보여주기 위한 것이다.

자연상태에서 소유권이 잠정적일 수밖에 없는 이유를 좀 더 구체적으로 살펴보면 다음과 같다. 자연상태에서는 언제든 소유의 정당성에 대한 분쟁이 발생할 수 있는데, 이 분쟁이 격화하면 소유권의 존재 자체가 무의미해진다. 이처럼 자연상태에서의 소유권은 사람들 사이에 분쟁이 발생하지 않는 경우에만 보장받을 수 있는 불안정한 성격을 갖고 있다. 그리고 소유권의 불안정성은 사람들이 스스로 선택한 목적을 추구하기 위해 사용할 수 있는 수단의 안정성을 위협함으로써 자율적인 삶을 방해한다. 따라서 잠정적이고 불안정한 소유권을 확실하고 안정적인 권리로 전환시키기 위해서는 권리 소유자와 다른 모든 사람들의 통합된 의지를 통해 필요한 조치를 취해야 한다 (MM VI: 256-7). 즉, 관련된 모든 개인들이 잠정적 자연권을 실정법적인 권리로 전환시켜줄 수 있는 국가를 수립해야 한다.

이처럼 국가는 자연상태의 잠정적인 권리를 실효성 있게 보호해주는 제도로 정당화되기 때문에, 국가의 수립은 예지적인(혹은 정당한) 권리와 잠정적인 권리를 구분 짓는 분수령이 된다. 소유권을 비롯한 다양한 권리들은 생득적인 자유권을 의미 있게 행사하기 위한 조건들이기 때문에, 이런 권리들을 보장해줌으로써 국가는 인간의 자유 실현에 이바지하게 된다.

『도덕형이상학』「법론」의 「공법(public right)」편은 자연상태에서의 잠정적인 사법을 구현시켜줄 수 있는 국가의 공적인 제도적 조건을 다룬다. 즉, 공법은 개인들이 자신의 소유권과 자유를 안전하게 향유할 수 있는 조건을 보장해주기 위해 국가가 강제력을 어떻게 행사해야 하는지를 검토한다. 하나의 아이러니는 칸트가 개인의 자유와 권리를 보장해주기 위해 강제력의 사용을 정당화하고 있다는 점이다. 이처럼 개인의 자유 및 권리, 그리고 국가의 강제 사이에 존재하는 긴장 관계는 근대 정치사상의 중심문제로 홉스, 로크, 루소는 물론 칸트의 정치사상에서도 어김없이 나타나고 있다. 어떤 소유 형태가 칸트의 소유권 이론에 부합하는지에 관한 논의는 이 문제에 대한 칸트의 입장을 어느 정도 시사해줄 것으로 본다.

05

소유체제와 정치체제

칸트의 소유권 이론에 관한 지금까지의 설명은 칸트가 사적인 소유체제를 옹호하고 있다는 인상을 줄 수 있다. 또 일부 영향력 있는 칸트 학자들은 실제로 그렇게 판단한다(Ripstein 2009; Weinrib 2012). 이런 판단은 나름대로 근거를 갖고 있다. 모든 개인에게 독립과 자율성이 중요하고 스스로 선택한 목적을 추구하기 위해 자신의 뜻대로 사용할 수 있는 대상이 필요하다면, 개인이 뜻대로 사용할 수 있는 수단을 정당하게 소유할 수 있어야 하기 때문이다.

사실 칸트의 소유권 이론이 사유재산체제에 우호적이라고 보는 해석은 매우 합리적이다. 이 해석의 합리성은 자연상태의 원초적 소유체제가 공유제인 것을 감안해보면 쉽게 알 수 있다. 자연적 공유제가 모든 개인들이 자유를 실현하는 데 문제가 없다고 가정해보자. 그러면 굳이 사유재산을 획득하기 위해 노력할 필요가 없을 것이며, 획득한 사유재산을 보호하기 위한 정치조직도 필요하지 않을 것이다. 하지만 칸트는 개인이 자유를 의미 있게 행사하기 위해서는 재산을 소유할 수 있는 권리를 가져야 한다고 보기 때문에 전면적인 사유재산제도를 옹호하는 듯 보일 수 있다.

하지만 칸트가 생득적 자유권으로부터 소유권을 도출했다는 사실을 그가 전면적인 사유재산제도를 옹호했다는 근거로 보기는 어렵다. 칸트는 어디에서도 무제한적이고 무조건적인 소유를 옹호하지는 않았다. 만일 칸트가 전면적인 사유재산체제를 옹호했다면, 어떤 형태의 공유체제도 그의 선택지에 올라오지 않았을 것이다.

칸트가 옹호한 구체적인 소유체제가 무엇인지를 탐구해보기 위해서는 먼저 개인들이 외적인 대상들(혹은 자원들)을 필요로 하게 되는 근본적인 이유를 상기할 필요가 있다. 개인들이 자신의 신체만으로 추구할 수 있는 목적은 매우 제한되어 있다. 개인이 외적인 수단들을 정당하게 사용할 권리가 없다면, 자유란 기껏해야 자신의 몸을 움직일 수 있는 가능성에 불과하다. 인간은 자신의 몸과 건강을 유지하기 위해 외부의 음식을 섭취해야 하기 때문에, 그런 대상들을 정당하게 사용할 수 있는 자유를 누리지 못할 경우 생존을 담보할 수 없다. 그러므로 논리적으로 볼 때 인간에게 생명과 자유가 있다는 주장은 외적인 대상들을 소유·사용할 수 있는 권리 및 그런 권리를 상호 존중해야 할 의무가 있다는 주장과 같다.

나아가서 인간은 단기적인 목적은 물론 중장기적인 목적도 추구하기 때문에 물리적인 점유를 넘어 예지적인 소유권을 가져야 한다. 물리적 점유만을 인정할 경우 외적인 대상이 신체와 분리되는 순간 더 이상 자신의 것이 아니게 되고, 다른 사람들이 그것을 점유하는 것이 정당하기 때문이다. 그러므로 칸트의 자유 개념은 개인들이 독립의 상태를 유지하면서 선택의 자유를 의미 있게 행사하기 위한 조건으로 예지적인 소유 및 사용권을 요구한다.

하지만 이 설명에서 자유와 (외적인 대상에 대한) 소유권이 지닌 상대적 중요성을 따져볼 필요가 있다. 소유권은 인간이 자유를 실천하는 데 필요하기 때문에 정당화되는 것이지 그 자체가 목적은 아니다. 이런 인식은 칸트가 옹호하는 소유 형태를 이해하는 데 중요한 실마리가 된다. 인간이 독립과 선택의 자유를 누리기 위해서는 철저히 배타적인 소유권을 보장받아야 하는가? 아니면 경우에 따라서 특정 대상에 대한 사용권만으로도 충분한가? 혹은 소유의 불평등이 심화된 상황에서, 부유한 자본가들이 사적 소유권의 절대성을 옹호하며 빈곤한 노동자들의 독립과 자유를 유린해도 되는 것인가? 모든 개인들이 보편법칙에 따라서 독립과 선택의 자유를 상호 존중해야 한다면, 사유재산체제의 전면 도입으로 인해 발생한 불평등이 자의적인 지배와 억압을 초래하는 현상을 자유의 이름으로 정당화하기란 쉽지 않다.

이런 의문은 칸트가 사유재산제도의 전면적인 도입을 옹호했다고 속단할 수 없는 근거가 된다. 사유재산제도의 전면적인 도입으로 인해 인간의 최고 가치인 독립과 선택의 자유가 훼손된다면, 그런 체제는 칸트가 진정으로 원했던 체제는 아닐 터이기 때문이다. 여기에 소유권의 필요성 및 정당성에 대한 칸트의 논증을 사유재산체제의 전면적인 옹호로 해석하는 입장의 난점이 놓여 있다.[55]

먼저 칸트가 옹호한 체제는 전면적인 사유재산체제였는가 아니면 전면적인 공유체제였는가? 이 질문의 답은 비교적 단순하다. 전면적인 공유체제는 (다행스럽게 민주적인 결정방식을 채택했다고 가정했을 경우)

---

[55] 러브(S. M. Love)는 이런 문제의식을 가지고 칸트의 소유권 이론에 조응하는 소유형태 문제를 천착하고 있다. 칸트가 옹호할 수 있는 소유체제에 관한 논의는 그의 글(2020)을 참조했다.

모든 자원의 배분을 민주적인 절차에 따라 결정할 것이다. 극단적인 경우, 개인이 의미 있는 삶을 영위하기 위해 사용해야 하는 모든 것들을 공동의 의사결정에 따라 배분받아야 할 것이다. 사소한 물품에서부터 중요한 물품에 이르기까지 모든 것이 공동의 의사결정에 따라 결정될 것이다. 물론 기본적인 물품들은 미리 정해놓은 규칙에 따라 기계적으로 배분될 수 있다. 그럼에도 이런 식의 공유체제는 (타인의 자의적인 지배를 받지 않아도 되지만) 자신의 인생 목적을 자유롭게 추구할 수 있는 가능성을 대폭 축소시켜버릴 수 있다는 점에서 자유의 법칙과 양립하기 어렵다. 자신이 무엇을 원할 때마다 공동체 전체의 의사결정에 회부해야 하는 불편을 겪어야 할 뿐만 아니라, 비밀스럽게 추구하고 싶은 목적들은 피하게 한다는 점에서 독립과 자유를 침해당한다고 볼 수 있다. 예컨대, 결혼과 피임, 그리고 임신과 출산에 이르기까지 지극히 사적인 일에 필요한 자원들마저도 공동의 의사결정에 맡겨야 하는데, 이런 상황이 개인의 독립과 자율성을 저해할 것은 빤한 이치다. 그렇다고 칸트가 전면적인 사유재산체제를 옹호했다고 보기도 어렵다. 전면적인 사유재산체제에서는 유력한 자산가들이 지나친 영향력을 행사함으로써 다수의 독립과 자유를 훼손할 개연성이 있기 때문이다.

이런 분석은 생득적 자유 개념에 토대를 둔 칸트의 소유권 이론이 전면적인 공유체제와 전면적인 사유체제 양 극단 사이 어딘가를 가리키고 있음을 시사한다. 이 체제에서는 일부 특권층이 자신의 부를 이용하여 타인들을 마음대로 지배하거나 억압하기 어려울 것이며, 빈곤층도 자신의 의지에 반하여 종속과 예종의 상황에 처하지 않아도 될 것이다. 모든 개인들이 가치 있는 삶을 사는 데 필요한 자원을 어느 정도 보장받을 수 있는 체제가 될 것이다. 조금 더 구체적으로 추측해보면 사유제와 공유제가 적절히 혼합되어 있고, 특정한 공유물들은 민주적 의사결정에 따라 조건부로 사용할 수 있도록 허용해주는 체제가 될 공산이 크다.

　물론 칸트의 자유 개념과 소유권 이론에서 가장 중요한 것은 개인이 독립을 누리고 자율성을 행사함으로써 의미 있는 삶을 영위할 수 있는 가능성이다. 이런 관점에서 보면 최선의 소유체제는 그런 가능성을 최대한 보장해주는 체제일 것이며, 그 구체적인 형태는 역사적 국면과 상황에 따라 달라질 것이다. 이것이 바로 칸트가 구체적인 재산권 문제는 정치사회의 구성원들이 적법한 의사결정 절차에 따라 집단적으로 결정해야 할 문제라고 간주했던 이유였다. 그리고 이것이 현대의 新칸트주의자들 사이에서 칸트의 자유 개념에 조응하는 정치경제체제의 일반적 윤곽에 관하여 의견이 엇갈리고 있는 이유이다.[56]

　칸트는 재산권의 구체적인 내용은 정치적으로 결정될 문제라고 지적한 한편으로, 공화국을 최선의 국가 형태로 규정했다.[57] 그는 국가 체제가 근원적 계약─자연상태에서 시민상태로의 이행을 결정하는 계약─의 이념에 합치되어야 하며, 그렇지 않을 경우 그 이념에 맞게

---

[56]　이런 해석 차이에 관해서는 新칸트주의를 다루는 부분에서 살펴볼 것이다.

[57]　칸트에 의하면 "국가는 권리 법칙들 아래에 다수 사람이 통합되어 있는 것[상태]을 말한다. 그러한 권리 법칙들이 아프리오리한 법칙으로서 필연적인 경우, 즉 그것들이 외적 권리 일반의 개념들에서 자체적으로 귀결되는(실정법적인 것이 아닌) 경우, 그러한 국가의 형식은 국가 일반의 형식이다. 즉 그것은 순수 법원리에 따라 마땅히 존재해야만 하는 이념상의 국가다"(MM Ⅵ: 313).

변화시켜야 한다고 주장하면서 공화정을 "유일하게 합법적인 체제"
로 제시했다.

"근원적 계약의 정신은 구성 권력[입법권력]의 구속성을 포함하고
있다. 그것은 통치 방식을 앞의 이념에 적합하게 만들어야 한다는
구속성이며 그것을 한 번에 이룰 수 없다면 점진적으로 또 지속적
으로 변화시켜야 한다는 구속성이다. 이러한 변화를 거쳐 통치 방
식은 유일하게 합법적인 체제, 즉 순수 공화정 체제와 그 작용에서
일치하게 되며, 국민의 예속을 낳는 데만 기여했던 저 오래된 경험
적 (실정법적인) 형태들 역시 근원적 (합리적) 형태로 해소될 것이다.
오직 이러한 근원적 형태만이 자유를 모든 강제 원리로, 더욱이 그
것의 조건으로 만든다"(MM VI: 340).

공화국은 자의적인 지배와 억압이 없는 독립적인 시민들의 질서
로, 이상적으로는 국민의 공동 이익을 증진하기 위해 존재한다. 군주
국은 군주 개인의 영광을 위해 존재하고, 국토를 비롯하여 모든 인민
과 자원을 왕가의 영광과 번영을 위해 사용할 수 있는 수단으로 인
식한다. 그에 반해 공화국은 모든 시민들의 독립과 자유 그리고 공동
이익을 위해 존재한다. 이런 특성 때문에 공화국은 전쟁을 멀리하며
국가 간의 평화를 지향한다. 정의로운 법과 강력한 강제력을 지닌 공
화국에서는 시민들이나 그들의 대표자들이 모든 구성원들의 독립과
자유를 보장해줄 수 있는 구체적인 정치경제체제를 확립해갈 것이
다. 하지만 입법, 사법, 행정 권력의 분립을 포함하여 몇 가지 중요한
원칙이나 요소들은 반드시 갖출 필요가 있다(MM VI: 313 이하).

이 맥락에서 칸트는 국가의 정당한 역할과 관련하여 조세권과 재분배의 권리를 제시한다. 즉 "최고 명령권자는 간접적으로, 즉 국민의 의무를 위임받은 자로서 자기 자신(국민)을 유지하기 위해 국민에게 세금을 부과할 권리[를 가지며]," "국가 이름으로 자산가를 강제할 권리, 즉 '최소한의 자연적 욕구를 충족할 능력조차 없는 사람들을 보존하기 위해 필요한 수단을 창출하도록' 강제할 권리가 있다."고 주장하고 다음과 같이 덧붙인다(MM VI: 326).

"국가는 생존을 이어가야 하는 사람 가운데 누구도 외면할 수 없는데, 우리는 전자[지속적으로 축적된 재원]를 그러한 국가의 권리에 합당한 유일한 제도로 간주해야 한다. 지속적으로 축적된 재원은 빈곤층의 수와 함께 증가하는 경우라도 (자선단체가 시행하는 경우처럼) 가난을 게으른 자의 [원조] 획득 수단으로 만들지 않으며, 따라서 그것은 정부를 통해 국민에게 부과되는 부당한 부담이 되지 않을 것이기 때문이다. 빈곤이나 수치 때문에 유기되거나 죽임을 당하는 아이들의 보호와 관련해 국가는 국민에게 의무를 부과할 권리가 있다"(MM VI: 326).

공화국의 유지와 보전에 필요한 기본 경비를 감안해볼 때 국가의 과세권에 대해서는 이의를 제기하기 어려울 것이다. 하지만 국가에 재분배 권한까지 인정해야 하는가에 관해서는 이견이 있을 수 있다. 국가의 재분배 권한은 특히 부유한 자산가들의 독립과 소유권에 위협이 될 수 있기 때문이다. 실제로 현대의 칸트주의자들은 이 문제를 둘러싸고 상이한 해석을 제시한다.[58] 크게 보면 국가의 재분배 권한은 자유권에 위협이 될 수 있기 때문에 빈민구제에 한정되어야 한다고 보는 입장과, 자유권의 동등한 실현을 위해서 비교적 폭넓게 인정되어야 한다는 입장으로 나뉜다. 국가의 재분배 권한을 빈민구제에 한정시키는 입장도 칸트가 현실적이고 실천적인 이유로 그렇게 했다고 보는 입장과, 자연상태를 시민사회로 전환시키는 사회계약을 성사시키기 위한 조건으로 삽입했다고 해석하는 입장으로 갈린다. 또한 재분배 권한은 정치의 역할 및 범위, 즉 정치형태와도 연관되어 있기 때문에 현대의 新칸트주의자들 사이에서 치열한 논쟁거리가 되고 있다. 그러므로 이하에서는 국가의 재분배 권한과 정치의 적절한 역할을 둘러싼 新칸트주의자들의 논쟁을 검토해봄으로써 칸트의 소유권 이론을 더 풍부하게 조명해보고자 한다.[59]

---

58 이에 관해서는 현대의 新칸트주의자들을 다루는 부분에서 설명할 것이다.

59 물론 칸트의 입장을 단순히 해석하는 것과, 칸트의 입장을 계승해서 현대사회에 적합한 형태로 변용하는 것은 다른 문제이다. 재구성적 해석처럼 이 두 가지가 연계되어 있는 경우도 있다.

06

新칸트주의 재산이론:
립스타인, 웨인립, 엘리스, 제임스

新칸트주의의 내적 분화

현대의 자유주의 정치철학은 대체로 칸트의 윤리학과 정치철학에 상당한 빚을 지고 있다. 현대 자유주의가 공통적으로 강조하는 인간의 자율성과 존엄성, 이성의 공적인 성격, 그리고 정치제도의 정당성은 모두 칸트가 정립한 의무론적 윤리학의 소산이다. 물론 칸트의 의무론적 윤리학이 19세기 초반 이래 서구의 지배적인 공공철학으로 군림해온 공리주의를 대체할 수 있었던 것은 1971년에 출간된 롤스의 『정의론』과 1974년에 출간된 노직의 『아나키, 국가 그리고 유토피아』(『아나키에서 유토피아로』로 번역되어 있음)의 엄청난 성공 덕분이었다. 특히 롤스의 『정의론』은 칸트의 윤리학에 새로운 생명력을 불어넣어 新칸트주의 정치철학이 번창할 수 있는 환경을 조성하는 데 결정적인 역할을 했다. 이에 따라 현대 정치철학 분야에서는 일부 공동체주의자들―특히 아리스토텔레스와 헤겔에 영향을 받은 공동체주의자들―과 공리주의자들을 제외하면,[60] 대부분의 이론가들이 다 칸트의 후예들이라 할 수 있을 정도로 칸트의 영향력이 커졌다. 이런 점을 감안하여 여기서는 칸트의 사상을 자유지상주의적 관점에서 수용하

196

는 이들과 평등주의적·민주적 관점에서 수용하고 있는 이들을 간략
히 대조해보는 방식으로 新칸트주의를 설명하고자 한다.

대부분의 해석자들이 동의하듯이 칸트는 독립과 선택의 자유(자율
성)를 유일한 생득적 권리로 간주하고, 개인들 모두가 이 자유권을 호
혜적으로 누릴 수 있는 보편적인 권리체계를 정당화한다. 그 중에서
도 소유권은 생득적 자유권을 실현하는 데 반드시 필요한 물적 조건
으로서 정당화된다. 하지만 소유권이 자유권을 실현하는 데 반드시
필요한 조건이라고 해도, 실정법으로 확정된 재산권 자체가 일부 사
회구성원들에게는 자유 실현에 불리한 조건을 조성할 수도 있다. 즉,
소유권(재산권)을 인정해줄 경우 불가피하게 재산 소유의 격차가 발
생하게 되는데, 이런 양극화의 상황에서 일부 극빈자들과 무산자들
이 유력한 자산가들의 자의적인 지배에 내몰릴 수 있게 된다. 자유권
에서 파생된 소유권이 일부 사회구성원들의 자유권을 위협하는 아이
러니한 상황이 벌어질 수 있는 것이다.[61] 따라서 중요한 문제는 보편
적인 소유권체제 하에서 모든 개인들이 독립과 자율성을 누릴 수 있
는 환경을 어떻게 조성할 수 있는가 하는 것이다. 여기서 대조할 두
입장—자유지상주의 대 평등주의—은 이에 대해 상이한 입장을 취
한다. 두 입장이 모두 칸트의 자유권에 부합하는 체제를 모색한다는

---

60 테일러와 왈저와 같은 공동체주의자들은 인간의 자율성과 존엄성이라는 칸트주의
    윤리학의 핵심가치를 수용한다는 점에서 자유주의적 공동체주의자들로 볼 수 있다.
61 이런 측면은 '자유와 소유의 딜레마'로 표현할 수 있다. 이에 관해서는 이충진(2001)을
    참조하라. 로크의 재산권이론에서 확인할 수 있는 자유와 소유의 딜레마에 관해서는
    김남두(1990)를, 그리고 이런 딜레마에 대한 롤스의 대응에 관해서는 황경식(1990)을
    참조하라.

점에서는 같지만, (잠정적) 소유권의 성격, 독립과 자율성 증진을 위한
국가 역할의 범위, 그리고 민주정치의 성격과 범위에 대해서는 상당
한 의견차를 보인다.

新칸트주의적 자유지상주의

먼저 新칸트주의 내에서 자유지상주의를 대변하는 이론가로는 립
스타인(A. Ripstein)과 웨인립(E. J. Weinrib)을 들 수 있다(Ripstein 2009;
Weinrib 2012).[62] 립스타인과 웨인립은 절대적 소유권을 옹호하는 한
편으로, 국가(공법)가 조세와 재분배 정책을 통해 빈민의 기본적 필요
를 충족시켜주는 것으로 국가의 책임을 다한 것으로 본다. 물론 이들
도 기본적인 재분배정책을 수용하기 때문에 노직과 같이 극단적인
자유지상주의를 표방한다고 보기는 어렵다. 하지만, 기본적으로 자
유의지에 따른 행위의 결과는 개인이 책임지는 것이 옳다고 보기 때
문에 재분배정책은 기본적인 생계보장을 위한 최소치에 그치는 것이
바람직하다고 본다.

　먼저 립스타인은 『강제와 자유(force and freedom)』(2009)에서 칸트
의 정치철학이 현대의 법·정치이론에 중요한 대안이 될 수 있다고
평가한다. 그는 현대의 정치철학이 사회협력의 혜택과 부담을 공정

62　롤스와 대립각을 세운 노직은 가장 유명한 자유지상주의자이다. 노직은 모든 형태의
　　재분배국가에 반대하기 때문에 립스타인과 웨인립보다 더 극단적인 자유지상주의자
　　로 분류할 수 있다. 하지만 립스타인 및 웨인립과 달리 노직은 칸트의 사상을 해석하
　　는 데 주력하기보다는 자신의 독자적인 논리로 최소국가를 정당화한다. 본서에서는
　　노직이 (脫신학적인) 로크의 자기소유 명제를 전제하고, 그로부터 최소국가를 도출하
　　는 방식에 주목하여 그를 新로크주의자로 분류했다.

하게 분배하는 문제에 집중해온 반면, 자신의 접근방법은 개인의 자유와 강제의 정당화에 초점을 두고 있다고 차별화한다. 이런 관점에서 가장 중요한 문제는 사람들이 서로 간에 형성하고 있는 관계의 성격이며, 사회질서는 각 개인이 자신의 주인이 되는 상황이 만인의 자유와 양립 가능할 때 정당화된다(Ripstein 2009, 13; Kant MM VI 237).

립스타인에 의하면, 칸트 정치철학 전체를 떠받치고 있는 기둥은 독립으로서의 자유에 대한 권리이다. 독립으로서의 자유권은 다른 권리들의 토대가 되는 근본적인 권리로, 국가의 권력이 정당하게 행사될 수 있는 조건을 명시한다. "독립이라는 아이디어는, 개인적인 상해의 금지, 재산과 계약법의 세부사항 및 헌법의 권력분립 사항에 이르기까지, 전체 주장을 정당화시켜주는 부담을 진다"(Ripstein 2009, 14).

립스타인에 의하면, 칸트에게 독립은 한 개인이 다른 사람의 의지에 좌우되지 않는 상황, 곧 "누구도 너에게 너의 수단으로 무엇을 추구할 것인가를 말하지 않게 되는" 상황을 의미한다(Ripstein 2009, 34). 주인과 노예의 관계는 독립과 반대되는 가장 대표적인 예일 것이다. 모든 사람들이 독립으로서의 자유를 향유할 수 있는 칸트적 이상 사회에서는 누구도 타인의 자의적인 의지에 예속되지 않을 것이며, 만인의 자유를 보호할 목적으로 "자유에 대한 방해를 방해하기 위해" 강제력을 행사할 때만이 국가의 공권력 행사가 정당화될 수 있다(Ripstein 2009, 30).

생득적 자유권의 핵심을 독립으로 보는 립스타인의 해석은 자율성, 곧 삶의 주체로서 인생계획을 세우고 추구할 수 있는 능력을 강조하는 입장과 대조된다. 독립은 자율성과 달리 나의 선택이 타인의 자의에 좌우되지 않는 상황을 의미한다. 적극적 능력인 자율성은 타인의 행위는 물론 자연적인 요인이나 스스로 초래한 요인들에 의해서도 손상될 수 있는 반면, 독립은 타인의 행위에 의해서만 침해될 수 있다. 따라서 독립은 타인의 행위에 대한 일종의 제약―다른 사람의 선택을 방해하지 말아야 한다는 제약―이라고 할 수 있다(Dagan 2013, 264).

립스타인처럼 생득적 자유권의 핵심을 독립으로 간주하게 되면, 신체적 온전성에 대한 권리는 물론 다른 권리들도 절대적인 성격을 갖게 된다. 왜냐하면, 타인의 자의에 종속되지 않고 소유물을 자유롭게 통제할 수 있게 되면, 그 소유물은 전적으로 선택 주체의 자유재량에 따르게 되고, 다른 사람들은 그 소유자의 일방적인 의지에 얽매이게 되기 때문이다. 특별한 대상(혹은 사물)과 관련하여 다른 사람들의 의도―특수한 목적을 추구하기 위해 그 대상을 소유하려는 의지―를 배제시키는 소유권은 그 대상과 관련된 타인들의 행위를 제한할 수밖에 없다. "너의 재산은 네가 목적을 정하고 추구하기 위해 사용하는 외적인 수단들로 구성되어 있기 때문에 타인들을 제약한다. 따라서 누군가 너의 재산을 침해하게 되면, 반드시 너의 의도에도 간섭하게 된다"(Ripstein 2009, 91, 93).

하지만 독립으로서 자유에 기반을 둔 배타적인 소유권은 타인들을 소유자의 의도와 목적에 예속시키기 때문에 만인의 (천부적인) 평등 원칙에 어긋나며, 소유권의 도입 근거인 독립권 자체에 큰 위협이 된다. 완전한 사유재산체제는 다른 사람들이 노력해서 얻은 것들을 제외한 것들에 대해서만 소유권을 허용해줄 것인바, 무산자들이나 재산이 적은 사람들의 삶을 타인들의 선의지―자선 등―에 종속되게

200

하거나, 그들의 노예나 다름이 없는 존재로 전락시킬 수 있기 때문이다.

이처럼 독립에 근거한 배타적인 소유권은 (소유권의 도입 근거인) 독립을 훼손하는 딜레마 상황을 야기할 수 있다. 시민사회로의 이행을 결정하는 사회계약은 이런 딜레마를 극복할 수 있는 유일한 방법이다(따라서 의무로 간주된다). 시민사회에서는 정부가 조세권과 빈민구제를 위한 재분배 권한을 행사함으로써 빈민들의 기본적인 생계를 보장해준다. 기본적인 생계유지가 불가능한 개인들은 생존을 담보하기 위해 자산가들이 제시하는 무리한 조건을 수락할 수밖에 없기 때문에 독립을 유지하기 어렵다. 조세권을 갖춘 국가의 재분배 권한은 이런 종속 가능성을 막고, 자율적인 삶에 필요한 독립의 조건을 마련해주기 위한 것이다.[63]

웨인립의 논조도 기본적으로 립스타인의 논조와 유사하다. 다만 웨인립은 소유권에 대한 칸트의 정당화가 국가의 재분배 역할과 모순을 일으킬 수 있다는 점에 주목하고, 칸트가 그런 모순을 해결하기 위해 사회계약을 활용하고 있다는 점을 부각시킨다(Weinrib 2003). 웨인립은 이렇게 설명한다.

"시민적 상태에서는 만인이 동의할 수 있는 사회계약을 통해 만인

---

63 여기서 특기할 사항은 칸트가 국가의 재분배 의무를 빈민들의 권리와 연계시키지 않고 있다는 점이다. 빈민들은 재분배 정책의 수혜자들이지만, 기본적인 생계를 보장받아야 할 권리를 갖고 있지는 않다. 빈민들은 강제력의 궁극적 보유자인 국가를 강제할 수 있는 힘이 없기 때문이다.

의 의지가 통합된다. 이것은 재산에 관한 칸트의 설명이 거치는 세 단계를 참조하여 다음과 같이 설명할 수 있다. 시민적 상태는 첫째 단계—여기서는 각 개인이 단지 생득적인 권리만을 갖고 있다—에서 둘째 단계 그리고 셋째 단계로 이행하기로 합의하는 것이 가능하다는 전제를 깔고 있다. 둘째 단계에서는 외적인 대상에 대한 권리가 잠정적이고, 셋째 단계에서는 확정적이다. 칸트가 시민상태의 효과에 빈민 구제에 대한 공적인 의무를 포함시키고 있다는 사실은, 국가가 이런 의무를 취하지 않을 경우 만인의 동의가 불가능할 것임을 시사해주고 있다. 생득적 자유권에 관한 칸트의 묘사는 이것이 그럴 수밖에 없는 이유를 알려준다. 법적인 의무들을 구분함에 있어서, 칸트는 우리 인격 속에 있는 인간성의 법에는 정당한 명예의 의무(the duty of rightful honor)가 수반된다고 지적한다."(Weinrib 2003, 811).

요컨대 인간성 속에는 명예의 의무—자기 자신을 단순한 수단이 아니라 목적으로서 표현하고 주장해야 할 의무—가 존재하기 때문에, 시민적 상태로 이행하는 (가상의 혹은 논리적인) 사회계약 과정에서 모든 개인들은 이 의무의 이행에 필요한 조건으로 국가의 재분배 의무에 동의한다는 것이다. 다시 말해, 국가의 재분배 역할은 자연상태에서 시민상태로 이행하기 위한 사회계약의 조건으로 상정되는바, 자산가들이 특정한 목적을 추구하는 과정에서 빈민들을 수단으로 사용하지 못하도록 하기 위한 조치라는 것이다. 웨인립은 빈민구제에 대한 국가의 의무를 이런 식으로 해석할 경우, 독립의 권리에 토대를 둔 절대적 소유권과 국가의 재분배 역할을 동시에 옹호한 칸트의 입장을 이해할 수 있다고 주장한다.

新칸트주의적 평등주의와 정치의 역동성

주지하듯이 新칸트주의적 자유지상주의자들은 칸트가 절대적 소유
권과 (빈민구제에 초점을 맞춘) 국가의 재분배 역할만으로 만인의 평등
한 독립 원칙을 충분히 구현할 수 있다고 주장한 것으로 해석했다.
즉, 칸트가 국가의 재분배 역할을 빈민 구제에 국한시켰으며, 빈민들
을 국가의 재분배 정책의 수혜자로 간주했지 (재분배에 대한) 권리를
지닌 존재로 인정하지 않았다는 측면을 강조했다.

반면에 진보적인 新칸트주의자들은 립스타인과 웨인립의 해석이
정치에 대한 칸트의 역동적이고 진보적인 입장을 포착하지 못하고
있다고 비판한다(Ellis 2006; Dagan 2013; James 2016). 특히 자유지상주
의자들의 칸트 해석은 변화된 산업구조에서 소유권이 야기하는 새로
운 종류의 억압—독립의 훼손—을 간과함으로써 만인에게 평등한
독립을 보장해주고자 한 칸트의 의도를 충분히 반영하지 못했다고
본다. 이하에서는 이들의 진보적인 칸트 해석을 간략히 소개함으로
써 칸트의 소유권 이론이 다양하게 해석되고 재구성될 수 있음을 보
여줄 것이다.

주지하듯이 칸트는 이상적인 공화국을 뒷받침해줄 수 있는 구체적
인 재산권 이론을 제시하지는 않았다. 모든 개인들이 실제로 자신의
독립과 자유를 실현하기 위해 어떤 물질적·지적 조건을 갖추어야 하
며, 자유의 질서를 유지하기 위해 구체적으로 어떤 법과 정책을 추진
해야 하는지에 대해서는 함구하고 있다.

하지만 주의 깊게 살펴보면, 칸트가 자신의 소유권 이론에 부합하

는 소유형태를 유추할 수 있는 실마리마저 남겨놓지 않았다고 보기
는 어렵다. 적극적이고 능동적인 시민과 소극적이고 수동적인 시민
을 구분하고 그 괴리를 좁힐 수 있는 가능성을 제시한 부분은 보편적
인 자유 개념에 부합하는 구체적인 정치형태와 소유체제의 일반적
특성을 어느 정도 암시해준다.

> "국가 시민의 자격을 구성하는 것은 투표 능력뿐이다. 그런데 이
> 능력은 국민 가운데 공동체의 한갓 부분만이 아니라 또한 그것의
> 구성원이기를 원하는 사람, 즉 자신의 자의로 타인과 함께 공동체
> 의 활동 부분이 되고자 하는 사람의 자립성을 전제한다. 그런데 후
> 자[자립성]의 성질은 필연적으로 능동적 시민을 수동적 시민과 구
> 별하도록 만든다. 비록 수동적 시민이라는 개념이 국가 시민 일반
> 의 개념에 대한 설명과 모순되는 것처럼 보이지만 말이다"(MM VI:
> 314).

능동적 시민과 수동적 시민의 구분이 구체적인 정치체제 및 소유
체제와 관련하여 가질 수 있는 함의를 포착하기 위해서는, 칸트가 자
연상태에서의 소유권을 잠정적인 권리라고 규정하는 한편으로 구체
적인 재산권의 내용은 (국가의 수립 및 운영과 관련된) 시민들의 단합된
의지에 의해 결정된다고 주장한 점을 상기할 필요가 있다. 칸트의 관
점에서 보면, 정치제도로서의 국가는 자연상태에서의 잠정적인 권리
를 실정법적 권리로 전환시키기 위한 조건이기도 하지만, 잠정적인
권리의 내용을 구체화하고 심지어 변경시킬 수 있는 제도이기도 하
다.[64]

칸트는 자연상태의 자연권을 그대로 보호하기 위해서 국가를 구성했다고 보지 않는다(Ellis 2006, 550-1). 국가가 잠정적 소유권을 보호하기 위해 구성된 것은 맞지만, 단순히 잠정적 소유권을 보호하기 위해서만 존재한다고 볼 수는 없다. 사회계약을 통해 시민상태로 이동한 것은 잠정적인 소유권을 실정법적 권리로 확정짓는다는 의미는 물론, 시민들이 단합된 의지를 통해 재산권을 포함한 자연권의 구체적인 내용을 계속해서 수정할 수도 있다는 의미도 함축하고 있다.

"외적 자유의 공리에 따라 각자에게 토지에 대한 권리를 분배하는 법칙은 오직 근원적이고 아프리오리하게 통합된 의지에서만 유래할 수 있으며(이러한 의지는 통합을 위해 어떠한 법적 행동도 전제하지 않는다), 오직 시민 상태에서만 성립할 수 있다(분배 정의의 법칙). 오직 그와 같은 의지만이 '무엇이 올바르며, 무엇이 합법적이며, 무엇이 정당한가' 등을 규정한다"(MM VI: 267).

이 인용문은 국가가 수립되면 시민들의 단합된 의지에 의해 재산권의 내용을 얼마든지 변경할 수 있다는 것을 적시하고 있다(James 2016, 318; 이충진 2001, 199-201). 이 가변적인 재산권 체제는 모든 시민들의 독립을 보장해주기 위해 계속해서 수정될 필요가 있는데, 그런 과정을 주도하는 시민들의 통합된 의지가 자연상태의 잠정적인 소유권(및 다른 자연권들)보다 더 중요함을 시사하고 있다. 다시 말

64　이 점은 소유와 정치에 관한 칸트의 입장을 이해하는 데 매우 중요하다.

해, 고티에(D. Gauthier)와 같은 최소주의적 사회계약론자들과 달리
(Gauthier 1977, 160-3), 칸트는 자연상태의 기본조건(baseline)—즉, 재
산에 대한 자연권 등—을 그대로 보호·유지하는 것보다 그것들을
수정할 수 있는 시민들의 정치적 의지를 더 중시했음을 시사해주고
있다. 이런 관점에서 보면, 칸트에게 정치의 역할은 자연상태의 조건
을 그대로 보존하는 데 있는 것이 아니라, 모든 시민들이 독립과 선
택의 자유를 더 평등하게 향유할 수 있는 조건을 끊임없이 창출하는
데 있다. 즉, 기존의 소유권 체제하에서 발생하는 억압—독립의 침
해—은 물론, 수정된 체제에서 발생할 새로운 형태의 억압도 미리 방
지함으로써 독립의 조건을 지속적으로 향상시키는 데 있다.

　물론 능동적 시민과 수동적 시민의 구분에서 알 수 있듯이 칸트는
모든 시민들이 정치과정에 참여할 수 있는 능력을 고루 갖추고 있다
고 보지는 않는다. 어느 정도 재산을 소유하고 있는 계층들만이 정치
적 결정 과정에 참여할 자격이 있다고 생각한다. 이런 측면 때문에
칸트는 전형적인 민주주의자로 간주되지 않는다.

　그럼에도 칸트의 주장은 최소한도의 물질적·도덕적 독립을 유지
할 수 있는 조건이 마련될 경우 누구나 공동체의 민주적 의사형성 과
정에 참여할 수 있어야 한다는 주장을 함축하고 있다는 점에서 결
코 반민주적이지도 않다. 일단 시민들이 (재산권을 포함해서) 권리에 관
한 문제를 결정하기 위해 정치적 절차에 돌입하게 되면, 독립과 선
택의 자유를 상호 보장해줄 수 있는 권리 및 제도들을 도입할 것인
바, 그런 결정들은 소유체제를 자유권의 평등한 행사에 더 유리하게
수정하도록 유인할 것이다. 즉, 칸트의 수정주의적 사회계약 이론은
(관례적인 최소주의적 사회계약론자들과 달리) 자연상태의 잠정적 권리보

다 시민들의 단합된 정치적 의지를 더 중시함으로써, 사회구성원들이 민주적인 의사형성 과정을 통해 권리체계를 지속적으로 수정·보완해가는 역동적인 정치질서를 지향하는 것으로 해석할 수 있다(Ellis 2006, 552-3; James 2016, 319-21).

엘리스와 제임스(D. James)가 주장하듯이, 칸트는 정치를 보편적인 도덕원칙을 정치 영역에 기계적으로 적용하는 단순한 행위로 보지 않았다. 칸트는 도덕적 정언명령의 보편적인 성격을 인정했다. 하지만 정치 현실에서는 다양한 시각과 이해관계가 충돌할 수밖에 없기 때문에 정치행위자들이 (단일 보편적인 도덕 원칙을 기계적으로 적용하기보다) 최선의 실천적 판단을 내리는 일이 더 중요하다고 생각했다. 그는 심지에 「계몽이란 무엇인가?」에서 "현재의 어떤 권위체가 미래 세대에 적용될 도덕 규칙을 미리 확정해버리면 미래 세대의 자율적 행위(또는 판단)능력은 반드시 침해된다."고까지 언급했다(Ellis 2006, 548에서 재인용). 이처럼 정치의 역동성과 실천성을 강조한 부분들을 진지하게 받아들일 경우, 칸트가 잠정적인 자연권을 확정적인 권리로 전환시키는 시민결사의 중요성을 강조한 이유를 충분히 이해할 수 있다. 칸트는 자연상태의 기본조건—소유권을 포함한—에 못지않게 혹은 그 이상으로, 인간이 집단적인 의사형성 과정을 통해 공동체의 문제를 해결해나가는 (상호 동의에 기반 한) 정치의 중요성을 잘 인식하고 있었던 것이다.

이런 관점에서 보면 권리는 시민결사의 상황이 변함에 따라 정치적으로 재수정될 수 있는 '잠정적인' 성격을 지니게 된다. 다시 말해 한 시점의 민주적 결정에 의해 당분간 확정된 내용을 갖게 되지만, 미래의 정치적 결정에 의해 그 내용이 다시 수정될 수 있다. 권리의 잠정적 성격은 칸트가 이상적으로 생각한 공화국이 수립될 때까지 유지될 것이다. 하지만 이상적인 공화국에 도달했다고 해도, 공화국 내부의 구체적인 상황이 얼마든지 변할 수 있는 만큼, 재산권을 포함한 공화국의 권리체계는 정치를 통해 지속적으로 세부 조정을 거쳐야 할 것이다. 요컨대 칸트에게 정치는 복잡한 상황적 요소들이 상호작용하고 있는 구체적인 맥락에서 시민들이 독립과 선택의 자유를 최대한 동등하게 향유할 수 있는 조건을 창출하기 위해 끊임없이 권리의 내용과 체계를 수정해나가는 역동적인 활동이다. 정치의 역동적인 성격은 인간이 근본적으로 자율적인 도덕적 존재라는 사실 및 현실 세계의 다원적이고 불확정적인 성격과 연관되어 있다.

그러면 누가 정치에 참여할 수 있는 완전한 시민권을 가져야 하는가? 칸트는 자연상태에서 시민사회로 이행함에 있어서 모든 관련 개인들의 단합된 의지를 강조한 바 있다. 이런 입장은 정치사회의 중요한 결정들을 '모든' 시민들이 공동으로 내려야 한다고 주장한 루소의 입장과 유사하게 보인다.

하지만 『도덕형이상학』의 「법론」에서 칸트는 능동적인 시민과 수동적인 시민을 구분하는 한편으로, 자유롭고 평등하며 독립적인 사람들만이 정치에 참여할 수 있는 완전한 시민권을 누려야 하며, 예속되고 의존적인 사람들은 제한된 시민권, 즉, 민권만을 가져야 한다고 주장한다(MM VI: 314-5). 충분한 재산이 없는 사람들은 생계를 위해 타인에게 의존해야 하기때문에 정치참여에 필요한 독립과 관심 그리고 능력을 결여할 수밖에 없다고 보기 때문이다. 그렇다면 그런 사람들은 정치참여에서 영구적으로 배제되어야 하는가? 칸트는 그들이 예속과 의존 상태에 있는 한 그럴 필요가 있다고 보았다. 하지만 그들이 재산을 획득하고 정치적 문제를 다룰 수 있는 역량을 갖추게 되면 정치과정에 포용되는 것이 바람직하다고 생각했다. 즉 "실정 법칙들은, 그들이 어떤 실정 법칙에 찬성표를 던지든, 자유 및 그에 걸맞은 국민 모두의 평등, 즉 '수동적 상태에서 능동적 상태로 자신을 고양할 수 있음'이라는 평등의 자연적 법칙들에 위배되지 않아야 한다." 고 주장했다(MM VI: 315). 이런 관점에서 보면, 칸트는 모든 사람들이 능동적인 시민으로서 정치적 심의에 참여하는 이상적인 공화국 모델과, 당장에는 정치참여에 필요한 자질과 조건을 갖추지 못한 사회구성원들을 한시적으로 배제하는 현실주의 사이 어딘가에 서 있다고 볼 수 있다.

엘리스는 수동적인 시민들을 정치로부터 배제해야 한다고 주장한 칸트의 견해를 '잠정적 배제론'으로 규정하고, 조건과 역량이 개선될 경우 그들을 정치과정에 포용해야 한다는 것이 칸트의 입장이라고 해석한다(Ellis 2006, 553). 이런 관점에서 보면, 능동적 시민과 수동적 시민을 구분한 칸트의 의도는, 자연적인 귀족세력의 권한을 강화시키고 이등 시민들의 지위를 고착시키기 위한 것이 아니라, 수동적인 시민들의 정치참여를 가로막는 사회제도적인 요인들을 제거하기 위한 것이었다고 볼 수 있다. 즉, 칸트는 누구보다도 일찍 "공적인 행위의 사적인 뿌리를"을 인식했던바, 효과적인 정치참여에 필요한 독립과 평등을 증진하기 위해 개인들의 삶의 조건을 개선할 필요성을 인식·강조했던 것이다. 칸트의 이런 통찰은 시민들이 능동적으로 정치에 참여하는 데 필요한 독립과 평등을 누리기 위해 재산권을 어떻게 제도화하는 것이 바람직한가에 대해 귀중한 통찰을 제공해준다.[65]

칸트는 자율성이라는 근대적 가치를 전폭적으로 옹호했지만, 모든

시민들이 보편적으로 참여하는 급진적인 민주체제를 옹호하지는 않
았다. 그렇지만 자율성의 실천을 가로막고 있는 봉건체제의 끈질긴
영향력도 간과하지 않았다. 그래서 그는 모든 시민들이 능동적으로
정치에 참여할 수 있는 공화국을 이상적인 국가 모델로 제시한 동시
에, 실용적인 차원에서는 정치참여의 자격을 갖추지 못한 일부 시민
들을 한시적으로 배제하는 타협안을 제시했다. 이 사이에 상이한 타
협점들이 무수히 존재할 것이다. 칸트는 일거에 이상적인 상태에 도
달하는 혁명적인 방법을 거부하고 이상적인 공화국에 점진적으로 다
가가는 개혁주의 노선을 지지했다. 그는 특히 두 가지 전략이 주효
할 것으로 예상했다(Ellis 2006, 553). 하나는 사회적 이동성을 제고시
키고, 다른 하나는 모든 시민들의 이익을 위한 입법을 추진하는 것이
다. 사회적 이동성을 높이는 전략은 사람들의 물질적 조건을 향상시
켜 독립적이고 자율적인 삶을 촉진시킬 것이고, 만인의 보편적 이익
을 위한 입법은 그런 점진적 변화를 제도적으로 뒷받침해줄 것이라
고 믿었기 때문이다(MM VI:; 315). 만인을 위한 입법은 모든 사람들의
일반이익을 증진시키기 위한 것이기 때문에, 특히 불리한 지위에 있
는 사람들의 물적·지적 조건을 향상시키는 데 주안점을 두어야 한
다. 그래야만 칸트가 제시한 이상적인 공화국에 점진적으로 접근해
갈 수 있기 때문이다.

---

65 칸트는 루소처럼 소유권의 근본적이고 전면적인 재편을 선호하지 않았다. 그는 재산
의 문제를 포함한 사회문제들을 일거에 혁명적으로 해결하기보다는, 점진적으로 개
선해가는 것이 현명하다고 생각했다. 즉, 칸트는 혁명은 기대하는 이익보다 더 큰 희
생과 고통을 초래한다고 보기 때문에 점진적인 개혁을 더 선호했다.

07

맺음말

칸트는 근대사회의 핵심 문제를 독창적인 방식으로 다루고 있다. 그는 근대의 시대정신인 자유를 독립과 자율의 측면에서 재규정한 동시에 소유권을 자유 실현에 필요한 외적 조건으로 정당화했다. 특히 그의 소유권 이론은, 근대 정치의 성격과 지향성에 관한 예리한 통찰과 결합됨으로써, 근대 이후 정치철학의 근본 문제로 떠오른 소유, 자유, 정치(혹은 국가)의 삼자 관계를 체계적이고 균형 있게 조망할 수 있는 독창적인 시각을 제공했다.

칸트는 소유권을 인간이 자유로운 존재라는 (근대적인) 도덕적 신념에서 필연적으로 도출되는 권리 혹은 제도로 정당화했다. 현대 新칸트주의의 내적 분화에 대한 설명에서 알 수 있듯이 이런 입장은 보수적으로 또는 진보적으로 해석할 수 있다. 하지만, 자유가 인간의 보편적인 도덕적 특성임을 강조한 칸트의 기본 전제를 두고 볼 때, 모든 인간이 생득적 자유권을 의미 있게 행사할 수 있는 최소한의 재산을 소유할 필요가 있다는 해석이 칸트의 정신에 더 부합하는 것으로 보인다. 시대의 변화에 따라 철학자의 사상도 새롭게 해석되는 것이 일반적이다. 칸트의 소유권 이론도 시대적 변화를 반영하여 재구성할 필요가 있다.

　불평등한 신분제 사회나 봉건시대의 잔재가 많이 남아 있던 시대에 사유했던 철학자들의 사상이 지닌 역사적 의미를 파악하는 것도 물론 중요하다. 하지만, 그들의 사유를 추동했던 진보적(혹은 드물게는 보수적)인 충동을 감안하면서 그들의 사상을 재해석하지 않을 경우, 그들의 사상은 인류의 지적 역사의 한 페이지를 장식하는 정도의 의미만을 갖게 될 것이다. 반면에 그들의 진보적인 충동을 감안하면서 그들의 사상을 재해석할 경우, 그들의 사상은 현대적인 문제들을 심층적으로 이해·분석하고 최선의 해법을 찾는 데 귀중한 통찰을 제공해줄 수도 있다.

　칸트의 소유권 이론과 정치이론은 본서에서 소개한 다른 철학자들의 이론과 더불어 우리 시대의 근본 문제를 깊이 성찰하고 보다 바람직한 공존양식을 모색하는 데 귀중한 통찰을 제공해준다.

V

헤겔의 재산이론:
인격 실현의 매개

01

머리말

칸트가 독일 관념론을 정립했다면 헤겔은 그 완성자였다. 칸트는 로크의 경험론과 대륙의 합리론을 종합하여 주관적 관념론을 구축했다. 감각으로 지각한 재료들을 주관에 내재하는 오성에 의해 배열하고 구조화함으로써 인식이 성립한다고 보았다. 즉, 인식은 궁극적으로 주관적인 구성물인바, 인식의 너머에 있는 물자체는 알 수 없다고 생각했다. 하지만 헤겔은 철학을 통해 절대정신에 도달할 수 있다고 믿었다. 이성의 사고는 개인을 매개로 한 절대정신의 사고로, 궁극적으로 절대정신으로 다가가는 상승의 한 계기를 이룬다. 이런 관점에서 헤겔은 역사가 절대정신의 자기 전개 과정이라 해석하고, 모든 역사적 단계와 그에 조응하는 사유 단계를 절대정신이 자기를 실현해 가는 과정으로 해석했다. 다양한 학문들 또한 철학에 이르러 정점에 이르는 (다양한 하위 단계의) 이성적 사유들이 성취한 지적 결과물로 이해했다.

헤겔은 이런 역사이론에 입각하여 당시의 시대적 변화와 현상들을 이해했다. 구체제를 파괴한 프랑스혁명에서 자유를 향한 시대정신의 행진을 보았으며, 베토벤의 음악과 나폴레옹의 영웅적 행적에서 자유와 민족주의라는 시대정신의 현시를 목격했다. 헤겔은 머지않아 프랑스혁명의 타락과 파괴적 영향에 실망하게 되었다. 하지만 자유가 새로운 시대정신이 되었다는 확신까지 버리지는 않았으며, 모든 근대적 제도들이 다양한 차원에서 자유의 가치를 반영할 것이라 확신했다. 가족, 시민사회, 국가라는 세 차원의 결사를 거치며 개인들은 주관적이고 개인적인 자유에서 객관적이고 사회적인 자유로 나아갈 것이라고 생각했다. 이와 함께 인간의 윤리성도 점진적으로 발전하며, 국가의 시민이 될 때 윤리성의 최고 단계에 이른다고 확신했다.

헤겔의 재산이론은 이와 같은 인식론과 역사철학에 토대를 두고 있다. 헤겔이 유년시절을 보냈던 18세기 후반과 19세기 초반은 기라성 같은 사상가들이 배출됐던 시대였고, 계몽주의적 합리주의에 반발하여 '질풍노도의 시기'로 불린 낭만주의가 대두했던 시기였다(김비환 2018, 2장). 낭만주의자들은 나폴레옹을 자신의 의지대로 세계를 창조해가는 시인으로, 그리고 헤겔은 그를 새로운 시대정신의 사도로 인식했다.

헤겔의 젊은 시절이 낭만주의의 유행과 겹쳤다는 사실은 그의 철학과 재산이론에 시사하는 바가 적지 않다. 낭만주의는 틀에 박힌 격식과 제도가 개인의 자아에 대해 가하는 억압에 반발했다. 독특하고 고유한 자아의 의지와 자유를 찬양했다. 개인은 자신이 진심으로 원하는 방향으로 자아를 표현하고 발전시키기를 원하기 때문에 기존의 제도와 형식들을 견딜 수 없는 멍에로 간주했다. 비록 혼돈과 무질서를 야기할 지라도 억압받지 않고 통제되지 않은 자아의 무한한 자기 실현과 발전을 중시했다.

헤겔은 낭만주의자들의 무원칙적이고 무규범적인 충동적 성향을 수용하지는 않았다. 하지만 자아의 발전이란 관념은 받아들였으며, 그 관념을 자신의 역사철학에 녹여냈다. 또한 자아의 발전 관념을 낭만주의자들이 거부하는 법칙적 역사발전 관념으로 승화시켰다. 다시 말해, 주관적 자유 관념을 객관적 자유 관념에 이르는 한 단계로 자리매김함으로써 개인의 주관적인 활동과 노력을 거대한 역사발전을 매개하는 계기로 통합했다. 이런 관점에서 보면, 헤겔은 전통적인 독일 관념론의 적자이자 낭만주의의 의붓아들이라 할 수 있다. 이런 탓인지 헤겔의 재산이론은 칸트의 소유권 이론 및 로크의 재산이론과 적지 않은 차이가 있다. 그의 소유권 이론은 재산에 관한 인격이론 (personality theory)으로 불릴 정도로 독특한 견해를 담고 있으며, 재산을 개인의 인격적·윤리적(사회적) 발전을 매개하는 요소로 간주한다. 이런 차이 혹은 독특성이 헤겔의 재산이론에 흥미를 갖게 만든다.

02

인격의 발전과 재산

헤겔의 재산이론은 『법철학』에서 본격적으로 펼쳐진다.[66] 1821년에 출간된 『법철학』은 헤겔이 51세 때 쓴 원숙기의 저서로, 그의 변증법적 역사철학이 전개된 『정신현상학』(1807)과 더불어 그의 철학체계의 근간을 이룬다. 『법철학』은 소유(권), 계약 그리고 불법 개념을 다룬 1부 「추상법」, 도덕의 문제를 다룬 2부 「도덕」, 그리고 가족, 시민사회 및 국가에서의 인간의 윤리적 성숙 과정을 다룬 3부 「인륜」으로 구성되어 있다. 여기서는 주로 「추상법」에서 전개한 그의 소유(권) 이론을 검토할 것이다. 하지만 그의 사상체계를 이루는 구성 부분들은 서로 긴밀히 연계되어 있기 때문에 그의 소유권 이론에 대한 검토 또한 이와 같은 연관성 속에서 평가할 필요가 있다. 특히 헤겔에게 재산은 인간이 미성숙한 상태에서 성숙한 윤리적 존재로 진화해가는

---

66 이하에서는 PR로 표기한다. 헤겔이 처음부터 사유재산권을 옹호한 것은 아니었다. 청년기를 보냈던 베른 시절에 그는 사유재산제도에 비판적이었다. 사적 소유권에 대한 헤겔의 긍정적 입장은 프랑크푸르트 시절을 거쳐 예나 시절에 이르러서야 확립되었다. 여기서는 헤겔이 만년에 쓴 『법철학』을 중심으로 그의 재산이론을 설명한다. 사적 소유권에 대한 헤겔의 입장 변화에 대해서는 임화연(1990, 216-7)을 볼 것.

과정을 매개하는 사회제도로 간주되는 만큼, 인격의 핵심 요소인 자유(의지)의 중요성과 그것이 재산권과 맺고 있는 구조적 연관성을 규명할 필요가 있다. 특히 그의 자유 개념은 벌린이 전통적인 자유주의적 자유 개념이라 규정했던 (불간섭으로서의) 소극적·개인적 자유를 포괄하면서도 강력한 사회적 성격을 갖고 있기 때문에, 그의 소유권 이론과 사회적 자유 개념 사이에 존재하는 연관성도 밝힐 필요가 있다.

재산에 관한 헤겔의 인격이론을 살펴보기 위해서는 먼저 인격체에 대한 그의 견해를 살펴보아야 한다(PR, § 35-7, 46). 그의 재산이론은 인격이론에서 파생하기 때문이다. 헤겔은 인격체인 인간을 자의식과 자유의지를 지닌 존재로 규정한다(이 경우 인격체는 개별적인 개인이 아니라 추상적인 보편적 존재를 의미한다). 이 규정에 따르면, 인간은 스스로를 대상으로 인식할 수 있는 존재이다. 이것은 인간이 자신의 필요와 욕구를 자아와 분리시킴으로써 그것들을 대상화할 수 있는 존재라는 것을 의미한다. 이런 반복적인 과정을 통해 인간은 자기 자신에 대한 의식을 더욱 강화시킬 수 있으며, 자신이 가진 모든 것들을 추상화시켜 생각할 수 있는 능력을 함양한다. 이처럼 자기 자신마저 대상화·추상화시킬 수 있는 능력을 함양함으로써 인격이 발전한다. 이 능력이 바로 헤겔이 말하는 자유(의지)로, 이 자유의지로 인해 인간은 독립적인 인격체가 된다. 여기서 자유의지는 인격성을 구성하는 가장 핵심적인 요소로, 단순히 어떤 필요나 욕구를 충족시키기 위한 수단이 아니라 그 자체가 본유적인 가치를 지닌 목적이 된다.

자유로운 의지를 갖게 된 인격체는 자신에 대해서도 (즉 대자적으로) 비판적인 태도를 취할 수 있게 됨으로써 자신의 필요와 욕구를 취사 선택할 수 있게 된다. 그런 필요와 욕구들을 주어진 것이 아니라 스스로 선택한 것으로 인식할 수 있게 된다. 이처럼 자아의 욕구를 대상화하고 비판할 수 있는 능력으로 인해 인격체는 진정한 자유(의지)를 실현할 수 있게 된다. 정리해보면, 헤겔에게 인격체는 두 가지 특성을 갖고 있다. 첫째, 인격체인 인간은 구체적인 필요, 성향, 욕구 등을 갖고 있으며, 이런 사실을 알고 있는 존재이다. 이런 특성 때문에 개인은 자신을 모든 측면에서 결정되어 있는 유한하며 특수한 개인으로 생각한다. 둘째, 인간은 의도적으로 자신의 모든 필요, 성향, 욕구로부터 거리를 둘 수 있는 추상적인 존재로, 다시 말해 자신이 추구하는 목적에 비추어 이런 필요, 성향 혹은 욕구들 중 어떤 것을 충족시킬 것인지를 결정할 수 있는 자의식적이고 비판적인 존재로 인식한다. 자신이 의문시할 수 없는 신념은 없으며, 자신이 거부할 수 없는 필요와 욕망은 없고, 자신이 중단할 수 없는 목표는 없다는 점에서 무한하며 보편적이고 자유로운 존재로 간주한다(Schmidt am Bush 2008, 576-9). 더구나 인간은 자신에게 이런 능력이 있다고 생각할 뿐만 아니라 이 능력을 자유의 핵심 요소로 믿고 있다. 요컨대 헤겔의 표현에 따르면, 인간은 "유한성 속에 있는 자신을 무한하고 보편적이며 자유로운 존재로 알고 [있는]" 존재이다. 이와 같은 인격성을 지닌 인간은 자신의 욕구와 필요를 성찰을 통해 수정하고 교체할 수 있으며, 그런 반복적인 과정을 통해 더욱 더 (외적인 대상들과 자신에 대해, 즉 즉자대자적으로) 자유로운 의지를 지닌 주체로 발전해간다.

그러면 사회적 관계들에서 이와 같은 인격성은 어떻게 발현되는가? 서로를 인격체로 인정하고 긍정하는 개인들은 자신의 필요, 성향, 욕구로부터 거리를 둘 수 있는 존재이며, 특수한 이유에 근거하

여 어떤 필요, 성향, 욕구를 충족시킬 것인가를 결정할 수 있는 존재
이다. 그들은 그런 결정을 하는 것이 중요하다고 믿으며, 그렇게 할
수 있는 권리가 있다고 생각한다. 그러므로 개인들은 사회관계 속에
서 서로를 각자의 필요, 욕망, 목표들로부터 자신을 분리시킬 수 있는
(혹은 추상화시킬 수 있는) 인격체로서, 그리고 추구해야 할 목표를 스스
로 결정할 수 있는 개인들로서 인정하고 존중하는 관계를 형성하고
있다고 볼 수 있다(Schmidt am Bush 2008, 579).

   이처럼 헤겔의 인격성 개념에는 동일한 인격성을 지닌 타인들과
공존하는 사회가 전제되어 있다. 동일한 인격성을 지닌 타인들과 공
존하는 사회가 없다면 인격성은 그다지 큰 의미가 없다. 인격성을 지
닌 인간과 인격이 없는 다른 사물들의 관계에서는 자유의지의 실현
과 욕구 실현 사이에 별 차이가 없기 때문이다. 오직 동등한 인격체
들 사이에서만 자유의지는 타인들의 인정과 존중을 받고 의미 있게
실현될 수 있다. 그러므로 인격체는 다른 인격체들에게 규범적인 요
구를 할 수 있는 동시에 자신도 그 요구에 따를 수 있는 능력을 가진
존재로 이해할 수 있다. 인격체에 관한 이와 같은 이해방식은 추상적
이고 공식적인 법체계 속에서 "인격체가 되며, 타인들을 인격체로 존
중하라."는 명령으로 구현된다(PR, § 36).[67]

   인격을 갖추지 못한 외적인 대상들과의 관계에서 인격성의 발전은
매우 제한적일 수밖에 없다. 인격을 갖춘 인간을 인격적인 존재로 인

---

67 물론 인격체가 처음부터 이런 능력을 완전한 형태로 구유하고 있지는 않다. 외적인
   대상들에 대한 지속적인 개입 및 타인과의 사회적 관계를 통해 이런 능력이 점진적으
   로 발전된다.

정하고 존중해줄 수 있는 동등한 타인들이 존재하지 않기 때문이다. 그러므로 인격성이 완전하게 발전하기 위해서는 다른 인격체들과 공존할 수 있는 사회가 필요하다. 그래서 페너(Penner)는 "자유는 인간 사회에 자리 잡고 있다."고 주장한다(Alexander and Penãlver 2012, 58에서 재인용). 자유의지의 발전과 실현에 있어서 사회의 존재는 절대적이다. 사회가 없이는 자유가 발전할 수도 온전히 실현될 수도 없다. 그러므로 자유는 순전히 개인적인 것이 아니라 사회적인 것이다. 인격체는 타인들과 서로 인정하고 존중하는 관계를 맺으면서 자유로운 존재로 발전하고, 자유는 사회적 협동과정에 참여함으로써만 온전히 실현될 수 있기 때문이다.

물론 인격성과 관련하여 개인적이며 사적인 자유도 중요하다. 개인은 자유의지를 실천할 수 있는 독립적인 공간과 독점적인 소유물을 필요로 한다. 이 단계에서 자유는 "동등한 인격체들의 사회가 없는" 상황에서도 실현될 수 있다. 개인적인 자유는 타인들의 인정과 존중이 부재하는 상황에서 실현되는 자유이기 때문에 욕망에 대한 비판적 성찰과 선택 능력을 촉진하는 데 한계가 있다. 성찰과 선택을 통해 실현되는 자유의 능력은 타인들과 공존하는 사회적 관계에서 더 큰 중요성과 의미를 가질 수 있다. 이처럼 헤겔의 자유 관념은 개인적 자유에서 사회적 자유로 발전해가는 과정을 포함하는 역동적인 개념이다.

그렇다면 이 과정에서 재산은 어떤 역할을 수행하는가? 헤겔은 재산제도를 자유의 발전을 매개하는 필수적인 사회제도로 재해석함으로써 매우 독창적인 재산권 이론을 창안해냈다.[68] 헤겔에게 근대적 재산제도는 개인적인 자유의 실현을 뒷받침해줄 뿐만 아니라, 사회

적인 자유의 실현을 매개하는 핵심적인 사회제도로 정당화되는 것이
다. 이것이 헤겔의 재산이론을 재산에 관한 인격이론, 혹은 재산에 관
한 사회적 자유 이론으로 규정할 수 있는 이유이다.

인격의 확장과 소유: 의지의 외화와 내화

헤겔의 인격이론은 소유의 문제와 어떻게 연관되어 있는가? 이 질문
은 인격체가 자유를 실현하는 방식을 살펴보면 자연스럽게 해명된
다. 외적인 사물은 물론 자아까지도 대상화시켜 볼 수 있는 자의식의
능력을 지닌 인격체는 자신의 의지에 따라 특정한 목적을 추구하는
과정에서 외적인 대상들을 획득·사용하고자 하는 의지를 갖게 된다.
순전히 자신의 인신만을 사용해서는 생명을 유지할 수도 특수한 목
적을 추구할 수도 없기 때문이다. 개인은 의미 있는 삶을 영위하려고
노력하는 과정에서 외적인 사물을 자신이 원하는바에 따라 사용할
수 있는 독점적 사용권을 원하게 된다. 이렇게 인간은 외적인 대상들
과 관계를 맺게 된다.[69]

---

68   마르크스(주의자)는 이와 같은 헤겔의 주장에 강력한 이의를 제기한다. 사유재산은 인
격의 실현과 발전을 매개하는 제도라기보다는 인간의 소외, 노동의 소외를 초래하는
근본악이라 보기 때문이다. 플라톤은 사유재산의 필요성은 인정하지만 통치계급에게
는 사유재산을 허용하지 말아야 한다고 보았고, 루소는 사유재산의 불평등이 만악의
근본원인이라고 보아 불평등을 최대한 완화시켜야 한다고 주장했다.

69   헤겔은 『법철학』에서 인격체가 자유를 실현하는 과정을 다음과 같이 설명한다. "이념
(Idea)으로 존재하기 위해 인격체는 자신의 자유의 영역을 마련해야 한다"(PR. § 41). 인
격체의 의지는 순전히 정신적인 현상으로서 단순한 개념에 불과하기 때문에, 이념—
개념과 현실의 통합—으로 존재하기 위해서는 외적인 실재성을 지녀야 한다. 이 인
격의 외화된 영역이 바로 주관적인 자유의 영역이다. 그리고 개인의 신체, 능력 그리

하지만 개인은 타인과 관계를 맺기 위해 먼저 독특한 개인으로 자신을 정립해야 한다. 이런 독특한 개인성은 개인이 자신의 필요, 욕망, 성향을 만족시키기 위해 끊임없이 다양한 선택을 하는 과정에서 확립된다. 즉, 자신의 필요와 욕망을 충족시키기 위한 반복적인 선택 과정에서 인간은 독특한 개인으로 정립되어가며, 더욱 더 분명한 자의식과 자유의지를 갖게 된다. 외적인 대상들은 이와 같은 자기발전 과정을 매개하고 촉진시키는 외적인 환경 혹은 조건이 된다. 헤겔이 개인의 인격성 및 개별성의 발전과 외적 대상에 대한 소유권을 연계시켜 설명하는 것은 바로 이와 같은 맥락에서다.

헤겔에 따르면, 개인은 자신의 의지를 외적인 대상에 넣음으로써 사물을 자신의 것으로 만들 수 있는 권리를 가지고 있다. 개인이 그런 권리를 가질 수 있는 것은 인간만이 자유의지를 지니고 있기 때문이다. 물건 혹은 사물들의 범위는 대부분의 자연적인 대상들을 포함할 정도로 매우 넓다. 자연의 과실들, 토지, 그리고 나무와 동물들을 다 포함할 정도로 광범위하다. 소유의 대상이 되는 사물이나 물건들은 자유의지가 없기 때문에 자유의지를 지닌 인격체가 목적을 추구할 때 사용할 수 있는 대상이 될 뿐이다. 물건은 "자유롭지 않고, 비인격적이며, 권리를 지니지 못한" "외적인 것 일반"이다(PR, § 42). 자신에 관한 개념을 의식할 수 없는 물건은 주체의 대립물이다.

헤겔의 철학적 관념론에서 보면, 자연, 곧, 외적인 세계의 모든 것

고 재산은 그 일부를 구성한다. 하지만 인격을 구성하는 신체와 능력은 인격과 분리할 수 있는 외적 대상인 재산과 구분할 수 있다.

들은 인격체의 정신을 통해 실재성을 가질 뿐 독립된 실재성을 가질
수 없다. 외적인 세계가 지닌 실재성은 인간의 정신을 통해서만 드러
나기 때문이다. 이런 설명은 물건의 범위가 자연의 사물들보다 훨씬
더 넓다는 것을 함축한다. 인격체 이외의 모든 것들, 즉, 자유의지가
없는 모든 것들—지적 재산을 포함—이 다 물건에 포함될 수 있다.

"정신적인 숙련들, 학문들, 예술들, 그리고 심지어 종교적인 것(설
교, 미사, 기도, 공납물 앞에서의 축복)들과 발명 등은 계약의 대상들, 즉
매매 방식으로 인정된 물건과 동일시된다.…물론 지식, 학문, 재
능 등은 자유로운 정신에 고유하며[본연의 것이며], 자유로운 정
신에서 비롯된 내면적인 것이지 결코 외적인 것이 아니다. 그러나
마찬가지로 자유로운 정신은 외화함으로써 이러한 것들[지식, 학
문 재능 등]에 외적 현존을 부여할 수 있고, 이것들을 양도할 수 있
다"(PR, § 43).[70]

물건의 핵심 특징이 양도 가능성이라면, 자아의 특정한 관심사들
(interests)은 양도될 수 없기 때문에 물건이 될 수 없다. 그런 관심사
에는 자아를 구성하는 내적인 특징들이 포함된다. 양도가 이뤄지기
위해서는 인격체가 물건으로부터 자신의 의지를 거둬들여야 한다.

---

70 이 설명에서 헤겔은 물건의 토대로서 계약과 양도의 중요성을 강조한다. 즉, 계약을
통한 양도는 재산을 명확히 현시한다. 헤겔에 의하면, "계약은 그 외면성, 곧 현존으
로의 측면이 더 이상 단지 '물건'이 아니라 의지의 계기를 담고 있는 재산에 실존성을
부여한다"(PR, § 72).

하지만 인격체가 자기 자신의 인격을 구성하는 요소들에서 자신의 의지를 거둬들이는 행위는 스스로 인격체이기를 포기하는 행위이기 때문에 양도가 성립할 수 없다. "따라서 나의 인격성 일반, 나의 보편적 의지의 자유, 인륜, 종교처럼, 가장 나다운 나의 인격과 나의 자기의식의 보편적 본질을 이루는 소중한 것들이나 실체적 규정들은 양도될 수 없으며, 이것들에 대한 권리는 시효가 없다"(PR, § 66). 반면에 지적인 재산권을 포함한 모든 다른 관심사들은 양도될 수 있기 때문에 물건으로 간주할 수 있다. 헤겔의 설명에 따르면, 물건은 인격체와 달리 자유의지를 갖고 있지 않기 때문에 인간이 자신의 목적이나 욕구를 충족시킬 수 있는 수단으로 삼을 수 있다. 그러므로 인간이 자유의지를 지니고 있다는 사실은 (추상적으로 볼 때) 인간 이외의 것들을 소유하고 사용할 수 있는 권리를 가지고 있다는 것을 의미한다. 헤겔이 권리를 '이념으로서의 자유(freedom as Idea)'로, 또는 '자유로운 의지의 현존'으로 규정한 것은 바로 이런 이유에서다(PR § 29). 같은 절에 나오는 이 규정들은 이념과 권리를 동시에 설명해준다. 즉, 권리는 이념으로서의 자유로 규정되고 있는바, 이념이 현실에서 완벽히 구현된 형태가 바로 권리인 것이다. 이것이 헤겔이 권리를 '자의식적인 자유의 구현체'이자 '신성한 어떤 것'으로 간주한 이유였다. 요컨대, 헤겔에게 권리는 자유의지 혹은 인격성을 발전·지속시키는 요소로, 인격성의 필수조건이다.

헤겔에 의하면 개인은 사회에서 분리될 경우 매우 단순하고 추상적인 존재로 이해될 수 있을 뿐이다. 그에 따라 권리도 개인이 자유의지를 실현할 수 있는 조건으로 간주될 뿐이다. 이와 달리 사회에서 타인들과 공존하는 존재로 이해할 경우, 개인은 인격성을 충분히 그리고 다양하게 발전시킬 수 있는 구체적인 존재로 이해되며, 그에 따라 권리도 발전적으로 이해할 수 있게 된다. 자유의지와 그 사회적 구현 형태인 권리는 함께 발전하기 때문이다.

　이 차이는 다음과 같이 단계적으로 설명할 수 있다. 처음에 (혹은 사회관계 바깥에서) 인격성의 핵심인 자유의지는 거의 잠재적인 형태로 머물러 있다. 이 단계에서 인격체는 매우 추상적이고 형식적인 수준의 자유의지와 권리를 지닌 채 존재한다. 하지만 사회 바깥에 존재하는 인간은 논리적인 구성물에 지나지 않는 추상적인 존재이기 때문에, 그런 존재가 지닌 권리도 논리적으로만 존재한다. 따라서 이 단계의 인간, 자유의지 그리고 권리는 개인들의 특수 의지는 물론 사회와 아무런 연관성이 없다. 이 단계의 권리는 인간의 추상적인 인격성을 유지하는 데 필요한 추상적인 권리에 불과할 뿐이다.[71] 헤겔은 이렇게 말한다.

> "인격성은 대체로 권리능력을 포함하며, 추상적이며 형식적인 권리[법]의 개념과 추상적 기초를 이룬다. 따라서 법[권리]의 명령은 '[너는] 인격이 되어라 그리고 타인들을 인격들로 존중하라'다"(PR, §36).

71　이와 같은 개인주의적인 설명은 헤겔이 법철학 및 재산이론을 전개하기 위한 출발점을 이룰 뿐이다. 따라서 이 부분을 독립적으로 다루게 되면 헤겔의 재산이론이 개인주의적인 부르주아 이론에서 국가주의적인 집단주의 이론으로 전환되는 것으로 곡해할 수 있다. 헤겔의 재산이론은 이 두 가지 측면을 변증법적으로 종합하고 있다는 것이 본서의 기본입장이며, 이런 해석이 그의 변증법적 방법에도 충실하다고 본다.

이런 형식의 권리는 본질적으로 소극적일 수밖에 없다. 왜냐하면 실제 세계로부터 거리를 둘 수 있는 의지의 능력만을 보호해주면 되기 때문이다.

"구체적인 행위나 도덕적 관계나 인륜적 관계와 관련해 보자면, 이것들의 좀 더 구체적인 내용에 비해 추상법[추상적인 권리]은 단지 하나의 가능성일 뿐이므로, [여기서] 법적 규정은 허가(Erlaubnis)나 자격(Befugnisß)일 뿐이다. 이 [추상적인] 법[권리]의 추상이라는 동일한 근거로 인해 이 법[권리]의 필연성은 인격성과 인격성으로부터 결과하는 것을 침해해서는 안 된다는 부정태에 제한된다. 따라서 여기에는 단지 법적 금지만이 있을 뿐이고, 법적 명령의 실증법적 형식은 이 형식적 최종 내용에 따라 금지를 기초로 삼는다"(PR, § 38).

이처럼 의제적인 추상적 단계에서 권리는 단지 실제 세계에 관여해 들어가기 전의 예비적 단계를 배경으로 고찰된 인격성의 실현 조건일 뿐이다. 다시 말해, 이 단계에서 권리는 하나의 가능성이며, 권리를 갖는다는 것은 단지 세계에 관여해 들어갈 수 있는 허가증을 받는 것과 같다(Alexander & Peñalver 2012, 60). 그러므로 헤겔이 도덕과 윤리생활이라 부르는 사회생활에 이를 때에야 개인들은 (삶의 구체적인 조건들과 통합됨으로써) 자유의지를 충분히 발전시킬 수 있고 그 단계에 조응하는 구체적인 권리들을 소유할 수 있게 된다. 하지만 그 전에 개인들은 자신의 (순수한 보편적) 인격성을 삶의 구체적인 조건들과 통합시키기 위해 먼저 외적인 세계와 조우해야 한다. 그럴 때만이 자

유는 하나의 이념으로 존재할 수 있기 때문이다. 따라서 이념으로서
의 자유 혹은 권리의 실존은 인격성의 발전 과정에서 최종적인 지점
을 나타낸다.

헤겔의 재산 관념은 이런 발전 과정에서 필연적으로 대두한다. 추
상적인 인격성이 보다 구체적인 인격성으로 나아가고, 형식적인 권
리 개념이 보다 구체적인 권리로 구현되는 과정에서 인격의 외화된
형태가 등장하는 데 이것이 바로 재산이다. 자유의지는 항상 주체 안
에 구현되어 있는 상태에서 객관적인 사물 세계로 구현되는 단계로
나아감으로써 보편적인 형식을 취하게 된다. 즉, 외적인 재화들을 점
유, 통제, 소유함으로써 자유의지는 원초적인 내적 생활에서 시작하
여 객관적인 외적 세계로 확장되어 가는바, 필히 외적인 물건 속에
자신의 인격을 구현하는 단계를 거치게 된다.

개인은 재산을 획득함으로써 추상적인 인격성을 넘어 구체적인 인
격성(혹은 사회적인 인격성)을 갖게 된다. 다시 말해, 재산을 획득하는 과
정에서 형식적이고 추상적이며 보편적인 자유를 더 실제적이고 실질
적이며 구체적인 자유로 발전시킨다. 외적인 세계를 자신의 것, 곧 재
산이라 주장함으로써 인격성을 표현·함양하고 또 존중받으려고 시
도하는 것이다. 그러므로 재산은 개인의 발전과 사회적 발전을 동시
에 촉진시키는 촉매 역할을 수행한다. 페너의 표현을 빌리자면, "재산
은 자유의지 관점에서 이해된바, 외적인 사물들의 영역에 대한 인격
의 관계이다"(Alexander & Penãlver 2012, 60).

그렇다면 인격과 외적인 사물의 관계는 어떤 식으로 확립되는가?
외화(externalization) 개념은 그 관계를 이해할 수 있는 핵심적인 개념
이다. 인간은 외적인 환경을 구성하는 사물들 속에 자신의 자유의지

를 집어넣음으로써 그 사물을 자신의 것으로 만드는데, 자유의지를
사물 속에 집어넣는 행위가 바로 외화의 과정이다.

"[자유의지를 지닌] 인격은 모든 물건에 자신의 의지를 집어넣어
서 그 물건을 나의 것이 되도록 하는 권리[법]를 인격 자신의 실체
적 목적으로 삼는다. 왜냐하면 물건은 그러한 의지를 자기 자신 속
에 지니지 못하고, 그것의 규정과 혼에 나의 의지를 보유하기 때문
이다. [그래서] 인간은 모든 물건에 대해 [그것을] 자기 것으로 삼
을 수 있는 절대적인 전용권을 갖는다"(PR, § 43).

　그러므로 소유의 대상이 된 사물에는 인격체의 의지가 담겨 있다.
개인의 소유물은 인격성의 핵심 요소인 의지를 담고 있다는 의미에
서 개인의 외적인 연장이다. 자유의지는 모든 발전 단계에서 무엇인
가에 자신의 의지를 구현해야 하는데, 외화를 통한 소유의 확립이 그
런 과정을 매개한다. 사물에 구현되지 않거나 초월적인 자유의지는
전혀 이해될 수 없는 개념이다(Alexander & Penãlver 2012, 60). 헤겔에
따르면, 외부의 사물에 자신의 의지를 집어넣는 행위는 그 사물에 대
한 배타적인 통제권을 산출하며, 자신의 의지를 특정한 사물에 집어
넣을 것인지의 여부 및 어떻게 집어넣을 것인지를 판단하는 과정에
서 개인적 자유가 실현된다. 자유롭다는 자의식 또한 더욱 함양된다.
　그런데 헤겔의 외화 개념은 노동을 통해 공유물을 사유화할 수 있
다고 본 로크의 입장과 별반 다르지 않다는 인상을 줄 수도 있다. 로
크의 경우에도 개인이 공유물에 자신의 노동을 섞음으로써(혹은 헤겔
의 표현을 빌리자면, 공유물에 자신의 노동을 집어넣음으로써) 그것을 자신의

소유로 만든다고 보기 때문이다. 하지만 이런 피상적인 공통성에도 불구하고 헤겔의 외화 이론은 로크의 노동이론과 큰 차이가 있다. 로크의 경우에는 개인이 외부의 대상에 (자신의 일부인) 노동을 섞음으로써 그것을 사유화하지만, 헤겔의 경우에는 이 관계가 전도된다. 즉, 개인이 외부 사물에 자신의 의지를 집어넣음으로써 자신의 의지를 그만큼 상실하는 것이 아니라, 외적인 사물을 전유하고 통제하는 과정에서 자신의 의지를 객관화시킨다. 다시 말해, 사물을 통한 의지의 외화는 외적인 것을 내면화시키는 과정이다.

인격체는 대체로 세 가지 방식으로 (사물에 자신의 의지를 넣음으로써) 사물을 점유하게 되며, 각 점유 방식은 그에 조응하는 판단 절차를 수반한다(PR, § 54-58). 첫째는 사물을 물리적으로 장악하는 것(direct grasping), 곧 점유취득으로, 감각적 측면에서 가장 완전한 방식이다. 왜냐하면, 이 점유 속에 내가 직접적으로 현존하며, 그 점유 속에서 나의 의지를 인식할 수 있기 때문이다. 하지만 물리적인 점유는 대체로 주관적이고 일시적인 특징이 있다. 또한 이미 다른 사람들이 소유하고 있지 않은 것들만을 대상으로 삼을 수 있다는 점에서 매우 제한적이다.

둘째는 개인이 자신의 지식과 의지에 입각하여 사물에 형식을 부여하는 것, 곧 형성작용(Formierung or forming)이다. "형성작용은 이념—주관과 객관을 자체 내에 통합하기 때문에—에 가장 적합한 점유취득"으로, 시간과 노동의 투자에 대한 대가(代價)의 측면이 강하다. 이런 점유 방식을 통해 의지의 주관성과 외부 세계가 연결된다. "내가 어떤 것에 형상을 부과하면, 나의 것이라는 그 사물의 확정적인 특성이 독립적인 외면성을 갖게 되는바, 지금 여기에 존재하는 나의 현존

성과 나의 자각 및 의지의 직접적인 현존성에 제한되지 않는다"(PR, §
56). 예를 들어, 내가 한 조각의 나무로 인형을 만들었다면, 그 나무에
대해 내 의지가 노동을 가했다는 사실은 그 인형나무의 중요한 측면
이 된다. 형성작용에 의한 점유는 대상의 질적 특성 및 주관적 목적들
의 상이성에 따라 무한한 다양성을 띤다. 이런 방식에는 토지를 경작
하고, 식물을 재배하고, 짐승을 길들이는 활동 등이 포함된다.

셋째는 사물에 표식을 남김으로써 소유권을 지정한다(marking).
"표식의 의미는, 내가 나의 의지를 물건 속에 집어넣었다는 것"이다.
표식으로서의 점유에 깔려 있는 발상은 의지가 실제적이라기보다는
표상된다는 생각이다. "가옥 둘레에 울타리를 세워 그것에 대한 소유
권을 주장하는 방식"이나 자신의 소유라고 주장하는 어떤 것에 서명
함으로써 그것이 나의 것이라고 세상에 알리는 것 등이 표식으로서
의 점유취득에 속한다. 이런 점유 방법은 표식 대상에 대한 나의 소
유권을 세계에 공표하는 것이다.

이처럼 인격체는 자신이 적합하다고 생각하는 방식으로 사물에 자
신의 의지를 주입함으로써 소유를 확립한다. 다양한 점유취득 형태
들은 인격체가 자신의 욕구, 선호, 그리고 성향에 따라서 다양한 목
적들을 추구하는 과정에서 확립된다. 이 과정에서 인격체는 사물에
자신의 의지를 주입할 것인지의 여부 및 의지를 주입하는 방식—소
유 형태—을 결정하며, 그런 결정 과정을 통해 자신의 자유의지를 더
잘 알게 된다. 따라서 이런 결정을 내리는 과정은 가장 직접적인 의
미의 자기주장(혹은 자기과시)이자, 자신이 자유로운 인격체임을 깨닫
고 그 점을 스스로 부각시키는 과정이다. 또한 자기 자신을 자유의지
를 가진 존재로 훈육시켜 나가는 과정이기도 하다. 이것이 바로 헤겔

이 "소유물은, 내가 그것을 소유하려고 의도하는 자유의지인 한에서, 나의 재산이다."고 말한 이유였다. 소유물은 자유의지의 확정된 실존 형식이기 때문에 존중되어야 한다. 사물 속에 구현된 나의 의지가 그 사물을 나의 재산으로 만들고, 그 사물에 대한 소유를 나의 권리로 만들기 때문이다.

헤겔이 강조하듯이, 소유권이 확립되는 과정은 개인의 자의식을 강화시킨다. "자유로운 의지인 내가 점유에서 내 자신에게 대상이 되고, 그럼으로써 비로소 현실적인 의지가 된다는 측면이, 점유 중에서도 참되고 합법적인 면, 즉, 소유[권]의 규정을 이룬다"(PR, § 45). 이런 의미에서 나의 소유물은 내 자신의 자유의지를 반사하는 거울과도 같다. 인격체는 소유물에 인격의 핵심인 자유의지를 집어넣기 때문에 그 사물을 내 자유의지의 중요한 일부로 간주할 수 있다. 인격체는 사물을 소유하고, 그 사물은 나에게 나의 자유의지를 반사한다. 나는 자유의지를 사물에 외화시키고, 다시 그 외화된 자유의지와 마주함으로써 사물의 소유자임을 깨닫게 된다. 그러므로 "나는 내 재산 속에서 나를 바라보며, 내 자신 속에서 내 자신을 자유롭다고 여긴다." 사물들을 반복적으로 소유하는 경험을 통해, 인격체는 의지를 지닌 능동적인 행위자로서의 자기이해를 계속해서 심화시킨다. 이처럼 개인은 소유 활동을 통해서 개인성의 발전에 필요한 외부 영역을 확장시켜나가는 한편으로 자신을 더욱 더 자유로운 존재로 인식하게 된다.

재산의 사용과 양도

지금까지의 설명은 주로 점유로서의 소유에 초점을 맞췄다. 하지만 자유의지를 외화하고 내화시키는 활동은 점유에만 국한되지 않는다. 더구나 점유취득만으로는 개인적인 자유 혹은 주관성의 자유를 충분히 보장해줄 수 없다. 소유하고 있는 물건이나 사물을 마음대로 사용할 수 없다면 점유취득은 개인의 주관적 자유를 보장하는 데 그다지 도움이 되지 않기 때문이다. 그러므로 헤겔은 점유취득으로서의 소유에 덧붙여 사용과 양도를 추가적인 소유 형태로 덧붙인다. 자유의지의 투사와 반사는 점유하고 있는 대상, 즉 소유물을 사용하고 양도하는 활동에서도 발생한다고 보는 것이다.[72]

"α) 의지가 긍정적인 것인 물건에서 그의 현존을 지니는 한에서, 소유는 직접적으로 점유취득이다. β) 의지에 대해 부정태인 한에서, 의지는 부정되어야 하는 것인 물건에서 자신의 현존을 지니며, [이것이 물건의] 사용이다. γ) 물건으로부터 의지의 자기 내 반성으로서, 양도다. [이상 세 가지 계기들은] 물건에 대한 의지의 긍정 판단, 부정 판단, 그리고 무한 판단이다"(PR, §53).

나는 사물을 통제하고 있기 때문에 사물을 변경·파괴·소모함으로써 나의 필요를 충족시킬 수 있다. 그리고 그렇게 하는 과정에서 나는 사물을 사용할 것인가의 여부 및 사용할 방법에 관하여 결정함으로써 나의 의지를 계속해서 사물 속에 넣어둔다. 이 과정에서 사물은

---

72 이 문제는 재산권이 어떤 권리들로 구성되어 있는가 하는 문제와 연관되어 있다. 구체적인 재산권은 이론적이고 원칙적인 근거들과 아울러 공동체의 현실적인 필요에 따라 결정될 것이다. 여기서는 주로 이론적인 규범적 근거에 관하여 논하고 있다.

또한 나에 의해 부정된다. 왜냐하면 그 사물은 나의 필요를 충족시키기 위한 수단으로 환원되기 때문이다. 이 과정에는 나는 최대한으로 그 사물을 보고, 그 사물은 나의 의지를 최대한 되비춘다. 이런 외화와 내화―나의 의지를 나에게 되비추는 현상―의 과정을 통해 나는 그 사물의 유일한 소유자로 각인되는바, 나의 소유권이 확립된다.

양도는 점유취득의 또 다른 형식으로 그 중요성에 관해서는 물건 (사물)과 관련된 계약 및 양도에 관한 설명에서 언급한 바 있다. 인격체는 자유롭게 재산을 양도할 수 있다(하지만 인격을 구성하는 요소들, 즉, 인격체의 내적인 특징들은 양도할 수 없기 때문에 재산의 양도 가능성에는 한계가 있다. 이런 한계는 양도 가능성이 소유권의 절대적인 요소가 아님을 말해준다. 그럼에도 양도 가능성이 재산권의 중요한 요소임은 분명하다).[73] 사물들은 자아가 없기 때문에 인격체는 사물에 대한 우월성을 현시하기 위해 자유롭게 자신의 의지를 사물 속에 집어넣을 수 있다. 나는 또한 사물에 대한 나의 우월성을 나타내는 방법으로 사물로부터 나의 의지를 자유롭게 거둬들일 수 있다. 단순히 사물을 버려버리거나 다른 사람에게 그것을 양도해버림으로써 (혹은 다른 사람이 그 사물에 대해 자신의 의지를 집어넣도록 허용함으로써) 나의 의지를 자유롭게 거둬들일 수 있다. 이런 방식으로 나는 내가 소유하고 있는 사물들의 진정한 주인임을 증명한다. 사물들을 양도할 수 있는 자유는 내가 그 사물을 완전히 소유

---

73 월드런은 헤겔의 재산이론에서 재산과 양도 가능성의 관계는 주로 역사적이지 개념적인 것은 아니라고 본다(Waldron 1988, 368-9). 헤겔의 사회에서 실제적인 것은 재산의 양도 가능성이기 때문에, 헤겔은 재산의 양도 가능성을 단순히 주어진 것으로 봤다는 것이다.

하고 있다는 사실을 보여주는 최선의 방법이다. 나는 재산을 순전히 내 자신의 선택에 따라 양도하려고 결정할 수 있으며, 해당 사물에 넣어둔 나의 의지를 철회할 수 있다. 그러므로 내가 사물을 양도한다는 것은 내가 나의 의지를 더 이상 외화시키지 않음은 물론, 사물 속에 외화시킨 나의 의지를 나에게로 다시 내화시키기로 결정했다는 것을 의미한다. 요컨대, 계약은 소유 속에 이미 함축되어 있는 것을 명시적으로 드러내준다(나종석 2006, 47).

헤겔이 점유취득에 덧붙여 사용과 양도의 권리를 추가적인 소유형태로 언급한 이유는, (특히) 공적인 기관이 이런 권리들을 침해함으로써 주관적·개인적·소극적 자유를 억압할 수 있는 위험을 방지하고자 함이었다(Duncan 2017, 272-4). 특정 소유물을 갖고 있는 사람이 특정한 목적을 추구할 때 가장 큰 위협이 되는 것은 비슷한 소유물을 갖고 있는 사람들의 간섭이 아니라, 그 소유물의 사용을 규제하는 공권력의 간섭이다. 공권력을 가진 사람들이 사유재산의 사용권을 축소하고 공유재산의 범위를 넓히려고 하면 주관적인 자유의 여지는 극도로 좁아진다. 반대로 소유권에 사용권과 양도권을 추가하게 되면 주관적인 자유의 여지가 훨씬 더 넓어진다. 요컨대, 헤겔은 공유재산제도보다 사유재산제도가 주관적 자유를 더 효과적으로 보호해줄 수 있다고 보았으며, 소유권에 폭넓은 사용권과 양도권을 포함시키는 것이 더 바람직하다고 생각했다.[74]

---

74 공유재산의 개인적 사용권을 민주적인 방식으로 결정하는 것은 상대적으로 바람직할 것이다. 이에 관해서는 이미 칸트의 재산이론에서 설명한 바 있다. 비슷한 근거에서 헤겔은 배심원에 의한 재판을 전문법조인에 의한 재판보다 더 선호한다. 물론 헤겔은

하지만 사유재산제도와 주관적인 자유에 대한 헤겔의 확고한 지지에도 불구하고, 헤겔은 주관적인 자유를 절대화하지 않는다. 주관적 자유는 보다 발전된 형태인 사회적 자유를 구성하는 하위 형태의 자유이기 때문이다. 주관적 자유의 매개체인 사유재산은 사회적인 자유를 매개하는 데도 중요한 역할을 수행한다. 이런 관점에서 보면, 헤겔의 전략은 단순히 재산권에 대한 존중이 실질적인 자유―혹은 공동선에 대한 관심―와 양립 가능하다는 것을 주장하는 데 그치지 않고, 적절한 체제를 배경으로 사유재산이 실질적인 자유를 촉진시키는 방식을 구체적으로 보여주는 데 있다(Duncan 2017, 275).[75]

라이언(A. Ryan)에 따르면, 헤겔이 제시한 재산 개념의 매력은 우리가 만들고 통제하며 사용하는 것들과 우리 자신을 일체화시켜주고, 그런 것들을 통해 우리 자신을 표현하고 싶어 하는 욕구를 잘 반영해주고 있다는 점이다(Ryan 1984, 131). 헤겔은 자유의지로서의 자아라는 개념을 매우 독특한 방식으로 부각시켰다. 재산 관념에 대한 그의 기여는 재산이 우리의 자유의지를 대상들의 세계로 확장시켜줄 뿐만

전문법조인이 사법체계를 더 잘 관리할 수 있다고 생각하지만, 전문법조인 체제는 일반 시민들을 법조인들보다 더 열등한 존재로 전제하고 있다는 이유로 배심제를 더 선호한다.

75 재산에 대한 헤겔의 옹호방식은 부분적으로 로크 및 칸트와 같은 근대 철학자들이 채택한 방식과 유사하다. 즉, 개인의 자유에 대한 존중은 개인이 정당하게 소유하게 된 재산에 대한 존중을 포함하는바, 재산권이 개인의 자유를 표현한다고 보는 것이다. 하지만 헤겔의 설명에서 새로운 점은, 올바른 재산권 체제가 플라톤과 같은 고대 철학자들에서 발견할 수 있는 것과 같은 실질적인 자유―공동선―에 대한 관심과 양립할 수 있다고 주장한다는 점이다. 즉, 헤겔은 고대인의 자유와 근대인의 자유가 각각 부분적으로 옳다는 것을 보여주고, 이 두 가지를 변증법적으로 종합하고 있다.

아니라, 사회적 관계를 매개하는 데 매우 중요한 역할을 수행한다는 것을 보여준 데 있다. 헤겔의 자아 개념, 곧 재산을 통해 현실화되는 자아는 원자적인 개체가 아니다. 자아는 즉자적인 의식의 단계에서부터 점차 윤리적 공동체—가족, 시민사회, 국가—의 일원으로 성숙해가는 사회적인 존재이다. 그리고 이 진보의 과정을 매개하는 것이 바로 재산이다. 재산은 우리를 타인들로부터 멀어지게 하는 것이 아니라, 타인들과 사회적 관계를 수립할 수 있도록 매개해준다.

03
재산과 사회적 관계

재산과 인정

인격체의 의지를 외부 사물에 외화함으로써 점유취득하는 것이 재산 획득의 첫째 조건이라면, 그렇게 점유취득한 물건의 소유권을 타인들로부터 인정받는 것은 재산 획득의 둘째 조건이다.[76] 헤겔은 이렇게 말한다.

"인격성의 현존재인 소유물에 관해, 어떤 것이 내 것이라고 하는 나의 내면적인 표상과 의지는 충분하지 않으며, 거기에는 점유취득이 요구된다. 앞서 말한 의욕이 이[점유취득]를 통해 보유하는 현존재는 타인들에 대해 인식 가능성을 자신 속에 포함한다. 내가 점유할 수 있는 물건[소유물]은 주인이 없다는 사실은(50절에서처럼) 하나의 자명하고 소극적인 조건이고, 타인의 선취된 관계와 연

---

[76] 물론 이런 인정에는 소유하고 있는 물건이나 사물을 자유롭게 사용·양도할 수 있는 주체로서의 개인에 대한 인정이 전제되어 있다.

관된다"(PR, §51).

51절은 완전한 소유권을 보장받기 위해서는 (타인이 선취하지 않았기 때문에) 내가 어떤 대상을 점유취득할 의도를 가지고 실제로 점유해야 할 뿐만 아니라, 타인들이 그것을 나의 것이라고 인정해주어야 함을 시사한다. 따라서 점유취득을 통한 소유권의 확립은 점유하려는 의지와 점유취득, 그리고 소유물에 대한 타인의 인정이 모두 충족될 때에야 완성된다. 특정한 물건들을 배타적으로 통제함으로써 인간은 고유한 개별성을 지닌 인격체가 되기를 원한다. 하지만 헤겔에 따르면 인간은 타인들의 인정을 통해서만 온전히 개인적 자유를 실현할 수 있다. 타인의 인정이 없다면 아무리 개인적인 자유라도 실현되기 어렵다. 이와 같은 관점에서 보면 내가 특정 물건을 배타적으로 통제하고 있다는 것을 타인들이 인정한다는 사실은 타인들이 나를 자유의지를 지닌 인격체로서 인정·존중하고 있다는 것을 의미한다. 그리고 이런 과정은 상호적이다. 타인들이 자신의 소유물에 대해 배타적인 통제권을 행사하고 있다는 것을 인정받는다면, 나도 자유의지를 갖춘 인격체로 인정·존중되고 있다는 것을 의미한다.

헤겔은 초기 저술 『정신현상학』에서도 상호 인정의 중요성을 강조했다(Sun 2010, 41). "점유하는 것은 경험적인 취득 행위로서, 인정을 통해 정당화되어야 한다. 단지 점유했다는 사실만으로 정당화되지는 않는다." 인격체들은 소유권의 상호 인정을 통해 서로를 자유의지를 지닌 인격체로 인정한다. 그래서 헤겔은 재산의 상호 인정을 개인적 자유를 구현하는 데 필수불가결한 단계로 본다. 인간은 자신이 물건을 소유하고 있다는 사실만으로 자신이 자유로운 인격체라는 자의식을 고양시킬 수 없으며, 개인적인 자유를 온전히 실현할 수 없다.

그 이유는 다음과 같이 설명할 수 있다(Sun 2010, 41). 개인은 자신의 의지를 외화함으로써 물건을 소유·사용·양도할 수 있다. 이런 행위는 의식주 및 안전에 대한 자신의 자연적인 욕구에 토대를 두고 있다. 이 단계에서 개인이 갖게 되는 (자유롭다는) 자의식은 소유하고 있는 대상을 통해서 자연적인 욕구를 충족시키는 일에만 연관되어 있다. 의식주와 같은 인간의 자연적인 욕구는 끊임없이 충족되어야 한다. 이런 상황은 인간에게 자유에 관한 제한된 자의식을 주기도 하지만, 비인격적인 사물만을 대상으로 한다는 점에서 오히려 자신의 독립성과 자유를 잃어버리는 계기가 될 수도 있다. 자신의 생존을 위해 외적인 물건에 끊임없이 의존해야 한다는 생각에 지배당할 수 있기 때문이다.

외적인 사물들은 자유의지가 없다. 그러므로 비인격적인 물건을 통해 얻을 수 있는 자유에 대한 의식은 매우 낮을 수밖에 없다. 내가 소유·사용하는 물건들이 나에게 돌려줄 수 있는 것은 내가 상대적으로 우월한 존재라는 인식일 뿐, 내가 진정으로 자유롭고 독립적이며 고귀한 인격체라는 자각이 아니다. 즉, 그것들은 나에게 직접 자존감을 줄 수 없다. 물건들은 자아를 인식할 수 없기 때문에 그것들로부터 나의 가치에 대한 확신을 얻을 수 없다.

내가 자유로운 인격체라는 자의식은 나와 동등한 인격체들로부터 그렇게 인정받을 때 획득되고 고양된다. 이 단계에서는 나의 자의식이 동등한 타자의 자의식과 관계를 맺게 된다. 나의 자아가 타자의 자아에서 반사되어 돌아오는 것을 지각하게 된다. 이와 같은 상호 작용을 통해 두 인격체는 서로 인정하고 또 인정받음으로써 자신이 자유로운 존재라는 자의식을 고양시킨다.

　재산은 이런 과정을 더 촉진시켜준다. 두 사람은 물건의 소유자들로서 상호 인정 과정에 관여한다. 그들은 상대방이 소유하고 있는 물건에는 그의 자유의지가 담겨 있다고 인정한다. 헤겔은 다음과 같이 말한다.

> "나의 소유 속에서 내가 명확히 존재함은 다른 사람들에 대한 관계이며, 이로부터 상호적인 인정이 파생된다. 자유로운 것은 자유로운 것에 대하여, 즉 대자적으로 존재한다. 나는 내 자신이 자유롭다는 것을 알고 있기 때문에, 내 자신이 보편적이라는 것을 알고 다른 사람들이 자유롭다는 것을 안다. 그리고 내가 다른 사람들이 자유롭다는 것을 알기 때문에 나는 내 자신이 자유롭다는 것을 안다. 따라서 법[권리]의 원칙은 너 자신의 자아와 그들이 소유하고 있는 타인들의 자아를 인격체로서 존중하라 이다"(PR, § 43).

　재산소유자들의 사회에서 상호 인정 관계가 더 넓게 확산됨에 따라 자유에 관한 자의식이 더욱 더 보편화된다. 상호인정 과정에서 사람들은 다른 사람들을 힘으로 굴복시키는 대신 자신과 같은 자유로운 지위를 부여함으로써, 다시 말해, 소유하고 있는 물건의 소유자로 인정함으로써 자유를 얻는다(Sun 2010, 43). 이런 과정은 다른 재산소유자들에게도 확산되어 마침내 사회 전체가 자유로운 재산소유자들의 관계로 전환된다.

　주인/노예 사이의 변증법은 평등한 재산소유자들의 관계가 자유의 관계임을 분명히 보여준다. 헤겔에 의하면, 노예는 비인격적인 사물에 노동을 가함으로써 자신이 사물보다 더 우월하고 자유로운 존재라는 것을 자각한다. 자유의지를 외화하고 또 내화함으로써 자유롭다는 자의식을 가질 수 있다. 하지만 노예들은 개인적인 자유를 충분히 발전시킬 수 없다. 왜냐하면 그들이 노동을 통해 물건을 소유하는 것을 주인이 부정해버리기 때문이다. 주인들은 노예의 인격성 혹은 자아, 즉 자유의지를 인정하지 않는다. 주인은 그들을 물건과 같이 열등한 존재로 간주한다. 그들은 주인으로부터 동등한 인격체로 인정받지 못하기 때문에, 의지가 없는 물건보다는 낫지만 자유롭다는 자의식을 충분히 발전시킬 수는 없다.

주인/노예 관계는 주인이 자유롭다는 자의식을 발전시키는 데도 큰 도움이 되지 않는다. 주인의 자의식은 동등한 인격체의 인정을 받을 때에야 발전할 수 있는데, 열등한 노예의 인정을 받는 것은 자유롭다는 자의식을 발전시키는 데 충분하지 않기 때문이다.

주인/노예 변증법에서 알 수 있듯이, 사물에 대한 단순한 점유행위는 자유롭다는 자의식을 발전시키거나 물건에 대한 배타적 통제권을 행사하는 데 충분하지 않다. 다른 인격체로부터 자유로운 존재로 인정받거나 물건에 대한 배타적인 통제권을 인정받지 못하는 한 말이다.

정리해보면, 자유의지의 외화와 내화 및 재산소유의 상호 인정 과정을 거침으로써 재산 소유자들은 자유의지를 더욱 발전시키며 자유롭다는 자의식을 한층 더 고양시킨다. 헤겔에게 노예제도는 자유에 대한 자의식을 어느 정도 일깨워준 제도였지만, 자유에 대한 자의식을 충분히 그리고 보편적으로 고양시키기 위해서는 반드시 극복되어야 할 제도였다.

재산과 사회적 자유

헤겔은 주관적인 자유의 측면에서만 재산권을 다루지 않았다. 이것은 헤겔 재산이론의 사회적 차원이 충분히 설명되어야만 로크, 칸트와 같은 철학자들의 재산이론과 대비되는 독특한 성격이 충분히 드러날 수 있다는 것을 의미한다. 재산의 사회적 차원을 조명할 필요성은 사유재산이 매개하는 주관적 자유는 진정한 권리[법] 관계들을 근거 짓기에는 불충분하다는 그의 주장과도 맞아떨어진다(Duncan 2017, 276). 헤겔의 관념론 철학에서는 개별적인 것들이 포괄적인 전체 속에서만 그 구체적인 의미를 가질 수 있다. 이런 문제의식을 가지고 여기서는 헤겔의 재산이론이 인간의 사회성 및 사회적 자유 개념과 어떻게 연계되어 있는지를 살펴보기로 한다.

재산소유자는 인간의 유일한 정체성이 아니다. 인간은 다양한 정체성을 갖고 있으며, 사회의 발전 단계마다 상이한 정체성이 덧붙여진다. 헤겔은『법철학』의「인륜」편에서 가족, 시민사회, 국가를 구분하고 각 영역에 조응하는 인간의 윤리적 발전을 설명한다. 가족에서는 가족의 구성원으로서, 시민사회에서는 시민사회의 일원으로서, 그리고 국가에서는 국가의 일원으로서 각각의 정체성에 맡겨진 사회적 역할을 수행한다.

"[추상적인] 법에서는 대상이 [소유주체인] 인격이며, 도덕의 관점에서는 주체이며, 가정에서는 가정의 구성원이고, 시민사회에서는 (부르주아로서의) 시민이다"(PR, § 190).

자유 및 자유의식의 발전에 있어서 이와 같은 윤리적 질서들이 필

요한 이유는 순전히 개인적인 자유란 존재하지 않기 때문이다. 인간
은 자신의 고유한 개별성을 반전시키기 위해 외적인 자유의 영역을
필요로 하는데, 사유재산은 그런 외적인 자유의 실현을 매개하는 데
반드시 필요하다.[77] 하지만 재산소유를 통해 실현되는 개인적 자유는
그것을 뒷받침하는 윤리적인 토대가 없으면 존립하기 어렵다. 사유
재산을 포함한 권리의 체계는 나무의 가지처럼 스스로 존재할 수 없
는바, 그것에 생명과 자양분을 공급해주는 줄기와 뿌리, 곧 사회의 윤
리질서를 필요로 한다. 헤겔은 사회의 윤리질서를 가족, 시민사회 그
리고 국가의 세 층위로 구분하고, 가족에서 시민사회를 거쳐 국가에
이르는 윤리적 삶의 발전 과정을 설명한다.[78]

　윤리적 삶은 개인들이 타인들과 맺고 있는 관계를 통해 형성된다.
그러므로 윤리적 삶이 수립·발전되기 위해서는 자유의지를 지닌 복
수의 인간들이 상호 작용하는 질서가 확립되어야 한다. 이와 같은 측
면에서 보면, 순전히 개인적인 자유는 존재할 수 없음을 알 수 있다.
개인적인 자유 역시 윤리적인 삶에 의해 조건 지어질 수밖에 없기 때

77　이것은 헤겔이 적극적 자유를 옹호하고 소극적 자유를 도외시한다는 비판이 잘못된
　　이유를 알려준다. 헤겔은 플라톤을 포함한 전체 그리스 사회가 개별성, 주관성 혹은
　　심지어 자의적인 의지를 존중하지 못했다고 비판하면서, 플라톤이 수호자들에게 사
　　유재산을 인정하지 않았다는 사실을 증거로 제시한다. 이 측면과 관련하여 헤겔은 단
　　순히 그리스인들을 비판하지 않고, 권리에 대한 근대적 발상들, 즉 개별성의 권리 혹
　　은 주관성을 존중하는 근대적 발상이 고대 그리스적 발상보다 더 우월하다고 주장한
　　다. 헤겔이 『법철학』의 「추상법」에서 다룬 자유는 그리스인들이 인정하지 않았던 주
　　관성 혹은 개별성의 권리로, 「추상법」은 특수성 혹은 주관성의 측면에서 보편적인 규
　　범을 마련하려고 시도한다(Duncan 2017, 276).

78　이런 윤리질서의 발전 과정에서 재산권이 수행하는 역할에 대해서는 후술할 것이다.

문이다.[79]

사회적인 삶, 곧 윤리적인 생활은 크게 두 가지 측면에서 개인적인 자유의 실현에 이바지한다. 한 측면은 외면적인 윤리질서이며 다른 측면은 내면적인 윤리질서이다(Sun 2010, 45-6). 이 두 가지 윤리질서는 개인적인 자유를 증진·보호하는 데 필요한 사회적 멤버십을 발전시킨다.

먼저 사회에 존재하는 다양한 사회제도들은 안정된 윤리적 질서를 수립함으로써 자유 발전에 필요한 외적인 조건을 제공한다. 개인적 자유는 사회적 관계와 상관없이 개인의 의지로 수행된 행위를 통해 실현된다는 점에서 추상적인 권리 수준에 머무른다. 반면에 윤리적 삶은 모든 사회구성원들이 개인적인 자유를 누릴 수 있는 제도와 관계양식들을 제공하기 때문에 자유를 사회적인 자유로 변형시킨다. 이런 윤리적 관계양식과 제도 안에서만 모든 참여자들이 자유를 경험할 수 있고 자유의식을 발전시킬 수 있기 때문에 윤리적 관계에서 실현되는 자유는 강력한 사회적 성격을 갖게 된다.

다양한 사회제도에서 영위되는 윤리적 삶의 형태들은 개인의 자유

---

79 이런 측면에서 헤겔의 사회적 자유 개념을 체계적이고 설득력 있게 설명하고 있는 학자는 호네트(A. Honneth)이다. 그는 헤겔의 자유 개념은 기본적으로 사회적인 자유인데, 이 사회적 자유의 체계는 그 안에 개인적인 자유―소극적 자유와 성찰적 자유―를 필수 요소로 포함하고 있다고 본다. 그는 근대의 주요 제도들―가족, 시장, 민주주의 등―은 상호 인정과 존중의 원칙하에 모든 참여자들이 상호적으로 자유를 향유하는 제도들로 발전되었다고 해석한다(Honneth 2014). 근대적 자유 개념을 개인적 자유에서 사회적 자유로 발전해가는 것으로 보고, 근·현대 사상을 개관한 책으로는 졸저『개인적 자유에서 사회적 자유로: 어떤 자유, 누구의 자유인가?』(성균관대학교 출판부 2018)를 참조하라.

를 보호해줄 뿐만 아니라, 윤리적 삶에 참여하는 모든 개인들의 자유
와 행복, 곧 공동선을 증진시킨다. 근대적인 사회제도의 이성적인 성
격은 바로 이와 같은 측면에서 이해할 수 있다. 즉, 시장이나 민주주
의와 같은 근대적인 사회제도들은 가능한 한 많은 개인들이 개인적
자유와 사회적 자유를 동시에 향유할 수 있도록 뒷받침하기 위해 구
성되었다는 점에서 이성적이다. 시장과 민주주의를 구성하고 있는
규칙들은 그런 목적에 이바지하는 규범적 조건들로, 모든 개인들이
자유를 실현할 수 있는 안정된 윤리적 환경을 제공해주는 데 목적이
있다. 이런 관점에서 보면 자유는 윤리적인 관계양식을 통해서만 실
현될 수 있다는 점에서 근본적으로 사회적이다. 헤겔은 이렇게 정리
한다.

"인륜이 이념의 이러한 규정들의 체계라는 사실로 인해 인륜의 이
성다움이 성립된다. 이러한 방식으로 인륜은 자유이거나 객관적인
것으로 즉 즉자대자적인 의지이며, 필연성의 범위다. 이 범위의 계
기들은 인륜적 위력들이며, 이 인륜적 위력들은 개인들의 삶을 통
치하며 자신의 부수적 존재[우유적인 것]인 개인들 속에서 자신의
표상과 형상적 형태, 현실성을 지닌다"(PR, § 145).

하지만 자유가 사회적인 성격을 띨 수밖에 없다는 사실이 모든 자
유가 하나의 사회적 자유로 환원된다는 것을 의미하지는 않는다. 개
인적인 자유도 사회적인 함의를 담고 있는 것은 분명하지만, 주로 개
인적인 차원에서 실현되는 자유도 필요하기 때문이다. 개인은 (비록
사회에 속해있지만) 사회로부터 간섭을 받지 않고 개인적인 관심사를

자유롭게 추구할 수 있어야 한다. 타인의 강요나 사회의 강요를 받지 않고 스스로 직업과 종교, 생활방식과 취미를 선택·추구할 수 있는 자유를 누려야 한다. 이처럼 개인은 비교적 자유롭게 행위 할 수 있는 사적인 자유의 영역을 보장받아야 한다. 그러므로 헤겔을 주관적인(혹은 소극적인) 자유를 도외시한 전체주의 이론가로 단정한 이사야 벌린(I Berlin)의 해석은 명백한 오류이다. 헤겔에게 소극적 자유는 시민사회 전체에 생명력을 불어넣어줄 뿐만 아니라, 사려 깊은 활동과 성취를 고무하는 원리로 간주된다.[80]

개인의 자유는 윤리적인 사회제도들을 통해 보호·실현되지만 그에 조응하는 내면적인 윤리질서도 요구한다(Sun 2010, 45-6). 개인적인 자유가 막 출현하는 단계에서는 자유롭다는 자의식이 인륜적인 관계와 무관하게 형성된다. 그래서 개인은 자신이 소유하고 있는 몸과 물건을 가지고 무엇이든 마음대로 할 수 있다는 생각을 갖게 된다. 이 단계에서 개인의 자의식은 자신과 소유물에 결박되어 있기 때문에 윤리적인 이성다움을 결여한다.[81]

---

80 성찰적인 자유 역시 기본적으로 개인적인 자유에 속한다(Honneth 2014, chapter 2). 성찰적 자유는 개인이 자신의 욕구와 생활방식이 바람직한가를 점검하고 자신이 올바르게 살고 있는지를 스스로 반성할 수 있는 자유라는 점에서 개인적인 성격이 짙다. 그럼에도 개인의 성찰에는 자신의 욕구와 생활방식 그리고 가치관을 비판적으로 검토한다는 의미가 들어 있는바, 그런 비판의 기준을 제공하는 윤리적 관계들이 이미 반영되어 있다. 성찰적 자유의 사회적 성격은 더 적극적인 성격을 띨 수도 있다. 개인은 사회의 윤리적인 기준들에 비추어 자신의 삶을 성찰할 뿐만 아니라, 사회제도와 관계양식들이 바람직한 상태에 있는지를 비판적으로 검토하기도 한다. 이 과정이 개인 내면에서 이루어지기 때문에 개인적인 성격이 강하다고 볼 수 있지만, 성찰의 방향이 사회 제도들과 관계양식들을 향하고 있다는 점에서 사회적인 성격을 갖고 있다.

하지만 개인들은 재산소유자들로서 상호인정 단계를 거치며 자유롭다는 자의식을 고양시키고, 자신의 자유가 윤리적인 관계에 의해 보호·고양되는 것을 경험하게 된다. 다시 말해, 가족, 시장, 민주주의와 같은 주요 제도들에서 형성되는 평등한 개인들 사이의 상호 인정 관계를 통해 자신이 자유로운 존재라는 의식을 더욱 더 강화시키고, 인륜적 질서를 보호·유지하는 데 필요한 내면적인 윤리의식을 갖추게 된다. 그에 따라 개인들은 특정한 목적을 추구하거나 특수한 행동을 할 때마다 내면의 윤리질서가 명령하는 바에 따라서 행위 하게 된다. 헤겔은 이런 변화를 다음과 같이 정리한다. "이성적인 것을 의도할 때 나는 특수한 개인으로서 행위 하는 것이 아니라 윤리 일반의 개념들에 따라 행위 한다"(Sun 2010, 46에서 재인용). 윤리적인 행위에서 이성적인 것은 주로 교육을 통해 형성된다. 인간의 이성성과 교육의 관계에 대해 헤겔은 이렇게 말한다. "즉자적으로 이성적인 인간 존재는, 또한 대자적으로 이성적인 존재가 되기 위해서, 자신의 바깥으로 나감으로써 그리고 이와 함께 자신을 내면적으로 교육시킴으로써, 자기 생산 과정을 거쳐야 한다"(Sun 2010, 46에서 재인용). 개인들이 이성적인 존재가 되기 위해서는 외적인 윤리질서의 요소들을 숙지하고, 그것들을 행동을 위한 내적인 안내자로 수용하는 단계를 거쳐야 한다. 윤리질서의 요소들은 법, 관습 그리고 윤리생활의 전통 등을 포함한다. 이와 함께 개인들은 가족, 시민사회 그리고 국가의 일원으로

---

81   헤겔은 이런 상태를 지적인 문화의 결핍, 혹은 '교양의 완전한 결핍'으로 규정한다(PR, §15).

서 사회적 · 문화적 · 정치적 경험을 통해 스스로를 이성적으로 성숙시
킨다.

"그들의 자유의 주관적 규정에 대해 개인들이 지니는 권리[법]는,
개인들이 인륜적 현실에 속한다는 사실 속에서 그 내용을 채운다.
왜냐하면 개인들의 자유의 확신은 [인륜적 현실이라는] 그러한 객
관에서 자신의 진리를 지니며, 개인들은 인륜에서 자신만의 고유
한 본질과 내면적 보편성을 참으로[현실적으로] 지니기 때문이
다"(PR, § 153).

요컨대, 윤리적 삶은 윤리질서와 개인적 자유의 실현 사이에 시너
지를 발생시키는 방식으로 형성 · 발전된다. 인간과 사회발전의 최고
단계인 윤리적 생활은 사회적 · 객관적 자유와 개인적 · 주관적 자유의
상호 침투적인 통합을 완성시킨다. 윤리적 질서의 이성다움은 "개인
들이 법과 집단의 선을 증진하는 관계양식들을 지지하고, 사회적 참
여를 통해 특수한 정체성을 발견할 수 있는 능력을 증진시켜주기 때
문이다." 사회의 일원으로서 개인들은 외적인 윤리질서에 깊이 관여
하는 동시에 내적인 윤리질서를 형성함으로써 개인적 자유를 완전히
발전시킬 수 있게 된다. 이런 방식으로 개인들은 사회적 멤버십을 발
전시키는 동시에 개별성도 증진시킨다(Sun 2010, 46-7).

04
인륜질서와 재산

가족과 재산권

그렇다면 사유재산권은 인륜적 질서들과 어떤 관계를 이루고 있는가? 헤겔은 가정, 시민사회, 그리고 국가를 배경으로 구성원들이 자유와 행복을 실현하는 과정에서 사유재산이 수행하는 역할을 설명한다.[82]

먼저 가정은 개인들이 사랑에 기반을 둔 특별한 관계를 형성하는 곳으로 남편과 아내 그리고 자식들로 구성된다(PR, §158-81). 가정의 구성원들은 다양한 호혜적 관계를 형성하고 다양한 일을 수행한다. 음식을 장만하고 아이들을 양육하며 가족들 사이에 친목을 도모한다.

---

[82] 『법철학』의 3부 「인륜」 편은 개인의 자유가 사회적인 자유로 발전해가는 인륜생활의 주요 영역을 다루는 부분으로, 헤겔의 자유철학 혹은 윤리철학이 완성되는 부분이다. 『법철학』은 개인이 전혀 자유의식을 갖지 못한 맹아(盲我)적인 단계에서 벗어나 (소유물을 매개로) 자의식을 지닌 인격체로 발전하게 되고, 이후 자신을 더 객관적으로 (대상화시켜) 성찰함으로써 양심을 갖춘 도덕적 존재로 발전하는 단계를 거쳐(「도덕」 편), 타인과의 상호 인정과 존중 관계 속에서 호혜적으로 목적을 추구하는 인륜적인 단계로 발전하는 과정을 체계적으로 다룬 저술이다.

그런데 이와 같은 일을 수행하기 위해서는 의식주를 해결할 수 있는 자원이 필요하다. 재산은 가정의 구성원들이 협동적으로 생활을 꾸려나가고 삶을 향유할 수 있는 자원을 제공한다. 헤겔의 인격이론에 따르면, 인격으로서 가정은 "어떤 소유(Eigentum)에서 자신의 외적 실재성을 가지며," "재산(Vermögen)이기도 한 소유에서만 자신의 실제다운 인격성의 현존을 지닌다"(PR, §169). 가정의 자원은 본질상 모든 가족 구성원들의 공동 재산이다. 가정의 재산은 전체 가족을 위해 획득·사용·양도된다. 재산은 가족구성원들 모두의 공동 소유로, 호혜적인 나눔의 정신으로 결합되어 있는 가족 관계를 촉진하고 증진시킨다. 가정의 재산은 가족구성원이 아닌 타인들을 배제하는바, 가족구성원들의 친밀성을 보존하기 위해 사적인 것으로 유지되어야 한다.

시민사회와 재산권

시민사회에서도 사유재산은 중요한 역할을 수행한다(PR, Part III, chapter 2). 시민사회는 시장으로 대표된다. 시장은 참여자들에 의해 다양한 경제적 관계가 형성되는 장소이다. 시민사회에서 구성원들은 사적인 개인으로 간주된다(PR, §187). 개별 구성원들은 자신만의 욕구를 가지고 있으며, 욕구를 충족시킬 각자의 방법을 갖고 있다. 사회가 커짐에 따라 개별 구성원들의 욕구는 더 복잡하게 세분화되며, 그런 욕구들을 충족시킬 수 있는 방법도 더욱 더 세련된다(PR, §191). 하지만 이런 분화과정이 진전됨에 따라 사적인 개인들은 욕구를 만족시키기 위해 다양한 재화들을 생산하기 위한 분업과 협업 과정에 들어가며, 복잡한 교환 관계를 형성하게 된다. 헤겔이 묘사하는 시민사회는 아담 스미스(Adam Smith)가 묘사하는 사회적 분업체계와 유사하다. 그것은 개인들이 더욱 더 다원화되는 욕구 체계를 충족시키기 위해 노력하는 과정에서 형성된 복잡한 노동분업 및 교환체계이다(PR, § 198).

　시민사회에서 사유재산은 시장에서의 생산과 교환을 위한 사회적 분업과정을 매개한다. 시장에서는 생산과 교환이 계약을 통해 진행되고 또 계약은 재산소유자들 사이에 성립되기 때문에 사유재산은 시민사회(시장)를 지탱하는 중요한 역할을 한다. 요컨대, 인격이론에서 보면, 계약은 본질상 "재산을 포기하려는 의지와 그 재산을 받아들이려는 의지의 교환이다"(PR, § 190-1).

　시민사회에서 생활하는 개인들은 특정한 목적을 추구하기 위해 재산을 필요로 한다. 그들은 과거의 농노나 농민과 달리 미리 정해진 사회적 가치(공동선)를 위해 억지로 일하지 않고 스스로 선택한 목적을 위해 일을 한다. 이 과정에서 재산은 사람들이 스스로 직업을 선택할 수 있게 뒷받침해줌으로써 주관적인 자유를 더 폭넓게 누릴 수 있도록 지원한다.[83] 나아가서 재산권과 직업선택의 자유는 (적절한 사회체제 혹은 관계양식이 확립될 경우) 더 객관적이고 실질적인 자유―즉, 사회적 자유―에 필요한 윤리질서를 발전시키는 데도 중요한 역할을 한다.

　이 맥락에서 재산 불평등에 대한 헤겔의 견해를 잠시 살펴볼 필요가 있다. 헤겔의 주장처럼 재산이 개인의 자유의지를 담보하고 있다

83　헤겔은 이런 맥락에서 플라톤의 이상국가와 인도의 카스트제도를 비판한다(PR, § 206). 이런 사회에서는 주관적 특수성(개별성)이 자신의 권리를 가지지 못하며 (플라톤의 국가에서처럼) 통치자에 의해 할당되거나 (인도의 카스트제도에서처럼) 출생에 맡겨진다.

면, 많은 재산을 소유하고 있는 사람과 그렇지 못한 사람의 자기발전에는 상당한 차이가 있을 수밖에 없다. 그렇다면 부의 불평등이 인격의 불평등과 자유의 불평등으로 이어질 개연성이 높지 않은가? 논리적으로 보면 시민들이 동등한 인격적 가치를 지닌다는 주장과 재산의 불평등은 양립하기 어려워 보인다.

하지만 헤겔이 재산의 불평등보다 더 중요하게 생각했던 것은 인륜질서 속에서 사람들이 저마다 고유한 지위를 점하고 있다는 사실이었다. 물론 헤겔은 다양한 사회적 지위(혹은 신분)들이 중요성에 있어서 차이가 있으며, 어떤 지위는 사회에서 더 많은 인정을 받는다고 생각했다. 특히 헤겔은 계층적 지위와 직업상의 지위를 중요시했는데, 계층적·직업적 지위가 높을수록 (재산을 축적하지 않고서도) 사회적 인정을 받기에 유리하다고 판단했다. 요컨대, 헤겔은 계층적·직업적 지위를 재산보다 더 중요한 인정의 근거로 보았지만, 계층적·직업적 지위가 낮은 사람들도 재산의 축적을 통해 사회적 인정과 자존감을 확보할 수 있다고 생각했다(PR, § 253).[84]

시민사회를 배경으로 전개된 헤겔의 재산이론은 당대의 정치경제(political economy)에 대한 나름대로의 해석 및 그 해석에 영향을 미친 스코틀랜드 계몽주의자들의 경제사상에 토대를 두고 있다(Duncan 2017, 276-7). 특히 『국부론』의 저자로 알려진 스미스는 큰 영향을 미

---

[84] 헤겔은 이렇게 말한다. "직능조합의 구성원은 자신의 유능함과 번듯한 소득과 생활, 자신이 대단한 사람이라는 사실을 어떤 폭넓은 외적 연관들을 통해 [굳이] 드러낼 필요가 없다.…개인은 그의 영업에서의 성공을 외적으로 내세움으로써 자신의 인정을 획득하고자 하겠지만, 이러한 내세움은 한계가 없다."

쳤다. 스미스의 사회경제사상에는 공화주의 사상의 영향으로 볼 수 있는 인정 이론적 요소가 보일 뿐만 아니라, 헤겔의 사회적 자유 이론에 영향을 미친 노동분업에 관한 이론이 체계적으로 제시되어 있다. 스미스는 상업공화국 시대의 도래를 배경으로 인정이란 사회적 가치가 부의 창출과 축적에 영향을 미치는 방식에 대해 숙고함으로써 공화주의를 자유주의로 전환시키는 데 기여했고, 노동분업 이론에 입각하여 부의 창출이 수많은 사람들의 상호의존적 행위의 산물임을 체계적으로 논증했다(Kalyvas & Katznelson 2008, 18-50).

　노동 분화가 심화되고 있었던 상황에서 헤겔은 새롭게 등장하고 있었던 노동 형태의 중요성에 주목했다(Duncan 2017, 277). 당시에 출현하고 있었던 새로운 노동 형태는 개인의 주관적 자유를 존중했을 뿐만 아니라 개인들이 실질적인 자유에 눈뜰 수 있는 계몽의 계기가 되었다. 이에 주목함으로써 헤겔은 인격 발전 과정에서 재산이 수행하는 중요한 역할에 대한 통찰을 얻었다. 헤겔은 노동 과정 자체가 개인을 훈육시키는 과정이라고 보았다. 근대적인 노동은 협동적이기 때문에 노동자들이 자신의 의지만을 내세울 수 없으며, 규칙으로 이뤄진 제도 안에서 자신에게 맡겨진 역할을 충실히 수행해야 한다. 이런 분업 과정은 노동자들에게 다른 사람들의 의지와 필요를 고려하도록 유인함으로써 상호 존중심을 가지고 분업체계에 복무하도록 이끈다(Duncan 2017, 278-9). 이처럼 분업을 통한 상호 훈육 과정은 개인을 공동체의 필수 구성원으로 만들며, 공동체의 규범을 자아실현(혹은 자기발전)으로 이끄는 윤리적인 의무의 원천으로 보도록 유인한다.

　헤겔은 또한 교환의 매개체인 화폐가 지닌 중요성도 간파했다(Duncan 2017, 277). 헤겔은 플라톤의 이상사회, 봉건사회 그리고 이집

트와 같은 사회들이 신민들에게 특별한 서비스를 직접 요구함으로써 그들의 주관적인 자유를 전혀 인정해주지 않았다고 비판했다. 헤겔은 신민들에게 직접적인 서비스를 요구하는 대신 (가치의 보편적인 저장물인) 화폐를 요구할 경우, 어느 정도 주관적인 자유를 보장해줄 수 있다고 봤다(PR, §299). 국가가 신민들에게 직접적인 서비스를 요구한다면, 신민들은 그 서비스를 수행하거나 저항하는 것 말고는 다른 선택지가 없다. 이것은 국가가 신민들에게 직접적인 서비스를 요구하는 만큼 신민들의 자유가 제한된다는 것을 의미한다.

반면 국가의 요구를 화폐로 지불할 수 있다면 신민들은 주관적인 자유를 더 많이 누릴 수 있게 된다. 신민들은 국가에 지불해야 할 액수를 스스로 정할 자유는 없지만, 다양한 방식으로 돈을 마련하여 지불할 수 있기 때문이다. 돈을 꿀 수도 있고 절약하여 지불할 수도 있으며, 임금으로 받아서 지불할 수도 있다. 물론 국가가 어떤 형태의 재산—서비스도 재산에 속한다—을 요구하든 신민의 자유는 제한된다. 신민들은 선택의 여지없이 그런 요구를 받아들여야 하기 때문이다. 하지만 국가가 직접적인 서비스 대신 일정 액수의 돈을 요구한다면, 신민들은 직접적인 서비스를 제공할 수도 있고 돈으로 대신할 수도 있기 때문에 더 넓은 주관적 자유의 영역을 갖게 된다.

마지막으로 시민사회의 핵심 제도인 시장이 (사회적) 자유 실현의 공간이 될 수 있는지 검토해보자. 먼저 시장은 자발적으로 재화를 교환하기를 원하는 사람들 사이의 상호 인정과 존중에 기반을 두고 있기 때문에 인격(자유) 실현의 중요한 기회를 제공해줄 수 있다(Schmidt 2008, 582). 시장에서 개인들은 재화의 교환 여부에 대해 스스로 결정할 수 있는 권리를 가지고 있다. 그들은 각자 어떤 목적을 위해 어떤 재화를 어떤 조건으로 교환할 것인가를 결정하되 상대방의 동일한 권리를 존중해주면 된다. 이처럼 시장은 (인격 혹은 자유실현의 유일한 공간은 아니지만) 인격적 자유를 실현할 수 있는 중요한 기회를 제공해준다.

시장은 재산(권)과 관련해서도 중요한 함의가 있다. 시장은 참여자들의 재산권을 전제하기 때문에 개인의 재산권을 강화시켜주며 개인의 주관적 자유를 효과적으로 뒷받침해준다. 헤겔이 "계약 관계에 들어가는 사람들은 서로를 인격체로서 그리고 재산소유자로서 인정한다고 전제한다."고 언급한 것은 시장의 이런 성격을 지적한 것이다"(PR, § 71).

하지만 모든 형태의 시장이 다 상호 인정과 존중의 원리를 구현하고 있는가? 헤겔이 시장을 상호 인정과 존중에 기반 한 자유 실현의 공간으로 개념화했을 때, 자유경쟁과 효율, 그리고 재분배에 반대하는 신자유주의적 시장경제를 염두에 두었다고 보기는 어렵다(Honneth 2014). 신자유주의적 시장에서 참여자들은 서로를 평등하고 자유로운 인격체로 존중하기보다는, 이겨야 할 경쟁자나 최대의 이익을 얻기 위한 수단으로 간주하는 경향이 있다. 또한 시장경제에서 승리한 사람들의 가치는 과장되는 반면, 뒤처진 사람들의 인격적 존엄성은 너무 쉽게 폄하되는 경향이 있다. 요컨대, 규제가 최소화된 시장경제는 일부 시장참여자들의 인격적 존엄성과 자유를 침해할 수 있다.

"시민시회가 아무런 방해도 받지 않고 작동할 때, 시민사회는 그 자체 내에서 지속적으로 증가하는 인구와 산업의 형태로 파악된

다. 사람들의 관계가 그들의 욕구를 통해 보편화되고, 이 욕구를 충
족하기 위한 수단을 마련하고 산출하는 방법도 보편화됨으로써,
한편으로는 부의 축적이 증대된다.…다른 한편으로 특정한 노동의
개별화와 제한, 그리고 이와 더불어 이 노동과 결부되어 있는 계급
의 의존성과 궁핍도 증대된다. 시민사회에서 더욱 더 자유를 느끼
고 향유할 수 없거나, 특히 정신적인 이점을 느끼고 향유할 수 없
는 상황은 이러한 일[의존성과 궁핍이 증대되는 일]과 관련된다
(PR, § 243). 사회구성원에게 필수적인 것으로서 저절로 조절되는
그러한 생계방식 정도에도 못 미치는 수준으로 많은 대중이 전락
해, 그 고유의 활동과 노동에 의해 성립하는 법, 정의와 명예의 감
정을 상실하게 됨으로써, 천민이 산출된다. 천민의 산출은 동시에
극소수의 수중에 엄청난 부가 집중되는 것을 더욱 더 용이하게 한
다"(PR, § 244).[85]

헤겔이 국가주도의 시장경제를 긍정적으로 평가했다고 보기는 어
렵다. 중앙에 의한 계획경제라도 소비나 선택의 측면에서는 개인적
자유를 어느 정도 존중해줄 것이다. 하지만 생산과 분배 측면에서는
개인들의 자유가 억압될 개연성이 높다.[86] 따라서 헤겔은 신자유주의

---

85 헤겔은 동시에 빈민에 대한 공적 부조가 그들의 자립성과 명예를 손상시킬 개연성에
　　대해 우려를 표명한다(PR, § 245).
86 중앙에 의한 계획경제가 개인의 주관적 자유를 제한하는 정도는 나라마다 큰 차이가
　　있을 것이다. 생산, 분배, 소비를 모두 중앙이 결정하는 체제는 분배와 소비를 개인에
　　게 맡기는 체제보다 훨씬 더 개인의 자유를 제한할 것이다. 하지만 중앙에 의한 경제
　　가 경제 외적인 영역에서 자유를 대폭 허용해주는 제도와 양립할 개연성도 있다.

적 시장이나 국가사회주의체제의 제한된 시장보다는 상호 인정과 존중의 원칙하에 개인의 주관적인 판단과 선택 그리고 계약의 자유를 충분히 존중해주는 시장경제를 더 선호했다고 볼 수 있다.[87]

국가와 재산권

"국가는 인륜적 이념의 [참된] 현실이자 인륜적 정신으로서" "구체적 자유의 현실성", 곧 인륜생활의 최고 단계를 표현한다(PR, § 257, 260). 국가의 일원으로서 개인은 객관성과 진실성을 갖게 되고, 윤리생활의 최고 단계에 진입한다. 루소의 표현을 빌리면, 국가의 시민이 됨으로써 개인의 특수의지와 (보편성으로서의) 국가의 일반의지가 통합된다. 여전히 개별성과 보편성은 구분되지만 그 사이에 존재했던 대립과 갈등은 극복된다. 개인들은 국가에서의 윤리생활에 조응하는 내적인 윤리질서를 확립함으로써 개별적인 특수의지를 일반의지를 구현하는 방향으로 형성·표현할 수 있게 된다.

개인이 국가의 윤리생활에 참여하는 것은 자신의 이익을 극대화하기 위해서가 아니라 인격체로서 자신의 자유의지를 최고로 고양시키고 표현하기 위한 것이다.[88] 국가에서만이 인간의 윤리적 잠재력이 최고조로 발현되고, 상호 인정과 존중의 원칙하에 만인의 자유가 동

---

87 헤겔의 입장은 19세기 초의 상황을 배경으로 평가해야 한다.

88 국가에서의 윤리생활을 이렇게 이해하기 때문에 헤겔의 국가이론은 다른 사회계약론자들의 이론과 큰 차이가 있다(PR, § 258). 홉스, 로크와 같은 사회계약이론가들은 개인들이 자신의 선택에 따라 국가의 수립 여부를 결정한다고 가정한다. 하지만 헤겔은 개인들의 합의에 의해 국가가 수립되는 것이 아니라, 인간의 윤리성과 자유의식이 성장함에 따라 자연스럽게 진화한다고 본다.

260

시에 실현될 수 있기 때문이다. "[국가]에서 인간은 이성적인 존재로서, 자유로운 존재로서, 한 인격체로서 인정되고 대우 받는다. 그리고 개인으로서는 자신의 자의식의 자연성을 극복하고 보편적인 것, 즉, 즉자대자적인 의지에 복종함으로써 이런 인정을 받을 수 있게 된다. 이처럼 개인은 보편적으로 타당한 방식─타인들이 자신을 존중하듯이─으로, 즉, 타자들을 자유로운 존재, 인격체로 인정하는 방식으로 타자에 대해 행동한다." 요컨대, 정치공동체로서의 국가는 시민사회가 충족시켜줄 수 없는 또 다른 인정 욕구─보편적인 인류 공동체의 평등하고 자유로운 일원으로 존중받고자 하는 욕구─를 충족시켜준다.[89]

하지만 개인이 국가의 시민이 된다고 해서 개별성을 포기할 필요는 없다. 헤겔은 개인이 자신만의 고유한 특성을 발전시키고 독자적인 목적을 추구할 수 있는 자유를 갖고 있다고 강조한다(PR, § 261, 264). 국가는 개인들이 개별성과 독자적인 목적들을 자유롭게 추구하는 과정에서 자연스럽게 형성되기 때문에, 다양한 개별성과 목적들을 아우르면서도 그것들로 환원되지 않는 보편적인 성격을 갖게 된다. 국가는 문화생활에 참여하는 개인들의 지식과 의지가 없이는 형성·발전할 수 없기 때문에 그들의 권리를 보호하고 존중해주어야 한다. 하지만 동시에 개인들의 이익과 의지를 넘어선 보편적인 이익과 의지를 보호하고 추구해야 한다. 국가의 윤리생활에 참여하는 시민

89 이것이 국가가 가족은 보호하고 시장은 규제하는 근본적인 이유이다(Schmidt 2008, 585).

들 또한 국가의 보편적인 이익 및 의지에 부합하는 방식으로 자신의
이익과 의지를 추구할 의무가 있다.

국가의 윤리생활에서 사유재산은 시민들이 의무를 수행할 수 있
는 중요한 토대가 된다. 사유재산에 대한 국가의 보호는 개인들이 사
회·정치생활에 적극적으로 참여할 수 있도록 유인한다. 한 가족의
아버지, 어머니, 그리고 자식으로서, 사회의 고용주, 근로자, 성직자
그리고 선생으로서, 그리고 국가의 시민으로서 인정받을 수 있도록
도와준다. 요컨대, 재산은 개인이 재산을 지닌 자유로운 인격체이자
윤리생활의 일원으로 승인받을 수 있도록 해주는 근본적인 인간조건
이다(Sun 2010, 38-9).

나아가서 재산은 시민으로서 덕을 발휘할 수 있도록 지원해준다.
시민들은 사회의 일원으로 인정받기 위해서는 (사회의 공동선을 위해 개
인적인 목적을 기꺼이 포기할 수 있다는 의미에서) 개인적인 목적을 윤리적
인 내용으로 채워야 한다. 그래야만 자신이 이기적인 존재가 아니라
타인의 행복에도 관심을 갖는 존재라는 점을 보여줄 수 있다. 기꺼
이 국가에 세금을 납부하는 행위도 자신이 덕스러운 시민임을 입증
할 수 있는 중요한 방법이다. 또한 개인들이 재산을 사용할 때 사회
에 끼칠 수 있는 해를 고려하여 신중하게 사용하는 것도 타인들로부
터 존중 받을 수 있는 길이다(Sun 2010, 57).

헤겔은 재산소유자들이 져야 할 구체적인 의무의 목록을 제시하지
는 않았다. 그런 의무에 관한 설명은 윤리생활에 관한 설명 여기저기
에 흩어져있다. 예컨대, 가정에서는 부모가 아이들을 양육하고 교육
시키기 위해 재산을 사용해야 한다. 시민사회에서는 개인들이 타인
의 간섭을 받지 않고 자신의 자원으로 특정한 목적을 추구할 수 있는

자유를 누릴 수 있어야 한다. 하지만 개인의 재산을 자의적으로 사용할 수 있는 자유는 어느 정도 제한할 필요가 있다. "타자의 욕구와 노동에 의해 [욕구의] 충족은 상호 제약[되기 때문이다]"(PR, § 191). 이처럼 재산의 사용은 개인적이면서도 사회적인 차원을 갖고 있기 때문에 타인들에게 미칠 수 있는 영향을 고려하여 조심스럽게 사용할 의무가 있다.

국가에서 개인의 윤리적 의무는 시민권을 증진하는 데 중요한 역할을 수행한다. 의무를 짐으로써 주체의 지위를 갖게 되는 개인은 시민의 의무를 수행함으로써 자신의 특수한 복지를 보호하고, 자신의 실질적인 본질을 만족시키며, 전체의 일원이라는 의식과 자각을 얻게 된다. 이런 인식에 따라 헤겔은 재산소유자로서의 시민들이 윤리적인 의무를 지게 되는 몇 가지 환경을 설명한다. 예컨대, 표현의 자유는 매우 중요하고 또 표현은 발언자의 사유재산이긴 하지만, 발언하는 사람은 어떤 상황에서는 표현의 자유를 절제할 의무가 있다(PR, §319). 절대적인 표현의 자유는 공허하며, 자유사회의 본유적 가치를 훼손할 수 있기 때문이다. "언론 출판의 자유라는 것을 '사람들이 원하는 바를 말할 수 있고 쓸 수 있는 자유'로 정의하는 것은, 사람들이 자유 일반을 원하는 바를 행할 수 있는 자유로 진술하는 것과 유사하다. [그러나] [방금 언급한] 그러한 말은 전혀 도야되지 못하고, 미숙하고, 피상적인 사고의 산물이다"(PR, § 319).

시민들은 또한 재산 중 일부를 세금으로 납부함으로써 국가에 대한 의무를 이행한다. 특히 비상 시기에는 개인의 이해관계가 국가의 이해관계에 종속되는바, 재산소유자로서 시민들은 국가의 독립과 주권을 보전하기 위해 상당한 의무를 이행해야 한다. 그 과정에서 자신의 생명과 재산, 의견을 포함하는 모든 개인적인 것들이 위태롭게 되거나 희생될 수도 있다.

국가에 의해 유지되는 사회제도들은 재산소유자들이 윤리적인 의무를 이행함에 있어서 중요한 역할을 한다. 특히 법률은 재산을 법적으로 보호해주기도 하지만 개인적인 자유에 한계를 지우기도 한다. 헤겔은 『정신현상학』에서 이렇게 말한다.

"모든 진정한 법은 자유이다. 왜냐하면, 그것은 객관정신의 이성적인 결정, 따라서 자유의 내용을 포함하기 때문이다. 이와 대조적으로 다음과 같은 생각이 가장 상식적이 되었다. 우리 각자는 타인들의 자유와 관련하여 우리의 자유를 제한해야 하며, 국가는 이와 같은 상호적인 제한이 발생하는 조건이고, 법은 제한들이라는 생각 말이다"(PM, § 539).

국가의 행정관들은 사적인 이익들 사이의 갈등을 해소할 책임을 진다. 특히 갈등이 공동체 전체의 이익과 관련된 경우에는 더욱 더 그렇다. 경찰직을 수행하는 일부 행정공무원들은 타인이나 공동체 전체의 행복에 해를 초래할 수 있는 재산 사용을 규제할 책임을 지고 있다. 공권력이 공동체의 안전, 보건, 그리고 도덕을 보호하기 위해 행사되는 한, 국가는 재산의 사적인 사용을 감시할 수 있는 경찰 권력을 유지할 필요가 있다.

소결론

지금까지 헤겔의 재산이론을 개인적 자유의 측면과 사회적 측면을 함께 고려하며 고찰했다. 기존의 해석들이 주로 개인적인 자유의 측면, 즉 인격의 외화와 내화라는 미시적인 측면을 조명하는 데 집중했다면, 여기서는 개인들이 상호 인정과 존중 원칙에 입각하여 사회적인 자유를 향유할 수 있는 인륜적인 질서의 차원에서 사유재산이 수행하는 역할도 함께 조명했다. 재산을 자유의 사회적 차원과 연계시켜 고찰함으로써 얻은 중요한 시사점은 사유재산이 개인의 인격발전에 필수적인 권리이면서도, 공동선과 타인의 이익을 고려하여 절제있게 사용해야 할 의무를 수반한다는 점이다. 개인은 재산을 사용할 때 자신의 이익뿐만 아니라 타인의 이익도 함께 고려하는 덕을 갖출 필요가 있으며, 국가가 위기에 처한 상황에서는 공동체의 보전과 공익을 위해 재산권의 행사를 스스로 제한할 수 있는 윤리의식을 갖추어야 한다.

헤겔의 이론에서 재산은 개인이 사적인 자유와 개별성을 발전시키는 외적인 영역을 구성할 뿐만 아니라, 개인들을 사회의 일원으로 변형시키는 매개 역할도 수행한다. 또한 이 과정에서 재산은 사회구성원들의 행복을 증진하며, 사회구성원들의 다양한 정체성들이 사회적으로 인정될 수 있도록 뒷받침해준다. 이와 같은 재산의 역할은 재산을 보호해주고 재산소유자들의 윤리적 의무 이행을 촉구하는 사회제도들에 의해 지탱된다.

재산에 관한 헤겔의 사회적 이론은 "자아가 타자 속에서 함께 사는 것"으로서의 자유—사회적 자유—라는 아이디어가 사회에서 구현되는 방식을 보여준다(Sun 2010, 59). 헤겔은 개인적 자유의 외화 형태인 재산권이 사회적인 상호 인정 과정을 통해 수립되는 과정을 조명함으로써 자유에는 항상 타자가 수반된다는 아이디어를 논증했다.

즉, 개인과 물건, 개인 대 개인, 사회구성원들 대 물건, 사회구성원들과 사회구성원들의 관계 및 재산 속에 함축되어 있는 타자성이야말로 사회세계를 생산적이고 역동적으로 이해할 수 있게 해주는 요소임을 보여주었다. 재산관계를 매개로 한 역동적이고 복잡한 사회적 관계들은 인간이 그 안에서 자기인정, 자기실현, 그리고 자기변형을 성취할 수 있는 풍부한 기회를 제공한다. 헤겔이 부각시킨 타자의 (우리 안의) 내재성은, 우리가 자아의 주인이 되게 해주는 동시에 사회세계에 편안히 거주할 수 있도록 인도해준다.

　마지막으로 헤겔의 인정 이론이 현대사회에서 가질 수 있는 중요한 함의 한 가지를 지적하고자 한다. 헤겔이 인격발전과 인륜질서의 발전을 매개하는 제도로 재산(권)의 중요성을 강조했지만, 종합적으로 볼 때 헤겔의 이론은 사유재산이 부족한 상황에서도 인간이 존엄한 존재로 인정받을 수 있는 중요한 조건을 시사했다는 점에서 보편적인 적실성을 갖고 있다.

　분명 어느 정도의 재산은 가치 있는 삶을 추구하는 데 반드시 필요하다. 하지만 재산은 좋은 삶의 충분조건은 아니다. 재산이 좋은 삶의 충분조건이라면 사회의 최하층에 속하는 무직자도 충분한 정부 보조금을 받을 경우 좋은 삶을 영위할 수 있을 것이다. 하지만 재산은 좋은 삶에 필요한 유일한 조건도, 타인들부터 인정받을 수 있는 유일한 근거도 아니다. 그러므로 현대 국가들이 재산 및 그와 연관된 분배적 정의의 문제에 지나치게 몰입한 나머지 계층이나 직업과 같은 다른 요인들이 지닌 중요성을 간과하는 것은 현명한 태도가 아니며, 현대사회의 다양한 갈등들을 해결하는 데도 그리 도움이 되지 않는다 (Duncan 2017, 283).

　예컨대 4차 산업혁명으로 표상되는 현대사회에서 가장 큰 문제로 대두하고 있는 실업 문제를 예로 들어보자(Duncan 2017, 282-3). 광범위한 자동화를 수반하는 4차 산업혁명은 많은 실업을 발생시킬 것으로 예상되곤 하는데, 이에 대한 한 가지 해결책으로 기본소득이 제시되곤 한다. 이런 대응방식이 필요한 것은 맞다. 하지만, 이런 대응방식은 인간의 자존감에 영향을 미치는 다른 요인들에 대한 깊은 고민을 결여하고 있다. 헤겔은 사람들이 직장과 일을 잃을 때 단순히 소득만 잃는 것이 아니라 사회적 인정과 자존감도 함께 잃는다는 것을 보여주었다. 헤겔의 이런 인식은 일과 직업을 잃은 사람들에게 기본소득이나 기본재산을 보장해주는 것에 못지않게, 그들의 인정 욕구를 충족시켜줄 수 있는 사회제도에 대한 고민도 함께 이루어져야 한다는 요청을 함축하고 있다. 이런 요청은 인간은 상호의존적인 윤리질서에서 삶을 영위할 때만이 인격적 발전을 꾀하고 자유를 온전히 실현할 수 있는 존재라고 보는 관점의 당연한 귀결이다.

新헤겔주의 재산이론: 레이딘

헤겔로부터 영향을 받아 재산권에 관한 이론을 펼치고 있는 가장 대표적인 현대 학자는 레이딘(M. J. Radin)이다(Radin 1982 & 1993). 레이딘은 헤겔로부터 영감을 받았지만 중요한 몇 가지 점에서 헤겔과 다른 의견을 펴고 있기 때문에, 독자적인 재산이론을 제시한 헤겔주의 이론가로 보는 것이 타당하다. 여기서는 이런 차이에 주목하여 레이딘이 헤겔의 이론을 어떻게 수정 또는 보완하고 있는가를 살펴보고자 한다.

헤겔의 이론은 재산이론의 진화에 기여했다는 의미 이상의 중요성을 갖고 있다. 헤겔의 재산이론은 특히 두 가지 측면에서 중요하다. 첫째는 자기발전 혹은 인격발전이라는 아이디어에 입각하여 사유재산권을 정당화하고 제한할 수 있는 토대를 마련했다. 둘째는 사유재산과 개인의 정체성 그리고 공동체 사이의 상호 규정적인 관계를 보여주었다.

헤겔이 이런 방식으로 사유재산과 공동체(혹은 공동선)의 관계를 이론화한 데는 재산소유자들이 윤리적인 공동체의 일원으로 존재한다고 인식하기 때문이다. 개인은 자신의 자유의지를 발전시키고 행사

할 수 있어야 할 뿐만 아니라, 동시에 국가라는 인륜질서를 유지하는
데 적극적으로 기여해야 한다고 보는 것이다.

사유재산권 측면에서 보면, 국가는 재산권을 포함한 다양한 권리
들을 보호·증진하는 동시에, 개인들에게 일정한 윤리적·법적 의무
를 부과함으로써 공동선도 추구한다. 따라서 국가가 재산의 사용을
규제하거나 공적인 목적을 위해 재산을 강제로 수용하는 경우에도
재산권의 본질적 의미와 역할에는 변함이 없다(강제적인 수용에는 배상
이 따라야 한다). 요컨대 헤겔의 재산이론은 극단적인 권리 중심적 입장
과 극단적인 집단 중심적 입장을 변증법적으로 종합한 것으로, 권리
와 공동선의 대립, 개인주의와 집단주의의 대립을 지양한 것으로 볼
수 있다.

신헤겔주의자 레이딘은 헤겔의 기본 입장을 수용하여 재산과
자기발전의 관계에 관심을 기울인다. 「재산과 인격(Property and
Personhood)」의 서두에서 그녀는 사람들이 자기발전을 성취하기 위
해서는 (다시 말해, 인격체가 되기 위해서는) 외적인 자원들에 대해 어느
정도 통제할 수 있어야 한다는 믿음이 인격이론에 전제되어 있다고
주장한다(Radin 1982, 957).[90]

이와 같은 레이딘의 주장은 헤겔의 견해와 차이가 없다. 하지만 표
면적인 유사성에도 불구하고 레이딘의 이론은 헤겔의 이론과 적지
않은 차이가 있다. 그녀가 제시한 자기발전 개념이 헤겔의 개념과 상
당한 차이가 있기 때문이다. 레이딘은 자신의 시각을 직관적인 인격

90　재산권은 외적인 자원을 통제할 수 있게 해준다.

적 관점(intuitive personhood perspective)으로 규정하며, 그 핵심을 다음과 같이 정리한다.

> "대부분의 사람들은 거의 자신의 일부라고 느끼는 일정한 대상들을 소유하고 있다. 이런 대상들은 인격과 밀접하게 연관되어 있는바, 이 대상들은 우리가 자신을 이 세계에서 지속적인 인격적 실체들로서 구성하는 방식의 일부이다."

레이딘은 가보, 결혼반지와 같은 것들을 그런 대상의 일부로 제시한다. 개인이 그런 대상들에 얼마나 강력하게 묶여있는지는 그것들을 상실했을 경우 다른 대체물로 그런 상실감을 상쇄시킬 수 있는 정도로 측정할 수 있다. 이런 통찰에 입각하여 레이딘은 재산을 두 종류로 분류한다. 하나는 인격재산(personal property)이고 다른 하나는 대체가능한 재산(fungible property)이다(Radin, 1982, 960). 인격재산은 개인의 고유한 정체성을 구성하는 재산이며, 대체가능한 재산은 그것을 잃었을 경우 다른 것으로 대체함으로써 상실감을 완화시킬 수 있는 재산이다.

레이딘에 의하면, 어떤 재화들은 자기발전 혹은 인간번영을 증진시키기 때문에 대체가능한 재산보다 더 확실한 법적 보호를 제공해야 한다. 물론 재산을 통한 인격의 자기규정(self-identification)은 주관적이기 때문에 사람마다 차이가 있다. 하지만 레이딘은 자신의 이론이 개인적인 선호 문제로 환원되지 않도록 객관적인 지표를 제시하고자 노력한다. 그래야만 인격재산과의 좋은 일체화인지 나쁜 일체화인지를 분별할 수 있기 때문이다.

처음에 그녀는 인격 속에 그런 지표를 상정했지만 나중에는 인간
번영 개념으로 대체했다. 그녀는 인간번영 개념을 실용적으로 변용
하여, 인간번영에 관한 보편적이고 객관적인 토대의 문제를 피하고
자 했다. 그런 실용적인 인간번영 발상을 가지고, 그녀는 보다 확실한
법적 보호를 필요로 하는 재산과 굳이 그럴 필요가 없는 재산을 구별
하고자 했다.

레이딘은 재산에 관한 인격이론이 현대의 미국 법체계에 반영되어
있다고 본다. 예컨대, 수정헌법 5조의 (정부)수용권(taking claims)과 관
련하여, 법원이 개발의 권리에서 얻을 수 있는 이득보다 누군가가 고
향이나 향토에 쏟아 부은 인격적인 애착을 더 중시한 판결을 내린 사
례가 좋은 예이다.

06
맺음말

재산이론에 대한 헤겔의 기여는 사유재산이 개인의 자아발전과 정체의식에 어떻게 연관되어 있는지를 보여준 데 있다. 헤겔에 따르면 인격체의 본질은 자신을 고립된 개체가 아니라 타인과 다양한 관계를 맺고 있는 존재로 인식할 수 있는 능력에 있다. 다시 말해 인격은 자신과 타자들 사이에 수립된 상호적인 권리와 의무에 의해 구성된다. 그리고 사유재산의 역할은 이 권리와 의무의 네트워크에 한계를 정해주는 데 있다. 모든 자원을 공동으로 소유할 경우 자아는 타인들에게 아무런 의무도 질 필요가 없는바 공유물을 자신이 원하는 만큼 가져다 쓸 수 있다. 자아는 자신에만 관심을 가질 뿐 타인들의 관심과 이익에는 전혀 관심을 가질 필요가 없는 것이다. 하지만 희소한 자원이 사적으로 소유되는 곳에서는 자아의 경계가 더 분명히 그어지고 명확하게 규정된다. 사적 재산 체계는 자아에 권리와 의무를 부여함으로써 (희소한 자원을 매개로) 자아를 타인과의 관계에서 규정할 수 있도록 유인한다. 월드런의 표현을 빌리자면, 재산은 의지가 구현되는 대상의 둘레에 울타리를 세움으로써 의지의 발전을 보호한다 (Waldron 1988, 377).

사유재산을 논리적으로 정당화하는 것과 사유재산권의 구체적인 유형을 명시하는 것은 별개의 문제다. 헤겔의 이론은 전자에 국한되어 있다. 그는 국가가 어떤 유형의 재산권을 인정해야하는가에 대해 구체적으로 적시하지 않았으며, 그런 문제를 실천이성의 임무로 남겨두었다(Alexander & Penälver 2012, 68). 헤겔이 제시한 재산권의 일반적 윤곽은 대체로 부르주아적이며 反봉건적이다. 그는 봉건적인 소유형태를 거부했으며, 자유로운 양도의 권리를 포함하는 완전한 소유권을 지지했다. 하지만 이런 일반적 윤곽을 넘어서서, 그의 재산이론이(당대의 소기업 형태의 부르주아 경제와 대조되는) 대규모의 자본주의 체제에 적실한 구체적인 소유형태를 제시해줄 수 있을지에 대해서는 확신하기 어렵다. 주로 대상(혹은 물건)에 대한 소유자의 통제에 초점을 맞춘 헤겔의 이론은 광범위한 노동분화로 인해 노동자와 대상의 관계가 모호해진 현대 경제체제에는 적용하기 어려워 보인다.

레이딘의 인격이론은 현대사회에 더 적합하다. 사람들은 어떤 대상들에 대해 인격적으로 더 깊은 관계를 형성하고 있다는 주장은 상당히 설득력이 있다. 하지만 그런 관계를 법률로 보호하는 것은 완전히 별개의 문제다. 인격을 구성하는 대상들을 그렇지 않은 대상들과 구분하여 법적으로 확실히 보장해주는 것이 정당하며 또 가능한 일인가? 공리주의 입장에서는 그럴 수도 있을 것이다. 공리주의는 개인적인 선호의 충족을 강조하기 때문에 특별한 대상들이나 이익들을 더 중시할 수 있기 때문이다. 하지만 레이딘의 이론은 공리주의 이론과 다르다. 그녀가 인격을 구성하는 대상들을 특별히 보호해야 한다고 주장하는 근거는 효용이나 복지가 아니라 인간번영이다. 하지만 인간번영이론의 난점은 인간번영이 구체적으로 무엇인지에 대

해 엄격하고 객관적인 설명을 제시하기 어렵다는 것이다(Alexander &
Penälver 2012, 69).

　월드런은 인간번영이론과 조화할 수 있는 한 가지 대안을 제시한
다(Waldron 1988, 372-4). 그에 의하면, 사유재산권은 소유자의 도덕적
발전에 기여하기 때문에 정당화될 수 있다.

> [사적 소유권은] 내구력 있는 대상을 배타적으로 통제할 수 있는
> 권한을 개인에게 부여해줌으로써 한 시점이 아니라 긴 시간에 걸
> 쳐서 의지력의 효과(effects of willing)를 경험할 수 있게 해준다. 개
> 인은 장시간에 걸쳐 그 대상과 관련하여 일관되게 그리고 안정적
> 으로 행위 할 수 있는 방법을 배운다. 즉, 재산은 자유로운 인격에
> 필요한 기율을 부과한다. 어떤 대상에 대한 노동은 어느 정도의 시
> 간을 요구하는 과정이기 때문에 훈육을 수반한다. 어떤 재료를 사
> 용하여 원하는 것을 만들어내기 위해서는 먼저 무엇을 만들지 계
> 획을 세워야 하며, 그 다음에는 그 계획에 따라서 제작을 해야 한
> 다. 그런 의미에서 "대상은 의지를 구현할 수 있다. 한 시점에서
> [제작자의] 의지의 결과를 등록하여, 일정 기간에 걸쳐서 그 의지
> 를 안정화시키고 지속시킴으로써 말이다.…이것이 우리가 사유재
> 산―내구적인 대상을 개인의 배타적인 통제에 부치는 체제―을
> 필요로 하는 이유이다. 그렇지 않을 경우 의지의 구현은, 그 이로운
> 결과와 더불어, 가능하지 않을 것이다"(Waldron 1988, 373-4).

　그럼에도 이 주장은 (사유재산권 일반을 정당화할 수 있는 기초를 제공해주
지만) 왜 특정한 대상들을 더 특별하게 보호해주어야 하는지를 설명

해주지 않는다.

이런 문제와는 별도로 재산에 관한 레이딘의 인격이론에는 더 깊은 문제가 도사리고 있다. 대상 속에 의지를 외화시키는 행위가 타자와의 관계를 위한 토대가 된다고 강조한 헤겔의 이론과 달리, 레이딘의 인격이론은 자율적인 자아가 대상과 맺는 관계에만 초점을 맞춘다(Alexander & Penälver 2012, 69). 재산을 매개로 형성되는 사회적인 관계들에 대해서는 일체 언급하지 않는다(그런 의미에서 전통적인 개인주의적인 해석에 머무르고 있다). 레이딘이 자아로부터 모든 내용을 사상시켜버렸다는 이유로 헤겔의 추상적인 인간 개념을 비판한 것은 사실이다. 그럼에도 레이딘은 재산권이 관계를 창출·촉진시키는 역할이나 사회적 관계들에 대해서 함구하고 있다.

이에 덧붙여 헤겔주의 인격이론이 높은 현실 적합성을 가질 수 있는지에 대해 근본적인 의문을 제기할 수 있다. 소설이나 시 그리고 예술품과 같은 작품들은 인격의 그릇에 비유할 만큼 창작자의 인격성을 드러내준다고 볼 수 있다. 하지만 컴퓨터칩이나 소프트웨어와 같은 대상들은 인격의 희미한 잔영만을 간직할 뿐이며, 기계를 통해 대량으로 생산된 소비품들에는 인격성이 담겨 있다고 보기 어렵다. 기계에 의해 설계되고 기계에 의해 생산되는 대부분의 소모품에는 인격성이 전혀 담겨있지 않다. 이와 관련하여 중요한 기술적 문제는 지적인 작품들이나 기계적 생산품들이 얼마만큼의 인격성을 담고 있는지를 객관적으로 평가할 수 있는 방법을 찾기 어렵다는 점이다. 현대인들 대부분은 자신의 의지에 따라 대상을 제작하는 장인들이 아니다. 우리들 대부분은 시간과 재능을 돈과 교환하며, 그 돈으로 재화와 서비스를 구입한다. 많은 도구 제작자들이 외부의 주문자들이 제시한 규격과 형식에 맞춰 제작할 뿐만 아니라 노동의 산물을 직접 소유하지도 않는다. 그런 생산품들은 생산자의 노동을 빌어 제작되었을 뿐 노동자들의 인격(=자유의지)을 반영하고 있다고 보기 어렵다.

노동분업이 최고조에 이른 오늘날에는 일부 예술 작품이나 공연을 제외하면 수많은 사람들의 분업에 의해 최종 제품이 생산된다. 이 경우 최종 제품을 생산한 사람의 의지만이 그 제품에 반영되어 있다고 보는 것은 부당할 것이다. 최종 제품에 쓰인 재료들을 가공한 모든 사람들의 의지도 반영되어 있다고 보는 것이 타당할 것이다. 더구나 최종 산물이 자동공정으로 생산되는 경우에는 말할 필요도 없다. 이런 의문들은 대상 속에 외화된 자유의지로서의 재산 개념으로 현대사회의 재산제도를 설명하는 데 한계가 있음을 말해준다(Khair and Hashim 2020).

마지막으로 인격성과 사유재산 사이에 필연적인 개념적 연관성이 있다고 보는 것도 무리가 있다. 이런 비판은 특히 사유재산제도를 인간과 노동의 소외를 발생시키는 원흉으로 보는 마르크스의적 관점에서 제기할 수 있다.[91] 이와 관련, 치티(A. Chitty)는 마르크스가 어떤 제도들을 구체적으로 제시할 수 있을지에 대해 회의적으로 생각한다(Chitty 2013). 왜냐하면 마르크스는 「유대인 문제」에서 개인의 권리를 허용하는 모든 실천관계는 자유로운 삶의 활동을 적절히 실현하는 과제와 양립할 수 없다고 주장하기 때문이다.

---

[91] 그럼에도 마르크스는 사유재산제도와 시장이 없는 공산사회에서 사회적 자유를 매개할 수 있는 제도들을 구체적으로 제시하지는 않았다.

VI

공리주의 재산이론:

행복 및 사회적 편익 증진의 수단

머리말

공리주의는 행위의 동기보다는 결과를 중시하는 윤리이론이다. 그래서 어떤 행위, 제도, 정책 등의 옳고 그름을 그 결과에 따라 평가하는 결과주의 이론으로 알려져 있다. 예컨대, 한 개인의 행위가 그 행위에 의해 영향을 받은 모든 개인들에게 미친 영향—쾌락, 행복, 혹은 선호충족 등—의 합산을 통해 잘잘못을 평가한다. 어떤 개인이 거짓말로 관련된 사람들의 쾌락 혹은 행복을 증진시켰다면 그것은 바람직하고 옳은 행동으로 평가된다. 물론 좀 더 장기적인 효용을 평가하게 되면 결론을 달라질 수 있다. 나중에 그 개인의 발언이 거짓말로 드러났을 때 사람들이 겪게 되는 불쾌함이나 실망을 감안한다면 전혀 다른 평가를 내릴 수도 있다. 이것은 거짓말을 해서는 안 된다는 사회적인 합의를 어겼을 경우 단기적인 긍정 효과보다 장기적인 부정적 결과가 클 수 있기 때문이다. 이처럼 공리주의는 어떤 행위나 정책이 초래하는 긍정적인 효용의 총량이 클수록 좋거나 옳은 것으로 평가하기 때문에 결과주의적인 목적론적 윤리이론으로 분류된다. 모든 개인의 평등한 존엄성을 존중하는 것이 옳다고 주장하는 칸트의 의무론적 윤리이론과 뚜렷이 대조된다.

물론 칸트의 의무론적 윤리이론과 공리주의적 윤리이론이 모든 점에서 대립되는 것은 아니다. 예컨대, 거짓말을 하는 것은 나쁘다고 보는 칸트의 의무론적 입장은, 현실적으로는 거짓말을 하지 않는 것이 장기적으로 모두에게 최선의 이익이 된다는 공리주의적인 입장과 얼마든지 양립가능하다. 이 두 가지 입장이 모두 거짓말을 나쁜 것으로 평가할 수 있다는 점에서 거짓말을 하지 말아야 한다는 의무는 더욱 강력한 지지를 얻을 수 있다. 하지만 두 가지 입장 모두 거짓말을 반대하지만, 전혀 다른 근거에서 거짓말에 반대한다는 점에서 차이가 있다. 만일 거짓말을 하는 것이 장기적으로도 유리하다면 공리주의는 거짓말을 하는 것이 옳다고 주장할 수 있는 반면, 의무론적 윤리이론은 그 결과를 떠나 거짓말은 무조건 나쁘다고 주장하기 때문이다.

어쨌든 공리주의는 최대다수의 최대행복을 추구하는 것이 정의라고 보기 때문에, 그 과정에서 소수자의 권익이 무시될 수 있는 약점을 지니고 있다(Rawls 1971, 29-30). 칼도·힉스 원칙은 이와 같은 단점을 보완하기 위해 제시되었다(Campbell 2010, 121). 하지만 최대다수의 최대행복을 달성하는 과정에서 자신의 권익을 침해당한 소수자에게 충분한 사후 보상이 주어질 수 있는가에 대한 의심이 제기될 수 있으며, 사후 보상으로 메울 수 없는 돌이킬 수 없는 손실이 발생할 수도 있다. 원리적으로 공리주의 및 공리주의적인 사회적 선택이론들이 공유하고 있는 이와 같은 약점은 공공정책이나 입법이 공리주의와 다른 윤리적 입장들로 보완되거나 절충되어야 할 필요성을 말해준다.

근대 서구의 역사와 사상사에서 공리주의는 상당히 급진적인 역할

을 한 것으로 평가되고 있다. 이것은 공리주의가 항상 급진적인 사회
정치 개혁을 윤리적으로 뒷받침해왔다는 것을 의미하는 것은 아니
다. 흄의 이론에서 분명히 알 수 있듯이 공리주의와 보수주의 사이에
는 상당한 친화성이 있다. 흄은 사유재산제도가 정착된 영국 현실을
배경으로 사유재산제도가 수행하는 긍정적인 역할을 부각시켰다.[92]
하지만 흄의 방법론은 현존하는 제도들이 그 유용성 때문에 사회제
도로 확립된 과정을 사후적으로 확인·정당화하기 때문에, 엄밀한 의
미에서 규범적이고 비판적인 성격을 결여하고 있다. 현재의 사회정
치적 관행들이 제도적 안정성을 갖게 된 과정이나 이유를 사후적으
로 설명하는 방식은 그런 제도들의 정당성을 평가할 수 있는 객관적
인 규범적 기준을 제시하는 것과는 다르기 때문이다. 현존하는 모든
제도들은 현재 상태로 존재할 수밖에 없는 이유들을 갖고 있기 때문
에, 그런 이유들을 찾아 현재의 제도들을 얼마든지 정당화할 수 있다.
하지만 어떤 제도에 대한 사후적인 인과적 설명은 그것을 규범적으
로 정당화하는 것과는 근본적으로 다른 것이다. 이런 측면에서 보면,
사유재산에 관한 흄의 공리주의적인 설명은 근본적으로 보수적이라
고 볼 수밖에 없다(Lamb 2021, 93-4).

　물론 벤담이 이끄는 철학적 급진파가 19세기 영국의 제도적·법
적 개혁을 주도했다는 사실은 공리주의가 급진적인 개혁 이데올로기
로서도 강력한 힘을 발휘할 수 있다는 것을 방증한다. 벤담이 볼 때
19세기 초반 영국사회는 비합리적이고 비과학적인 전통과 제도로

92　이에 관해서는 후술할 것이다.

인해 발전이 심각하게 저해되고 있었다. 자신이 유일무이한 사회발전의 규범적 척도로 간주하는 공리성의 원칙에 비추어 봤을 때, 당시의 제도들이 과학적이고 합리적인 기반을 갖고 있었다고 보기 어려웠던 것이다. 이런 맥락에서 벤담의 공리주의는 사회제도와 법제를 개혁할 수 있는 강력한 무기로 작용했다.

하지만 벤담의 공리주의적인 사회개혁은 분명한 한계를 갖고 있었다. 벤담은 당대의 사회경제적 불평등과 권력의 불평등을 개혁하는 데는 전혀 관심이 없었다. 오히려 그는 그와 같은 불평등이 효율적인 사회 관리에 더 적합하다고 보는 경향이 있었다(Long 1977, 250-6). 그러므로 19세기 영국 사회에서 벤담과 철학적 급진파가 수행한 개혁적 역할은 뚜렷한 한계가 있었으며, 역설적으로 공리주의가 얼마든지 현존하는 불평등을 정당화하고 뒷받침하는 데 동원될 수 있다는 것을 보여주었다. 이것은 사유재산제에 대한 공리주의자들의 지지가 확고부동한 것이 아닐 수 있음을 시사한다. 최대다수의 최대행복을 실현하는 데 다른 소유제도가 더 효율적이라 판단될 경우 사유재산제도는 존재 이유를 상실할 수 있기 때문이다. 그리고 이런 관점에서 사유재산제도에 접근하면, 사유재산제도는 공리주의보다 자연권 전통에서 더 강력한 지원을 얻을 수도 있다.

이와 같은 분석은 공리주의가 가장 배격했던 전통이 바로 자연권 사상이었던 이유를 시사해준다. 자연권 사상은 사유재산제도를 천부적인 권리로 간주하기 때문에 사회적 유용성과 같은 별도의 근거를 제시할 필요가 없다. 신법 혹은 이성이 찾아낸 자연법이라는 초월적인 규범적 근거에 입각하여 사유재산을 정당화하기 때문에 사회적·개인적 유용성과 상관 없이 자연법에 규정된 방식으로 취득한 재산은 정당성을 얻을 수 있기 때문이다.

　하지만 탈종교적인 세속화가 심화되고 실용주의적이고 실증주의적인 사고방식이 확산되면서 자연권 사상은 급격히 퇴조했다. 벤담이 자연권을 '죽마 위의 헛소리(nonsense upon stilts)'라고 신랄히 비난했던 것은 바로 이와 같은 추세를 반영했다. 검증할 수 없고 확인할수 없는 형이상학적인 용어와 담론으로 사유재산권을 정당화하는 것은 아무런 의미가 없다고 보았으며, 비과학적이고 불합리한 사회제도와 관행을 강화시킬 뿐이라고 생각했다. 이런 문제의식을 가지고벤담은 공리성의 원칙을 사회제도의 개혁을 위한 새로운 과학적 근거로 제시하게 되었다.

　공리주의가 지닌 여러 가지 문제점에도 불구하고, 현재 공리주의적인 이론은 사유재산을 정당화하는 가장 유력한 이론으로 군림하고있다. 이것이 사유재산에 관한 정당화 문제를 다룰 때 공리주의 재산이론을 가장 우선적으로 다루는 이유이다. 그러므로 이 장에서는 공리주의 재산이론의 계보를 간략히 살펴보고, 대표적인 이론가들의재산이론을 차례로 검토해보기로 한다.

02

공리주의 재산이론의 계보

공리주의 혹은 공리주의적 사고는 서구사상사에서 긴 계보를 갖고 있다. 공리주의적 사고의 기원은 아리스토텔레스까지 거슬러 올라가며, 13세기의 아퀴나스 또한 공리주의적인 사고의 일단을 보여주었다. 그들은 재산공유제는 모든 사람들의 무관심을 조장하여 재산의 비효율적인 낭비를 초래하는 반면, 사유재산제는 자원의 효율적인 이용을 촉진한다고 주장했다. 물론 아리스토텔레스와 아퀴나스가 보여준 공리주의적 사고는 좋은 삶이나 인간의 번영에 관한 포괄적인 윤리·정치이론의 일부로 전개되었다. 하지만 사유재산제를 정당화하는 맥락에서 공리주의적 사고를 전개했다는 점에서 공리주의적 재산이론의 비조가 되었다.

근대 서양사상사에서 재산에 관한 공리주의적인 설명 혹은 정당화를 본격적으로 전개한 철학자는 흄이다. 흄이 진정한 의미의 공리주의자인가에 관해서는 아직 결론이 내려지지 않았다(Kelly 2003, 198, 213-4). 그의 회의주의적인 경험주의와 도덕감각론은 사회제도에 대한 유일무이한 가치평가 척도를 공리성의 원칙에서 찾는 벤담에게 실망을 안겨주었다. 그럼에도 벤담이 사유재산제도의 기원과 정당성을 공리주의적으로 설명하는 흄에게 큰 영향을 받았던 것은 부인하기 어렵다.

벤담은 19세기 초 영국에서 공리주의를 지배적인 공공철학으로 만든 장본인이다. 그는 영국 사회와 법률을 개혁하기 위한 과학적인 근거로 공리성의 원칙을 제시했다. 그는 당시 영국의 법학계를 이끌고 있었던 블랙스톤(W. Blackstone)을 비판하는 가운데 정치가 겸 법률가로서의 성공을 추구했지만 기대만큼 성과를 거두지는 못했다. 하지만 영국의 의회와 법제를 자신의 성향에 맞게 개혁하는 데는 큰 성공을 거뒀다(Long 1977, 221). 20세기 후반 롤스(J. Rawls)가 공리주의 사상의 결함을 비판하고 의무론에 입각하여 자유주의를 재정초하면서 공리주의가 다소 위축된 것은 사실이다. 하지만 공리주의는 다양한 수정과 보완을 걸쳐 여러 갈래로 진화해오고 있는바, 아직도 사유재산제도를 정당화할 수 있는 가장 유력한 이론으로 군림하고 있다(Dukeminier et al 2010, 50).

밀은 훔볼트와 콜릿지와 같은 낭만주의자들로부터 영향을 받아 벤담의 양적인 공리주의를 질적인 공리주의로 새롭게 발전시켰다. 인간이 지닌 다양한 능력을 최대한 계발·발휘할 수 있는 활동이 주는 쾌락이 단순한 육체적 쾌락보다 질적으로 우월하다는 그의 인식은 공리주의가 새로운 방향으로 나아갈 수 있는 통찰을 담고 있다. 그럼에도 밀이 기본적으로 공리주의적인 관점에서 사회정치제도의 장단점을 평가하고 개선방향을 제시했다는 사실은 부인하기 어렵다(Kelly 2003, 331-4).

20세기 후반 들어 존 롤스가 공리주의를 비판하면서 공리주의는 지배적인 공공철학(혹은 사회적 선택이론)으로서의 지위를 위협받게 되었다. 그렇지만 사회의 공공정책이나 입법이 소수가 아니라 최대다수의 최대 행복을 추구해야 한다는 강력한 직관은 여전히 공리주의가 공공철학과 윤리학에서 중요한 역할을 하고 있는 이유를 알려준다. 더구나 공리주의는 고전적 공리주의가 지닌 여러 가지 약점이나 한계를 극복하는 가운데 (정확히 공리주의에 속한다고 단정하기는 어렵지만) 공리주의적인 성격이 강한 이론들의 발전을 자극했다. 법과 경제(Law and Economics) 학파, 칼도·힉스 원칙, 하딘(R. Hardin)과 뎀세츠(H. Demsetz)의 공유지의 비극론 및 공유지의 비극을 피할 수 있는 제3의 길을 제시한 엘리너 오스트롬(E. Ostrom) 등도 넓게 본다면 모두 공리주의적인 사고의 변형으로 볼 수 있다(Alexander & Peñalver 2012, 16-33). 이처럼 사유재산에 대한 공리주의적인 설명 또는 정당화는 아리스토텔레스와 아퀴나스를 거쳐 흄, 벤담 그리고 밀을 거쳐 오늘날의 사회적 선택이론가들 및 법경제학파를 통해 계승되고 있는 긴 계보를 갖고 있다.

03
흄의 재산이론

공리주의 재산이론의 기초 확립

데이비드 흄은 18세기 영국의 가장 중요한 정치이론가이자 유럽 계몽주의의 가장 위대한 철학자다. 그는 전통적인 형이상학을 거부하고 고통과 쾌락이라는 두 가지 감정에 근거하여 윤리적 사고의 틀을 바꿨다. 또한 인공적인 덕으로서의 정의에 관한 포괄적인 고찰과 재산(권)이 수행하는 개인적·사회적 역할에 대한 통찰을 결합시켜 공리주의적인 재산권 이론의 토대를 확립했다. 물론 흄을 공리주의자로 범주화하는 것은 논란의 여지가 많다. 하지만 적어도 재산권에 관한 그의 접근이 공리주의적인 성격을 지니고 있으며, 벤담이 흄에게서 큰 영향을 받았다는 사실은 부인하기 어렵다(Lamb 2021, 79-83).

흄은 약 15년 앞서 태어난 프란시스 허치슨(F. Hutcheson)의 영향을 받아 도덕을 이성이 구성한 행위규범이라기보다는 쾌락과 고통의 공감에 기반을 둔 자연적인 현상으로 봤다. 그에 의하면 어떤 예술작품에 대해 우리가 아름답다고 판단할 때, 그 판단 근거는 우리가 그 예술작품에 대한 감각적 경험에서 쾌감을 얻는다는 사실에 있다. 미학이나 비평의 임무는 고통 및 쾌락과 연관된 관념들의 복합체를 설명하는 것이지만, 그 판단을 불러일으키는 것은 그 예술작품을 봄으로써 경험하게 되는 고통과 쾌락의 감정이다(Hume 2009, 335).[93] 도덕 또한 우리가 공감능력을 통해 타인의 기쁨과 슬픔을 공감함으로써 느끼게 되는 쾌락과 고통에 토대를 두고 있다. 이런 공감적 쾌락은 칭찬의 판단을, 그리고 공감적 고통은 비난의 판단을 불러일으켜 도덕적 판단의 근거가 된다. 이처럼 흄은 도덕적 판단과 가치들이 이성이나 인지 능력에서 발생하는 것이 아니라 정념들 혹은 감각적 느낌에서 발생한다는 비인지적 이론을 제시했다.[94]

도덕 판단 혹은 윤리적인 평가의 근거를 비인지적인 자연적 감정에서 찾고 있는 흄은 그에 그치지 않고 정의와 같은 보다 복잡한 덕을 설명하려고 시도한다. 흄이 사유재산제도와 정의의 관계를 설명하는 것은 이와 같은 맥락에서다. 흄에게 정의는 각자에게 그의 몫을 주는 것으로, 재산은 정의에 관한 논의에서 가장 중심적인 지위를 차지한다. 그러므로 여기서는 정의가 출현하는 계기를 살펴보고, 재산권이 정당화되는 논리를 살펴보기로 한다.

흄의 정치이론을 이해하는 데 중요한 역할을 하는 것은 자연적인

---

93 이하에서는 『인성론(A Teatise of Human Nature)』을 THN으로 표기한다. 한국어로는 『인간이란 무엇인가』(2009)로 번역되었다.

94 여기서 강조할 필요가 있는 것은 흄에게는 도덕적 판단의 대상이 특정한 상황이나 사태보다는 그런 상황이나 사태를 바라보는 관찰자의 성품이라는 점이다. 이런 차별성 때문에 벤담처럼 도덕을 설명하기 위해 쾌락과 고통이라는 용어를 사용함에도 불구하고 흄을 공리주의자라고 단정하기 어렵다. 흄은 결과적인 상황이나 사태가 산출하는 쾌락의 양(혹은 효용의 크기)에 근거하는 도덕 판단을 내리는 것이 아니라, 그런 상황이나 사태를 바라보는 관찰자의 성품―자세나 태도와 같은 반응양식―을 근거로 도덕 판단을 내린다.

덕과 인공적인 덕의 구분이다. 이 구분은 정의와 재산에 관한 흄의 설명을 이해하는 데 중요한 실마리를 제공할 뿐만 아니라 정부의 기원과 본질에 대한 그의 주장을 이해하는 데도 매우 중요하다.

흄은『인성론』3편「도덕」에서 정의라는 관념의 유래를 검토함으로써 인위적인 미덕을 설명한다. 흄은 자연주의적인 도덕 개념을 표방하고, 정의라는 관념이 자연적인 덕이 아니라고 주장했다. 주지하듯이 덕은 유쾌한 느낌과 그런 느낌이 불러일으키는 승인(동의)의 판단을 이끌어내는 (관찰자의) 성품의 특성들—태도와 자세 등—이다(반면에 악덕은 고통의 감정과 그에 따른 불승인[반대]의 판단을 이끌어낸다). 하지만 더 중요한 것은 성품의 이와 같은 특성, 특히 정의라는 덕이 어디서 발원하는가 하는 문제이다. 자혜와 같은 도덕적 감정처럼 자연적으로 우러나오는 덕은 인공적인 덕이 아니라 자연적인 기원을 갖는 것이 분명하다. 하지만 정의라는 덕은 그런 식으로 설명하기 어렵다. 인간은 자기 이익을 중시하는 자연적인 편파성이 있기 때문에 정의를 자연적으로 발원하는 덕이라고 보기는 어렵다.

그렇다면 인공적인 덕으로 규정할 수 있는 정의의 덕은 어디서 유래하는가?[95] 정의가 자혜나 배려와 같은 자연적 동기에서 발원한다고 보기 어렵다면, 교육과 관습에 의해 계발되는 인공적인 덕이라고 볼 수밖에 없다(THN, 532-3). 흄은 공익을 증진하고 보호하는 제도들을 지탱하기 위해 정의라는 덕이 교육과 관습을 통해 함양된다고 본

95　흄은 인간의 외부에 있는 자연적 정의, 혹은 자연권은 존재하지 않는다고 생각했다(THN, 534-44).

다. 인간은 자기본위적인 특성이 있기 때문에 교육과 관습을 통해 인위적으로 덕을 함양하지 않으면 타인의 이익까지 고려하기 어렵다. 요컨대, 정의는 공익을 관장하는 제도를 유지하기 위해 교육과 관습을 통해 함양되는 인공적인 덕이다. 그렇다면 인공적인 덕의 함양을 통해 유지하고자 하는 사회제도와 관습들은 어디서 유래하는 것일까? 이것을 설명하기 위해 흄은 사유재산제도 및 정부 제도의 기원을 고찰한다.

정의와 관습

흄에 의하면 정의는 관습(혹은 묵계)에 토대를 두고 있다(THN, 532-3). 여기서 관습은 개인과 집단의 행위를 규제하는 비법률적인 규칙들이다. 따라서 재산에 관한 관습은 우리 각자가 타인의 소유에 대해 반응하는 방식을 좌우할 정도로 큰 영향을 미치는 비법률적인 규칙들로서 법에 못지않은 의무감을 불러일으킨다.

그러면 관습, 특히 재산에 관한 관습은 어떻게 형성되는가? 관습은 법제정 권위를 지닌 입법기구가 인위적으로 제정하는 법률과 다르기 때문에 그 기원을 설명하는 것이 쉽지 않다. 흄은 공동 이익 혹은 공익 개념에 근거하여 관습 일반, 그리고 더 특수하게는 재산에 관한 관습의 형성 과정을 설명한다. 공익 개념은 어떤 상황이나 사태에 관여하고 있는 모든 사람들에게 (정도의 차이가 있을 수 있지만) 이익이 된다는 것을 의미하는바, 관련된 모든 사람들이 협력할 수 있는 현실적 근거가 된다.

흄은 보트를 젓는 두 사람의 예를 들어 공익과 관습을 설명한다 (THN, 534). 보트를 젓는 두 사람은 공동의 목표 혹은 이익을 갖고 있기 때문에 상대방의 행위에 자신의 행위를 조율한다. 그럴 때만이 두 사람 모두 자신의 목표나 이익을 성공적으로 추구할 수 있기 때문이다. 이와 같은 공동의 이익, 즉 공익만으로 그들은 함께 협력할 충분한 근거를 갖게 된다. 추가적인 약속이나 계약 행위는 그런 협력 관계에 추가적인 이유를 덧붙이지 못한다. 공익에 대한 관념이 없다면 그런 약속을 할 이유가 전혀 없기 때문이다. 따라서 그들에게 협력의 의무를 부과하는 것은 형식적인 약속이나 계약 행위가 아니라 협력의 의무를 이행하는 것이 자신의 이익에 실질적인 도움이 된다는 판단이다.

공익 관념에 근거한 행위의 상호 조율이 실질적으로 서로에게 실익을 제공할 경우 그와 같은 협력의 의무는 더욱 강력해지면서 하나의 관습으로 굳어진다. 이 관습은 준수할 경우 자신에게는 물론 상대방에게도 이익이 되기 때문에 상호주의적인 존중의 대상이 되며, 준수해야 한다는 의무감과 책임의식을 불러일으킨다. 이처럼 공익 관념은 그와 연관된 모든 사람들에게 의무와 의무감을 창출하는 관습으로 형성되면서 강력한 규범적 힘을 갖게 된다.

이와 같은 논리는 재산의 상호 인정에도 적용된다. 개인들은 상대방의 재산을 존중해주는 것이 자신에게도 도움이 된다고 생각한다 (THN, 546-7). 이것은 재산을 소유하고 있는 모든 사람들의 공통된 생각이므로 공익 관념을 형성하게 된다. 다시 말해 공동이익으로서의 공익 관념은 소유 혹은 소유권을 안정화시키는 관습의 형성으로 이어진다. 여기서 서로의 재산을 보호해주기로 약속하거나 계약을 하는 행위는 별로 의미가 없다. 실질적인 공익 관념이 사유재산의 상호 인정과 보호 의무를 안정화시키는 실질적인 권위로 작용하기 때

문이다.[96]

이처럼 관습에 대한 흄의 설명은 결과적인 유용성을 강조한다. 관습은 그것이 모두에게 유용하기 때문에 형성된다. 즉, 관습은 (약속이나 계약을 했기 때문이 아니라) 모두에게 이익이 되거나 이익이 된다는 기대를 불러일으키기 때문에 관습으로 확립된 것이다. 이런 관점에서 보면 관습의 유용성에 대한 흄의 설명은 기본적으로 공리주의적이라고 볼 수 있다.

재산의 기원과 정의

주지하듯이 흄에게 관습은 이익의 공동성에 기초 한 의무의 규칙이다. 하지만 흄은 인간의 관심은 항상 제한되어 있고 편파적이어서, 관심의 범위를 넓히고 공정성을 높이기 위해서 교육과 관습이 필요하다고 주장한다. 이런 주장의 일환으로 흄은 사유재산제도를 중심으로 정의에 관한 관습이 발생하는 과정을 설명한다.

흄이 『인성론』에서 전개한 재산의 기원에 관한 설명은 외부의 자연적 환경에 대한 인간의 적대감과 불편함에 뿌리를 두고 있다(THN, 538-9). 성적 결합에 대한 욕망과 자손에 대한 책임성에서 확인할 수 있는 인간의 타고난 사회성을 부인하기 어렵지만, 자연적 환경은 인간의 삶에 결코 우호적이지만은 않다. 자연은 모든 인간에게 원하는

---

96 이와 같은 근거에서 흄은 사회계약이란 관념은 사족에 불과하다고 비판한다. 약속이나 계약은 궁극적으로 그것이 의존해 있는 관습과 분리되어서는 의무의 감정을 불러일으킬 수 있는 힘이 없다고 보기 때문이다. 약속하는 행위의 규범적 힘은 관련된 모든 사람들이 약속을 함으로써 얻게 되는 실질적인 이익에 토대를 두고 있다는 것이다 (THN, 53-7).

만큼 줄 수 있는 풍부한 자원이 없다.[97] 이처럼 자원이 희소한 상황
은 불가피하게 경쟁을 야기한다. 사람들은 자신과 가까운 사람들의
필요를 충족시켜주기 위해 마음대로 사용할 수 있는 물건이나 자원
을 소유할 필요가 있다. 하지만 희소한 자원을 둘러싼 소모적이고 위
험한 경쟁을 피하기 위해서는 불안한 소유 상태를 확고한 소유권으
로 공고히 할 필요가 있다. 소유를 확고한 소유권으로 전환시키는 데
따른 이익은 소유물을 지니고 있는 대다수 사람들의 공통된 이익, 곧
공익이기 때문에 사람들은 각자의 소유를 소유권으로 상호 인정해주
기에 이른다. 이처럼 사유재산권은 각자의 소유를 소유권으로 상호
인정해주는 것이 모두에게 이익이 된다는 실용적인 판단에 근거하고
있다. 로크의 경우처럼 노동의 산물이기 때문에 정당화되거나 칸트
의 경우처럼 독립과 자율성을 실현하는 데 필수적이라는 이유로 정
당화되지 않는다. 안정된 재산제도를 확립하는 것은 불편하고 적대
적인 자연적 상황에 있는 모든 사람들에게 이익이 되기 때문에 정당
화된다.

　재산의 기원에 관한 흄의 설명은 여기서 그치지 않는다. 이것으로
재산권이 안정적으로 정착·보장된다고 보기는 어렵기 때문이다. 흄
은 정의라는 인공적인 덕이 어떻게 재산제도와 연관되어 있는가를
해명함으로써 재산제도가 안정적으로 작동하는 방식을 설명한다. 이

97　자원의 희소성 명제는 롤스가 유명하게 만든 '정의의 환경' 중 하나이다. 롤스는 자
　　원의 희소성과 정의감을 정의의 두 가지 환경이라고 규정했다. 즉, 자원이 너무 많거
　　나 적으면 정의에 관한 논의가 아예 발생하지 않을 수도 있기 때문에 적당한 희소성
　　(moderate scarcity) 상황이 정의의 환경을 이룬다는 것이다.

과정에서 교육은 중요한 역할을 수행한다.

주지하듯이 흄이 보는 인간성은 편파적인 특성이 있다. 그 때문에 우리는 가족이나 가까운 사람들에게는 도덕적 의무감을 느끼는 반면 타인들에게는 그런 의무감을 느끼지 않는다. "인간의 마음에는 인류애와 같은 부류의 감정이 없기 [때문이다]." 그렇다면 재산에 대한 타인의 권리는 어떻게 인정·존중해줄 수 있는가? 흄은 정의(감)의 덕은 오직 인공적으로, 다시 말해 교육과 관습을 통해서만 함양된다고 주장한다. 그리고 재산에 대한 각자의 권리를 인정해주는 것이 정의의 주요 내용이라고 한다면, 교육과 관습은 사람들에게 정의감을 심어줌으로써 소유체제를 최대한 안정화시켜준다.

도덕과 정의에 관한 흄의 전반적인 논의에서 재산권은 중심적인 역할을 수행한다. 주지하듯이 재산은 불편한 자연적 상황에 대한 인간의 대응에서 발생한다. 희소한 자원에서 비롯되는 경쟁과 갈등의 부담, 그리고 안정된 소유에서 발생하는 혜택에 대한 상호 승인이 재산권의 현실적인 토대이다. 하지만 이 단계에서 재산은 주로 재산을 서로 인정해줌으로써 얻게 되는 이익에 대한 공동의 인식에 바탕을 두고 있다는 점에서 관행적인 수준에 머물러 있다. 이익의 일치는 불완전하고 이익의 상호 승인은 관행 수준에 지나지 않기 때문에 재산권이 확고히 수립되었다고 보기 어렵다. 흄은 정의의 관습이 이런 상황을 보강하기 위해 발전한다고 본다(THN, 546-7). 다시 말해 이익의 불일치를 극복하고 공익이 사익과 충돌할 때 공익을 지탱하기 위해 정의의 관습과 정의감이 발전한다고 본다. 흄의 표현에 따르면, 사회의 구성원들은 "외적인 재화의 소유를 안정화시키기 위해", 그리하여 "모든 사람들이 자신의 운과 노력을 통해 획득할 수 있는 것을 평화롭게 향유할 수 있도록 하기 위해" 관습을 수립하게 된다(Lamb 2021, 80). 이렇게 형성된 정의의 관습은 세 가지 특성을 갖고 있다(Kelly 2003, 208). 첫째, 소유의 안정성을 보장해준다. 둘째, 동의에 의한 재산의 이전을 뒷받침한다. 셋째, 약속은 이행되어야 한다는 규칙을 형성·강화시킨다. 이런 특성을 통해 정의의 관행은 개인들이 자기이익을 극대화하기 위해 사회의 공익을 파괴하지 않도록 통제한다. 말하자면, 정의의 규칙은 "타인들이 나와 같은 방식으로 행위 한다는 가정 하에, 타인들이 자신의 재화를 소유할 수 있도록 허용하는 것이 나에게도 이익이 되는" 상황을 조성한다.

　재산권이 형성되는 과정에 대한 흄의 설명은 재산에 관한 정의의 규칙들이 재산에 관한 실제 혹은 관행에서부터 발전한다는 점을 명확히 보여준다. 정의의 규칙은 사유재산의 실제(혹은 관행)가 형성되기 이전에는 어떤 역할도 수행할 수 없으며 아예 확립될 수도 없다. 재산권의 안정성은 재산권을 향유함으로써 얻게 되는 기대들 때문에 매우 중요한 가치가 되는데, 바로 그런 기대들을 보호하기 위해 재산에 관한 정의의 규칙들이 출현한다. 이처럼 정의롭게 행위 하려는 동기는 안정된 사유재산제도에서 발생하는 혜택에 대한 공동의 관심에 바탕을 두고 있다.

　흄에 의하면 정의의 규칙이 보호하는 공익은 단순히 소유의 안전에 대한 개인적인 관심으로 환원되지 않는다. 왜냐하면, 사적인 관심은 언제라도 정의의 규칙을 위배함으로써 사익을 극대화시키는 방식으로 작용할 수 있는 속성이 있기 때문이다(THN, 579-80). 정의가 단순히 소유의 안정성에 대한 사적인 관심으로 환원될 수 없는 이유는, 필요할 경우 개인들이 자신의 단기적인 이익을 억제하고 장기적인 공동 이익을 추구하도록 압박함으로써 소유의 장기적 안정성을 도모하기 때문이다. 하지만 근본적으로 편파성이 있고 자기이익이라는 특수한 관심을 갖고 있는 개인들로 하여금 어떻게 정의의 규칙들을 계속해서 준수하게 함으로써 소유의 안정성을 구현할 수 있는가?

교육과 관습에 의한 사회화가 필요한 이유가 바로 여기에 있다. 대부분의 개인은 자신의 단기적 이익을 극대화하려는 성향을 지니고 있다. 이런 성향을 그대로 방치한다면 정의의 규칙은 유명무실해질 수밖에 없고, 소유의 장기적인 안정성도 담보할 수 없다. 교육을 통해 개인을 사회화시키는 과정은 개인들이 자신의 단기적인 이익을 위해 정의의 규칙들을 위배하지 않도록 훈육함으로써 소유의 안정성을 뒷받침한다. 개인들은 교육을 통해 정의롭게 판단하고 행위 하는 법을 배울 필요가 있다. 정의는 자연적인 성향이나 감정이 아니기 때문에 교육을 통해 인위적으로 함양되어야 한다. 흄은 이런 식으로 정의가 인공적인 덕목이라는 점을 명확히 보여주는 한편, 정의가 안정적인 재산권체제에서 발생하는 기대들을 보호하기 위해 (관행이 관습 단계를 거쳐) 확립되고 또 교육을 통해 함양·강화·전승된다고 본다.

정의의 관념과 재산 관념 사이에 존재하는 밀접한 연관성은 소유권의 핵심에 공리주의적인 사고방식이 놓여 있음을 시사한다. 재산은 일반적인 규칙들로 확립되어야 하는데, 그것은 이 규칙들이 사회적으로 유용한 역할을 지속적으로 수행해야 하기 때문이다. 애초에 사회가 처음으로 출현했을 때는 갈등을 방지하기 위해 자원의 사적인 소유가 필요했다. 하지만 사회가 복잡해지면서 재산권은 더 다양한 역할과 기능을 수행하는 사회제도로 자리 잡게 되었다. 이런 관점에서 보면, 로크처럼 재산에 대한 권리가 어떻게 발생하는가를 설명

하는 것은 큰 의미가 없다. 확립된 재산권이 사회적으로 얼마나 유용
한 기능을 수행하는가를 이해하는 것이 훨씬 더 중요하기 때문이다.
최초의 점유에 관한 설명은 사회를 수립하기 이전에 소유권이 누구
에게 속했는지를 알기 위해 필요했을지도 모른다. 하지만, 사회가 수
립된 이후에는 재산을 취득하고 이전할 수 있는 다양한 방법들이 통
용되었기 때문에 최초의 점유 문제는 더 이상 의미가 없게 되었다.

"흔히 있는 일이지만 최초 소유라는 권리는 시간이 지남에 따라 모
호해진다. 따라서 그 권리를 두고 발생할지 모를 숱한 논쟁을 결
정하는 것은 불가능하다. 이런 경우에 장기적인 소유 또는 시효가
자연적으로 발생하며, 인간에게 자신이 누리는 것에 대한 소유권
을 부여한다. 인간 사회의 본성은 이런 문제에 대한 판단에 있어
서 커다란 명확성을 허용하지 않으며, 우리가 사물들의 현재 상태
를 판결하기 위해 언제나 그 기원으로 되돌아갈 수 있는 것도 아니
다. 상당한 시간적 간격은 어떤 측면에서 대상들이 그 실재성을 잃
어버린 듯이 보이게 하며 마치 그 대상들이 지금까지 존재하지 않
았던 것처럼, 정신에 거의 영향을 미치지 못할 정도로 그 대상들에
대해 거리감을 두게 한다"(THN, 549).

예컨대, 상속은 재산을 이전하는 여러 방법들 중 하나인데, 이 방법
이 재산 이전(혹은 획득)의 정당한 방법으로 자리 잡게 된 것은, 유언자
의 동의가 중요해서가 아니라 상속이 인류의 일반적인 이익에 부합
하기 때문이다.

"상속권은 부모나 가까운 혈연의 막연한 추정적인 동의와 인류의 일반적인 이익에 대한 평가에서 비롯되는 아주 자연스러운 권리이다. 인류의 일반적 이익은, 인간이 더욱 부지런하고 검소하도록 만들기 위해 인간의 소유가 자신이 가장 아끼는 사람에게 옮겨질 것을 요구한다"(THN, 550).

요컨대, 흄은 일반적인 이익 혹은 공익 관념에 근거하여 상속(권)을 설명하고 정당화한다.[98]

정부의 역할

정부에 관한 흄의 설명 역시 정부 형태나 조직에 초점을 두지 않고, 정부가 수행하는 역할의 효용성에 방점을 둔다. 정치적 지배의 권위는 정부가 동의에 입각하여 수립되었다는 사실보다는 그것이 산출하는 효용 때문에 정당화된다(THN, 581-2). 정부 형태나 조직은 순전히 관행적인 문제에 불과하며, 정말로 중요한 것은 정부가 사람들에게 안전과 기대의 안정성을 보장해주는 지의 여부이다. 물론 정치적 지배의 정당성을 좌우하는 공리주의적인 가치는 특정한 정부형태, 이를테면 자의적인 절대주의나 전제정치를 배제할 것이다. 그런 정치

---

98 하지만 재산에 관한 흄의 공리주의적인 설명 혹은 정당화는 사적 소유체제가 다른 소유체제보다 상대적으로 낮은 사회적 유용성을 지닌 상황에서는 사회적 유용성의 이름으로 폐지 또는 축소되는 것이 마땅하다는 논리를 허용한다. 공리성을 근거로 재산권을 정당화하는 입장은 상이한 상황에서는 동일한 공리성 원칙에 따라 정당성을 잃을 개연성이 있다. 흄보다 더 엄격한 공리의 논리를 적용하는 벤담의 이론은 더욱 더 그럴 개연성이 높다

형태는 자의적이고 변덕스런 권력행사로 인해 사람들의 기대를 안정적으로 보호해주지 못하기 때문이다.

　물론 경우에 따라 사람들이 정부의 통치에 대해 적극적으로 동의를 표명할 수는 있다. 그렇지만 그들이 정부에 동의를 표명하는 이유는 결국 정부의 통치가 그들의 기대를 안정적으로 보호해줌으로써 유용한 사회적 결과를 산출하기 때문이다. 따라서 동의는 정부의 유용성에 대한 인정의 표시일 뿐, 지배의 정당성을 근거 짓는 궁극적 토대가 아니다. 흄은 특히 정부의 가장 중요한 역할이 재산을 지켜주는 것이라고 본다(Kelly 2003, 210).[99]

　흄은 정부의 기원에 대해서도 사유재산권의 기원을 설명하는 것과 같은 방식으로 설명한다. 정부는 두 가지 사회적 필요 때문에 형성되었다(THN, 581-2). 첫째는 절박한 전쟁의 와중에서 리더십과 지배가 필요하게 된 데서 그 기원을 찾을 수 있으며, 둘째는 사유재산과 정의에 관한 관습들이 출현하는 것과 유사한 이유로 발생한다. 흄은 당연히 후자에 더 관심을 둔다.

　주지하듯이 사유재산은 인간이 자연의 척박하고 적대적인 상황에 대처하는 과정에서 형성되며, 정의의 규칙들은 사유재산의 안정성을 도모함으로써 사람들의 기대를 보호하려는 공익적 관점을 반영하고 있다. 하지만 사람들의 관심은 자기중심적이고 편파적이기 때문에 정의의 규칙들이 적절히 작동하기 위해서는 사람들에게 정의의 규칙

99　이와 같은 흄의 견해는 스코틀랜드 계몽주의 시대의 대표적인 사상가 중 한 명이었던 아담 스미스의 입장과 대동소이 했다. 스미스는 상업사회의 성장과 발달이 가져오는 평화와 자유를 칭송했는데, 흄도 이런 지배적인 견해에 공감했다.

을 가르쳐주고 정의감을 심어줄 필요가 있다. 그렇지 않으면 사람들은 단기적인 이익을 위해 공익을 무시함으로써 사유재산권의 안정성이 위태롭게 되고, 사회생활을 통해 얻을 수 있는 다양한 혜택에 대한 기대를 유지할 수 없게 된다.

　어느 정도 규모가 커진 사회를 배경으로 정부는 정의 규칙을 위반하는 사람들을 처벌하거나 처벌할 것이라고 위협함으로써 정의의 규칙이 준수되도록 노력한다. 정부는 정의의 규칙들이 이방인들 사이에서도 관철되도록 강제하거나 교육시킴으로써 사유재산제도를 포함함 다양한 사회제도를 유지·보호한다. 이방인들 사이에서는 공익보다 사익을 극대화하려는 성향이 더 자연스럽게 표출될 수 있기 때문에, 정의의 규칙을 집행함으로써 사회제도의 안정성을 꾀할 수 있는 정부가 반드시 필요하다. 하지만 흄은 정부가 강제력을 통해서만 사회제도의 안정성을 유지하는 것이 아니라, 사람들에게 공익 관념을 강화시켜주고 정의감을 함양시켜주는 방식으로 (더 효과적으로) 재산제도의 안정성을 꾀할 수 있다고 본다. 즉, 정부는 재산제도와 관련된 관습을 강화시키기 위해서뿐만 아니라, 공익에 대한 사람들의 인식과 발상을 계몽시키기 위해서도 필요하다(Kelly 2003, 210-1).

04

벤담의 재산이론

민법의 목적

재산에 관한 벤담의 논의는 입법 이론의 일환으로 쓴 「민법의 제원리 (principles of the civil code)」(1830, English)에서 비교적 체계적으로 개진되고 있다. 법에 대한 벤담의 관심은 당시의 법조계에서 막강한 영향을 미치고 있었던 블랙스톤의 영향 하에 형성되었다. 비록 벤담의 일생에 걸친 관심사 중 하나가 블랙스톤을 비판하고 넘어서는 것이었음에도 불구하고, 블랙스톤이 벤담의 법사상에 미친 영향이 지대했음은 부인하기 어렵다(Kelly 2003, 308). 재산에 관한 그의 이론도 마찬가지다. 벤담의 재산이론은 블랙스톤의 이론과 달랐지만, 벤담이 재산에 관한 법적 이슈를 그의 사회정치철학의 주요 화두로 내세운 데는 "일반적으로 재산권처럼 인류의 상상력을 불러일으키고 애정을 자아내는 것은 없다."고 주장한 블랙스톤의 영향이 컸다. 벤담의 미출판 초기 수고가 블랙스톤의 재산이론에 대한 대응으로 쓰였다는 사실이 이를 방증한다(Parel & Flanagan 1979, 222).

벤담은 처음에는 법조계 내부의 비판자 역할을 자임한 법률자문가로 출발했지만, 나중에는 공리주의적 유토피아를 창시한 완전한 사회과학자가 되었다(Parel & Flanagan 1979, 223). 이처럼 그의 이론적 범위가 광범위해짐에 따라 재산에 관한 그의 견해도 좀 더 넓은 정치사회적 함의를 갖게 되었다. 그럼에도 벤담은 재산 제도를 설명하고 정당화했던 기본 철학인 공리주의를 끝까지 견지했다. 구체적인 재산 관련 법률을 개정하는 문제가 아니라 재산의 본질에 집중할 경우 그의 공리주의적 재산이론의 대강은 변하지 않았던 것이다. 그러므로 여기서는 벤담의 재산이론이 가장 분명하고 체계적으로 제시된 「민법의 제 원칙」을 중심으로 그의 재산이론을 검토해보고자 한다.[100]

벤담은 '안전과 재산의 평등' 장을 민법의 목적을 분명히 천명함으로써 시작한다.

"권리와 의무의 분배에 있어서, 입법자는…사회의 행복을 그의 목표로 삼아야 한다. 행복이 무엇인지를 좀 더 분명히 탐구함으로써 우리는 다음과 같은 4개의 하위 목표들을 찾게 된다. 생계유지(subsistence), 풍요(abundance), 평등(equality), 그리고 안전(security)이 그것들이다. 이런 모든 측면을 더 완벽히 향유할수록 사회적 행복의 총합도 더 커진다. 특히 법률에 달려 있는 행복의 총합이 더 커진다"(PCC, 732).

민법의 이와 같은 목적에 근거하여 벤담은 법의 기능이 이 네 가지

---

[100] 여기서는 맥퍼슨(C. B. Macpherson)이 편집한 *Property: Mainstream and Critical Positions*(Toronto: University of Toronto Press, 1978)의 Kindle 판을 사용했다. PCC로 표기하며, 숫자는 Kindle 판의 페이지를 나타낸다.

목표를 달성하는 것이라고 결론짓는다. 이어서 벤담은 민법의 네 가지 목표를 설명한다. 그런데 여기서 벤담이 안전을 마지막으로 설명한 데 이어 재산 문제를 다루는 이유는 안전이란 목표가 재산과 맺고 있는 특별한 관계 때문이다. 그러므로 이하에서는 안전에 관한 벤담의 설명을 정리해보고, 그것이 왜 재산과 밀접한 연관성을 갖는지를 검토해봄으로써 재산에 관한 벤담의 공리주의적 견해를 설명하고자 한다.

안전, 법, 그리고 기대

벤담에 의하면 안전의 도모는 법의 가장 중요한 목표다(PCC, 897). 법이 없으면 안전이 있을 수 없고, 안전이 없다면 풍요도 생계유지도 있을 수 없으며, 오직 비참함의 평등만이 존재할 뿐이다.

　법의 혜택을 올바르게 이해하기 위해서는 야만인의 상황을 생각해보면 된다. 그들은 끊임없이 기근에 직면하며 생존을 위해 잔인한 전쟁을 치를 때도 있다. 이런 재앙을 두려워한 나머지 그들의 본성이 지닌 부드러운 감정들은 침묵하게 되고, 연민과 무감각이 결합하여 더 이상 사냥할 수 없는 노인들을 죽게 내버려두기도 한다.

　이런 야만의 상황은 법의 작동이 멈추면 문명사회에서도 발생할 수 있다. 법이 안전을 담보해주지 못하기 때문에 이런 일이 발생하는 것이다.

"문명화된 사회가 야만의 상태로 되돌아가는 험악한 시대에 무슨 일이 벌어질 것인가? 다시 말해 안전을 좌우하는 법률이 부분적으로 중단되어 전쟁이 일어날 때 무슨 일이 일어날 것인가? 전쟁이 지속되는 모든 순간에 재앙이 넘칠 것이다. 지구에 족적을 남기는 모든 발자국마다, 모든 움직임마다, 현존하는 부의 양, 풍요와 생존의 자원은 줄어들고 사라지고 말 것이다. 움막집은 왕궁처럼 유린될 것이다. 그리고 한 순간의 격노와 변덕이 한 시대에 걸친 노동의 산물을 파괴하고 말 것이다"(PCC, 908).

벤담은 법이 작동하지 않는 야만의 시대를 묘사한 다음 문명화된 사회에서 법이 수행하는 역할을 다음과 같이 묘사한다.

"법만이 사람들로 하여금 그들의 머리를 미래에 대한 통찰에 굴복시킨다. 이런 태도는 처음에는 취하기 어렵지만 나중에는 가볍고 흔쾌해진다. 법만이 사람들로 하여금 현재로서는 불필요하게 남아돌지만 미래에 향유할 수 있는 것을 위해 일하게 유인할 수 있다.…법은 인간에게 노동하라, 그러면 내가 너에게 보답할 것이라고 말하지 않는다. 하지만 법은 노동하라, 그러면 내가 너에게 노동의 과실을 누릴 수 있도록 보장해줄 것이라고 말한다. 즉, 법이 없으면 보존할 수 없는 자연스럽고 충분한 보상을 향유할 수 있도록 보장해줄 것이라고 말한다. 법은 너에게서 노동의 산물을 강탈하고자 하는 손을 체포함으로써 노동의 결실을 보장해줄 것이다. 근면은 만들고 법은 보호해준다. 처음에는 모든 것을 노동에 빚지게 되지만 이후에는 모든 것을 법률에 빚지게 된다"(PCC, 914-922).

법이 추구하는 안전의 원칙은 현재만이 아니라 미래까지 포괄한다. 동물과 달리 인간은 미래에 대한 예상에서 쾌락을 느끼기도 하고 고통을 겪기도 한다. 따라서 법은 당장의 손실로부터 개인을 보호해 주어야 할뿐만 아니라 먼 미래에 닥칠 수 있는 손실로부터도 보호해 주어야 한다. 벤담은 미래에 대한 예상이 인간의 숙명에 심대한 영향을 미쳤다고 보고 이런 예상을 기대(expectation)라고 부른다. 기대는 우리가 전반적인 인생계획을 세울 수 있는 능력을 갖고 있다는 증거이며, 인간이 순간순간의 충동에 따라 살지 않고 인생을 계획적이고 일관되게 살 수 있기 때문에 품을 수 있다. 다시 말해, 기대는 우리의 현재적 실존을 미래의 실존과 통합시켜주고, 현세대를 미래세대와 연결시켜주는 고리와 같다.

　이처럼 안전의 원칙은 우리가 품고 있는 모든 기대를 보호해주려는 목표를 갖고 있다. 안전의 원칙은 사건들이 법에 의해 형성된 기대에 따라 일어나기를 요구하는데, 이런 기대가 무너질 때 실망(혹은 고통)이라는 특별한 악이 발생한다. 벤담은 법조인들 대부분이 인간의 삶에 강력한 영향을 미치는 기대의 중요성을 정확히 인식하지는 못했음에도 불구하고, (이성에 의해서가 아니라) 본능적으로 그와 같은 원칙에 따랐다고 본다(PCC, 931).

　벤담은 법이 창출·보호하는 기대가 재산과 어떤 연관성이 있는지를 고찰함으로써 법의 이점을 설명하는데, 바로 이 부분이 그의 재산이론이 본격적으로 시작되는 지점이다. 벤담은 재산에 대한 자연권이란 개념을 '죽마 위에 헛소리'로 치부하고, 재산이 전적으로 법의 산물임을 강조한다.

재산과 기대

벤담에 의하면 재산은 기대의 토대에 지나지 않는다(PCC, 934). 우리가 소유물과 맺고 있는 특수한 관계로 인해 소유물로부터 일정한 이익을 얻을 수 있으리라는 기대 말이다.[101] 특수한 소유관계인 재산에는 이미지나 그림과 같은 표식이 없다. 한 마디로 소유 관계는 형이상적인 것으로, 마음의 발상일 뿐이다.

"우리 손에 물건을 쥐고, 만들고, 팔고, 어떤 다른 것으로 변화시키며, 그것을 사용하는 것도 재산이란 관념을 정확히 전달할 수 없으며, 그런 모든 것들을 결합시키더라도 재산 관념을 정확히 전달할 수 없다. 실제로는 인디제국에 있는 것도 나에게 속할 수 있지만 내가 지금 입고 있는 옷도 나의 것이 아닐 수도 있다.… 한 마디로 재산이란 관념은 확립된 기대에 있다"(PCC, 942).

그런데 중요한 것은 이런 기대가 법의 산물이라는 것이다. 어떤 것이 나의 것이라는 것을 보장해주는 법이 없으면 그것을 즐길 수 있으리라 확신할 수 없기 때문이다. 법만이 나의 자연적인 연약함을 잊을 수 있도록 해준다. 내가 밭을 개간할 수 있는 것도, 먼 미래에 수확의 기대를 품고 개간에 집중할 수 있는 것도 법이 그런 기대를 보호해주기 때문이다.

물론 법이 없는 원시상태에서도 사람들은 어느 정도 기대를 가지고 과실을 채취하거나 동물을 사냥했다. 하지만 그런 기대는 매우 제한적이었으며, 그런 제한된 기대마저도 확실히 보호받지 못했다. 채

---

101 기대 자체가 또 다른 즐거움의 원천이기도 하다.

취나 수렵의 순간 더 힘센 경쟁자가 탈취해버릴 수 있기 때문이었다. 이런 상황은 법이 도입됨으로써 극복된다. 두 사람 이상이 서로 채취하거나 수렵한 것을 강제로 탈취하지 않기로 합의하고 (공동의 힘을 사용하여) 그 약속을 지키기 시작할 때 비로소 법이 도입되며, 관련된 사람들의 기대가 보호될 수 있다. 그러므로 "법과 재산은 함께 태어나고 함께 죽는다. 법이 제정되기 전에는 재산이 존재할 수 없는 것이다"(PCC, 951). 흄에게 재산의 출현은 도덕의 출현과 맥을 같이 하지만, 벤담에게는 법의 출현과 맥을 같이 한다.

　벤담은 재산과 관련하여 법의 최고 목표인 안전을 다음과 같이 설명한다.

　"안전은 법 위에 구축된 기대에 어떤 견제, 충격, 혼란도 일어나지 않는 상태에서, 이러저러한 선을 향유할 수 있는 상태를 의미한다. 입법자는 스스로 창출한 이런 기대를 최대한으로 존중해야 한다. 그가 그와 모순되는 일을 하지 않는다면 그는 사회의 행복에 필수적인 일을 하고 있는 것이다. 그가 그런 기대를 교란시킨다면 그는 그에 비례하여 사회에 큰 해악을 끼치게 된다"(PCC, 951-60).

　이 인용문에는 재산에 관한 벤담의 공리주의적인 설명이 분명히 제시되어 있다. 재산은 사회의 행복을 위해 필요하다는 관점이 선명히 나타나 있다. 벤담은 재산 관련 법률이 재산을 소유한 사람들에게는 좋지만 무산자들에게는 억압적이라고 주장하는 사람들에 대응하는 가운데, 재산이 사회구성원 대부분에게 좋은 것이라는 점을, 다시 말해 사회의 행복(공리)을 극대화시킨다는 점을 부각시킨다(PCC, 960).

벤담은 특히 사유재산제도를 비판하는 무정부주의자들과 사회주의
자들을 염두에 두고, 재산 제도가 그들에게도 이익이 된다는 점을 강
조한다. 즉, 재산제도를 갖춘 문명화된 사회가 원시적인 상황에서의
수렵채취 생활보다 훨씬 더 많은 행복을 가져다준다고 강조한다.

벤담은 심지어 현대사회에서 가난한 사람들이 겪고 있는 불행은
자연상태의 원시인들이 겪는 고생과 고통에 비하면 하찮은 정도라
고 강조한다. 문명화된 사회에도 빈곤이 존재하지만 빈곤의 정도는
자연상태보다는 훨씬 더 가볍다는 것이다(PCC, 960). 벤담이 문명화
된 삶과 야만적인 자연상태의 삶을 대비하는 취지는 분명하다. 문명
사회에도 고통과 빈곤이 존재하지만, 재산제도와 그것을 보호해주는
법으로 인해 삶이 훨씬 더 풍요롭고 안전하며 행복하게 되었다는 것
을 강조하기 위한 것이다.

벤담은 공리주의를 확립하는 데 기여했던 베카리아(Beccaria)를 높
이 평가했으면서도 재산제도가 불필요한 사회제도로서 사회에 큰 해
악을 끼쳤다고 본 점에서는 그를 냉정히 비판했다(PCC, 969). 벤담은
권리 자체가 쾌락, 풍요, 그리고 안전이란 관념을 나타낸다고 반박했
다. 벤담은 재산제도의 혜택을 다음과 같이 묘사한다.

"권리는 노동에 대한 자연적인 혐오를 파괴시켜버렸다. 그것은 인
간에게 지구의 제국을 선사했다. 그것은 민족들이 이주하며 사는
생활을 종식시켰다. 인간은 보편적으로 신속한 향유를 원하며 노
동하지 않고 누리기를 원한다. 끔찍한 것은 그와 같은 욕망이다. 왜
냐하면 그것은 소유가 없는 사람들을 소유하고 있는 사람들에 맞
서 무장하게 만들기 때문이다. 그런 욕망을 제약하는 법률은 인간

이 자신에 대해 이룬 가장 고상한 승리이다"(PCC, 978).

　이어서 벤담은 재산에 대한 침해가 야기하는 해악들을 묘사함으로써 재산제도의 사회적 효용을 부각시킨다. 재산제도에 대한 침해는 크게 네 가지 해악을 야기한다(PCC, 978-1005). 비소유의 해악, 상실의 고통, 상실할 가능성에 대한 공포, 그리고 근면의 마비가 그것이다. 처음 두 가지는 주로 관련 개인에게 미치는 해악인 반면, 나머지 두 가지는 사회 전체에 미치는 해악이다. 이런 해악들은 재산제도가 개인의 행복은 물론 사회 전체의 행복에 필수불가결함을 증명해준다고 본다.

　재산제도의 긍정적 결과는 개인과 사회의 물질적인 행복에 그치지 않는다. 그것은 개인의 성품과 덕의 형성에도 중요한 영향을 미친다. 재산권은 개인들이 노동을 통해 얻은 이익을 안전하게 보호해주기 때문에 근면의 덕을 고취시킨다.[102] 벤담은 특히 게으름과 나태함의 악덕이 개인과 사회의 행복에 미치는 부정적인 영향을 우려하기 때문에 사유재산제도가 근면의 덕을 함양시킨다는 점을 특별히 강조한다. "재산권은 부자나 빈자에게 공히 중요한 동기부여가 된다." 재산권은 나태함의 적인 노동에 대한 혐오를 파괴하는바 "인간이 자신에 대해 이룬 가장 고상한 승리이다." 이처럼 벤담은 재산권이 개인과 사회에 엄청난 혜택과 발전을 가져다주는 제도임을 전혀 의심하지 않는다.

　마지막으로 법의 또 다른 목표인 평등이 재산권과 충돌할 수 있는 가능성에 대해 벤담이 어떻게 생각했는지를 살펴볼 필요가 있다. 왜

102　반면에 공산주의는 방탕함(prodigality)을 조장한다.

냐하면 사유재산권에 대한 존중은 재산의 불평등을 옹호하는 것과 다름이 없기 때문이다. 벤담은 어느 정도까지는 그 두 가지 목표가 충돌할 수 있지만 인내심을 가지고 접근할 경우 두 가지 목표를 조화시킬 수 있다고 본다.

전체적으로 벤담은 특수한 불평등들이 야기할 수 있는 해악들을 우려한다. 하지만 재산의 불평등에 대한 그의 우려는 부의 재분배에 대한 관심과는 아무런 관련이 없다. 벤담은 사유재산권이 보장해주는 안전의 가치가 (사유재산권이 야기할 수 있는) 물질적인 불평등을 축소시키는 문제보다 훨씬 더 중요하다고 본다. 경제 영역에서 평등을 우선시하다보면 사회적 응집력이 떨어지고 개인과 사회의 행복이 크게 떨어진다는 것이다. 그래서 "안전과 평등이 충돌하면, 한 순간도 지체하지 않고 평등이 안전에 굴복해야 한다."고 강조한다.

그러면서도 벤담은 법률이 사유재산에 관여할 수 있는 새로운 방법을 통해 불평등의 완화에 기여할 수 있는 가능성을 부정하지는 않는다. 재산소유자가 사망하면 피상속자가 지나치게 많은 부를 상속받지 못하도록 규정함으로써 불평등을 완화시킬 수 있다. 또한 사망자의 직계 상속자가 없거나 유언이 없을 경우 평등의 목표에 유리하게 유산을 처리하는 방법도 고안할 수 있다. 중요한 것은 어떤 기대도 품지 않았던 새로운 취득자들에 관련된 문제로, 어떤 누구를 실망시키지 않으면서도 모든 사람들에게 유익이 되는 방식으로 유산을 처분함으로써 평등을 증진시킬 수 있는 방법을 고안하는 것이다.

사유재산제도에 대한 명백한 옹호에도 불구하고, 벤담의 공리주의적 논리에는 재산권을 포함한 모든 권리의 절대성에 대한 회의가 잠복해있다. 이런 회의는 벤담의 이론뿐만 아니라 모든 공리주의적 정당화 방식에 깔려 있다. 공리성의 논리는 어떤 제도를 정당화할 때는 물론 비판할 때도 활용할 수 있기 때문이다. 사유재산제도가 전반적인 개인적·사회적 효용을 극대화할 수 있는 상황에서는 공리주의가 사유재산제도를 정당화하는 강력한 논리를 제공해준다. 물론 이 중간에 국가가 개입하여 적절한 조세제도를 통해 사유재산제도를 유지하면서도 사유재산제도가 야기하는 해악을 최소화시키는 방법도 있다. 이런 개입 방식에 대한 공리주의적 정당성은 전적으로 상황(에 대한 이해)에 달려 있다. 공리주의적 입장에서 재산권을 법제화하는 입법자들은 변하는 상황을 정확하게 판단하면서 재산제도가 개인과 사회의 행복에 최대한 유리하게 운용되도록 현명하게 대처할 필요가 있다. 이 경우 가장 중요한 문제는 그런 전지전능한 입법자(집단)를 찾을 수 있는지의 여부가 될 것이다.

　맥퍼슨의 평가에 따르면, 19세기에 엄청난 영향력을 발휘했던 벤담의 재산이론은 재산의 불평등에 대한 새로운 정당화 논리를 제공했다(Macpherson ed. 1978, 719). 벤담은 재산에 관한 자연권적 정당화 이론을 '허튼소리'로 치부했으며, 재산권과 통치의 권리 등 모든 것을 '공리의 원칙' 혹은 '최대다수의 최대행복 원칙'에 입각하여 새롭게 정립했다. 벤담에 따르면 공리의 원칙은 절대적으로 불평등한 재산제도를 필요로 한다. 벤담의 주장은, 로크의 재산이론이 17세기 후반 영국을 배경으로 호소력을 갖고 있었던 만큼이나, 19세기 전반기 영국에서 상당한 설득력을 갖고 있었다. 그의 이론은 여러 가지 문제점을 안고 있었지만 다소 변형되거나 발전된 형태로 지금까지도 계승되고 있다. 오늘날 유행하고 있는 편익/비용 분석 접근법은 그 대표적인 사례이다.

05

존 스튜어트 밀의 재산이론

공산주의에 대한 검토

밀은 19세기의 가장 중요한 경제학 텍스트였던 『정치경제학 원리』 (1848)의 2편인 「분배」 편에서 벤담과는 상당히 다른 근거와 논조로 사유재산에 대한 공리주의적 정당화를 선보였다. 특히 밀은 당시에 부상하고 있었던 공산주의와 사회주의에 어느 정도 공감하고 있었기 때문에 그가 사유재산제도를 정당화하는 방법은 벤담의 방법과 큰 차이가 있을 수밖에 없었다. 밀이 궁극적으로 공리주의자로 분류되고 있다는 사실은 사유재산권에 대한 그의 옹호 방식이 기본적으로 벤담의 입장과 크게 다르지 않음을 시사해준다. 하지만 쾌락 혹은 효용의 질적인 측면을 상대적으로 강조했던 밀은 개인 행복의 핵심을 자유와 도덕적 발전에서 찾았고, 그에 따라 재산제도도 벤담보다 더 평등주의적인 입장에서 고찰했다. 벤담에게는 안전이란 지배적인 가치가 언제나 평등이란 가치보다 앞섰지만, 밀에게는 평등이란 가치가 사유재산의 한계를 설정하는 데 훨씬 더 중요한 역할을 했다.

먼저 밀은 『정치경제학 원리』 2편이 (생산과 근본적으로 다른 문제인) '분배'에 관한 논의임을 밝히고, 자연법칙처럼 정해지는 생산과 달리 분배는 전적으로 인간의 계획과 제도의 산물임을 강조한다.

"부를 분배하는 일은 [생산과 달리] 그렇지 않다. 이는 순전히 인
간 제도의 문제다. 분배해야 할 것이 일단 저기 있으면, 인간은 개
인 차원에서든 집단 차원에서든 인간 스스로 좋아하는 대로 처분
할 수 있다. 누구에게 얼마나 무슨 조건으로 주든지 말든지를 인간
이 원하는 대로 정할 수 있는 것이다. 나아가 완전히 홀로 고립된
상태를 제외한 모든 사회상태에서는 무엇에 관한 처분이든 오로지
사회가 동의해야, 꼬집어 말하자면 사회의 활동력을 장악한 사람
들이 동의해야 가능하다. 심지어 한 사람이 다른 누구의 도움도 받
지 않고 개인만의 노력으로 생산한 것이라도 사회가 허락하지 않
는다면 자기 것으로 가질 수 없다.…그러므로 부의 분배란 사회의
법과 관습에 의존한다. 분배를 결정하는 규칙은 공동체를 주도하
는 일부가 생각하고 느끼는 대로 정하기 나름이다. 따라서 시대와
나라에 따라서 많이 다르고, 미래에도 인류가 선택하기만 하면 더
욱 많이 달라질 수 있다"(MIII 2010, 20).[103]

이어서 밀은 분배의 규칙을 논할 때 주목해야 할 사항은 분배의 규
칙이 (발생하는 원인보다는) 산출하는 '결과'라고 강조한 후 분배체제의
핵심이 되는 사유재산에 관한 논의를 시작한다. 그런데 밀은 재산제
도를 사회철학적으로 다룰 경우, 사유재산제도가 가장 이상적으로

---

103   이하부터는 PPE로 표기함.

작동할 수 있는 가상적인 공동체를 전제로 추론해야 한다고 본다. 즉, 사유재산제도의 이상적인 작동을 가로막는 오래된 불평등과 불의가 존재하지 않는 상태에서, 그리고 모든 성인남녀가 자신의 육체적·정신적 능력을 사용하고 발휘하는 데 어떤 지장도 겪지 않는 이상적인 공동체를 배경으로 추론해야 한다고 본다. 이것은 수많은 고통과 부정의가 존재하고 있는 현재의 경제체제를 두고 볼 때 사유재산제도를 정당화하는 것이 결코 쉽지 않을 뿐만 아니라, 당시에 급속히 부상하고 있던 공산주의 이론의 호소력을 넘어설 수 있는 매력적인 사유재산제 옹호론을 제시하기 어렵다는 판단을 반영한다.

밀이 볼 때 당시에 부상하고 있었던 공산주의—사회주의의 가장 급진적인 형태—이론은 당시의 유럽과 영국 상황에서는 상당한 호소력을 지니고 있었으며, 공산주의 반대론자들이 주장하듯 그렇게 비현실적이고 공상적인 이상론이 아니었다. 공산주의의 문제점들은 사유재산체제를 채택하고 있는 대부분의 국가들에서도 발생한다. 공산주의의 반대자들은 "자기가 노력해서 얻은 이득을 자기가 개인적으로 수확할 수 있는 사람들에게서만 정직하고 효율적인 노동을 기대할 수 있다."고 생각하지만, 밀은 사유재산체제에서 수행되는 대부분의 노동에는 (노동의 기여에 훨씬 못 미치는) 고정급이 지급되기 때문에 노동자들이 효율적으로 일할 동기를 찾을 수 없다고 반박한다. 오히려 공산주의체제에서는 모두가 공동체의식을 갖도록 교육을 받기 때문에 공동체에 대한 기여를 명예로 여기며 게으름에 대한 타인들의 따가운 눈총을 더 견디기 어려워한다. 비록 노동에 대한 보상이 충분하지 않다고 해도 공동선을 위해 생각보다 열심히 일할 수 있다는 것이다.

심지어 공산주의의 난제로 언급되는 노동의 배치 문제—수많은 종류의 일을 어떻게 할당할 것인가?—도 극복할 수 없는 문제가 아니다. 밀이 볼 때 공산주의가 하나의 관념으로 갓 대두한 상황에서 공산주의의 문제점을 지적하며 그것이 비현실적이라고 비난하는 것은 문제가 있다. 그런 비난은 경험적인 증거도 없이 그 체제가 지닌 잠재력을 과소평가하는 문제점이 있을 뿐만 아니라, 인간의 지성이 (공산주의의 난점을 성공적으로 해결한 후) 공산주의체제에서 최대한의 혜택을 끌어낼 수 있는 가능성을 원천적으로 봉쇄해버리는 어리석음을 범하는 것이다. 요컨대, 공산주의는 사람들의 이기적인 무절제를 억제하는 공론이 효과적으로 작동하는 체제로서, 공산주의에서 노동의 활력이 어느 정도 위축될지, 개인의 개성을 펼칠 수 있는 가능성이 남아 있을지, 또한 공공 여론이 전제적 멍에가 되지 않을 것인지에 대해 아직 결론을 내릴 수 없다(PPE, 27-35).

　사유재산체제의 현실적인 문제점들을 배경으로 (가장 극단적인 사회주의 신조인) 공산주의가 그렇게 비현실적인 대안이 아닐 수도 있다고 진단한 밀은 이어서 가장 온화한 사회주의인 생시몽주의와 푸리에주의에 관심을 돌린다. 공산주의의 수정 형태인 생시몽주의와 푸리에주의는 "노동에 대한 반대급부를" 인정해준다는 점에서 현존 체제의 원리를 수용한다. 노동에 대한 반대급부를 노동의 양이나 수준과 상관없이 동일하게 나누는 체제는 인간의 도덕적 수준이 매우 높은 상태에 걸맞은 반면, '작업에 비례한 급부' 원칙은 작업에 대한 선택이 어느 정도 가능한 체제에서 적용될 수 있다. 밀이 볼 때 당시의 영국이 '작업에 비례하는 급부' 원칙이 적용되기에 안성맞춤인 사회였다.

　밀이 볼 때 생시몽주의와 푸리에주의는 통상 공산주의에 가해지는 반론에서 완전히 자유롭다(PPE, 35-45). 이 두 가지 신조는 강력한 지성의 힘, 곧 근본적인 사회적·도덕적 문제들을 조망할 수 있는 포괄적인 철학적 안목 등에서 매우 두드러진다. 생시몽주의는 생산물을 평등하게 나누지 않고 소명과 능력에 따라 차등적으로 나누는 것이 바람직하다고 보고, 사회의 권위체가 사람들이 수행하는 기능의 중요성과 능력에 비례하여 급부를 정해야 한다고 주장한다. 또한 타고난 재능과 덕 때문에 사람들의 존경을 받을 수 있는 인물들이 지도체제를 구성하는 것이 중요하다고 본다.

푸리에주의는 밀이 사회주의의 가장 이상적인 형태로 간주하는 신조이다. 이 체제는 사유재산과 유산제도의 철폐를 주장하지도 않고, 생산물을 분배할 때 노동과 함께 자본의 기여도 고려해야 한다고 주장한다. 밀은 푸리에주의를 다음과 같이 묘사한다.

"분배에서는 먼저 노동의 능력이 있든지 없든지 공동체의 모든 구성원에 대해서 생존을 위해 필수적인 최소한의 양이 배정된다. 그리고 남은 생산물은 노동, 자본, 재능이라는 세 요소 사이에 사전에 결정된 비례의 기준에 따라서 분배된다. 공동체의 자본은 구성원 개개인이 서로 다른 비율로 차등적으로 소유할 수 있고, 그 경우 여느 공동출자회사와 마찬가지로 각자의 지분에 비례해서 배당받는다. 재능 몫으로 돌아가야 할 부분 가운데 각 개인의 몫이 얼마인지는 그 사람이 속해서 일한 노동자집단에서 그가 차지하는 등급 또는 서열에 따라서 정해진다.…급부를 받은 다음 소비나 처분은 반드시 공동으로 해야 할 필요가 없다.…아울러 공동체 안에서 사고파는 일 모두가 단일한 상점을 통해서 이뤄지도록 함으로

써 현 사회의 산업생산물 중에서 단지 유통만을 담당하는 사람들
이 이윤으로 챙겨가는 엄청난 분량을 가능한 한 최소한으로 줄이
려는 목적도 있다"(PPE, 38-9).

푸리에주의는 공산주의와 달리 당시 사회에서 작동하고 있었던 노
동의 동기들을 대부분 수용한다. 오히려 고안자들의 의도대로 움직
일 경우 그런 동기들이 더욱 강화될 수 있다고 본다. 왜냐하면 이 체
제에서는 그렇게 유리한 입장에 있지도 않고 좋은 운을 타고나지도
않은 보통 사람들이 현재 체제에서보다 더 많은 수확을 걷을 수 있다
고 보기 때문이다. 더구나 푸리에주의는 개인들이 자유로운 선택 원
칙에 따라 다양한 집단에 동시에 소속되어 일을 하고 높은 지위에 올
라갈 수 있는 기회를 보장받을 수 있기 때문에 진정한 평등을 추구할
수 있는 장점이 있다. "게으른 계급이 존재하지 않고, 쓸데없는 일에
엄청난 양의 노동이 낭비되는 현재의 상태와 달리 어떤 노동도 낭비
되지 [않기 때문에]…협동의 효과에서 얻을 수 있는 모든 이익이 실
현되어 생산의 효율성도 높아지고 소비도 경제적 방식으로 이루어질
수 있다"(PPE, 40).

사유재산제도를 고찰하는 맥락에서 사회주의, 특히 생시몽주의와
푸리에주의를 긍정적으로 검토한 밀의 의도는, 사회주의 신조는 갓
태어난 신조에 불과해서, 그것이 사유재산제도를 근간으로 한 자본
주의 체제의 진정한 대안이 될 수 있는가의 여부를 아직 객관적이고
공정하게 평가할 수 없다는 것을 강조하기 위한 것으로 보인다. 생시
몽주의와 푸리에주의는 당시 영국과 대륙에 팽배해 있었던 고통과
부정의를 배경으로 해서 볼 경우 상당한 매력과 장점을 지니고 있는

바, 아직 체계적으로 실천된 바 없는 그 신조들을 비현실이라고 비판하는 것은 그다지 설득력이 없다는 것이다(PPE, 41).

그런데 생시몽주의와 푸리에주의가 현실 속에 작동하는 중요한 원칙들을 대부분 수용하고 있으면서도 현재의 체제에서 볼 수 있는 고통과 부정의를 일소할 수 있는 잠재성을 가지고 있다면, 왜 사유재산제도를 수용해야 하는지에 대한 의문이 들 수 있다. 밀은 이런 의문을 인지하고 있는 것으로 보인다. 이에 대한 밀의 답변은 두 가지로 정리할 수 있다. 하나는 "이론적으로 가능한 공유재산 체제들 가운데 토지와 자본의 사적 소유에 기초한 '산업의 조직화'를 대체하기에 적합한 형태가 언제 출현할지, 그리고 어느 정도까지 대체할 수 있을지를" 경험이 말해줄 때까지 기다리는 것이고, 다른 하나는 현행 사유재산체제를 공리성의 원칙에 근거하여 최대한 개선하는 것이다.

밀은 후자를 선택했다. 사회주의를 사회 전체에 걸쳐 실험하는 프로젝트는 오랜 시간과 거대한 사회변화를 요구하고, 그 결과가 기대에 부응하지 않을 수도 있으며, 체제 이행 과정에서 많은 고통과 무리가 따를 수 있다. 반면에, 사유재산체제를 개선하여 재산소유자들의 행복을 증진시키고 사회진보를 꾀할 수 있다면 체제 이행 과정에 수반하는 고통과 혼란을 겪지 않고서도 소기의 목적을 달성할 수 있다.

밀이 사유재산체제를 개선하는 전략을 택하게 된 데에는 그보다 더 중요한 이유가 있다. 그것은 사회주의의 '이상'과 사유재산제의 '현실'을 대조하는 방법이 매우 부적절하다고 보기 때문이다. "비교가 적실성을 가지려면 공산주의가 최선으로 작동할 때의 상태에 견주어 개인적 재산의 체제도 현재 상태가 아니라 가능한 최선의 상태를 비교해야 한다"(PPE, 32).

더구나 생시몽주의와 푸리에주의가 당시의 영국 현실에서 작동하고 있던 대부분의 원칙들을 그대로 수용하고 있다면 극단적인 공산주의체제와 뚜렷이 구분되며, 현재의 체제와 많은 것을 공유하고 있다고 봐야한다. 그렇다면, 근본적인 체제 전환이 단기간에 이루어지기 어렵고 또 많은 비용이 들어간다는 점을 감안해 볼 때, 현행 사유재산체제를 사회 전체에 이익이 되는 방향으로 개선하는 전략이 최선일 수가 있다. 밀은 다음과 같이 주장한다.

"인간본성의 궁극적 역량을 한정하지 말고, 사유재산과 개인경쟁에 기초한 사회 안에서 존재와 진보의 조건을 찾아내는 일이 앞으로 상당한 기간 동안 정치경제학자의 주관심이라고 확언해도 괜찮을 것이다. 인간발전의 현 단계에서 추구되어야 할 일차적 목표는 개인재산의 체제를 전복하는 것이 아니라 향상시켜서 공동체의 구성원 모두가 그 이익에 참여할 수 있도록 만드는 일이다"(PPE, 41).

밀의 주장은 사유재산체제의 역사적 기원에 대한 그의 인식을 두고 볼 때 충분히 이해할 수 있다. "근대 유럽의 사회질서는 정의로운 할당의 결과도, 노력에 의한 획득의 결과도 아닌 정복과 폭력의 결과로 생긴 재산분배를 기초로 삼고 시작하였다"(PPE,32). 이런 역사적 기원으로 인해 사유재산제도는 매우 왜곡되고 불공정한 조건―불평등과 불의―에서 작동할 수밖에 없었다. 따라서 전면적 사회주의화라는 급진적이고 불확실한 실험보다는 한 번도 올바로 실험된 적이 없는 사유재산제를 새로운 공리성의 원칙에 입각하여 제대로 실험하

는 것이 더 나은 방법이 될 수 있다. 이 방법이 성공할 경우 사회주의
로의 이행에 따른 고통과 비용을 절감할 수 있는 이점이 있다.

밀의 전략은 루소의 『인간불평등기원론』을 읽어본 독자들이라면
충분히 납득할 만한 것이다(Lamb 2021, 88). 사유재산제도의 수립 과
정에 수반했던 강탈은 현행 체제의 원천적인 부당성은 물론, 현 체제
에 만연한 고통과 부정의의 원인을 알려주기 때문이다. 하지만 밀이
루소와 비슷한 것은 여기까지다. 루소가 사유재산제도 자체를 모든
사회악의 근원이라고 단죄했던 것과 달리 밀은 사유재산제도를 긍
정적으로 평가했다.[104] 다만 사유재산제도는 정상적으로 실험된 적이
없기 때문에 새로운 공리성의 원칙에 따라 최대한 개선하여 운영해
볼 필요가 있다.

사유재산의 정당성

밀은 사유재산제도를 올바로 실험하기 위해서는 한 가지 원칙과 두
가지 조건이 필요하다고 본다(PPE, 32-5). 사유재산제의 근본 원칙은
각 개인에게 노동과 절제의 과실을 보장해주는 것, 특히 노력에 비례
하여 보상해주는 것이다. 이 원칙에 비추어볼 때, 어떤 사람이 노동
하고 절제해서 얻은 결실을 아무런 노력도 기울이지 않은 사람에게
이전해주는 것은 부당한 일일 뿐만 아니라, 그 도가 지나치게 되면
사유재산제도 자체를 훼손할 수도 있다. 따라서 노력에 비례하는 보

---

104 생시몽주의와 푸리에주의가 사유재산제를 수용했다는 사실도 사유재산제의 바람직
함을 보여주는 한 가지 증거로 볼 수 있다.

상 원칙―형평원칙―을 근간으로 한 사유재산체제가 올바르게 작
동하려면 형평원칙에 역행하는 모든 요인들을 먼저 교정할 필요가
있다.

　이에 덧붙여 밀은 사유재산제도의 작동에 필요한 두 가지 조건으
로 보편적 교육과 인구의 적정 수준을 제시한다(PPE, 33).

　"이런 조건들이 충족된다면 설령 사회제도가 지금과 같다고 해도
빈곤은 없을 것이다. 그렇다고 한다면 사회주의자들이 일반적으로
주장하듯이 지금 인간성을 격하시키는 악폐에서 벗어나 유일한 피
난처로 날아가는 길이 사회주의뿐인 것은 아니다. 사회주의를 선
택하느냐 마느냐는 다만 상대적 이익과 관련되는 문제이고, 따라
서 시간이 판정할 문제이다"(PPE, 33).

　밀에 의하면 당시 영국 사회는 이 두 가지 조건을 충족시키지 못했
기 때문에 사유재산체제에 대한 사회주의자들의 비판은 공정한 비판
이라고 볼 수 없다. 이와 같은 밀의 응수에는 두 가지 조건이 갖춰질
경우 영국 사회가 완전히 다른 모습을 갖게 될 것이며, 사회주의자들
의 비판이 현실적인 근거를 잃어버릴 것이라는 기대가 담겨 있다. 사
회주의자들은 사회주의 이념이 실험된 대규모의 역사적 사례가 없는
데다가 사회주의에 필요한 높은 공동체의식과 교육수준을 전제하고
있어서, 사회주의가 자본주의 체제보다 더 우월하다고 과감히 주장
할 수 있었다. 반면에 자본주의 체제는 잘못된 역사적 기원으로 인해
매우 왜곡된 형태로 구현될 수밖에 없었기 때문에 사회주의 이상을
자본주의의 현실과 대조하는 방법은 공정하지 않다. 사유재산체제와

재산공유제의 진정한 우열은 두 체제가 모두 이상적인 조건을 갖춘 상태에서 가려져야 한다. 밀은 최종적인 평가를 역사에 맡기면서도, 두 가지 조건이 모두 충족될 경우 사유재산체제가 인간의 자유와 자발성을 최대한 보장해주면서도 사회의 진보를 촉진시킬 수 있는 충분한 잠재력을 지니고 있다고 본다.

밀은 이런 가정 하에 사유재산체제의 정당화에 착수한다. 먼저 밀은 사유재산을 "자기가 스스로 노력해서 생산한 것, 또는 생산자에게서 무력이나 사기를 통하지 않고 선물이나 공정한 합의에 의해서 받은 것을 각 개인이 남의 간섭 없이 처분할 수 있는 권리"로 정의한다 (PPE, 43). 여기서 "남의 간섭 없이 처분할 수 있는 권리"는 당연히 계약의 자유와 양여에 대한 권한을 포함한다(PPE, 45, 54). 소유하고 있는 것을 다른 사람들과 자유롭게 거래하거나 "생전이든 사후든 소유자가 원하는 대로 양여할 수 있는 권한"이 없다면 재산권은 완전하지 않기 때문이다.[105]

밀은 노동이 사유재산 형성의 가장 기본적인 요소라는 점을 받아들인다. 하지만 원료, 기계, 그리고 노동자들의 부양에 쓰이는 필수품을 포함하는 자본도 생산 과정에서 중요한 역할을 한다는 사실을 인정한다는 점에서 로크와 차별성이 있다.[106] 밀은 과거에 수행한 노동

---

105 밀은 유증과 관련된 사유재산제도의 한계에 대해서도 다룬다. 이에 관해서는 나중에 언급할 것이다.

106 밀이 '시효취득'의 정당성을 인정하고 있다는 사실은 그가 노동을 통한 최초 점유·취득이 사유재산의 기원이라고 보는 로크의 입장을 어느 정도 수용하고 있다는 증거로 볼 수 있다. 하지만 로크의 경우에는 자연법에 의해 도덕적으로 정당화되지만, 밀의 경우에는 실용주의적인 근거에 의해, 다시 말해 개인에게나 사회에 득이 될 것

의 결실을 쓰지 않고 절약한 결과로 자본이 축적되고, 자본이 없다면 아예 노동자들이 생산을 시작할 수 없다고 보기 때문에 노동을 유일한 사유재산의 기원으로 보는 로크와는 큰 차이가 있다. "자본가는 노동자 없이 아무 것도 할 수 없고, 노동자도 자본가 없이 아무 것도 할 수 없다."

사유재산권을 이렇게 규정한 밀은 사유재산의 본질을 더 큰 목적에 기여하는 수단이란 측면에서 이해한다. 즉, 밀의 공리주의적인 시각에서 볼 때 "재산이란 다만 어떤 목적을 위한 수단일 뿐 그 자체가 목적은 아니다"(PPE, 54). 재산에 관한 밀의 인식에 깔려 있는 공리주의적인 관심은 토지재산에 관한 그의 언급에서 더욱 분명히 나타난다.

"'신성한 사유재산권'이라는 것을 운위할 때에는 토지재산에 그와 같은 신성함이 그만큼 함유되어 있지는 않다는 사실을 잊지 말아야 한다. 토지를 만든 사람은 아무도 없다. 토지는 인간이라는 종 전체가 받은 원초적 상속분이다. 토지를 어떻게 전유하느냐는 문제는 전적으로 사회일반을 위한 편의의 문제일 뿐이다. 토지를 사유재산으로 삼는 것이 사회일반에 편의가 아니라면 그것은 곧 불의가 된다"(PPE, 64).

밀은 사유재산을 '신성한' 것으로 간주하지 않는다. 재산을 신성시

이라는 근거로 정당화된다(PPE, 45-6).

324

하게 되면 재산에 대한 어떤 침해도 정당화할 수 없다. 사회일반의 편의를 위한다는 명분이나 공동선에 기여한다는 명분으로 가해지는 소유권의 제한은 불의한 것이 돼버리고 만다. 예컨대 로크의 재산권 이론을 근거 짓는 자연법은 인간이 노동을 통해 자연의 공유물을 사유화할 수 있다고 규정함으로써 재산권에 신성함을 덧붙였다. 헤겔 또한 재산에는 개인의 인격이 담겨 있다고 주장함으로써 재산에 (인격 자체만큼은 아니지만) 신성함의 휘광을 덧붙이고 있다. 이와 달리 밀은 사유재산이 신성한 것이 아닐뿐더러, 사회일반의 이익이 되지 않는 재산권은 불의하다고 주장했다. 즉, 노동으로 어떤 것을 획득하든 창작을 통해 개인의 인격을 작품 속에 집어넣든, 그런 노동과 창작행위가 사회적인 이익을 크게 증진시키지 못할 경우 (사회적 이익을 크게 향상시킬 수 있는 다른 방식과 비교해볼 때) 소유권의 정당한 기초가 될 수 없다고 주장한다. 밀의 이와 같은 입장은 로크, 칸트, 그리고 헤겔의 입장과 분명히 구분된다. 밀에게 재산권의 '궁극적인 근거'는 '사회일반의 이익'이지 개인의 노동이나 자유 혹은 인격적 특성이 아니기 때문이다.

물론 밀도 노동이 사유재산의 정당한 토대가 될 수 있다는 점을 분명히 인정하고 있다. 사유재산의 원리는 "각 개인에게 노동과 절제의 과실을 보장하는 의미를 가져야 한다."고 강조하고, '노동과 보상의 비례 원칙'이 관철되어야 한다고 주장한다(PPE, 32-3). 하지만 노동이 사유재산 형성의 가장 중요한 계기가 된다는 주장은 노동이 소유권의 '궁극적인 근거'라는 주장과는 차이가 있다. 애초에 사유재산제도를 채택하게 된 이유가 노동의 산물을 보장해주기 위한 것인 아니라 (만일 그것이 주된 이유라면 로크의 이론과 근본적인 차이가 없을 것이다) '사회

일반의 이익'을 증진하기 위한 것이기 때문이다. 따라서 노동을 재산
획득의 한 가지 근거로 볼 수 있다는 주장은 노동의 산물을 보장해주
는 사유재산체제에서만이 '사회일반의 이익'이 극대화될 수 있기 때
문이다. 만일 노동의 산물을 보장해줌으로써 (다른 방법에 비해) '사회
일반의 이익'이 증진되지 않는다면 노동을 재산 획득의 정당한 근거
로 인정할 이유가 없다. 국가가 노동의 결실을 모두 거둬들여 일정한
원칙에 따라 분배하는 방법이 '사회일반의 이익'을 더 극대화시킬 수
있다면 '노동에 비례하는 보상 원칙'을 채택해서는 안 된다. 그러므로
밀의 재산이론이 로크의 노동이론을 일부 수용했다고 해도 그것은
어디까지나 로크의 이론이 공리주의 재산이론의 하위 원칙으로 작동
할 수 있을 때에 한해서이다. 밀의 공리주의적인 관점에서 보면, 노
동의 산물을 보장해주는 정책이 사회 전체의 이익을 극대화시켜주기
때문에 노동을 재산권의 정당한 기초로 수용할 수 있는 것이다.

　밀의 포괄적인 윤리·정치적 관점을 두고 볼 때, 사유재산권의 궁
극적 목적인 '사회 전체의 이익' 혹은 '사회일반의 편의'는 인간의 자
유와 도덕적 진보, 그리고 물질적인 풍요를 포함하는 포괄적인 의미
의 사회진보를 의미한다고 볼 수 있다(Lamb 2021, 88-9). 밀은 당시의
영국 사회를 배경으로 자신의 공리주의적 재산(혹은 경제)이론이 그와
같은 사회진보로 이끌어갈 수 있는 최선의 지침이 되기를 기대했다.

사유재산의 제한과 한계

주지하듯이 사유재산에 관한 밀의 공리주의적인 정당화는 '사회일반
의 이익'이라는 기준에 근거하고 있다. 다시 말해 사유재산을 인정하
는 체제가 공동체의 전체적인 이익을 증진시킬 수 있다는 기대에 근

거해 있다. 하지만 밀이 관찰한 바에 따르면 당시 영국과 유럽의 자본주의 체제는 고통과 불의로 가득 차 있었다. 그와 같은 현실은, 사유재산체제의 기본 원칙들이 공정하게 실험되지 못한 결과였다고 해도, 사유재산체제가 '사회일반의 이익'에 크게 기여하지 못하는 상황이 얼마든지 발생할 수 있다는 것을 예시해준다. 따라서 사유재산권 원칙을 제대로 실험하기 위해서는 먼저 사유재산체제의 이상적인 작동을 방해하는 요인들을 제거해야 할 뿐만 아니라, 그 원칙이 '사회일반의 이익'에 역행하는 방식으로 작동하지 않도록 수정할 필요가 있다.[107]

먼저 밀은 '노동에 비례하는 보상 원칙'의 이상적인 작동을 방해하는 당시의 재산 및 유증 체제를 분석·비판하고 개선책을 제시한다. '노동에 비례하는 보상 원칙'은 현재의 사유재산체제를 떠받치고 있는 가장 중요한 원칙이긴 하지만 '사회일반의 이익'이라는 공리주의적인 원칙에 따라 부분적으로 수정하거나 유보할 필요가 있기 때문이다. 시효취득 원칙과 유증에 대한 밀의 분석과 평가에는 이와 같은 인식이 잘 나타나 있다(PPE, 44-68).

시효취득은 사유재산체제의 주요 원칙들 중 하나로, 비합법적인 방법으로 취득한 것들이라 해도 일정 기간이 지나면 정당한 소유물로 인정해주는 원칙이다. 밀이 시효취득을 사유재산체제의 한 가지 원칙으로 정당화하는 것은 '노동에 비례하는 보상 원칙'에 따른 것이

---

107 이와 같은 복잡한 고려사항들은 밀의 재산이론에 상당한 융통성을 부여해주지만, 공리주의적인 재산이론의 모호함이나 내적 모순을 암시하기도 한다.

라기보다는 그것을 인정해주는 것이 '사회일반의 이익'에 부합한다
고 보기 때문이다. 밀은 이렇게 말한다.

"모든 나라의 법률이 실제로 인정하듯이 적정한 기간 동안 법률적
으로 의문이 제기되지 않은 소유물은 완전한 소유권이 인정되어야
한다. 심지어 획득 과정이 불법이었다고 하더라도 한 세대가 흘렀
다면 현 소유자는 십중팔구 선의의 소유자일 텐데, 오랫동안 잠자
던 권리주장을 새삼 끄집어 제기한 것 때문에 소유권을 박탈한다
는 것은 원래의 불법행위를 배상 없이 놔두는 것에 비해서 사회 일
반에 더 큰 불의를 저지르는 셈이며, 사적으로나 공적으로 거의 언
제나 득보다 더 해가 클 것이다"(PPE, 46).

이처럼 시효취득 원칙은 정의의 원칙에 부합하거나 도덕적으로 옳
아서가 아니라 사회일반의 이익에 부합하기 때문에 수용된다. 여기
에는 공리주의적인 고려 외에 어떤 이유도 포함되어 있지 않다. 시효
취득의 원칙은 사유재산체제의 근본 원칙인 '노동에 비례하는 보상
원칙'에는 어긋나 보이지만, 공리성의 원칙과는 충돌하지 않는다. '노
동에 비례하는 보상 원칙'에 따라 시효원칙을 폐지할 경우 사회에 이
익이 되기보다는 해가 될 것으로 보는 것이다.

유증에 대한 밀의 입장은 조금 더 복잡하다. 공리주의적인 고려와
함께 '노동에 비례하는 보상 원칙'의 수정 혹은 유보 필요성에 대한
인식이 반영되어 있기 때문이다. 먼저 밀은 재산 개념을 재규정하면
서 유증 문제를 검토한다. "재산이라는 개념에 함축되는 내용은 각자
가 자기 자신의 능력에 대해서, 자기 능력으로써 자기가 생산한 것에

대해서, 공정한 시장에서 생산물과 바꾸어 얻은 것에 대해서 권리가 있다는 것이 전부다"(PPE, 47). 이어서 밀은 "또한 자기가 선택한 누구에게든 이것을 줄 권리가 있고, 그 상대방은 그것을 받아 누릴 권리가 있다."고 밝힘으로써 유증이 사유재산체제의 정당한 권리임을 인정하고 있다.

하지만 '노동에 비례하는 보상의 원칙'에 비추어 볼 때, 노동에 비례하지 않는 유산을 상속받는 것은 사유재산체제의 근본 원칙에 반하는 듯 보인다. 그래서 밀은 "유증의 권리, 즉 사후에 양여할 수 있는 권리는 사유재산의 개념에 일부로 들어가지만, 유증의 경우와는 달리 유산을 받을 권리는 사유재산의 개념에 포함되지 않는다고 결론짓는다"(PPE, 47).

유증에 관한 밀의 결론은 공리성의 원칙을 토대로 '노동에 비례하는 보상 원칙'을 수정함으로써 도출한 것으로, 대체로 상속하는 사람의 의지와 뜻을 존중할 필요는 있지만, "개인과 사회의 진정한 이익"을 고려하여 제한적인 권리만을 인정해야 한다는 것으로 요약할 수 있다.

여기서 주목할 점은 밀이 개인적인 이익을 위해서 피상속자가 '제한적인' 유증의 권리를 가져야 한다고 주장한 점이다. 이런 유증 방식이 사회 전체에 이익이 되는지 불이익이 되는지는 알 수 없지만, 많은 몫을 유산으로 받는 것이 피상속자 개인에게 결코 좋지 않기 때문에 유증에 대한 제한적인 권리만을 가져야 한다는 주장은 다소 억지스러워 보인다.

하지만 밀이 개인의 이익보다는 '사회일반의 이익'을 강조했고, '사회일반의 이익'이 개인의 자유와 도덕적 진보를 의미한다는 점을 상기해보면 밀의 주장을 어느 정도 이해할 수 있다. 밀의 소신에 따르면, 어렸을 때부터 (기본적인 교육과 양육에 필요한 것을 초과하여) 너무 많은 것을 부모로부터 물려받는 것은 "선량하고 가치 있는 사회구성원"으로 성숙해갈 수 있는 기회를 박탈당하는 것과 같다. 유증은 기본적으로 상속하는 사람의 뜻에 따라서 이뤄져야 하지만 "아이가 자기 인생을 전체적으로 볼 때 바람직한 것으로 만들 수 있는 능력을 기르는 데에 필요한 복지를 마련해주는" 정도에서 그치는 것이 좋다. 이런 입장은 밀이 개인의 이익을 자유와 도덕적 진보의 관점에서 규정하고 있으며, '사회일반의 이익'도 모든 개인들의 자유와 도덕적 진보의 측면에서 이해하고 있음을 말해준다. 밀은 다음과 같이 결론짓는다.

"각 사례에 합당한 정의와 개인과 사회의 진정한 이익만을 고려하기로 한다면, 사생아의 경우나 장남 이외의 자식의 경우에 이치에 맞는 것으로 인정될 수 있는 정도만 주는 것이 부모가 자식에게 져야 할 의무의 전부라고 나는 생각한다. 따라서 유언 없이 사망한 사람의 자식에게 국가가 져야 할 의무도 그것이 전부라고 생각한다. 그 정도를 주고 잉여분이 있다면 공동체의 일반적인 목적을 위해 몰수되는 것이 옳다"(PPE, 53).

재산권의 평등

주지한 바와 같이 '사회일반의 이익'에 모든 사회구성원들의 자유와 도덕적 진보가 포함된다면, 사유재산과 평등의 관계에 관한 밀의 입장은 벤담과 상당히 다를 것으로 예상할 수 있다. 벤담에게 "평등은 언제나 안전에 굴복해야 한다." 그래야만 사회공리를 극대화시킬 수 있다고 보기 때문이다. 하지만 밀은 모든 개인들의 자유와 도덕적 진보를 '사회일반의 이익'으로 보기 때문에 개인들이 자유를 구가하고 도덕적으로 성숙할 수 있도록 유인할 수 있는 분배방식을 더 선호하는바 평등에 더 우호적인 태도를 취한다.

밀은 상속재산의 집중을 막기 위해 유증의 권한을 대폭 제약하는 프랑스의 법률에 동의하지만, 그 법률이 유증하는 사람을 지나치게 제한하는 문제점이 있다고 평가한다(PPE, 56). 이는 밀이 재산권에 유증의 권리를 포함시키고 있기 때문에 당연한 것으로 보인다. 하지만 유증의 권한은 상속을 받는 자의 권한과 연계되어 있기 때문에 피상속자의 권한을 제한하는 것은 상속자의 유증 권한을 제한하는 효과가 있다. 그러므로 유증에 관한 밀의 입장은 그의 재산권 개념에 내재하는 문제점을 드러내주고 있다. 하지만 이 모순은 유증의 권리를 포함한 사유재산권 자체가 '사회일반의 이익'이라는 목표를 실현하기 위한 제도라는 점을 감안하면 어느 정도 이해할 수 있다. 공리주의적 관점에서 보면 재산권은 신성불가침의 제도가 아니라 사회일반의 이익을 극대화하기 위한 가변적인 제도이기 때문이다.

밀이 사유재산권의 중요성을 강조하는 동시에 평등이란 이상을 도입한 것도 같은 이치다. 사유재산권에 전혀 제한을 두지 않을 경우 애초에 사유재산권을 도입한 목적—사회일반의 이익—이 무색해져버릴 수 있다. 밀이 과세를 통해 피상속자의 유증의 권리를 제한한 것은 부의 지나친 집중이 사회 전체에 미칠 수 있는 부정적인 결과를 우려하기 때문이다. 부의 집중이 권력집중이라는 해악을 초래할 수 있다고 보는 그의 판단에는 부의 편중이 사회적 효용을 심각히 저해할 수 있다는 우려가 반영되어 있다(Lamb 2021, 92). 그러므로 평등은,

모든 개인들의 존엄과 가치를 동등하게 고려하는 것이 옳다는 의무론적 요구를 반영하기 보다는, 사회공리를 극대화하기 위한 전략의 일환으로 보는 것이 더 타당하다.[108]

밀이 사유재산권과 관련하여 사용하는 평등 개념은 엄밀히 말해 인격적·도덕적 평등과 큰 거리가 있다. 그것은 재산의 평등을 의미하는 것으로 분배적 평등 개념에 속한다.[109] 밀은 한계효용체감의 법칙을 원용하여 사유재산을 더 평등하게 분배하는 정책이 사회효용을 극대화하는 데 유리하다고 주장한다.

"재산의 가치를 아무리 부풀려서 평가하더라도 적당한 정도로 경제적 자립이 가능한 수준과 그보다 5배 많은 재산의 소유자 사이에서 행복의 차이란 전체 재산의 8할에 해당하는 차액을 다른 용도로 사용했을 때 어쩌면 얻어질 수 있는 보람이나 사회 전체에 확산될 수 있는 항구적 이익에 견주어 보면 누가 보기에도 무의미하

108　물론 이 두 가지 근거는 규칙공리주의에서처럼 서로를 지지해줄 수도 있다. 즉, 모든 개인들의 존엄을 보호·존중해주어야 한다는 규칙이 장기적으로 실천될 경우 사회 공리가 극대화될 개연성이 있다. 밀이 은연중 이렇게 생각했다는 해석도 충분히 가능하다. 하지만 사회적 효용의 증진을 궁극적 평가 기준으로 삼는 공리주의적인 관점에서는 이 두 가지 기준들이 충돌할 경우 당연히 후자를 선택한다.

109　사실 도덕적·인격적 평등 개념은 부의 평등과는 필연적인 연관성이 없다. 개인들을 도덕적·인격적으로 평등하게 대우하는 것과 소유의 불평등은 얼마든지 양립할 수 있다. 개인들을 인격적으로 존중해주는 방법 중의 하나는 그들이 열심히 그리고 능력껏 일해서 번 소득을 그의 것으로 인정해주는 것이다. 이런 식으로 사람들을 인격적으로 평등하게 대우해주다 보면 부의 심각한 불평등이 인격의 평등 원칙에 입각하여 정당화될 수 있다.

다는 것이 분명할 것이다.…소수를 지나친 부자로 만드는 데에 더이상 사용될 수 없게 된 부는 공공용도의 목적을 위해서 바쳐지든지, 그렇지 않고 개인들에게 양여된다면 훨씬 많은 사람들에게 분배될 것이다. 과시 또는 가당치 못한 권력 말고는 어떤 개인적 목적에도 소용이 없는 그런 엄청난 재산을 개인이 소유하는 경우는 훨씬 드물 것이며, 동시에 아주 많은 사람들이 편안한 환경에서 여가의 이익과 아울러 허영만 빼고 부가 가져다 줄 수 있는 모든 진정한 즐거움을 누리면서도 살 수 있게 될 것이다"(PPE, 57-8).

평등 원칙의 사회적 효용 증대 효과에 대한 밀의 인식은 사유재산권의 한계에 대한 그의 논의를 전체적으로 이끌고 있다. 특히 상속받을 권리에는 한계가 있어야 하며, 국가가 잉여 상속분을 세금으로 몰수하여 재분배해야 한다는 주장에는 평등 원칙이 사회일반의 이익에 기여할 수 있다는 공리주의적인 신념이 깔려 있다. 요컨대, 사유재산 체제에 관한 밀의 정당화 논리는 물론, 사유재산권의 오남용에 대한 그의 우려 및 평등 분배에 대한 그의 우호적인 주장들은 모두 공리주의적인 관점에서 개진되고 있다.

현대 공리주의 재산이론

주지하듯이 흄에서 벤담을 거쳐 밀에 이르기까지 계승·발전되어온 공리주의적인 재산이론은 현대의 가장 지배적인 재산이론으로 자리를 굳혔다. 로크, 칸트, 그리고 헤겔의 재산이론도 재산에 대한 현대인들의 생각에 어느 정도 영향을 미치고 있으며, 아리스토텔레스주의적인 인간번영이론도 새로운 형태로 부활하고 있긴 하다. 하지만 현대사회의 실용주의적이고 계산적인 문화에서는 결과주의적인 관점에서 사유재산권을 정당화는 방식이 가장 피부에 와 닿게 느껴질 수 있다. 그리고 이것이 사유재산권에 관심을 갖고 있는 학자들 다수가 공리주의 전통 내에서 연구하는 이유일 것이다.

사실 재산에 관한 공리주의적인 이론이 본격적으로 발전되기 시작한 것은 20세기의 '법과 경제학 운동'이 계기가 되었다(Alexander & Penãlver 2012, 17). 이 운동이 발단이 되어 밀, 벤담 그리고 흄으로 거슬러 올라가는 공리주의 전통이 확립되었으며, 아리스토텔레스와 아퀴나스의 이론이 지닌 공리주의적인 측면도 밝혀지게 되었다. 이런 전체적인 흐름을 배경으로 현대의 공리주의적인 재산이론을 간략히 소개하기로 한다.

공유지의 비극 및 무임승차이론

재산이론에 공리주의적인 논리를 도입하여 큰 주목을 받은 이론으로는 '공유지의 비극(tragedy of the commons)' 이론을 들 수 있다. 하딘(G. Hardin)은 1968년에 「공유지의 비극」이란 제하의 논문에서 공유지의 비극을 논증함으로써 사유재산제도의 효율성을 부각시켰다.

사실 하딘의 핵심적인 주장은 사유제와 공유제를 비교해온 철학자들에 의해 어느 정도 확립되어 있었다. 아리스토텔레스와 아퀴나스는 이미 공유제의 상대적인 약점과 한계를 잘 인지하고 있었다. 현대에 국한시켜 보더라도 20세기 초반에 이미 공유지의 비극 문제가 체계적으로 연구되고 있었음을 알 수 있다. 스미스(H. Smith)는 「배제 대 거버넌스: 재산권 설정을 위한 두 가지 전략」(2002)이란 논문에서 이미 하딘의 논문과 유사한 연구들이 수행되었다는 사실을 적시하고 있다. 예컨대 고든(H. S. Godon)은 어장 관련 공유지의 문제점을 넘어서서 다른 공유 자원에 관한 문제점에 대해서도 일반적인 결론을 제시한 바 있다(Gordon 1954). 고든은 이렇게 정리한다. "모든 사람의 재산은 누구의 재산도 아니라는 보수적인 격언에는 어느 정도 진실이 있다. 모든 사람에게 공짜인 부는 누구도 가치를 부여하지 않는데, 자신이 그것을 사용할 수 있는 적절한 시기를 기다릴 정도로 매우 무모한 사람은 다른 사람이 그것을 가져가버렸다는 사실을 발견할 뿐이다"(Gordon 1954, 31).

하딘의 논문은 선각자들의 사고와 논리를 더 체계적이고 쉽게 설명함으로써 '공유지의 비극'을 널리 알렸을 뿐만 아니라, 공유지의 비극을 극복하기 위한 후속 연구들을 자극했다는 점에서 중요한 의의가 있다.

하딘은 모두에게 개방되어 있는 목초지를 묘사한다. 각 목동은 공유지에 가능한 한 많은 수의 암소에게 풀을 먹이려 시도할 것으로 전망된다. 합리적 존재인 목동은 자신의 이익을 극대화하려고 노력하면서, 한 마리의 암소를 더 방목시킬 경우 어떤 이익(효용)이 있을까를 계산한다. 목동은 한 마리의 가축을 더 방목하는 것이 최선의 전략이라고 결론짓는다. 다른 목동들도 동일한 결론에 도달한다. 이로부터 비극이 발생한다. 목동들은 유한한 방목장에 가축을 무제한 풀어놓도록 압박하는 체계에 갇혀 있다. 이런 식으로 모든 목동들은 (공유지는 공짜라고 믿는 사회에서) 자신의 최대 이익을 추구한 결과 파괴적인 종말로 치닫게 된다.

하딘의 논문보다 1년 앞서 발표한 「재산권 이론을 향하여」(1967)라는 논문에서 뎀세츠(H. Demsetz)는 공유자원의 과잉소모에 관하여 하딘과 동일한 논리를 전개했다. 여기서 그는 특히 외부비용에 초점을 맞췄다. 뎀세츠는 다음과 같이 묘사한다.

"땅이 공동으로 소유되고 있다고 가정해보자. 각 개인은 땅에서 사냥하고, 경작하며, 광물을 채취할 권리를 갖고 있다. 이런 소유형태는 한 개인이 자신의 공동체적 권리를 행사할 때 발생하는 비용을 당사자에게 귀속시키지 못한다. 한 사람이 공동체적 권리의 가치를 극대화시키려고 할 경우 남획하게 되고 토지를 과잉 경작하기 쉽다. 왜냐하면 자신이 수행한 행위의 비용 일부를 다른 사람들이 지게 되게 때문이다. 재고와 풍부한 토양은 너무 빨리 줄어들어버릴 것이다.…한 사람이 땅을 소유한다면 그는 대안적인 미래의 이익과 손실을 생각하면서 현재의 가치를 극대화하려고 시도할 것이다"(Demsetz 1967, 34).

뎀세츠에 따르면, 토지 소유권 형태에 관한 이와 같은 추론은 공유재산제의 문제점을 극명히 보여준다. 공유제는 각 개인의 활동이 이웃과 후대에게 초래한 비용과 손실을 전혀 고려하지 않는다. 즉, 공유재산제는 엄청난 외부비용을 초래하는 것이다. 한 사람이 초래한 비용이나 손실을 공동체에 전가시키는 것이다. 결국 뎀세츠의 연구도 공유지를 사유재산으로 분할하는 것이 비효율성을 극복할 수 있는 최선의 방법임을 보여준다. 토지소유자의 개인적인 부는 재산을 보살피는 기술과 밀접히 연관되어 있기 때문에 자원을 최대한 효율적으로 사용하려는 유인이 된다.

사유재산은 공유물의 과잉 사용으로 초래된 외부비용의 상당 부분을 관련 개인에게 귀속시킨다. 물론 사적 소유권의 이점과 개인적 선택의 결과가 반드시 일치하지 않을 수도 있다. 하지만 외부비용 측면에서도 사유제는 공유제에 비해 상당한 이점이 있다. 왜냐하면 사유제는 결정하는 사람들의 숫자를 줄임으로써 성공적인 협상을 저해하는 거래비용을 줄이기 때문이다.

하딘에 의하면, 공유지의 비극에 대처할 수 있는 두 가지 선택지가 있다. 하나는 사유재산제도를 도입하는 것이고, 다른 하나는 과잉이용을 금하는 강제규정을 두는 것이다. 공리주의자는 이 두 가지 선택지 중에서 비용이 덜 드는 것을 선택할 것이다. 규제에 드는 비용은 규칙을 마련하고 집행하는 비용을 포함하는데, 규제가 효율적인 행위를 유도하지 못할 경우 비효율성이 초래될 수밖에 없다. 사유화도 그에 필요한 규칙을 수립하고 집행하는 비용을 초래할 것인바, 재산소유자의 인센티브가 집합적 효용으로 연결되지 않을 수도 있다. 따라서 이 두 가지 선택지 중 어떤 것을 선택해야 하는가의 문제는 매우 복잡하고 논쟁적인 이슈로서 추가적인 논의가 필요하다. 다만 재산이론의 맥락에서 볼 때 공유지의 비극은 공리주의적인 추론에 입각하여 사유재산제의 효율성과 정당성을 부각시켜준다고 볼 수 있다.

무임승차이론

'공유지의 비극'은 사유재산권을 공리주의적으로 정당화하는 가장 대표적인 이론이지만 유일한 이론은 아니다. 무임승차이론도 공리주의적인 관점에서 사유재산권을 설명하는 중요한 이론이다.

　주지하듯이 무임승차이론은 다른 사람이 열심히 일하고 비용을 충당할 때 자신은 일하지도 않고 비용도 대지 않으면서 다른 사람이 창출한 이익을 함께 누리는 것이 합리적인 행위라고 가정하는 이론이다. 문제는 모든 사람들이 다 무임승차 의도를 갖고 있다는 점이다. 모든 사람들이 무임승차하려고 할 때 무슨 일이 발생할까? 모든 사람들이 일은 하지 않고 다른 사람들이 일한 결과를 공유하려고 한다면, 결국은 아무것도 생산되지 않아서 모든 사람들이 손해를 보게 될 것이다.

　이 문제를 공유지 문제로 전환시켜 생각해보자. 가축방목의 경우에는 과잉방목으로 모든 사람들이 피해를 당하지만, 무임승차의 경우에는 (아무도 공유지를 경작하려고 하지 않기 때문에) 과소경작으로 모든 사람들이 피해를 입을 수 있다. 무임승차이론은 무임승차를 벌하는 권력이 존재하지 않을 경우 공유지의 비극과 비슷한 상황이 벌어질 수 있는 개연성을 부각시킴으로써 무임승차의 혜택(외부혜택. externalized benefit)을 봉쇄하기 위해 사유재산제도가 필요함을 보여준다. 무임승차이론에 따르면, 사유재산제도는 자신의 노력으로 얻은 이익을 자신이 독점하게 해줌으로써 개인적인 편익/비용 분석이 공동체 전체의 편익/비용 분석과 일치하도록 유도해준다.

'공유지의 비극' 이론과 무임승차이론은 과잉이용과 과소개발이란 차별적인 계기에 입각하여 사유재산제가 공유제보다 더 효율적인 제도임을 정당화하고 있다는 점에서 공히 공리주의적인 사유에 토대를 두고 있다. 물론 이 두 가지 딜레마와 연관된 문제들은 사유제와 강제적 규제라는 극단적인 두 가지 전략을 사용하지 않고, 맥락에 따라서 좀 더 공동체주의적인 거버넌스 체제를 도입함으로써 극복할 수도 있다(E. Ostrom, 1990).[110]

공리주의의 강점과 약점

흄, 벤담, 밀 그리고 현대의 공리주의적 이론가들은 자연권 개념을 사용하지 않고서도 재산권을 충분히 정당화할 수 있다는 것을 보여주었다. 흄은 (도덕과 함께) 사유재산권을 사회적 갈등을 피하고 평화공존을 유인할 수 있는 가장 기본적인 제도로 부각시켰고, 벤담은 인간

---

110 여기서는 사유재산권을 설명하는 현대적인 공리주의 이론을 간략히 소개하는 것이 목표인 만큼, 사유재산제와 국가의 규제 양 극단을 지양하는 제3의 전략에 대한 소개는 생략하기로 한다. 공리주의적인 이론이 사유재산권을 설명 또는 정당화하는 가장 유력한 현대적 이론이라는 것을 보여주는 것만으로 충분하기 때문이다. 아리스토텔레스, 흄, 벤담, 밀, 그리고 하딘과 뎀세츠의 이론들은 공리주의적인 사고가 인류 역사에 걸쳐서 얼마나 강력하고 지속적으로 영향을 미쳐왔는가를 보여준다.

의 행복에 기여하는 가장 중요하고 기본적인 요소임을 강조했다. 그
리고 밀은 사유재산권을 '사회일반의 편익', 즉 모든 개인들의 자유와
도덕적 진보를 견인할 수 있는 필수조건으로 정당화했다.

　재산권에 대한 공리주의적인 정당화는 우리의 일상적인 통념과 잘
부합한다는 점에서 상당한 장점이 있다. 우리의 일상생활은 다양한
측면에서 사유재산과 밀접히 연관되어 있다. 우리는 재산을 사고팔
고 사용하면서 이익과 행복을 추구한다. 재산의 규모에 차이가 있긴
하지만 대부분의 개인들은 재산을 증식하고 사용함으로써 이익을 극
대화하는 방식으로 행복을 추구한다. 이와 같은 자본주의 사회의 현
실은 개인들이 사유재산을 활용하여 스스로 행복을 추구할 때 사회
의 편익이 극대화된다는 공리주의적인 주장이 광범위한 설득력을 지
닐 수 있는 배경이 된다.

　공리주의적인 이론의 장점은 무엇보다 초경험적이거나 형이상학
적인 요소에 의존하지 않고 재산권을 정당화한다는 점이다. 일찍이
벤담은 자연권을 '죽마 위의 헛소리'라 비난한 바 있다. 경험적으로
확인할 수 없는 개념들로 권리를 정당화할 경우 그 권리는 아무런 실
증적 효력을 지닐 수 없다는 의미에서다. 이와 달리 개인적·사회적
이익이나 선호충족과 같은 실용적인 근거에 입각하여 재산권을 정당
화하면, 사회구성원들의 광범위한 지지를 이끌어낼 수 있음은 물론
비합리적인 소유 체제를 합리적으로 개선하는 데도 실질적인 도움이
된다.

　사회적 유용성을 근거로 재산권을 옹호하는 방법은 또 다른 장점
을 지니고 있다. 그것은 뛰어난 유연성이다(Alexander & Penalver 2012,
28). 공리주의 이론가들은 사유재산체제를 확립하는 데 비용이 든다

는 점을 기꺼이 인정한다. 그래서 전면적인 사유제를 고집하기보다
는 상황과 맥락에 따른 소유체제 변경을 지지한다. 즉, 어떤 경우에는
사유제를 강력히 옹호하지만, 다른 상황에서는 사유제를 공유제로
보완해야 한다고 주장하기도 한다. 이처럼 공리주의적인 이론은 상
황과 배경에 따라 상당한 유연성을 발휘할 수 있는 장점이 있다.

하지만 공리주의 이론의 장점은 그 자체가 심각한 단점이 되기도
한다. 상황과 환경에 따라 상이한 재산체제가 정당화될 수 있다면 사
유재산체제의 안정성을 담보하기 어렵기 때문이다. 특정한 재산체제
를 유지할 것인지 아니면 변경할 것인지에 대한 판단이 전적으로 상
황변화에 대한 정책입안자의 판단에 좌우될 수밖에 없는 것이다.

공리주의 이론에 대한 또 다른 비판은 개인들의 이익을 적절히 고
려하지 않는다는 점이다. 공리주의는 방법론적으로 개인주의적이다.
왜냐하면 효용을 개인들이 경험하는 것으로 보며 개인들이 경험하
는 효용의 합산을 사회공리로 간주하기 때문이다. 하지만 궁극적으
로 공리주의는 사회적 총효용을 더 중시하기 때문에 집합적 효용을
극대화하기 위해 개인을 이용한다는 비판을 받곤 한다. 롤스의 공리
주의 비판은 이런 성격의 비판으로 가장 유명하다. 월드런 또한 이와
비슷한 맥락에서 칼도·힉스 원칙을 비판한 바 있다. 칼도·힉스 원칙
은 사회공리를 극대화하는 과정에서 희생된 소수 개인의 권익을 사
후적으로 보상해주는 원칙이기 때문에 소수 개인들의 동의를 필요로
하지 않는다(Alexander and Penalver 2012, 31).

또한 공리주의적 재산이론이 전제하고 있는 행복(well-being) 관념
도 문제점으로 지적할 수 있다. 단일한 가치 척도를 선호하는 공리주
의자들에게 재화는 항상 대체가능하기 때문에 재화의 교환비율이 중

요하다. 하지만 다원적인 행복 관념을 표방하는 다른 재산이론들은 행복의 구성요소를 훨씬 더 다원적이고 복합적으로 보기 때문에 재화들 사이의 대체가능성을 당연시하지 않는다. 예컨대, 레이딘의 이론은 개인들이 특정한 재산에 대해 특별한 애착을 가지고 있어서 그것을 다른 것으로 대체할 경우 개인의 행복이 심각히 훼손될 수 있다고 본다. 알렉산더와 페냘베는 공리주의가 전제하고 있는 행복 개념의 단순성과 일원성을 비판하면서 행복 관념의 구조에 관하여 다음과 같이 설명한다.

"인간의 행복은 물리적인 필요와 유한한 생명 사이클을 지닌 구체적이고 살아 있는 인간 존재의 현상이지 몸이 없는 효용의 집합체가 아니기 때문에, 무한한 분리와 대체를 거부하는 개인적 경험에는 유기적인 통합성과 정합성이 있다. 행복의 구조는 최소한 두 가지 차원을 따라서 뻗어나간다. 첫째, 독립적이고 대체 불가능한 다수의 善들을 동시에 향유하려는 필요의 표현으로서 넓이의 차원을 가지고 있다. 관련 사회에서 특별히 인간적인 방식으로 번영하기 위해서는 특수한 일군의 물질적·사회적 선에 접근할 수 있어야 한다. 그리고 이런 선들 중 많은 것들, 이를테면, 사회화와 사회적 참여, 도덕적 훈육, 언어 습득, 신체적 정신적 발전에 필요한 영양소와 같은 것들은 생애주기에서 적합한 때에 올바른 형태로 제공되어야 한다. 그렇지 않으면 관련 개인이 번영할 수 있는 전망은 영구적으로 손상될 수 있다. 확실히 이런 선들을 추구하고 향유할 수 있는 수많은 방식들은, 다른 선들에 대해 특별한 선을 강조하는 방식으로, 인간의 자유를 위한 충분한 여지를 남겨놓는다. 하지만 그런 다원화의 범위는 무한한 것은 아니다.…둘째, 행복의 정합성은, 전 인생에 걸쳐 특수한 선들의 개척과 향유 패턴으로서, 시간적으로 확장된다. 잘 영위된 인간의 삶은 다원적인 개별적 형태를 취할 수 있고, 또 이런 형태들 자체가 (특수한 개인의 삶에 있어서도) 변하긴 하지만, 행복하게 영위된 삶은, 공리주의이론가들이 때로 그렇게 상상하듯이, 일련의 단절된 정신적 상태나 만족된 선호의 묶음이 아니다. 그런 삶은 필히 일정한 경험적 통합성을 가진다. 이런 통합성은 때로 하나의 선을 다른 선으로 대체하는 것을 불가능하게 만든다.…지금까지의 설명은 인간 행복에 관한 완전한 설명은 효용이나 복지와 같은 단일한 가치를 사용하면 불가능함을 보여준다. 그리고 재산법은 인간의 이익을 이처럼 폭넓게 바라보는 관점을 담고 있기 때문에, 재산이론을 단일한 지배적 가치에 입각하여 정립하고자 하는 노력에 반대한다(Alexander and Penãlver 2012, 33).

공리주의 재산권 이론은 상당한 설득력을 갖고 있다. 특히 인간의 본성에 관한 형이상학적이거나 종교적인 가정을 전제하지 않고 사유재산권을 정당화할 수 있다는 점은 공리주의 이론이 지닌 큰 장점이다. 비록 효용의 내용과 측정방식 및 취합방식과 관련하여 상당한 논란이 존재하지만, 현대의 자본주의 사회를 배경으로 해서 볼 때 사유재산이 개인적·사회적 행복의 극대화에 기여한다는 주장은 상당한 대중적 설득력을 지닌다. 더구나 사유재산권이 복지나 부 혹은 효용을 창출함에 있어서 큰 역할을 한다는 사실은 부인하기 어렵기 때문에 공리주의 이론은 사실에 부합하는 이론으로 볼 수 있다. 이것은 공리주의 이론이 앞으로도 매우 영향력 있는 이론으로서 재산 관련 입법과 정책에 지속적인 영향을 미칠 것임을 시사한다. 따라서 공리주의 이론가들의 과제는 다른 입장의 이론가들과 진지하고 지속적인 대화를 나눔으로써 재산권에 관한 더 포괄적이고 통합적인 이론을 모색하는 것이다. 이런 관점에서 보면, 공리주의 이외의 다른 이론들을 도외시하거나 공리주의의 결함만을 강조하며 공리주의를 배격하는 태도는, 최선의 소유권체제를 모색해야 할 공동의 과제를 두고 볼 때

결코 현명하지 않다. 공리주의 이론은 반드시 극복해야 할 결함을 지니고 있긴 하지만, 더 바람직한 소유권 체제를 모색하는 데 반드시 필요한 이론적 자산이다.

VII

홉스의 재산이론:
정의 체제와 자존의 물적 기반

롤스는 20세기를 대표하는 미국의 정치철학자다. 그는 20세기 중반에 이르러 사망선고를 받은 정치철학을 화려하게 부활시켰을 뿐만 아니라, 정치철학이란 장르의 중요성과 매력을 널리 알린 정치철학자다. 『정의론』(1971), 『정치적 자유주의』(1993), 『만민법』(1999) 3부작에 걸쳐 롤스는 현대 자유주의와 정의론을 재구성했으며, 후세대 철학자들이 천착하게 될 새로운 이슈들을 풍성히 제공했다. 실천철학자들은 원초적 상황, 무지의 베일, 반성적 평형, 정의의 두 원칙, 정치적 자유주의, 합당한 다원주의, 중첩합의 등, 롤스가 제시한 개념과 원칙들의 학문적·실천적 중요성을 탐구한 한편으로, 그의 자유주의적 정의론에 부합하는 정치경제체제의 구체적인 윤곽을 제시하는 데도 큰 관심을 기울여왔다. 롤스의 정의론에 전제되어 있는 인간과 시민에 관한 이해의 적실성, 그의 이론이 적용될 수 있는 사회와 문화의 범위, 자유주의 국가의 성격―중립주의 대 완전주의―에 대해서도 치열한 논쟁을 벌여왔다. 요컨대, 롤스는 19세기 이래 서구의 공공철학을 지배해온 공리주의를 배격하고 의무론적 윤리학에 입각하여 자유주의를 재구성했을 뿐만 아니라, 다원주의 사회에 적합한 정

348

치원리를 구성하는 데 필요한 방법론적 통찰을 제공함으로써 현대의 가장 중요한 철학자로 우뚝 서게 되었다(Williamson & O'Neill 2009, 1).

롤스가 플라톤, 아리스토텔레스, 아퀴나스, 홉스, 로크, 루소, 칸트, 헤겔, 마르크스, 밀로 이어져온 서구정치철학의 위대한 전통에서 확고한 지위를 갖게 될는지에 대해서는 아직은 확신하기 어렵다. 하지만 그가 우리 시대를 대표하는 가장 중요한 철학자라는 데는 의문의 여지가 없으며, 앞으로도 당분간은 그의 위상을 대신할 만한 이름을 찾기 어려울 것이다. 그의 학문적 영향력에 주목할 경우 롤스는 이미 정치사상의 위대한 전통에 편입되었다고 해도 무방하다.[111]

하지만 그가 정치철학의 위대한 전통에 속하는가의 여부보다 더 중요한 것은 우리 시대에 롤스의 정치철학이 지닌 중요성이다. 롤스는 모든 시대와 사회를 통틀어 생존 시에 가장 많은 주목을 받은 철학자다. 현재 정치철학적 담론의 상당 부분은 롤스의 정의론에 대한 검토에서 시작하여, 롤스의 입장과 무엇이 같고 다른가로 귀결된다. 심지어 그의 정치철학에 반기를 든 공동체주의자들도 그의 이론에 대한 비판과 공격을 통해 자신의 입장을 정리할 정도다. 이와 같은

---

111 물론 롤스의 정치철학이 위에서 거론한 위대한 정치철학자들의 사상체계와 유사한 포괄성을 지니고 있는가에 대해서는 이론이 있을 수 있다. 롤스는 자신의 정의론에 조응하는 정치경제체제의 '구체적인' 윤곽을 제시하지 않았기 때문에 그의 정치철학 체계의 포괄성이 미흡하다는 비판이 제기될 수 있기 때문이다. 하지만 정치철학의 위대한 전통에 속하는 철학자들도 구체적인 제도적 형태에 관해서는 상당한 차이를 보이고 있다는 사실과, 롤스가 자신의 정치적 정의관에 조응하는 정치경제 형태로 재산소유민주주의(property-owning democracy)를 제시했다는 사실을 함께 고려해보면, 롤스가 정치철학자로서의 포괄적 사고를 결여하고 있다는 지적은 지나치게 인색한 평가라 할 수 있다.

롤스의 중요한 학문적 위상을 두고 볼 때, 위대한 정치철학자들의 공통된 관심사가 되어온 사유재산 문제에 대해 롤스가 어떻게 접근하고 있는가에 대해 궁금증을 갖는 것은 당연한 일이라 하겠다.

　이에 따라 이 장에서는 롤스가 재산권 개념을 어떻게 이해했고, 정의의 원칙들이 규제하는 자유주의 사회에서 사유재산권이 어떤 역할을 해줄 것으로 기대했는지를 살펴보고자 한다. 롤스는 정의를 국가사회의 으뜸가는 덕목으로 간주하고, 사유재산권을 정의사회를 구성하는 한 가지 요소로 자리매김한다. 하지만 사유재산권의 역할이 정의 원칙에 의해 규정된다는 사실은, 사유재산권이 신성불가침의 권리가 아니라 정의의 원칙들에 의해 제한될 수도 있는 권리임을 시사해준다.

02

정의론과 재산권

재산권

주지하듯이 롤스의 정치철학 3부작은 전 세계적으로 엄청난 학문적 반향을 불러일으켰다. 자유주의적 정의론의 실질적 내용은 물론 정의론에 전제되어 있거나 함축되어 있는 모든 존재론적·인식론적·방법론적 요소들이 철저히 검토되고 있다. 하지만 그의 자유주의적 정의론에서 비교적 주목을 받지 못한 주제가 있는데 사유재산권이 바로 그것이다.

사유재산권 문제는 모든 위대한 정치철학자들의 공통된 관심사였다. 플라톤, 아리스토텔레스, 아퀴나스, 홉스, 로크, 칸트, 헤겔, 벤담과 밀은 물론, (상이한 관점에서) 루소와 마르크스도 재산권 문제를 매우 중요한 문제로 다뤘다. 이들의 사상을 연구한 후대의 학자들도 이들의 재산권 이론을 매우 진지하게 검토했으며, 그들로부터 매우 귀중한 통찰들을 도출해냈다.

하지만 롤스의 재산권 이론은 아직 충분한 검토를 받지 못했다. 롤스가 우리 시대의 철학자이기 때문에 그런 측면도 있을 것이다. 하지만 그보다는 재산이론이 차지하는 비중이 그리 크지 않다는 데서 원인을 찾을 수 있다. 롤스는 정의사회의 전반적인 윤곽을 그리는 데 집중해왔기 때문에 비교적 세부적 문제인 재산권에 많은 지면을 할애하지 않았다. 그럼에도 롤스가 제시한 질서정연한 자유주의 사회에서 재산권은 매우 중요한 역할을 수행하고 있다. 재산권이 없는 사회는 개인들이 자신의 인생관을 자유롭게 선택하고 추구할 수 있는 여지가 매우 제한적일 것인바, 자신의 자유주의적 정의관에 부합하지 않기 때문이다.

　롤스가 구상한 정의사회에서 재산권이 지닌 중요성을 이해하기 위해서는 먼저 그의 정의론을 간략하게나마 설명할 필요가 있다. 그래야만 재산권이 필요한 이유와 재산권을 제한할 이유를 함께 파악할 수 있기 때문이다. 롤스에게 재산권은 사회정의에 관한 포괄적인 이론을 구성하는 하위 요소이기 때문에, 먼저 정의론의 전체적인 윤곽을 이해해야 재산권의 의미와 중요성 그리고 한계를 동시에 파악할 수 있다.

　이런 측면에서 보면 롤스의 접근방법은 『사회계약론』에서 루소가 전개한 접근방법과 유사하다. 루소는 『인간불평등기원론』에서 사유재산을 통렬히 비판했다. 사유재산을 자연에서 순박하게 살고 있던 사람들에게 만악을 초래한 근본 원인으로 보았기 때문이다. 하지만 루소는 『사회계약론』에서는 사유재산제도의 정당성을 인정했다. 사유재산제도가 당연시되고 있던 상황에서 사유재산이 없는 자연상태로 되돌아가는 것은 지극히 비현실적이라고 생각했기 때문이다. 대신 루소는 사유재산제도가 정당화될 수 있는 새로운 사회구조와 정치체제를 구축할 수 있다면, 어느 정도 경제적 불평등이 발생하더라도 사유재산체제를 허용할 수 있다고 생각했다. 다시 말해, 정의로운 체제를 구축할 수 있다면 (그 체제를 위협하지 않는 범위 내에서) 사유재산 제도를 인정할 수 있다고 보았다.[112]

롤스의 재산권 이론도 형식적인 측면에서는 루소의 이론과 매우 유사하다. 롤스의 관점에서는 포괄적인 정치경제체제를 전제하지 않고서는 재산권의 정당성과 한계를 논하기 어렵다. 반대로 로크와 같은 고전적 자유주의자 및 노직과 호스퍼스(J. Hospers) 같은 현대의 자유지상주의자들처럼 사유재산권을 자연권으로 간주할 경우, 재산권을 보호해주지 않는 정치경제체제는 정당성을 갖기 어렵다. 즉, 재산권은 자연적이고 절대적인 권리이기 때문에 별도의 정당화가 필요하지 않고, 오히려 정치경제체제가 정당성을 인정받기 위해 재산권을 보장해주어야 한다.

이와 같은 차이 때문에 롤스는 "사회구조의 기본 덕목은 정의"라는 선언으로『정의론』을 시작하고, 로크와 노직은 인간의 자기소유권 명제로부터 정치결사의 구성과정을 논리적으로 풀어나간다. 어쨌든 롤스의 이론구조가 루소의 이론과 유사하다는 사실은 정의로운 정치경제체제에 대한 롤스의 포괄적인 구상을 이해하지 않고서는 그의 재산권 이론을 적절히 설명할 수 없다는 것을 의미한다.

정의로운 사회구조를 설계하기 위해 롤스는 다양한 전제와 조건들을 제시한다. 먼저 인간을 자유롭고 평등한 도덕적 존재로, 그리고 그들이 살게 될 사회는 공정한 협력체계로 가정한다. 이런 가정이 중요

---

112 루소는 경제적 불평등이 시민적 평등을 위협하지 않기 위해서는 최소수혜계층과 최대수혜계층 사이의 재산 차이가 4배를 넘지 않는 것이 바람직하다고 생각했다.

한 이유는 정의로운 체제에서 살게 될 인간(혹은 시민)의 도덕적 특성을 이해하지 못하면 그들에게 적합한 사회의 기본구조를 설계할 수 없고, 그들이 살게 될 사회의 성격을 전제하지 않을 경우 그에 적합한 정의원칙들을 도출할 수 없기 때문이다. 예컨대, 인간이 원래 불평등하고 부도덕한 존재라면 그들이 살게 될 사회의 기본구조를 정의롭게 설계할 이유가 없으며 그럴 필요도 없다. 설령 버젓한 정의원칙들을 구성했다고 해도 사회구성원들에게 그런 원칙들을 준수할 수 있는 도덕능력이 전혀 없기 때문이다. 또한 그들이 살게 될 사회구조가 공정한 협력체계가 아니라 약육강식의 정글사회와 같다면 힘 있는 자가 모든 것을 지배하고 독식하는 것이 유일한 공존원칙이 될 것인바, 이 원칙을 정의원칙으로 보기는 어려울 것이다. 따라서 정의에 관한 이론은 정의사회의 주체인 인간 혹은 시민들의 도덕적 특성과 그들이 지향해야 할 사회의 기본 성격을 밝히는 데서부터 출발해야 한다.

　롤스가 인간이 자유롭고 평등하다고 전제한 이유는 모든 인간이 (잠재적으로나마) 두 가지 도덕적 능력을 갖고 있다고 생각하기 때문이다. 그 두 가지 능력은 인간을 여타의 동물들과 구분시켜 주는 지적·도덕적 능력으로, 가치관을 형성·추구·변경할 수 있는 합리성의 능력과 정의감의 능력이다. 여기서 정의감은 타인도 정의의 원칙들을 준수한다는 조건하에서 자신도 정의의 원칙들을 지킬 수 있는 능력이다. 이 두 가지 능력은 정의로운 사회질서를 구성하기 위한 가장 기본적인 조건이며, 정의사회가 구성되고 유지될 수 있는 가장 궁극적인 근거가 된다. 현실적으로 사람들마다 이런 두 가지 능력에 차이가 있을 것이다. 하지만 정의로운 질서가 창출되고 또 장기적으로 유

지될 경우 대부분의 시민들이 갖추게 될 능력들이라는 점에서 정의
론의 전제로 채택된다.

정의로운 사회의 기본구조는 이 두 가지 도덕 능력을 지닌 시민들
의 대표자들이 함께 모여 공정한 조건에서 합의한 원칙들로 구성된
다. 원초적 상황(original position)과 무지의 베일(veil of ignorance)은 합
의의 공정한 조건을 담보하기 위한 장치들로서, 대표자들이 사회와
인간의 심리에 관한 기본 사실들에 관한 정보만을 가지고 정의의 원
칙들을 모색하는 공정한 절차적 조건을 표현한다. 원초적 상황의 대
표자들은 자신에게 유리한 정의 원칙을 선택하도록 유인하는 모든
정보와 차단된 채 정의원칙들을 선택한다. 롤스는 대표자들이 인간
의 도덕능력과 그들이 살게 될 사회의 성격에 관한 기본 가정 및, 인
간과 사회에 관한 확립된 기본 지식을 활용하며 두 가지 정의 원칙들
에 도달할 것으로 추론한다.

지금까지의 설명에서 롤스의 재산권 이론을 이해하기 위해 가장
중요한 부분은 인간이 두 가지 도덕적 능력을 지니고 있다는 가정이
다. 재산은 이 두 가지 능력을 효과적으로 발휘할 수 있는 조건들 중
하나이기 때문이다. 인간이 두 가지 도덕적 능력을 갖고 있다는 전제
는 인간은 그 능력들을 충분히 계발하고 발휘할 수 있어야 의미 있는
삶을 살 수 있고 자존감을 유지할 수 있다는 것을 의미할 뿐만 아니
라, 그 두 가지 능력을 의미 있게 사용할 수 있는 외적인 수단을 가져
야 한다는 것을 의미한다. 즉, 자신이 원하는 대로 사용할 수 있는 재
산을 가져야만 그 능력들을 온전히 실현할 수 있다는 것을 의미한다.
그러므로 재산권은 두 가지 도덕 능력을 지닌 인간의 자기실현에 반
드시 필요할 뿐만 아니라, 사회적 자존감을 유지하는 데도 반드시 필

요하다.

하지만 문제는 모든 인간이 다 충분한 재산을 가지지 못할 수도 있다는 데 있다. 민주사회에 살고 있는 시민들이 가치 있는 삶을 영위할 수 있기 위해서는 대체로 동등한 조건에서 민주정치 과정에 참여할 수 있는 공정한 기회를 누려야 한다. 하지만 실제로는 소유 재산의 크기에 따라 정치참여와 정치적 영향력에서 큰 차이가 발생한다. 정치참여와 정치적 영향력의 불평등은 정치 과정과 결과의 왜곡으로 이어지게 되며 그 악영향이 정치영역에만 국한되지 않는다. 이것이 바로 롤스가 복지국가 자본주의를 넘어 재산소유민주주의를 자유주의적 정의관에 조응하는 유일한 정치경제체제로 제시한 이유이다. 롤스는 재산이 전 사회구성원들에게 최대한 광범위하게 분산된 재산소유민주주의 하에서만 시민들이 '공정한 기회평등'하에서 정치적 기본권의 동등한 가치를 누릴 수 있다고 본다.

정의의 제1원칙과 재산권

롤스는 『공정으로서의 정의: 재서술』(2001[2016])에서 수정된 정의의 원칙들을 다음과 같이 제시한다.[113]

"(a) 각자는 평등한 기본적 자유들의 충분히 적절한 체계에 대한 동일한 불가침의 권리(claims)를 가지며, 이 체계는 모두가 동일한 자유들의 체계를 갖는 것과 양립한다. (b) 사회적·경제적 불평등은

113　이하부터는 FJR로 표기한다.

다음의 두 조건을 충족시켜야 한다. 첫째, 그것은 공정한 기회균등의 조건하에 모두에게 열려 있는 직책과 지위에 결부되는 것이어야 한다. 그리고 둘째, 그것은 사회의 최소 수혜자들의 최대 이익에 부합해야 한다(차등의 원칙)"(FJR, § 13.1).

이 두 가지 원칙들 중에서 정의의 사회적·정치적 측면과 관련된 제1원칙은 사회의 경제적 측면에 관련된 제2원칙에 우선하며, 제2원칙에서 첫째 원칙은 둘째 원칙(차등원칙)에 우선한다. 이 우선성 원칙에 따르면, 후행 원칙들은 선행 제도들이 실현된 배경적 체제에서만 적용되어야 한다는 것, 다시 말해 후행 원칙이 선행 원칙에 앞서 적용되거나 선행 원칙을 무시한 채 적용되어서는 안 된다는 것을 의미한다. 제1원칙이 제2원칙에 앞서 충족되어야 하는 이유는 시민들의 인격적 자율성과 존엄성을 '우선적으로' 보호해야 하기 때문이다. 이런 입장에서 보면, 사회의 최소수혜자들의 생활여건을 증진시킨다는 명분으로 유산자들의 기본권을 침해하는 행위는 결코 정당화될 수 없는바 정부가 정치권력을 부당하게 사용하는 것이다.

여기서 본서의 주제와 관련하여 가장 먼저 검토해야 할 사항은 제1원칙이 천명하고 있는 '평등한 기본적 자유'에 대한 권리의 내용이다. 롤스는 『정의론』에서 정의의 제1원칙에 '(개인적) 재산을 소유할 권리'를 포함시켰지만 재산권이 중요한 이유와 재산권의 내용을 구체적으로 설명하지는 않았다(Rawls 1971, 61). 하지만 『공정으로서의 정의: 재서술』에서는 재산권의 내용과 중요성을 다음과 같이 설명한다.

"기본권들 가운데에는 개인 재산(personal property)을 보유하고 배타적으로 사용할 권리가 있다. 이러한 권리의 한 근거는 개인의 독립성과 자존감—이 둘은 도덕적 능력의 적절한 발달과 행사에 핵심적이다—을 위한 충분한 물질적 기반을 허락하는 것이다. 이러한 권리를 가지고 있고 그것을 효과적으로 행사할 수 있다는 것은 자기 존중의 사회적 기반 가운데 하나이다. 따라서 이러한 권리는 일반적인 권리, 즉 모든 시민이 자신들의 근본 이익에 의해 갖는 권리이다"(FJR, § 32.6).

재산권은 제1원칙에 속하는 기본권으로 시민들이 자신의 도덕적 능력을 계발하고 행사하기 위한 물질적 기반이자 자존감의 사회적 토대이기 때문에 기본적인 권리로 인정되어야 한다. 다시 말해 재산권은 개인을 평등한 시민이자 도덕적 행위자로 존중해주기 위한 필수적인 조건이기 때문에 기본권에 포함되어야 한다. 재산권은 개인이 타인들로부터 부당한 간섭과 침해를 당하지 않을 독립성을 보장해주며, 사회에서 동등한 시민으로 존중받을 수 있는 여건을 마련해준다.

재산권의 중요성에 대한 롤스의 설명은 앞에서 살펴본 헤겔의 재산권 이론을 연상케 한다. 헤겔은 재산이 인간의 자유의지를 담고 있는 인격의 투영체로 보았으며(다시 말해 인격의 연장체로 보았으며), 재산을 소유하고 있는 다른 시민들과 상호적인 인정/존중 관계를 형성하게 되는 중요한 매개물로 설명한 바 있다.

그런데 롤스는 재산이 기본적 권리에 속해야 할 도덕적·사회적 근거를 설명한 데 이어, 곧 바로 재산에 관한 상식적 이해와 거리가 있는 설명을 덧붙인다.

"소유권에 대한 보다 넓은 두 가지 관점은 기본적인 것으로 간주되지 않는다. 즉, (i) 취득과 유증의 권리를 포함하는, 일반적으로 자연자원과 생산수단을 사적으로 소유할 권리. (ii) 사적으로가 아니라 사회적으로 소유되어야 하는 생산수단과 자연자원의 통제에 참여할 평등한 권리를 포함하는 소유권"(FJR, § 32.6).

이처럼 롤스는 넓은 범위의 재산 개념과 협의의 재산 개념을 구분하고, 협의의 개념만이 기본적 자유의 범주에 속한다고 주장한다. 즉, 자연자원과 생산수단을 사적으로 소유할 권리와 그것들의 통제에 참여할 권리는 기본적 권리에 속하지 않는다는 것이다. 롤스의 주장은 (복지국가)자본주의에서 통용되고 있는 일반적인 재산권 관념에 부합하지 않는다. 하지만 롤스의 주장이 (현재의 복지국가에서 인정되고 있는 기본권에 관한 것이 아니라) 공정으로서의 정의의 원칙들에 의해 규제되고 있는 현실적 유토피아를 배경으로 개진되고 있다는 점을 상기하면 이와 같은 의아함은 어느 정도 해소될 수 있다. 그렇다 하더라도 롤스의 (협의의) 재산권 관념은 우리가 일상적으로 이해하고 있는 재산권 관념과 큰 괴리가 있는 것이 사실이다.

협의의 재산권—개인적인 재산권—만을 기본적 권리의 범주에 넣을 수 있다는 롤스의 주장은 우리가 정당하게 소유할 수 있는 재산의 한계를 미리 정해주고 있는 듯 보인다. 이것은 롤스의 정의론에 부합하는 정치경제체제가 자유지상주의체제는 물론 복지국가체제와도 상당히 다를 것임을 시사한다. 동시에 개인이 자신의 재산을 가지고 추구할 수 있는 목표의 범위를 크게 제한하고 있는 것 같기도 하다. 주택이나 피아노, 가재도구, 의복이나 책과 같이 개인적인 재산만

을 기본권의 범주에 포함시킬 뿐, 자연자원이나 생산수단의 소유 및
통제에 대한 권리는 기본권으로 인정하고 있지 않아서 개인들이 추
구할 수 있는 가치관이나 인생관의 범위를 크게 축소시키는 듯 보이
기 때문이다.

　하지만 개인적인 재산만을 기본권으로 인정해야 한다는 롤스의 주
장을 자연자원과 생산수단에 대한 개인의 소유를 금지시켜야 한다는
주장으로 오해해서는 안 된다. 개인이 정당하게 소유할 수 있는 재산
의 범위를 개인적인 재산에 국한시켜야 한다는 주장은 기본적인 정
의의 요구로서, 개인이 자연자원과 생산수단을 절대로 소유해서는
안 된다는 뜻은 아니기 때문이다.

　롤스는 정의의 두 원칙들에 조응하는 정치경제체제에서 개인적인
재산을 초과하는 광의의 재산을 사적으로 소유해야 할지 공적으로
소유해야 할지에 대해서는 확실한 답변을 유보했다. 그것은 각 사회
의 '역사적·사회적 조건들'에 달려 있는 문제이지 기본적 정의의 문
제는 아니라고 보기 때문이다. 정의원칙을 선택하고 기본적 권리를
헌법적 필수사항으로 안치시키는 단계에서는 협의의 재산 개념만이
대상이 될 뿐, 광의의 재산 개념은 각 사회가 '역사적·사회적 조건'을
고려하면서 추가적으로 논의해야 할 '입법' 사항이라는 것이 롤스의
생각인 것이다. 롤스는 정의의 두 원칙에 부합하는 현실적 유토피아
(realistic utopia)의 명확한 형태가 단 한 가지라고 단언하지 않았다. 그
는 재산소유민주주의를 정의의 두 원칙에 조응하는 정치경제형태로
제시했지만 자유주의적 사회주의도 유력한 후보가 될 수 있다고 본
다.[114]

재산권과 다른 기본권의 관계

롤스의 정의이론에서 재산권의 지위와 중요성을 구체적으로 살펴보기 전에 정의의 제1원칙에 속하는 기본권들 사이의 관계에 관하여 잠시 살펴볼 필요가 있다. 왜냐하면 기본권들은 국가적 정의의 핵심 사항으로서 헌법이 안치·보호해야 할 불가침의 권리들이지만 내부적으로는 충돌이 빚어질 수 있기 때문이다(FJR, § 32.5).

롤스는 정의의 제1원칙에 따라 헌법에는 중요한 기본권들을 포함시켜야 한다고 보았다. 사상의 자유와 양심의 자유, 신체의 자유와 신체의 (육체적·심리적) 완전성에 관한 자유, 정치적 자유(투표권과 참정권)와 결사의 자유 그리고 법치에 의해 포괄되는 권리들과 자유 및 (개인적인) 재산을 소유할 수 있는 권리들이 그것들이다. 이런 기본권들은 개인들이 "두 가지 도덕적 능력을 적절히 발달시키고 정보에 입각하여 완전히 행사하는 데 핵심적인 사회적 조건을 모든 시민에게 균등하게 보장[하기 위한 것들로서]" "자유롭고 평등하며 합당하고 합리적이라고 여겨지는 시민들의 근본 이익의 실현과 관련[하여]" 반드시 필요하다. 물론 롤스는 두 가지 도덕 능력을 지닌 시민들의 근본 이익을 보호하는 데 반드시 필요한 조건들도 (상대적인 중요성을 평가하여) 기본권으로 보장할 수 있다고 본다. 하지만 그런 조건들을 구체적으로 정하는 것은 각 사회의 역사적·사회적 조건에 따라 다를 것인바, 위에서 제시한 핵심적인 기본권들 외에 어떤 권리를 기본권으로 지정할 것인지에 대해서는 일률적으로 제시하기 어렵다.

---

114 혹자는 롤스가 사회주의 시장경제 체제를 더 선호한다고 주장하기도 한다.

이런 일반론을 전제로 기본권 사이의 충돌 가능성을 검토하는 것이 중요한 이유는 재산권이 절대적인 권리가 아니기 때문에 다른 기본권들과 충돌하거나 더 중요한 기본권을 보호할 필요가 있을 경우 재산권의 범위를 신축적으로 조정해야 하기 때문이다. 사실 롤스가 협의의 재산권만을 헌법적 기본권으로 안치시킨 것은 이와 같은 가능성을 염두에 두고 있기 때문이다. 만일 광의의 재산 개념을 헌법적 기본권에 포함시킬 경우, 시민들이 소유하는 재산의 차이가 너무 벌어져 최소수혜계층의 정치참여 권리가 형해화되어버릴 개연성이 있다. 이런 경우에는 민주적 참여의 권리를 더 동등하게 누릴 수 있도록 재산권을 어느 정도 제한할 필요가 있다. 그러므로 협의의 재산 개념만을 헌법적 기본권에 포함시키는 롤스의 입장은 이와 같은 조정의 필요성을 미리 반영하고 있다고 볼 수 있다. 이와 관련하여 롤스는 다음과 같이 주장한다.

"이 자유들은 서로 충돌할 수밖에 없으며, 따라서 하나의 일관된 자유들의 체제에 각각의 자유가 들어맞도록 자유를 규정하는 제도적 규칙들이 조정되어야 한다. 자유의 우선성(제2원칙에 대한 제1원칙의 우선성)은 전체로서의 사회의 사회적·경제적 순익의 더 큰 총합으로 이해되는 더 큰 공공선(public good)을 위해서가 아니라, 하나 혹은 그 이상의 다른 기본적 자유들을 위해서만 어떤 기본적 자유가 제한되거나 부정될 수 있음을 의미한다. 우리가 말했듯이 사상의 자유와 양심의 자유, 혹은 정치적 자유와 법치의 보장 같은 기본적 자유들 가운데 어떤 것도 절대적이지 않다. 그것들이 서로 충돌할 때에는 제한될 수 있기 때문이다. 최종적으로 조정된 체제에서 각각의 기본적 자유가 균등하게 제공되는 것이 (이것이 무엇을 의미하든) 요구되지도 않는다. 그 대신에 이 자유들이 어떻게 조정되든 그 최종 체제는 모든 시민에게 균등하게 보장되어야 한다"(FJR, § 32.1).

요컨대, 민주적 참여의 권리와 재산권은 어느 것도 절대적이지 않기 때문에 기본권 체계를 완성하기 위해서는 그것들을 적절히 조정할 필요가 있다. 개인의 재산권이 심각한 경제사회적 불평등을 초래할 경우 시민들이 누리는 정치적 기본권의 가치에 큰 격차가 발생한다. 그렇게 되면 민주주의는 실질적으로 과두제로 전락해버릴 것이기 때문에 모든 개인들이 정치적 기본권을 평등하게 향유할 수 있도록 개인의 재산권을 어느 정도 조정할 필요가 있다. 재산권을 협의로 규정하는 롤스의 입장은 바로 이와 같은 의도를 반영한다.

이런 논리는 역으로도 성립된다. 만일 시민들이 누리는 정치적 기본권의 가치를 완전히 균일하게 만들기 위해 재산권의 범위를 의류나 책과 같은 매우 개인적인 품목으로 제한시켜버릴 경우 개인들은 다른 의미에서 자신의 근본이익을 실현하는 데 어려움을 겪게 된다. 주택이나 정원을 소유할 권리도 없기 때문에 자신이 어떤 삶을 선택하고 추구할 것인지를 스스로 결정하기 어렵다. 이런 상황은 기본권 체계를 통해 보호하고자 하는 시민들의 인격적·도덕적 능력을 불구화시켜버림으로써 정의사회에 반하는 결과를 초래할 것이다. 따라서 재산권이 정치적 기본권의 평등한 향유에 어느 정도 부정적인 영향을 미칠지라도 시민들이 사적인 삶의 영역에서 자신의 도덕적 능력을 원만히 계발·발휘하는 데 문제가 없을 만큼은 허용할 필요가 있다. 재산권의 범위를 지나치게 확대하는 것은 다른 기본권을 보호하기 위해 피할 필요가 있지만, 지나치게 제한하는 것은 개인들이 자신의 도덕 능력을 계발·행사하는데 큰 장애가 되기 때문에 다른 기본권들과 균형을 이룰 필요가 있는 것이다.

요컨대, 협의의 재산권만을 기본권에 포함시키는 롤스의 의도는 광의의 재산 개념을 보호해서는 안 된다는 의미가 아니라, 적어도 협의의 재산권만은 (다른 기본권과의 관계를 고려하더라도) 반드시 보호해야 한다는 의미로 해석하는 것이 더 타당하다. 롤스는 협의의 재산을 초과하는 재산을 어느 정도까지 허용해줄 것인가의 문제는 관련 사회의 역사적·사회적 조건에 달려 있다고 주장함으로써 구체적인 답변을 각 사회에 맡기고 있다. 다만 그는 자신이 이상적으로 생각하는 사회에서는 재산을 최대한 분산시킬 수 있는 정치경제체제를 도입하는 것이 바람직하다고 본다.

롤스는 자신의 정의이론에 조응하는 유일한 정치경제체제로 재산소유민주주의를 제시했다. 그가 사회주의 체제에 대해서 상당히 우호적이며, 자유주의적 사회주의도 유력한 대안으로 인정한 것은 사실이다. 하지만 그는 경제학자 미드(J. Meade)로부터 차용한 재산소유민주주의를 자신의 정의관에 부합하는 유일한 체제라고 강조했다. 그런데 롤스의 입장을 정확히 이해하기 위해서는 그가 다른 체제를 거부한 이유들을 살펴보는 것이 큰 도움이 된다. 다른 체제들을 거부한 이유들은 재산소유민주주의체제를 옹호하는 이유를 명확히 부각시켜주기 때문이다.

다섯 가지 정치경제체제
롤스는 『공정으로서의 정의: 재서술』에서 다섯 가지 정치경제체제를 분류하고 각 체제가 자신의 정의관에 부합하는지의 여부를 검토한다. 다섯 가지 정치경제체제는 자유방임주의적 자본주의, 복지국가 자본주의, 명령경제인 국가사회주의, 재산소유민주주의, 그리고 자유주의적 사회주의다. 롤스는 이 체제들을 비교·평가하기 위해 일반적으로 사용해온 네 가지 기준에 대해 다음과 같이 설명한다.

"하나는 옳음(right)의 문제이다. 즉 그 제도들이 옳고 정당한가 하는 것. 다른 하나는 디자인의 문제이다. 즉 선포된 목적과 목표를 실현하도록 체제의 제도들이 효율적으로 고안될 수 있는 지의 여부. 이것은 세 번째 문제를 함축한다. 즉 체제의 기본구조에 의해 형성되는 시민들의 가능한 이익과 목적에 비추어 볼 때, 그들이 정의로운 제도와, 다양한 직책과 지위에서 그들에게 적용되는 규칙들을 준수할 것이라고 믿을 수 있는지의 여부. 부패의 문제는 이것의 한 측면이다. 마지막으로 능력(competence)의 문제가 있다. 직책과 지위에 할당되는 임무가 그 직책과 지위에 있을 것 같은 이들에게 그야말로 너무 어려운 것이 되지 않을 지의 여부"(JFR, §41.2).

롤스에 의하면, 다른 조건이 같다면 우리는 "그 자체를 유지하는 데에 필수적인 목표와 관심을 효과적으로 장려하는, 정의롭고 효과적으로 고안된 기본 제도를 선호한다." 또한 너무 어려워 실행할 수 없거나 실천하기 어려운 의무를 부과하는 체제보다는 상대적으로 실천하기 쉬운 체제를, 그리고 비효율적이거나 부패를 조장하는 체제보다는 상대적으로 그렇지 않은 체제를 선호한다.

하지만 롤스는 이런 문제들을 무시하지는 않지만 더 근본적인 문제, 즉, 체제의 정의 문제에 초점을 둔다. 즉, "어떤 종류의 체제와 기본구조가 가장 옳고 정당한가?"의 문제에 집중한다. 또한 현실에 구현된 형태들을 평가하지 않고 이상화된 제도를 묘사하는 방식을 택한다. 다시 말해, 각각의 체제가 "잘 실행되고 있을 때, 즉 체제가 그것의 공적인 목적과 디자인의 원칙에 따라 실행되고 있을 때 그것이 실행되는 방식"을 묘사한다.

　이런 방식을 적용해보면 세 가지 체제는 적어도 한 가지 측면에서 정의의 두 원칙을 위반하는 것으로 드러난다. 자유방임적 자본주의는 단지 형식적 평등만을 보장하며, 정치적 자유의 공정한 가치와 공정한 기회평등을 다루지 않는다. 자유방임적 자유주의는 反차별주의를 표방함으로써 인종이나 성별과 같은 임의적인 기준에 따라 직업과 재화가 분배되는 것을 거부하는 업적주의를 표방한다. 하지만 기회평등을 불간섭으로 규정함으로써 경제사회적 불평등이 개인들의 기회를 불공정하게 만들어버리는 경향을 백안시한다(Lamb 2021, 125). 예컨대, 한 아이가 최하위 계층이나 역사적으로 배제되어온 소외 계층 출신일 경우, 태생에 관련된 사실 자체가 경제적인 성공을 가로막는 커다란 문화적 장벽이 된다. 이처럼 자유방임 자본주의는 법적인 차별이 없는 상태를 기회의 평등으로 정의하고 (시민들에게 사회적 최소치만을 보장해주면서) 경제적 효율성과 성장을 추구한다. 롤스의 정의의 제2원칙에 담겨 있는 '공정한 기회의 평등'은 이런 형식적인 기회평등 원칙을 넘어서 시장에서의 자유 경쟁을 실질적으로 더 공정하게 만들기 위한 것이다.

　둘째, 복지국가 자본주의는 자유방임주의와 마찬가지로 정치적 자유들의 공정한 가치에 무관심할 뿐만 아니라, 기회평등을 실현하는 데 필요한 정책을 적극적으로 추구하지 않는다는 점에서 정의의 두 원칙을 구현하는 데 충분하지 않다. 특히 복지국가 자본주의는 실물 재산—생산적 자산과 자연자원—의 소유와 관련하여 심각한 불평등을 허용함으로써 소수의 자산가들이 경제와 정치생활을 통제할 수 있도록 허용한다. 복지국가라는 명칭이 시사하듯, 복지 제공에 너그럽고 비교적 높은 수준의 사회적 최소치를 보장해주기 위해 누진세를 실시하지만, 경제적·사회적 불평등을 완화시켜 정치적 자유의 공정한 가치를 보장해주기 위한 정책은 도입하지 않는다. 요컨대, 복지국가 자본주의는 재산과 자본이 일부 소수의 손에 집중되는 것을 방치함으로써 민주정치 과정이 불공정하게 되는 상황을 적극적으로 개선하려고 시도하지 않는다. 복지국가 자본주의에 대한 롤스의 설명에는 재산과 자본의 집중이 정치적 자유의 불공정한 가치로 이전되는 과정에 대한 설명이 빠져있다. 하지만 그와 같은 전이는 다양한 방식으로 이뤄질 수 있다(Lamb 2021, 127). 많은 부를 소유한 자들이 권력을 직접 행사하는 식으로 발휘될 수도 있으며, 정당과 정치캠페인에 거액의 기부금을 납부한 사람이 정치인들에게 큰 영향력을 행사하는 방식으로 발휘될 수도 있다.

셋째, 일당체제(one-party regime)하의 명령경제인 국가사회주의는 기본적 자유들의 공정한 가치는 물론이고, 기본적 권리들과 자유들마저 심각히 침해한다. "명령경제는 중앙에서 채택한 일반 경제계획에 의해 인도되며, 민주적 절차나 시장을 (배급장치로 이용하는 것 이외에는) 거의 이용하지 않는 경제[이기 때문에]" 개인들이 스스로 자신의 인생 목표를 세우고 추구할 수 있는 자유를 크게 제약한다. 재화의 생산과 분배를 포함하여 대부분이 국가의 계획에 의해 강제되기 때문에 개인들은 자신의 도덕적 능력을 발휘할 수 있는 기회를 박탈당한다. 그런 식으로 국가사회주의는 자유주의가 옹호하는 개인의 자율성과 자존감을 심각히 침해한다. 더구나 이 체제가 평등사회 구현과 같은 이상을 실현하기 위해 국가 권력을 무절제하게 행사할 경우, 개인들이 자신의 도덕능력을 발휘하는 데 필요한 권리들은 심각히 침해될 수밖에 없다.

다음으로 롤스는 재산소유민주주의와 자유주의적 사회주의 체제를 검토한다. 이 두 가지 체제는 모두 "민주정치를 위한 헌법적 틀을 정립하며, 정치적 자유들의 공정한 가치 및 공정한 기회평등과 함께 기본적 자유들을 보장하고, 차등의 원칙이 아니라도 어떤 상호성 원칙을 통해 경제적·사회적 불평등을 규제한다."는 점에서 정치적 정의관에 부합한다. 롤스는 자유주의 사회에서 사회주의에 대해 널리 퍼져 있는 반감을 의식한 듯, 자유주의적 사회주의도 (국가사회주의의 명령경제와 달리) 시장경제와 직업 선택의 자유를 보장하며 사유재산권을 인정한다고 강조한다(FJR, § 42.1). 롤스는 두 체제 중 어떤 체제가 정의의 원칙들에 더 잘 부합하는지에 대해서는 최종적인 평가를 유보한다. 두 체제가 모두 정의의 원칙들에 부합하기 때문에 각 사회가 "역사적 상황과 정치사상 및 실천의 전통 그리고 다른 많은 것을 고려[하면서]" 하나를 선택해야 한다고 본다(JFR, § 42.2).[115]

다섯 가지 체제를 비교한 다음 롤스는 재산소유민주주의와 복지

---

115 하지만 롤스는 나중에 재산소유민주주의가 정의의 두 원칙에 조응하는 유일한 정치경제체제임을 인정한다. 미국은 사회주의 전통이 매우 빈약하기 때문에 사회주의에 대한 반감이 클 것으로 예상하기 때문이다.

국가 자본주의를 비교함으로써 재산소유민주주의 우월성을 부각시
킨다. 그런데 이 맥락에서 롤스는 재산소유민주주의와 복지국가 자
본주의 공히 "생산적 자산에 대한 사적 소유를 허락[한다]"는 의외의
주장을 개진한다. 앞에서 우리는 정의의 제1원칙에 포함되는 재산권
은 협의의 재산권, 즉, 사적인 소유물에 대한 권리임을 확인한 바 있
기 때문에 이 주장이 다소 모순적으로 느껴질 수도 있다. 하지만 이
진술은 광의의 재산 개념은 (기본적 정의의 문제는 아니지만) 관련 사회의
역사적·사회적 조건에 따라 얼마든지 사적인 재산으로 인정받을 수
있다는 뜻으로 해석하면 충분히 이해할 수 있다. 따라서 이 두 체제
를 비교할 경우 어떤 체제가 정의의 원칙을 실현하는 데 더 적합하며
또 어떤 이유로 더 적합한지를 분명히 보여주는 데 역점을 두어야 한
다.

　롤스는 두 체제의 차이를 다음과 같이 설명한다. "재산소유민주주
의의 배경적 제도들은 부와 자본의 소유를 분산시키고, 그리하여 사
회의 작은 부분이 경제뿐만 아니라 간접적으로는 정치적 삶까지도
통제하는 것을 막는 작용을 한다.…모든 것이 잘 될 경우 사회의 최
소 수혜자들은 불행하고 불운한 자들이 아니라―그들은 동정의 대
상이 아님은 물론 자선과 연민의 대상도 아니다―자유롭고 평등한
시민들 사이에서 다른 모든 이와 함께 우리가 정치적 정의의 차원에
서 호혜적이어야 하는 이들이다. 그들은 비록 더 적은 자원을 통제하
고 있지만, 모든 이의 자존감에 합치하고 상호 이익이 된다고 모두
가 인정하는 조건 위에서 자신들의 완전한 몫을 다하고 있다"(JFR, §
42.3). 반면에 복지국가 자본주의는 모든 시민들이 품위 있는 최소한
의 생활수준, 즉 기본적인 필요를 충족시킬 수 있게 해주고, 사고와

불운을 당했을 때 보호받을 수 있게 해주며, 원조가 필요한 이들이 분명히 드러날 때 소득을 재분배해준다. 하지만 복지국가 자본주의에서는 사회의 기본구조가 정의롭지 않기 때문에 소득과 부의 불평등이 심화되는 경향이 있다. 또한 다수가 상시로 국가에 의존하기 때문에 의기소침해지기 쉽고 공적인 정치활동에서 이탈하는 경향이 있다.

　롤스가 재산소유민주주의와 복지국가 자본주의의 대비를 통해 부각시키고자 하는 점은 분명하다. 재산소유민주주의는 자유롭고 평등한 시민들 간의 공정한 협력체계로서의 사회 관념에 완벽히 들어맞는 반면, 자본주의 복지국가는 그렇지 않다는 것이다. 생산수단과 인적 자산의 심각한 불평등을 만성적으로 초래하는 복지국가 자본주의는 내부 개선을 통해 정의사회로 개조될 수 있는 체제가 아니라는 것이다.

03

재산소유민주주의와 정치적 자유

정치적 정의관과 입헌민주주의

복지국가 자본주의와 대비함으로써 재산소유민주주의의 차별성을 부각시킨 롤스는 계속해서 재산소유민주주의가 정의의 두 원칙을 구현하는 방식에 대해 설명한다. 이 부분은 『정의론』에서 충분히 다루지 못한 정치경제체제에 대한 보완적 논의이자, 자신의 정치적 정의관에 부합하는 구체적인 정치경제체제에 관한 질의에 대한 응답이라고 볼 수 있다.

먼저 롤스는 재산소유민주주의가 절차적 민주주의가 아니라 입헌체제임을 분명히 밝힌다(JFR, § 44.1). 이것은 그가 단순히 경제적 재화의 (재)분배만을 문제 삼지 않고, 재산소유민주주의의가 법의 지배와 민주주의가 결합된 입헌민주주의를 채택하고 있다는 점을 명백히 적시한 것이다. 즉, 정의의 두 원칙은 재산소유민주주의체제를 필요로 하는데, 그 법적·정치적 형태가 바로 입헌민주주의임을 밝힌 것이다. 그런데 재산소유민주주의가 입헌민주주의 정치체제를 필요로 한다는 사실은 정의의 제1원칙을 통해서도 확인할 수 있다. 양심과 사상의 자유 및 정치참여와 공무담임권 등의 기본권은 민주주의 정치제도를 구성하는 필수요소들로서, 기본권을 보호하는 헌정주의 원칙과 함께 입헌민주주의 정치구조를 수립하기 때문이다.

하지만 문제는 기본권 목록에 재산권이 들어있다는 점이다. 재산권은 도덕적 독립과 자유를 보장해주는 경제적 조건으로서 정치적 기본권에도 중요한 영향을 미친다. 즉, 개인적 독립 및 양심과 사상의 자유를 보호해주며, 효능감을 체험할 수 있는 정치참여의 기회를 제공해준다. 하지만 재산이 매우 불균등하게 분배되거나 편중되어 있어서 소수가 지나치게 많은 재산과 자본을 소유하고 있는 사회가 있다면, 부의 불평등이 정치적 영향력의 불평등으로 전이되어 입헌민주주의체제가 비정상적으로 작동할 수가 있다. 이런 상황을 롤스는 (정치적) 기본권의 공정한 가치가 훼손되었다고 묘사한다. 이처럼 기본권들은 서로 중요한 영향을 미칠 수 있기 때문에 (혹은 서로 충돌할 수도 있기 때문에) 서로 조정되고 균형을 이룰 필요가 있다. 롤스는 '입헌민주주의 대 절차적 민주주의'(JFR, § 44.1)부터 '다른 기본적 자유들의 공정한 가치에 대한 부정'(JFR, § 46.2)에 걸쳐 이 문제를 다룬다.

롤스의 정의에 따르면, "입헌체제는 법과 규정이 어떤 근본적인 권리들과 자유들, 이를테면 정의의 제1원칙이 포괄하는 것들에 부합해야 하는 체제이다. 그러한 자유들을 규정하는 권리장전을 갖춘, 그리고 입법에 대한 헌법적 한계라고 법원이 해석하는 (반드시 성문일 필요는 없는) 헌법이 실제로 존재[하는 체제이다]." 반면에 "절차적 민주주의에서는 입법에 대한 헌법적 한계가 존재하지 않으며, 적절한 절차, 즉 법을 식별하는 규칙 체계를 따른다면 다수가 제정하는 것은 무엇이든 법이 된다. 이러한 규칙들은 필요한 민주적 절차들을 규정하지만, 이러한 절차들 자체는 입법의 내용에 어떤 한계도 부과하지 않는다. 예를 들어 그것들은 입법이 어떤 집단의 평등한 정치적 권리들을 부정하거나 사상과 언론의 자유를 제한하는 것을 금지하지 않는다."

정의의 두 원칙은 이 두 가지 중에서 어떤 민주주의 형태를 지지할 것인가? 롤스는 단호히 입헌민주주의체제를 지지한다. 그는 "한 인민이 진정으로 민주적인 정신을 가지고 있다면 권리장전을 갖춘 헌법이 불필요하며, 만약 한 인민이 민주적이지 않다면 그러한 헌법이 그들을 민주적으로 만들지 못한다."는 생각을 거부한다. 이런 생각은 정치적 정의관의 기본 관점이 정치사회적으로 중요한 영향을 미칠 수 있는 가능성을 무시한다. 정치적 정의관은 단순히 이론이나 아이디어에 그치지 않는다. 그것은 시민들의 (정치)의식과 태도에 중요한 영향을 미침으로써 정치제도의 실질적인 운용과 안정성에 적지 않은 영향을 준다. 그러므로 정치적 정의관에 의해 규제되면서도 정치적 정의관을 시민들에게 더 효과적으로 교육시킬 수 있는 입헌체제를 절차적 민주주의보다 더 선호할 이유가 있다. 정치적 정의관에 의해 규제되는 사회에서 성장하는 개인들은 정치적 정의관과 공적인 정치 문화에 함축되어 있는 인간관과 사회관에 영향을 받아 자신과 다른 시민들을 기본적 권리와 자유들을 지닌 공정한 협력자들로 인식하게 될 것이다. 그리고 이런 일반적 인식은 입헌민주주의체제에 대한 애착과 충성으로 발현되어 체제의 이상적이고 안정적인 작동에 기여할 것이다. 정치적 정의관에 의해 규제되는 입헌민주주의체제가 이상적으로 작동하는 방식에 대해 롤스는 다음과 같이 묘사한다.

"입헌체제의 정치사회학은 절차적 민주주의의 그것과 다를 것으로 보인다. 인간관과 사회관은 헌법의 공적 헌정에서 보다 완전하게 명시되며, 헌법이 보장하는 기본적 권리들 및 자유들과 보다 분명하게 연결된다. 시민들은 공적 정치문화와 기본적인 헌법상의 가치들을 해석하는 전통을 이해하게 된다. 그들은 판사들이 중요한 헌법적 사안들에서 어떻게 그 가치들을 해석하고 정당들이 그것을 재승인하는 지를 고려함으로써 이러한 이해를 획득한다. 만약—생겨나기 마련인—논쟁적인 사법적 결정이 심의적 정치 토론을 요구하고, 그 과정에서 헌법의 원칙을 통해 그러한 결정의 장점이 합당하게 논쟁된다면, 그렇게 논쟁적인 결정들조차 시민들을 공적 논의에 끌어들임으로써 중요한 교육적 역할을 할 수 있다. 우리는 근본적인 정치적 가치들을 스스로 명확히 표현하게 되고, 그리하여 헌법의 핵심 사항들이 문제될 때 관련 근거들에 대한 어떤 관점을 형성하게 된다.…즉 입헌체제에서는 정치적 관점의 커다란 교육적 역할이 절차적 민주주의에 비해 입헌체제를 옹호하도록 정치사회학을 바꾸어버릴 수도 있다는 점에 영향을 주지는 않는다"(JFR, § 44.2).

요컨대, 공정으로서의 정의관에 깔려있는 인간관과 사회관 및 공정한 절차적 구성 요건들은 절차적 민주주의보다 입헌민주주의체제를 지지하도록 이끌고, 역으로 그런 기본 관념들은 입헌민주주의의 작동 과정에서 시민들에게 고쳐되어 공적 이성과 심의민주주의의 이상적이고 안정적인 작동에 기여한다.

정치적 자유의 공정한 가치

이어서 롤스는 시민을 "공적인 삶에 참여할 수 있게 해주는 평등한 정치적 자유들의 공정한 가치"를 다룬다. 이 주제가 중요한 이유는 정치적 자유의 가치는 개인들이 지닌 재산의 규모에 따라 달라질 수 있는바, 입헌민주주의체제와 조화될 수 있는 경제체제(분배체제)를 모색하는 문제와 연관되어 있기 때문이다. 사회의 기본구조 중 경제체제, 특히 분배 관련 제도를 수립할 때, 주로 시장 경쟁을 통해 분배가 이뤄지게 할 것인가 아니면 시장 경쟁이 시작되기 전에 어느 정도 재화를 우선 분배함으로써 경쟁의 공정성을 제고할 것인가? 이 문제는 체제의 기본 성격을 결정하는 데 매우 중요한 고려사항이 아닐 수 없다. 만일, 사전 분배를 통해 시장에서의 경쟁이 공정히 진행된다면 사후적인 재분배의 필요성은 현저히 낮아질 것이며, 주기적인 재분배를 위한 누진세도 환화시킬 수 있을 것이다. 이처럼 어떤 분배 방식을 채택하느냐에 따라 재산제도, 조세제도, 그리고 재분배제도가 달라질 수밖에 없으며, 그에 따라 시민들이 행사하는 정치적 자유의 가치에도 변화가 생기게 된다.

그런데 롤스가 다양한 헌법적 기본권들 중에서 유독 정치적 자유들의 공정한 가치에 관심을 두는 이유는 무엇인가? 재산권이나 종교의 자유 등 다른 기본권들과 달리 정치적 자유는 절대적으로 보호해야 할 신성한 기본권이기 때문인가? 롤스는 아리스토텔레스의 시민적 인문주의, 즉 인간은 정치적 동물이라는 명제에 함축되어 있는 정치의 특권적 지위를 인정하지 않는다. 그래서 정치생활에 관련된 기본권에 절대적인 지위를 부여하지 않는다. 그럼에도 왜 굳이 정치적 자유의 공정한 가치만을 강조하는가?

이에 대한 롤스의 입장은 근대 자본주의 국가의 헌법에 보장된 자유들이 실제로는 '형식적으로만' 평등하다는 급진주의자들 및 사회주의자들의 비판에 대한 응수에 나타나 있다(JFR, § 45.1-45.2). 급진주의자들에 따르면 자유민주주의 국가에서는 누구나 투표권과 공무담임권 그리고 정당정치에 참여할 권리를 가지고 있기 때문에 평등하게 보일 수 있다. 하지만 실제로는 큰 자산가들이 정치생활을 통제하고 자신들에게 유리한 정책과 법률을 제정한다.

롤스는 이와 같은 급진주의자들의 비판이 상당히 타당하다고 본다. 그가 기본권의 공정한 가치를 구현하기 위해 사회의 기본구조를 설계한 것은 그런 비판을 뼈아프게 받아들이기 때문이다. 그는 자본주의 체제를 개혁하는 것만으로 기본적 자유와 권리의 동등한 가치를 실현할 수 없다고 본다. 자본주의를 개혁하는 전략으로는 재산의 집중 및 그에 따른 정치권력의 불평등한 행사를 막을 수 없다고 보기 때문이다. 재산이 최대한 광범위하게 분산된 재산소유민주주의체제에서만 모든 시민들이 기본적 자유와 권리를 동등하게 향유할 수 있다고 본다.

정의의 두 원칙에 부합하는 입헌민주주의체제에서 정치적 기본권들은 누구에게나 평등하게 보장된다. 재산권도 마찬가지다. 하지만 두 권리가 평등하게 보장된다는 주장의 의미는 사뭇 다르다. 정치적 기본권은 누구에게나 똑같이 보장되지만 시민들의 사정에 따라 행사될 수도 있고 행사되지 않을 수도 있다. 또한 매우 효과적으로 행사될 수도 있고 그렇지 않을 수도 있다. 그럼에도 시민들 누구나 이 권리를 행사할 수 있는 기회가 주어져 있다는 점에서 형식적으로는 평등하다고 볼 수 있다. 예컨대 누구에게나 1표가 주어지고 자신의 생각과 의견을 자유롭게 발표할 수 있는 기회가 열려 있다. 즉, 정치적 권리를 효과적으로 행사할 수 있는 조건이나 상황이 다르긴 하지만,

그 권리를 행사하고자 할 경우 누구나 행사할 수 있다는 점에서 모든 시민들에게 평등하게 보장된 기본권이라고 할 수 있다.[116]

재산권은 이와 다르다. 누구나 재산을 소유하고 사용할 수 있는 평등한 권리를 가지고 있지만, 재산을 소유하지 못한 사람은 (재산이 없기 때문에) 재산권을 아예 행사할 기회조차 없다. 재산권은 재산이 없는 사람들에게는 (재산을 마련할 때까지는) 존재하지 않는 것과 다름이 없다. 만일 특정한 개인적·사회적 목적—인간번영, 인격과 자율성의 실현, 사회적 효용의 극대화 등—을 성취하는 데 재산이 필요하다면, 모든 사람들이 그에 필요한 최소한의 재산을 소유해야 할 것이다. 인간이 의미 있고 가치 있는 삶을 사는 데 반드시 재산이 필요하다고 주장하면서도, 모든 사람들에게 인간다운 삶에 필요한 최소한의 재산을 보장해주지 않는 것은 모순이라고밖에 볼 수 없다.

어쨌든 정치적 자유와 권리의 평등한 가치에 대한 관심은 롤스로 하여금 현존하는 자본주의와 완전히 다른 재산소유민주주의로 관심을 돌리게 했다. 입헌민주주의체제에서 기본적 자유는 모든 시민들에게 평등하게 보장되지만 시민들이 누리는 기본권의 실질적 가치는 상당히 다르다. 부와 자본의 편중 때문이다. 따라서 정치경제체제를 근본적으로 재편함으로써 정치적 기본권의 동등한 가치를 보장할 필요가 있다. 롤스가 정의의 제1원칙에 덧붙여 정의의 제2원칙을 제시한 것은 이와 같은 고려 때문이다. 즉 시민들 사이에 재산을 최대한 광범위하게 분산시킴으로써 모든 시민들이 정치적 기본권을 동등하

---

116 반면에 아무리 재산이 많은 사람이라도 정치적 권리를 행사하지 않을 수도 있다.

게 사용할 수 있는 제도적 환경을 조성하기 위해 제2원칙을 제시한 것이다. 상이한 보상이 따르는 다양한 직업과 공직에 접근할 수 있는 공정한 기회평등 원칙하에, 사회의 최소수혜계층에게 최대의 혜택을 안겨줄 수 있는 불평등한 부의 분배만이 정당화될 수 있다는 차등원칙(difference principle)이 제2원칙의 주요 내용이다.

　그렇다면 롤스는 왜 유독 정치적 자유의 평등한 가치만을 강조하는가? 다른 기본적 자유들은 상대적으로 중요하지 않다는 말인가? 롤스는 그 이유를 설명하기 전에 정치적 자유의 평등한 가치를 담보하는 것은 심의민주주의의 조건을 공고히 하고 공적 이성의 효과적인 행사를 돕기 위한 것이라고 강조한다(JFR, § 44, 45.3). 동시에 이것이 공정으로서의 정의가 시민적 공화주의와 공유하는 목적이며, 입헌민주주의의 성공 여부는 이 과제의 성공적인 실행 여부에 달려 있다고 주장한다. 롤스는 정치적 자유의 평등한 가치를 보장하는 과제가 지닌 중요성을 다음과 같이 정리한다.

(a) 첫째, 그것은 분명한 정치적 목적에 기여하도록 만들어진 공공기관, 즉 정치과정을 관리하고 정치적 권위를 갖는 지위로의 진입을 통제하는 헌법 규칙들과 절차들이 규정하는 공공기관을 각 시민이 공정하고 대체로 평등하게 이용할 수 있도록 보장한다. 이러한 규칙들과 절차들은 가능한 한 정의로운 입법으로 이어지도록 구성된 공정한 과정이어야 한다. 공공기관으로서의 정치과정에 공정하고 평등하게 접근할 수 있어야 한다는 생각에 따른 어떤 표준적인 한계 안에서 각각의 시민의 타당한 요구가 제기된다.

(b) 둘째, 이 공공기관은 말하자면 제한된 공간을 갖는다. 정치적 자유들의 공정한 가치에 대한 보장이 없으면, 더 많은 수단을 가진 이들이 함께 결합하여 덜 가진 이들을 배제할 수 있다. 아마도 차등의 원칙은 이를 막기에 충분하지 않을 것이다. 소위 공적인 정치 포럼의 제한된 공간 때문에 정치적 자유들의 유용성은 다른 기본적 자유들의 유용성보다도 훨씬 더 시민의 사회적 지위와 경제적 수단에 종속될 수 있다. 그래서 우리는 정치적 자유들의 공정한 가치에 대한 요구를 덧붙인다(JFR, § 45.4).

이 진술은 롤스가 제1원칙에 "평등한 정치적 자유들, 오직 이 자유들만이 공정한 가치를 보장받아야 한다는 조항을 포함시킨" 이유를 분명히 보여준다. 정치적 자유의 동등한 가치를 담보하는 것이 중요한 이유는 정치적 자유가 시민들의 전반적인 삶에 광범위한 영향을 미치는 공공기관—특히 입법과정—에 참여할 수 있는 권리이기 때문이다. 만일 입법처럼 중요한 정치과정에 시민들이 동등하게 참여하고 평등하게 영향을 미칠 수 없다면 입법과 정책 결정은 불공정한 결과를 산출할 수밖에 없을 것이다. 이런 관점에서 보면 정치적 자유의 공정한 가치를 담보하려는 노력은 정의원칙을 도출하는 원초적 상황을 공정하게 조성하려는 노력과 유사하다. 다양한 가치관과 인생관을 지닌 사람들이 정의원칙을 합의하는 과정에 공정한 자격으로 참여할 수 있어야 하듯이, 일상적인 입법과 정책결정 과정에도 공정하게 참여할 수 있어야 한다. 그렇지 않으면 입법과 정책결정이 왜곡되어 불공정한 결과가 산출될 것이다. 이처럼 롤스가 정치적 자유의 공정한 가치를 특별히 강조한 것은 정치적 결정이 시민들의 삶에 전반적이며 지속적인 영향을 미치는바 그 과정이 공정해야 한다고 보기 때문이다.

　롤스는 이런 문제의식을 더욱 심화시킨다. 정치적 자유의 불공정한 가치가 문제라면, 애초에 정치적 자유의 가치를 불평등하게 만드는 요인은 무엇인가? 인용문 (b)에서 보듯 롤스는 정치적 자유를 불공정하게 만드는 주된 원인으로 사회적 지위와 경제적 수단의 격차를 지목한다. 통상 사회적 지위와 경제적 수단은 정비례한다. 사회적 지위가 높은 사람들은 명예와 권력을 누릴 뿐만 아니라 부와 자본까지 독점하는 경우가 많다. 그러므로 정치적 자유의 공정한 가치를 담보하기 위해서는 무엇보다 부와 재산의 심각한 불평등을 완화시킬 필요가 있는데, 그런 완화조치가 임시방편적인 것이 되지 않기 위해서는 아예 사회의 기본구조를 근본적으로 재편할 필요가 있다. 롤스가 제시한 재산소유민주주의는 바로 이와 같은 문제의식의 최종적인 귀결이다. 그래서 정의의 두 원칙은 기본적 자유의 평등한 분배 원칙에 '정치적 자유의 공정한 가치 원칙'을 덧붙이고, 직업과 공직에 접근할 수 있는 '공정한 기회평등' 원칙에 차등원칙을 덧붙임으로써 정치적 자유의 공정한 가치를 담보하고자 한다. 재산소유민주주의는 이런 기조 위에 수립된 정치경제체제의 윤곽이다.

공지성의 조건: 환상과 망상의 제거

『공정으로서의 정의: 재서술』 중 '공지성에 속하는 조건'에는 부와 재산의 집중이 민주정치 과정에 영향을 미치는 메커니즘과 관련하여 흥미 있는 관점이 나타나 있다(JFR, § 35). 부와 재산의 집중은 다양한 방식으로 민주정치 과정에 부정적인 영향을 미치지만, 롤스가 여기

서 강조하는 것은 마르크스의 허위의식(false consciousness)과 유사한
관념이다.[117] 롤스에 따르면 정치적 정의관에 의해 규제되는 질서정
연한 사회는 '공지성(publicity)의 조건'을 충족시킨 사회다. 그리고 공
지성의 조건을 충족시킨 사회는 마르크스의 이른바 허위의식이 없는
사회다. 마르크스의 허위의식 개념은 실제 사회 상태나 상황에 대한
'잘못된' 혹은 '허위의' 의식을 말하는 데, 롤스는 그것을 환상(illusion)
과 망상(delusion)으로 세분화시키고 특히 망상의 중요성에 주목한
다.[118] 롤스에 의하면, 재산소유민주주의체제가 장기적으로 유지되기
위해서는 사회구성원들 모두가(혹은 대다수가) 사회의 기본구조와 공
정으로서의 정의 그리고 사회현실에 대해 망상을 갖지 않는 것이 중
요하다. 이것이 롤스가 '공지성의 원칙'을 충족한 질서정연한 사회에
서는 이데올로기가 없다고 말한 이유이다.

---

117 재산소유민주주의를 굳건히 수립하기 위해서는 마르크스의 문제의식과 비판을 극
복할 수 있어야 한다. 『공정으로서의 정의: 재서술』(§ 52)에서 롤스는 재산소유민주
주의에 대한 마르크스주의적인 문제 제기에 대해 응수하고 있다. 『정치철학사 강의』
에서도 롤스는 마르크스의 이데올로기 개념에 대해 유익한 설명을 제공한다. 그에
의하면 허위의식으로서의 이데올로기는 제도로서의 사회를 유지하는 데 중요한 사
회적·심리적 역할을 수행한다(Rawls 2007, 360).

118 롤스는 두 종류의 이데올로기를 구분한다. 환상과 망상이 그것이다. 환상은 제도의
기만적인 외양과 실질적인 내용 사이의 (은폐된) 불일치다. 마르크스의 노동가치론에
따르면, 노동자들이 자본주의적 생산관계에 기만당함으로써 노동의 재생산에 필요
한 정도만 지불받지 잉여노동분에 대해 지불받지 못하게 되는 것은 환상 때문이다.
롤스는 노동가치론을 부정하기 때문에 간접적이나마 노동가치론과 연관되어 있는
환상 개념에 대해서 부정적이다. 이와 달리 망상은 잘못된 믿음으로서, 허위의 혹은
비합리적인 가치를 포함한다(JFR, § 35.2). 이런 가치들은 우리가 왜 그런 가치들을 표
방하게 되었는가를 이해했거나, 특수한 사회적 위치에서 우리를 압박하는 심리적인
필요가 없었더라면, 수용하지 않았을 가치들이다(Rawls 2007, 361).

　　롤스는 이데올로기, 특히 망상이 없는 사회를 유지하기 위해서는 공지성의 세 가지 조건이 충족되어야 한다고 본다. 첫째, 시민들이 사회의 주요 제도들이 실제로 정의원칙에 부합한다는 공적 지식(혹은 합당한 믿음)을 가지고 정의원칙을 상호 인정해야 한다. 둘째, 원초적 상황의 당사자들이 정의원칙을 선택하는 기반이 되는 일반적 사실들을 시민들이 상호 인정해야 한다. 셋째, 시민들이 공정으로서의 정의가 자체적으로 완벽히 정당화된다는 것을 상호 인정하는 것이다.[119]

　　롤스는 공지성의 세 가지 조건이 충족되어 시민들이 허위의식―환상과 망상―에서 벗어나게 되면 재산소유민주주의가 이상적으로 작동할 수 있게 됨으로써 부와 재산의 집중으로 인한 민주정치의 왜곡이 크게 완화될 것으로 본다. 그러므로 정치적 자유의 공정한 가치를 담보하기 위해 부와 자본의 집중을 막고 재산을 최대한 광범위하게 분산시키고자 하는 롤스의 의도는 부의 양극화로 인해 (특히 무산계층에게) 발생할 수 있는 환상과 망상을 제거함으로써 민주적 심의의 공정성과 합리성을 제고하기 위한 것으로 볼 수 있다(Wesche 2013, 108-110). 적지 않은 시민들이 정의관에 의해 규제되는 사회의 기본구조에 대해 잘못된 환상이나 망상을 가지고 있다면, 민주정치 과정과 결과가 크게 왜곡됨으로써 재산소유민주주의를 유지하기 어려워질 것이다. 따라서 환상과 망상이 민주정치 과정을 왜곡시키지 못하도록 (사상과 양심의 자유를 제도적으로 구현함으로써) 정치적 정의관의 교

119　이와 같은 정치적 관점의 상호 승인은 중첩합의를 통해 시민들의 포괄적 신념체계에 의해 강화될 수 있다.

육적 효과를 극대화시키는 한편, 사회에 대한 잘못된 환상과 망상을 야기할 수 있는 부와 자본의 집중을 근본적으로 방지할 필요가 있다.

끝으로 롤스는 정치적 정의관이 정치적 자유의 공정한 가치를 요구하지만, 다른 기본적 자유들의 공정한 가치는 요구하지 않는다고 강조한다(JFR, § 46.1-46.2). 롤스에 의하면, 모든 기본적 자유들의 공정한 가치를 담보하는 것은 정의의 두 원칙에 어긋나는 비자유주의적 평등 관념을 전제한다. 예컨대, 경제적 기본권—직업선택과 재산권 등—의 공정한 가치를 담보하기 위해 소득과 부를 균등히 분배하는 정책은 사회조직의 효율성을 훼손함으로써 최소수혜계층에게도 불이익을 초래할 수 있다.[120] 즉, 정치적 자유 이외의 다른 기본권의 공정한 가치를 담보하기 위한 조치들은 매우 비합리적이거나 사회를 분열시키는 결과를 산출한 개연성이 높은바 정치적 정의관에 부합하지 않는다.

120　또한 균등 분배 과정에서 다른 기본적 자유들을 침해할 수도 있다.

04

재산소유민주주의의 비전과 전략

재산소유민주주의 약사(略史)

재산과 부를 최대한 광범위하게 분산시킴으로써 정치적 자유의 공정한 가치를 담보하는 것이 정의의 요구임을 강조한 롤스는 이제 재산소유민주주의를 구현할 수 있는 방법을 모색한다. 재산소유민주주의를 달성하고 그것을 장기적으로 유지할 수 있는 방법을 찾지 못할 경우 정의의 두 원칙은 비현실적인 원칙에 불과할 터이기 때문이다. 롤스는 자신의 정의관에 부합하는 체제를 실현가능한 유토피아로 제시하고 있기 때문에 반드시 재산소유민주주의가 성취 가능한 유토피아임을 설득력 있게 보여주어야 한다.

그런데 먼저 짚고 넘어가야 할 사항이 있다. 그것은 재산소유민주주의 개념이 롤스의 새로운 창안물이 아니라는 점이다. 재산소유민주주의 개념은 의외의 기원을 갖고 있다. 영국의 역사가에 의하면 그 용어는 20세기 초 영국에서 노동조합주의자 의원에 의해 처음으로 사용되었다(Francis 2012, 275). 이런 기원에도 불구하고 그 용어는 1960년대 영국 보수주의의 주된 이데올로기적·수사학적 표현들 중 하나가 되었으며, 1980년대 보수당의 대처 수상은 이 용어를 활용하여 민영화를 옹호하고 국유화에 반대하기까지 했다. 대처는 '~을 살 권리(the right to buy)'를 강조하며 국가 소유의 사회주택주식(social housing stock)을 시장보다 낮은 가격으로 민간에 매각함으로써 개인과 가계가 주택을 매입하여 재산을 소유할 수 있는 정책을 추진했다. 이처럼 애초에 재산소유민주주의는 국가의 역할을 축소하기 위한 일환으로 추진되었던 것이지 시장경제의 불평등을 완화하기 위해 추진된 것이 아니었다. 따라서 롤스가 이 재산소유민주주의 개념을 부와 자본의 불평등을 완화시키려는 목적으로 사용한 것은 매우 의외의 일이었다(Lamb 2021, 128).

롤스가 재산소유민주주의 개념을 도입한 것은 그 개념의 의미를 재정립한 경제학자 제임스 미드(James Meade)의 영향 때문이었다 (A. Thomas 2012). 1945년에 정권을 잡은 노동당 애틀리 정부의 중요한 성취들이 점점 잊혀져가고 있었던 시기에 케인즈주의자였던 미드는 평등주의를 강화하기 위한 수단으로 재산소유민주주의 개념을 재정립했다. 미드의 주요 목표는 케인스주의의 유효수요 관리, 독점적인 천연자원의 공적 소유(public ownership of natural monopolies), 그리고 재산소유민주주의 제도들을 결합시키는 데 있었다. 이와 함께 미드는 교육개혁, 공적기금에 의한 뮤츄얼펀드(publicly funded unit trust), 그리고 무조건적인 기본소득을 위한 국가 투자기금을 제안했다(Thomas 2012, 5). 당시의 노동당 정부와 관계를 단절한 미드는 복지국가에 의한 재분배는 경제의 전반적인 효율을 떨어뜨린다고 주장했다. 나아가서 노동과 자본의 불균형을 바로잡기 위해 노동조합에 의존하는 전략은 인플레이션을 자극하여 케인즈주의 유효수요 관리정책의 실패를 재촉했다고 평가했다. 이에 미드는 시장을 활용하

여 개인의 자유와 경제적 효율을 동시에 증진시키는 한편으로, 노동
자들의 자본 소유를 허용함으로써 노동과 자본의 균형을 모색하고자
했다. 이런 맥락에서 미드는 다음과 같이 주장했다.

"사유재산이 훨씬 더 평등하게 나눠진다면 혼합시민(mixed
citizen)—노동자이자 동시에 재산소유자—이 공기업과 사기업의
혼합경제에서 살 게 될 것이다. 그렇게 되면 사유재산의 소유권은,
지금처럼 사회직인 불평등의 저주를 수빈함이 없이, 사기업과 개
인의 안전 및 독립을 위한 토대를 제공하게 될 것이다"(Meade 1949,
12-24. Thomas 2012, 5에서 재인용).

이와 같은 미드의 아이디어는 롤스가 복지국가 자본주의와 단호히
결별하도록 유인했다. 『정의론』 첫판에서 롤스는 "정부 부서들의 목
표는 민주체제를 수립함으로써 토지와 자본이 평등하지는 않지만 폭
넓게 소유될 수 있도록 하는 데 있다. [정의관에 의해 규제되는] 사회
는 소수 부문이 생산자원의 대부분을 통제하도록 분열되어 있지 않
다."고 주장했다. 그리고 『공정으로서의 정의: 재서술』에서는 복지국
가 자본주의가 부정의하다고 단언한 동시에 재산소유민주주의를 정
치적 정의관에 조응하는 최선의 체제라고 주장했다.

　그러면 재산소유민주주의는 어떻게 구현할 수 있는가? 롤스는 『공
정으로서의 정의: 재서술』에서 재산소유민주주의가 작동하는 방식을
다음과 같이 묘사한다.

"재산소유민주주의의 배경적 제도들은 부와 자본의 소유를 분산시

키고, 그리하여 사회의 작은 부분이 경제뿐만 아니라 간접적으로는 정치적 삶까지도 통제하는 것을 막는 작용을 한다.…재산소유민주주의는 소위 각 기간의 마지막에 덜 가진 이들에게 소득을 재분배함으로써가 아니라, 말하자면 공정한 기회균등을 배경으로 각 기간의 시작점에서 생산적 자산과 인적 자본(즉 교육과 숙련된 기술)의 광범위한 소유를 보장함으로써 이것을 피한다. 그 의도는 단순히 사고나 불운으로 손해 보는 이들을 지원하는 것이 아니라(물론 이것도 해야 하지만), 모든 시민이 적당한 정도의 사회적·경제적 평등의 토대 위에서 자신들의 삶을 꾸려나갈 수 있게 하는 것이다.…모든 것이 잘 될 경우 사회의 최소수혜자들은 불행하고 불운한 자들이 아니라—그들은 동정의 대상이 아님은 물론 자선과 연민의 대상도 아니다—자유롭고 평등한 시민들 사이에서 다른 모든 이와 함께 우리가 정치적 정의의 차원에서 호혜적이어야 하는 이들이다. 그들은 비록 더 적은 자원을 통제하고 있지만, 모든 이의 자존감에 합치하고 상호 이익이 된다고 모두가 인정하는 조건 위에서 자신들의 완전한 몫을 다하고 있다"(JFR, § 42.3).

사전적인 분배의 특성

재산소유민주주의가 작동하는 방식에 관한 이상의 묘사는 분배적 정의에 관한 롤스의 입장이 지닌 차별성을 부각시켜준다. 관례적인 분배적 정의에 관한 이론들은 각 시기의 마지막에 정의가 요구하는 분배패턴에 따라 소득을 재분배하는 데 역점을 둔다. 반면에 롤스는 각 시기의 시작 단계에서, 다시 말해 시장경쟁을 통해 재화와 부가 분배되기 전에 기초 재산을 분배한다. 이 분배방식은 각 시기가 종료된

　　●

후 누진세를 활용하여 재산을 재분배하는 방식과 대조된다는 점에서 '사전분배(predistribution)'라 부를 수 있다.

　　롤스는 이런 분배방식이 지닌 차별성을 상세히 설명하고 있지 않기 때문에 그 취지와 작동방식 그리고 예상되는 효과에 대해 좀 더 부연 설명할 필요가 있다. 사전적 분배의 의미와 차별성은 다음과 같은 세 가지 측면에서 접근할 수 있다(Lamb 2021, 130-1). 첫째, 왜 사후적인 재분배가 아니라 사전적인 (재산) 분배에 역점을 두어야 하는가? 둘째, 실천적·제도적 혹은 정책적 측면에서 그와 같은 사전적 분배가 지닌 의의는 무엇인가? 셋째, 사전적 분배라는 아이디어가 사유재산권에 대해 갖는 의미는 무엇인가? 이 세 가지 측면이 설명되면, 재산소유민주주의체제의 전반적인 특성과 작동방식을 좀 더 분명히 이해할 수 있다.

　　왜 사전적인 분배인가? 이 질문에 답하기 위해서는 재산소유민주주의를 지탱하고 있는 시민적 평등주의를 상기할 필요가 있다. 복지국가 자본주의에서 국가는 기본적으로 불평등과 빈곤의 '완화'에 방점을 둔다. 복지국가 자본주의에서는 부와 자본의 편중 현상을 근원적으로 막을 수 없기 때문에 부의 양극화와 빈곤이 발생할 수밖에 없다. 즉, 적지 않은 시민들의 소득 수준이 최소 생계수준에 못 미치거나 빈곤선 이하로 떨어질 수밖에 없다. 이런 상황을 근본적으로 방지할 수 없기 때문에 복지국가는 사후적으로 누진세와 재분배정책을 통해 그들의 기본적 필요를 충족시켜준다. 그러므로 복지국가가 개입하는 시점은 이미 일부 시민들의 상황이 매우 악화된 후이다. 이렇듯 복지국가가 작동하는 시점은 이미 문제가 발생해버린 다음이기 때문에 문제를 근원적으로 해결하기보다는 사후적으로 해결하는 데 치중할 수밖에 없다. 하지만 이런 접근방식으로는 유사한 문제가 반복적으로 발생하는 현상을 막을 수 없기 때문에 국가가 반복적으로 재분배정책을 시행해야만 한다. 한 마디로 복지국가 자본주의는 부와 자본의 집중을 막을 수 없는 구조적 성격을 갖고 있기 때문에 문제를 근원적으로 해결하지 못하고 완화시키는 정책만을 추구할 뿐이다.

이런 상황은 적은 재산과 소득으로 인해 국가로부터 지원을 계속해서 받아야 하는 빈곤층에 대한 국가의 정치적 영향력을 높일 뿐만 아니라, 끊임없이 복지 혜택에 의존해야 하는 계층의 삶을 매우 종속적이고 수동적으로 만들어버린다. 이런 의존성 때문에 그들은 독립적이고 자율적인 삶을 영위하기 어려울 뿐만 아니라 시민으로서의 자존감도 상실하고 만다. 이런 현상이 만성화되면 사회의 양극화가 심화·고착되어 사회통합이 어려워질 뿐만 아니라, 국가의 성장잠재력과 경쟁력도 크게 저하될 수밖에 없다.

재산소유민주주의는 부와 자본의 집중 및 빈곤을 '사후적으로' 완화시키는 복지국가 전략에 대한 롤스의 깊은 회의를 반영하고 있다. 그래서 시장경쟁을 통해 부와 재화가 분배되기 전에 미리 개입함으로써 부와 자본의 집중을 원천적으로 차단하고자 한다. 문제가 발생하기 전에 미리 문제의 원인을 없애는 것이 더 바람직하다고 보며, 이런 입장이 정치적 정의관에도 부합한다고 본다. 즉, 복지국가가 문제가 발생하는 단계에서는 침묵하고 문제가 발생하고 나서야 적극적으로 개입하는 반면, 재산소유민주주의는 문제가 발생하기 전에 미리 개입함으로써 나중에 개입할 필요성을 최소화한다. 즉 복지국가는 과거지향적인 개입을 시도하는 반면 재산소유민주주의는 미래지

향적인 개입을 더 선호한다(Lamb 2021, 130).

　하지만 복지국가 자본주의와 재산소유민주주의의 차별성을 이런 식으로 설명하면 오해가 발생하기 쉽다. 두 체제 사이의 차이가 단지 정책적인 지향의 차이에 불과한 듯이 느껴질 수 있기 때문이다. 하지만 재산소유민주주의는 롤스의 정치적 정의관에 부합하는 최선의 '현실적 유토피아'로서 복지국가와는 완전히 다른 체제이다. 그것은 복지국가와 다른 철학적·윤리적 토대를 갖고 있다. 그것은 모든 시민들을 (최소한 잠재적으로나마) 자유롭고 평등하며 합리적이고 합당한 존재라고 전제하며, 그런 공유 신념을 '공정한 협력체계'로서의 사회의 기본 제도에 구현하고자 한다. 그러므로 재산소유민주주의는 자본주의 체제의 구조적인 문제를 근본적으로 건드리지 않고 그 결과만을 사후 개입을 통해 완화하고자 하는 복지국가 자본주의와 매우 다른 인간학적 전제를 갖고 있다.[121]

　재산소유민주주의에서는 모든 시민들이 도덕적 능력을 최대한 공정하게 계발하고 발휘할 수 있도록 사전적으로 개입을 하며, 그 이후에도 단계적인 개입을 통해 시민들이 독립을 누리며 스스로 가치 있는 삶을 추구할 수 있도록 지원한다. 특히 정치적 자유의 공정한 가치를 강조하는 재산소유민주주의는 모든 시민들이 정치적 자유와 권리를 행사할 수 있는 경제적·사회적 환경을 조성하는 데 역점을 두

121　이런 차이를 다음과 같이 표현할 수도 있다. 복지국가 자본주의는 재산소유민주주의가 전제하고 있는 인간과 사회에 관한 비전을 부분적으로 공유하지만, 그런 비전을 구현해낼 수 없는 체제라는 점에서 '사실상' (시민에 관하여) 재산소유민주주의와 다른 비전을 갖고 있다고 볼 수 있다.

는데, 그것은 시민들에게 장기적이고 중요한 영향을 미치는 정치적 결정이 부와 자본을 독점하고 있는 소수 자본가들이나 권력자들의 전유물이 되어서는 안 된다고 보기 때문이다.

재산을 최대한 광범위하게 분산하는 방법은 부와 자본의 편중으로 인한 정치권력의 불평등한 행사를 근원적으로 방지할 뿐만 아니라, 정치권력이 일부 기득권층이나 특권층을 위해서가 아니라 모든 시민들을 위해서 행사되도록 유인할 것이다. 반면에 복지국가 자본주의는 부와 자본의 편중을 막을 수 없기 때문에 정치적 결정이 부와 자본의 영향으로 인해 왜곡되는 현상을 막을 수 없다. 특히 부유한 계층이 빈곤한 계층을 정치적으로 배제함으로써 정치적 결정을 자신들에게 유리하게 몰고 갈 개연성이 매우 높다.

더구나 이런 왜곡 현상은 교육 영역에도 전이되어 자본가와 유력자 층의 자녀들에게 기저층의 자녀들이 누릴 수 없는 특권과 혜택을 안겨다줄 수 있다. 그에 따라 부의 대물림이 고착화되고 민주주의는 금권정치로 전락할 개연성이 높다. 재산소유민주주의는 이와 같은 복지국가 자본주의의 구조적인 문제점들을 근원적으로 해결하기 위해 (정치적 정의관에 입각하여) 새로운 '현실적 유토피아'를 세우려고 한다.

복지국가 자본주의는 사회의 기본재가 시장경쟁을 통해 분배되기 이전의 상황을 공정하게 조성하기보다는 불공정한 시장경쟁을 통해 배분된 기본재를 사후적으로 재분배하는 전략을 취하기 때문에 시장경쟁의 공정성을 담보하지 못한다. 또한 그 귀결로 경제력의 불평등에 기인하는 정치적 불평등을 온존·심화시킴으로써 정치적 민주주의의 토대를 침식한다. 이처럼 복지국가 자본주의는 생산 자본의 독

점과 불평등을 구조적으로 증폭시켜 시장경쟁과 민주정치 과정을 왜
곡시킴으로써, 부유한 자산가들이 다른 계층들을 자의적으로 지배할
수 있도록 허용한다.

　반면에 재산소유민주주의는 시장에서의 경쟁이 본격적으로 시작
되기 이전의 상황을 최대한 공정하게 조성함으로써 시장에서의 경쟁
결과가 누구에게나 공정하게 받아들여지도록 노력한다. 자유롭고 평
등한 시민들 사이의 공정한 협력체계를 수립·유지하기 위해서 재산
소유민주주의는 시장에서의 경쟁이 시작되기 전에 모든 시민들에게
"완전히 협력적인 사회구성원이 되기에 충분한 생산수단을 쥐어주어
야 한다. 이 수단들 중에는 실물 자본뿐만 아니라 인적 자본, 즉 지식
과 제도들에 대한 이해, 교육된 능력, 훈련된 기술이 있다." 이런 방법
이 자유롭고 평등하며 존엄한 개인들로 간주되는 모든 시민들을 평
등하고 공정하게 대우하는 방법이며, 사회를 평등한 시민들 사이의
공정한 협력체계로 유지할 있는 최선의 방법이다. 롤스는 오직 이런
방식에 의해서만 순수 절차적인 배경적 정의가 실현될 수 있으며, 하
층계급이 더 이상 존재하지 않게 될 것으로 본다.

　이런 측면에서 보면 롤스의 입장은 아리스토텔레스와 헤겔의 통
찰을 일부 수용했다고 볼 수 있다. 주지하듯이 아리스토텔레스는 재
산의 궁극적 목적을 인간번영을 위한 한 가지 필수조건으로 간주했
다. 특히 아리스토텔레스의 인간번영 개념에는 자유시민의 정치참여
가 가장 핵심적인 요소로 들어가 있으며, 재산권은 시민의 정치참여
를 뒷받침하는 물질적 기반으로 간주된다. 즉 재산권은 정치생활에
서 정점에 이르는 자유시민의 번영에 기여하기 때문에 가치를 갖는
것으로 간주된다.

　물론 롤스의 재산권은 시민의 정치생활을 뒷받침하는 물질적인 조건 이상의 의미를 갖고 있다. 재산권은 정치생활을 포함한 다양한 삶의 영역에서 시민들이 자신의 두 가지 도덕적 능력을 발휘할 수 있는 매우 근본적인 조건일 뿐만 아니라, 국가와 타인으로부터 독립과 자율성을 유지하며 주체적으로 삶을 영위할 있는 필수 조건이다. 특히 사전적인 재산 분배는 모든 시민들이 정치적 자유를 최대한 공정하게 행사할 수 있는 조건을 조성하는 데 그 목적이 있다. 요컨대, 재산이 없거나 적을 경우 정치에 효과적으로 참여하기 어렵다고 본 아리스토텔레스의 통찰은 모든 시민들에게 재산을 최대한 광범위하게 분산시킴으로써 민주정치 과정을 공정하게 유지하고자 한 롤스에 입장에 반영되었다고 볼 수 있다.

　롤스는 헤겔의 통찰도 일부 받아들였다. 주지하듯이 헤겔은 국가의 재분배정책과 자선을 통한 빈민 구제에 대해 부정적으로 생각했다. 재분배와 자선은 가난한 자들이 사회의 경제체제에 참여하고 기여할 수 있는 가능성을 낮추게 되고, 그들을 수동적인 자원 수급자로 고착시켜버린다는 이유에서였다. 롤스는 이와 같은 헤겔의 입장에는 반대한다. 하지만 재분배가 가난한 자들의 수동성과 의존성을 조장하고 그들의 자존감을 훼손한다는 헤겔의 인식은 받아들인다. 그래서 최소수혜계층이 빈곤으로 인해 정치적 권리를 사실상 행사하지 못하게 된 후 재분배를 통해 그것을 시정하는 복지국가 모델을 거부하고, 사전적인 재산 분배를 통해 모든 시민들을 정치적으로 평등한 존재로 대우하고자 한다. 그럴 때만이 시민들의 도덕적 능력이 훼손되지 않고 온전히 발휘될 수 있으며, 독립과 자존감을 유지할 수 있기 때문이다. 이렇게 해석하면, 롤스의 재산소유민주주의는 아리스토텔레스와 헤겔의 통찰을 근대적인 인간관과 사회관을 중심으로 재구성한 것으로 볼 수 있다.

그러면 재산의 사전적인 분배가 함축하고 있는 실천적인 함의는 무엇인가? 주지하듯이 재산소유민주주의는 시장에서의 자유 경쟁이 발생하기 전에 일반 시민들에게 경제적인 생산수단을 최대한 광범위하게 분산시키는 데 역점을 둔다. 그렇다면 생산수단을 최대한 광범위하게 분산시키는 주체는 누구인가? 소수의 정치엘리트인가, 행정 관료 집단인가 아니면 민주적으로 구성된 의회인가? 언뜻 보면, 재산소유민주주의는 재산을 분산시키는 주체를 국가로 상정하고 있는 듯 보인다. 그렇다면 국가사회주의와 재산소유민주주의의 실천적 차이는 무엇인가?

롤스는 국가에 의한 계획경제를 전혀 염두에 두고 있지 않으며, 경제 권력을 실질적으로 민주화시키는 데 역점을 두고 있다(Lamb 2021, 132). 그는 재산소유민주주의를 실행에 옮길 수 있는 구체적인 제도적 디테일과 작동방식을 제시하지는 않았다. 하지만 재산소유민주주의가 자유주의적인 정의관에 부합하는 유일한 체제라는 믿음을 일관되게 견지한 한편으로, 그 체제의 구체적인 내용에 대해서는 상당히 개방적인 태도를 취했다. 그런데 이런 융통성이 오히려 재산소유민주주의체제의 구체적인 제도적 구상을 심도 있게 탐색할 수 있는 여지를 허용하고 있다. 예컨대, 롤스는 재산소유민주주의를 뒷받침하는 특정한 조세제도를 지지했으면서도 그런 이슈들에 대한 실천적인 심의와 판단에 영향을 미치는 상황적인 고려사항들도 중요하다고 지적함으로써 재산소유민주주의를 제도적으로 구현할 수 있는 다양한 방식들이 있음을 시사했다. 그는 밀과 마르크스가 옹호했던 노동자경

영협동기업도 재산소유민주주의와 양립 가능하다고 주장할 정도로 재산소유민주주의의 제도적 실현 형태에 대해 매우 개방적인 태도를 취했다. 롤스는 재산소유민주주의의 구체적인 내용을 결정하는 문제는 고유한 역사와 정치사상 전통을 지닌 해당 사회의 구성원들에게 맡기는 것이 더 적합하다고 생각했다. 다시 말해 이런 실천적인 문제들은 정치적 정의관에 따라 각 사회가 민주적으로 결정할 필요가 있다고 생각했으며, 이런 민주적 결정 방식이 그의 재산소유민주주의가 실현되는 모든 과정에서 작동하기를 바랐다. 그렇게 되면 소수의 경제엘리트들이 과도한 정치적 영향력을 행사함으로써 정치를 금권정치로 타락시키는 것을 원천적으로 봉쇄할 수 있을 것으로 봤다.

재산소유민주주의의 실험과 도전

롤스의 '현실적 유토피아'인 재산소유민주주의를 제도적으로 구현하고자 한 흥미 있는 시도는 알란 토마스에 의해 이루어졌다(Thomas 2017). 토마스가 롤스의 정의관을 제도화하려고 시도하게 된 배경에는 20세기 후반에 출현한 '새로운 경제적 불평등'과 그에 수반된 과두제화 경향이 자리 잡고 있다. 그는 롤스의 재산소유민주주의가 이런 문제들에 대한 근본적인 해결책이 될 수 있다고 보고, 그것을 제도화할 수 있는 구체적인 제도적 장치들을 제안했다. 토마스는 일반 시민에게 최대한 광범위하게 재산—생산수단—을 분산시킬 수 있는 방법으로 부에 대한 누진세를 제안했는데, 이런 정책적 대응은 고소득자들이 소득의 상당 부분을 노동보다는 자본에서 창출한다는 인식에 근거를 두고 있다.

토마스에 의하면 부의 소유와 세대 간 이전은 엘리트의 사회적 네트워크를 강화시킴으로써 경제적·정치적 불평등을 공고화시킨다. 따라서 소득보다는 부에 초점을 맞추는 것이 경제의 재구조화를 이룰 수 있는 더 좋은 방법이다. 부의 크기에 비례하는 과세에 덧붙여, 토마스는 국가가 모든 시민들을 위해 보유하는 유가증권으로 '사회 단위 트러스트(society-wide unit trust)를 설립해야 한다고 주장했다 (Thomas 2017, 170). 이 정책의 목표는 경제에서 시민들이 차지하는 몫을 보장하고, 국가의 자금지원을 (필요에 대한 국가의 지원이라는 관점에서가 아니라) 시민들의 동등한 지위에 기반한 권리로 재인식함으로써 시민들의 권능을 강화시키는 데 있다. 이와 관련하여 윌리엄슨(T. Williamson)은 재산소유민주주의의 바람직한 요소들 중 하나가 시민들 누구나 생산적인 벤처에 투자할 수 있는 자본기금에 접근할 수 있게 해주는 데 있다고 주장했다(Williamson 2014, 236-7). 이처럼 토마스와 윌리엄슨은 롤스의 이론에 영감을 받아 경제력을 민주적으로 분배하기 위해 자본 자원을 분산시키는 구체적인 방법을 제시했다.

　롤스의 재산소유민주주의 개념을 제도화하려는 노력만큼이나 그 기본적인 방향에 대한 도전도 만만치 않다. 무엇보다 사전적인 분배와 사후적인 분배를 롤스가 생각한 것처럼 명확히 구분할 수 있는지에 대해 의문이 제기된다. 람이 지적하듯이 사전적인 분배와 사후적인 분배는 사실상 구분하기 어렵다. 즉, 사전적인 것(ex ante)과 사후적인 것(ex post)이라는 범주들은 결국 동일한 것으로 귀착될 수밖에 없다. 분배 스케줄이 잡혀질 때마다 그것은 필히 어떤 것 전에 그리고 어떤 것 다음에 위치한다. 앞에서 언급한 다양한 사전적 분배 정책들은 (사회가 처음 구성된 시점이 아니라면) 불가피하게 특정한 경제활동의 역사를 배경으로 실행된다. 사회를 처음 구성하여 사전적인 분배를 처음으로 수행했다고 해도 그 다음부터는 사후적인 분배와 사전적인 분배를 구분하기 어렵게 된다. 사전적인 분배는 그 앞선 시점에서 볼 때는 사후적인 분배가 되고 사후적인 분배는 그 뒤의 시점에서 보면 사전적인 분배가 된다. 이렇게 보면 사전적인 분배와 사후적인 분배를 구분하고 사전적인 분배를 통해 사후적인 재분배의 문제점을 근원적으로 제거하고자 하는 롤스의 시도는 난관에 부딪히게 된다.

하지만 이런 의문은 사전적인 분배의 특성을 오해한 데서 기인한다. 즉, 사전적인 분배와 사후적인 분배 개념을 시간상의 대비가 아니라 각각 다른 목표를 가진 상이한 목적들을 표현하는 것으로 보면 그런 구분의 의미를 어느 정도 이해할 수 있다(Lamb 2021, 134). 사전적인 분배의 결정적인 특징은 단순히 시장에서 발생하는 불평등을 완화시키는 데 있지 않다. 그런 방법은 복지국가 자본주의에서 확인할 수 있듯이 미래에 불평등이 반복적으로 발생하는 현상을 막을 수 없다. 복지국가가 애용하는 안전망(safety-net)이라는 용어에는 복지국가에서는 적지 않은 사람들이 빈곤의 나락으로 떨어지는 현상을 막을 수 없기 때문에, 그들을 떠받쳐줄 안전망이 필수적이라는 의미가 함축되어 있다. 복지국가의 사후적 처리방식과 대조해보면 재산소유민주주의의 사전적 분배 방식이 지닌 목표를 분명히 알 수 있다. 즉, 재산소유민주주의는 아예 복지 안전망이 필요하지 않을 정도로 재산의 불평등을 근본적으로 시정함으로써, 모든 시민들이 정치적 자유의 가치를 공정하게 누릴 수 있는 제도적 환경을 조성하는 데 주안점을 둔다. 이렇게 보면 사후적인 분배와 사전적인 분배의 구분이 무의미하다는 반론의 예리함은 상당히 무뎌질 될 수 있다.

사전적 분배의 중요성을 강조하는 롤스의 입장은 세대 간 정의에 대한 그의 지지와도 일치한다. 롤스에 의하면 자유주의 공동체는 '정의로운 저축의 원칙'을 고수해야 한다. 이 원칙은 현세대가 후속 세대들이 사용할 수 있는 충분한 자원을 저축할 의무가 있다는 원칙으로, "사회는 세대들 간의 지속적인 공정한 협력 체계"라는 기본 아이디어의 당연한 귀결이며, 현세대들이 자원을 낭비해서는 안 된다는 원칙을 천명한 것이다(JFR, §49.3). 롤스는 원초적 상황에서 저축의 원칙이 무리 없이 채택될 것이라 본다.

"사회는 세대들 간의 지속적인 공정한 협력 체계여야 하므로 저축을 통제하는 원칙이 요구된다. 우리는 당사자들이 저축 원칙—모든 앞선 세대가 그것을 따랐기를 당사자들이 바라야 한다는 조건에 맞는 저축 원칙—에 합의해야 한다고 말하기 위해 모든 세대 간의 (가설적이고 비역사적인) 직접적 합의를 상상할 필요는 없다. 만약 모든 앞선 세대가 동일한 일정표를 따랐다면, 사회가 진보함에 따라 부의 각 수준에서 얼마를 (사회적 산물의 어떤 비율을) 저축할 준비가 되어 있는지를 스스로 질문하면 된다. 그렇다면 올바른 원칙은 어떤 세대의 구성원이든 (따라서 모든 세대의 구성원이) 시간상 아무리 먼 옛날이라도 앞선 세대가 따랐기를 원하는 원칙으로서 채택하는 것이다. 어떤 세대도 세대들 사이에서 자신의 위치를 모르기 때문에 이는 현세대를 포함하여 모든 나중의 세대가 그 원칙을 따라야 한다는 것을 함축한다. 이런 방식으로 우리는 다른 세대들에 대한 우리 의무의 근거가 되는 저축원칙에 도달한다. 즉 그것은 우리의 선조들에 대한 정당한 불만과 후손들에 대한 정당한 기대를 뒷받침한다"(JFR, §49.3).

롤스에 의하면 저축의 원칙은 몇 가지 과세 지침을 제시해준다. 첫째는 유증과 상속에 대한 과세이다. 밀의 아이디어에서 차용한 이 과세 형태는 수령자의 몫에 누진세 원칙을 적용한다. 상속과 증여, 그리고 기부를 받는 사람들이 수령된 가치와 수령자의 특성에 따라 세금을 낸다. 개인과 법인체들은 다른 비율로 과세될 수 있다. 유증과 상속에 대한 세금은 실물 재산과 생산적 자산의 광범위한 분산을 촉진시킬 것으로 기대된다(JFR, § 49.4).

누진세의 원칙은 자금을 모금하기 위한 것이 아니라 오직 배경적 정의, 즉 정치적 자유들의 공정한 가치와 공정한 기회평등에 해롭다고 여겨지는 부의 축적을 방지하기 위한 것인 만큼 반드시 적용할 필요는 없다.

마지막으로 소득세의 전면적 철회 대신에 비례적 소비세, 즉 고정 마진율의 소비세를 채택할 수도 있다. 이것은 사람들이 기여하는 정도에 따라서가 아니라 생산된 재화와 서비스를 얼마나 많이 이용하는가에 따라 과세하는 방식이다. 이와 같은 비례세는 일정 소득 이상의 총지출에 대해서만 과세함으로써 적절한 사회적 최소치를 반영하도록 조정할 수 있다. 즉 최소치를 올리고 내림으로써 그리고 세제의 고정 마진율을 조정함으로써 차등의 원칙을 대략적으로나마 충족시킬 수 있다.

롤스가 저축의 원칙에 따라 제시한 다양한 과세 방식은 국가의 권능을 확대하기 위한 것이 아니라, 배경적 정의에 해로운 부의 축적을 방지하기 위한 것이다. 유증과 상속을 통한 부의 세대 간 이전이 지속될 경우 부의 집중은 불가피하고, 이런 부의 집중은 정치적 자유의 공정한 가치와 공정한 기회평등 원칙을 훼손함으로써 민주주의 작동을 왜곡시킨다. 또한 민주주의의 왜곡은 부와 자본의 집중에 유리한 정책과 입법을 낳음으로써 사회의 부와 권력이 소수에게 독점되는 현상을 가속시킨다. 그러므로 저축원칙이 시사하는 다양한 과세 방식의 목표는 재산소유민주주의의 목적, 즉, 정치적 자유의 공정한 가치와 공정한 기회평등의 원칙을 구현하기 위해 부와 자본을 최대한 광범위하게 분산하는 데 있다.

사전적 분배와 사유재산권의 지위

마지막으로 사전적 분배의 특성과 관련된 세 번째 질문―재산의 사전적 분배를 통해 정치적 평등을 모색할 경우 사유재산권의 지위는 어떻게 되는가?―에 대해 답해보자. 사전적 분배는 사실상 사유재산권에 대한 심각한 제한을 함축하고 있지 않은가? 다시 말해, 정의의 제1원칙에 사유재산권을 포함시키는 동시에, 획득한 부와 소득 및 유증과 상속에 대해 무거운 세금을 부과하는 것은 사실상 사유재산권에 대한 과도한 침해 또는 부정이 아닌가? 롤스가 사유재산권의 정당한 범위를 개인적인 소유물에 국한시키는 한편으로 재산의 광범위한 분산을 위해 국가의 적극적 역할을 인정하고 있다면, 노직이 두려워하는 국가 즉, 특정한 분배 패턴을 유지하기 위해 쉬지 않고 개입하는 거대국가의 악몽―독립과 자유의 침해―이 시작되는 것은 아닌가?

　하지만 롤스가 설명한 사유재산권의 특성을 상기해보면 그런 우려는 지나친 기우라고 할 수 있다. 개인적 재산에 대한 권리는 개인적인 독립과 자존감을 보장해주는 데 그 목적이 있다. 이런 가치들은 재산소유민주주의에 고유한 사전적 분배의 특성과 잘 부합한다. 상대적으로 많은 부와 재산을 지닌 사람들에 대한 누진과세는 그들이 독립과 자존감을 가지고 정치적 자유를 효과적으로 행사할 수 있는 능력을 거의 침해하지 않는다. 그들은 여전히 독립과 자존감을 유지하는 데 필요한 충분한 부와 재산을 소유하고 있기 때문이다. 사전적인 분배는 빈곤한 사람들에게 개인적인 독립과 자존감을 가지고 효과적으로 정치에 참여를 할 수 있는 공정한 기회를 제공하는 데 목적이 있지, 부유한 사람들의 독립과 자존감을 훼손하기 위한 것이 아니다. 요컨대 기본권으로서의 사유재산권과 사전적 분배는 서로 충돌하기보다는 상호 지지적인 관계를 형성하고 있다.

05
맺음말

롤스에게 개인의 재산권은 정의가 요구하는 필수사항이면서도 정의에 의해 제한되는 이중적인 성격을 갖고 있다. 합리성과 정의감이라는 두 가지 도덕 능력을 지닌 개인들은 (그 능력을 발휘하면서) 가치 있는 삶을 살기 위해 사유재산에 대한 권리를 가져야 한다는 것이 정의의 요청이다. 그것이 정의의 제1원칙에 사유재산권—개인적인 재산에 대한 권리—을 포함시킨 이유이다.

사유재산권은 도덕 능력을 지닌 시민들에게 독립과 자존감을 유지하며 공동생활에 참여할 수 있는 물질적인 기반을 보장해준다. 하지만 개인들이 누리는 정치적 자유의 실질적 가치는 그들이 소유하고 있는 부와 자본의 격차로 인해 큰 차이가 날 수 있는바, 이것이 민주정치 과정과 결과를 크게 왜곡시킬 수 있다. 복지국가 자본주의는 광범위한 사회보장 정책과 안전망을 통해 시장 경쟁에서 패배한 빈곤층의 최소 생계를 보장해주지만 국가에 대한 시민들의 의존성과 수동성을 조장하고 그들의 독립성과 자존감을 떨어뜨린다. 롤스의 재산소유민주주의의 주된 목표는 시장에서의 경쟁이 시작되기 전에 재산을 최대한 광범위하게 분산시킴으로써 모든 시민들이 (공정한 협력

체계인 사회의 일원으로서) 자존감을 가지고 정치에 참여할 수 있도록 해주는 데 있다.

주지하듯이 롤스의 재산소유민주주의는 정치적 자유의 공정한 가치와 공정한 기회평등을 구현함으로써 부와 자산 격차에 의해 민주주의가 왜곡되는 현상을 근원적으로 개혁하고자 하는 의도를 반영하고 있다. 이런 노력을 경주하는 가운데 롤스는 앞에서 살펴본 다양한 재산권 이론의 강점들을 종합하고자 시도했다. 롤스의 정의론 자체가 다양한 사상전통과 가치들을 균형 있게 통합시켰듯이, 그의 재산권 이론도 다양한 사상 전통과 가치들을 균형 있게 조화시켰다.

조금 더 부연하면, 롤스의 정의론은 로크의 사회계약사상, 칸트의 의무론적 윤리학, 흄의 경험주의적·실용주의적 정의론, 헤겔의 공동체주의적인 인정 철학, 벤담과 밀의 공리주의, 그리고 아리스토텔레스의 정치적 참여 이론 등을 비판적으로 종합한 이론으로, 로크와 칸트의 개인주의적인 권리 철학만을 계승하여 일방적인 권리정의론을 펼친 노직과 같은 일원주의자들의 이론과 대비된다. 롤스는 자신의 정의론을 칸트의 윤리학 위에 정초시켰지만 공동체주의적이고 실용주의적인 감수성으로 보완했을 뿐만 아니라, 자신이 비판한 공리주의적인 요소도 부분적으로 수용했다. 예컨대 정의의 제2원칙에 속하는 차등원칙은 불평등한 분배를 허용하지 않을 경우 사회적 부의 축소를 초래함으로써 최소수혜계층의 처지를 더욱 악화시킬 것이라는 인식을 반영한 것으로 공리주의적인 발상을 일부 수용한 것이다.

롤스의 재산권 이론도 종합적인 성격을 갖고 있다. 사유재산권을 헌법적 기본권으로 인정한 것은 인간의 도덕적 자율성을 존중해주는 것이 정의에 부합한다는 인식을 반영하고 있는데, 이는 로크와 칸트의 권리 이론을 수용한 것이다. 하지만 재산권을 헌법적 기본권에 포함시킬 것을 요구하는 정의는 그런 기본권을 제약할 당위성도 함축하고 있다. 인간(혹은 시민)의 도덕적 능력은 사적인 삶의 영역에서 자신의 가치관을 자유롭게 추구할 수 있는 자유는 물론, 공동생활에 필요한 정책과 법률을 제정하는 과정에 참여할 수 있는 공적인 자유도 필요로 한다. 하지만 재산권을 인정해주면서도 그것을 어느 정도 제한하지 않을 경우 부와 재산이 소수에게 편중되는 현상이 일어나 정치과정이 심각하게 왜곡될 수 있다. 따라서 모든 시민들에게 정치적 자유의 공정한 가치를 보장하기 위해 재산권을 어느 정도 제한할 필요가 있다. 이런 측면에서 보면, 롤스의 재산권 이론은 아리스토텔레스의 시민적 인문주의를 (현대의 다원주의 사회를 배경으로) 비판적으로 수용한 것으로 볼 수 있다.

롤스의 이론은 다양한 사상전통을 종합한 성격이 강하기 때문에 한 가지 전통을 고수하는 이론가들에게는 그다지 매력적으로 보이지 않을 수도 있다. 하지만 현대사회가 다양한 가치와 문화들이 공존하고 있는 다원주의 사회라는 사실은 다양한 입장을 균형 있게 종합하려는 롤스의 접근방법에 우호적인 배경이 되고 있다. 가치일원주의 혹은 가치단일주의적인 정의이론 및 재산이론은 다양한 사상·문화·종교전통이 공존하고 있는 사회에서는 공정성이나 중립성을 담보할 수 없으며, 동일한 가치를 표방하지 않는 다른 집단들의 지지와 헌신을 이끌어내기 어렵다. 롤스의 정의론과 재산이론은 가치일원주의의 공통적 특징인 논리적 명쾌함을 결여하고 있지만, 다원적인 사회에서의 평화공존에 관심을 갖고 있는 이들이라면 결코 무시할 수 없는 장점과 매력을 갖고 있다.

VIII

결론:
사유재산의 정치성, 신화 그리고 정치

01
사유재산의 정치적 성격

아리스토텔레스

지금까지 사유재산을 정당화한 여섯 가지 이론(혹은 전통), 즉 아리스토텔레스의 인간번영이론, 로크의 노동 및 도덕적 계몽 이론, 칸트의 독립 및 자율성 이론, 헤겔의 인격이론, 흄, 벤담 및 밀의 공리주의 이론, 롤스의 자존의 물적 기반 이론을 차례로 검토해보았다. 그런데 이들의 재산이론을 면밀히 검토해보면 사유재산권의 실효성과 관련된 공통된 입장을 확인할 수 있다. 모두가 사유재산권의 정치적 성격을 인정하거나 강조하고 있다는 점이다. 아리스토텔레스의 인간번영이론이 사유재산권을 현대적인 의미의 엄격한 권리로 제시하고 있는가에 관하여 의문의 여지가 있는 것은 사실이다. 그의 사유재산이론이 BC4세기의 그리스 도시국가를 배경으로 전개되었다는 사실은 아리스토텔레스의 사유재산 개념을 현대적인 권리 개념으로 해석하기 어려운 역사적 근거가 된다. 특히 아리스토텔레스가 '사적 소유와 공동 사용'을 결합한 소유체제를 가장 바람직하게 생각했다는 사실도 현대적인 권리 개념과 잘 부합하지 않는다. 이런 의문점에도 불구하고 아리스토텔레스가 그의 재산이론을 포괄적인 윤리학적·정치학적 틀 내에서 전개했다는 사실은 그가 사유재산의 정치성을 충분히 인식하고 있었다는 것을 말해준다. 더구나 아리스토텔레스는 사유재산의 목적이 자유 시민의 정치생활을 뒷받침함으로써 개인과 공동체의 공동 번영에 기여하는 데 있다고 보고 있기 때문에, 현대의 시각에서 보면 사유재산의 정치성을 지나치게 강조했다고 볼 수도 있다.

주지하듯이 아리스토텔레스의 재산이론은 정치생활이야말로 인간에게 가장 중요한 삶의 방식이라는 명제에서 파생된다. 철학적 기질을 타고난 극소수를 제외하면, 정치공동체에 적극 참여함으로써 자신의 도덕적 잠재력을 충분히 계발·발휘하고 정치공동체의 번영에 기여하는 정치적 삶이야말로 아리스토텔레스가 생각했던 최선의 삶이었다. 사유재산의 존재 의의는 바로 이와 같은 삶을 물질적으로 뒷받침해주는 데 있다. 사유재산은 자유 시민들이 물질적인 필요에 얽매이지 않고 자유롭게 정치생활에 참여할 수 있게 뒷받침해주는 물질적인 수단으로 정당화된다.

아리스토텔레스가 사유재산을 정당화하는 방식은 근대 사상가들이 사유재산을 정당화하는 방식과는 근본적으로 다르다. 특히 로크와 칸트와 같은 개인주의적인 철학자들과는 근본적인 차이가 있다. 로크와 칸트와 같은 자유주의자들은 개인들이 사유재산을 보호하기 위해 정치사회를 구성하게 되었다고 볼 정도로 사유재산의 본질적 중요성을 강조했다. 사유재산을 단순히 더 높은 이상을 추구하는 데 필요한 수단이나 도구로 간주하지 않는다. 그들이 사용한 자연권 개념이 시사하듯, 사유재산은 인간의 도덕적 특성을 발휘하거나 발전시킬 수 있는 필수조건이라는 점에서 도구적인 가치 이상의 가치를 갖고 있다. 헤겔 또한 재산을 자유의지의 외적인 구현 즉, 인격의 외적인 연장으로 이해하고 있다. 인간의 본질적 특성과 사유재산이 불가분리적으로 연계되어 있는 것이다.

하지만 아리스토텔레스에게 재산은 시민 가장의 정치생활을 뒷받침하고 덕을 실천하는 데 필요한 수단에 지나지 않는다. 인격과 재산 사이에 본질적인 연관성이 없는 것이다. 오히려 재산의 획득에 지나친 관심을 기울이는 것은 인간을 정치생활로부터 멀어지게 하고 덕을 실천하기 어렵게 만들 뿐이다. 한 마디로 부를 획득하기 위해 사는 것은 참된 행복과 번영을 방해할 뿐이다.

이와 같은 아리스토텔레스의 인식은 사유재산의 정치성에 관한 독특한 견해로 표현된다. 아리스토텔레스에 따르면 가정의 주인은 재산을 획득하려고 노력할 필요가 없다. 사유재산을 형성하는 과정에서 인간의 자유가 실현되거나, 자유의지 혹은 인격이 재산에 투사되는 것은 아니기 때문이다. 만일 사유재산이 그런 인격적 요소를 담고 있다면 사유재산의 정치적 성격은 훨씬 완화될 것이다. 소유자의 인격이 담겨 있는 재산은 도구적 가치를 넘어선 본질적 가치를 지니기 때문이다.

이처럼 근대 이론가들처럼 사유재산의 본질적 가치를 인정하게 되면 사유재산의 정치성은 상당히 완화될 수 있다. 재산은 개인의 인격을 담고 있거나 반영하고 있기 때문에 정치적 목적을 위한다는 명분으로 개인의 재산권을 함부로 침해해서는 안 될 뿐만 아니라, 정치가 오히려 재산권을 보호해주어야 하기 때문이다. 개인들이 사유재산을 보호할 목적으로 국가를 구성했다고 주장하는 근대적 이론들은 아리스토텔레스의 이론과는 다른 의미로 사유재산권의 정치성을 강조했지만, 적어도 사유재산권이 정치생활을 뒷받침하기 위해 존재한다고

보는 시각이 함축하는 극단적인 정치성을 완화시켜주는 데는 도움이
된다.

아리스토텔레스가 재산의 정치성을 충분히 인식하고 있었다는 사
실은 각 정치체제에는 그에 적합한 경제적 기반이 있다고 주장한 부
분에서도 명백히 나타나고 있다. 그는 정체 변동에 관한 플라톤의 주
장을 비판하는 곳에서 정체 변동이 재산과 밀접히 연관되어 있음을
시사한다.

"전보다 더 가난해지는 사람이 아무도 없어도 빈민이 다수자가 되
면 과두정체는 민주정체로 변한다. 그리고 부자들이 대중보다 더
힘이 강하고, 대중은 될 대로 되라는 식인데 부자들은 정신을 바짝
차리고 있으면 민주정체는 과두정체로 바뀐다. 과두정체가 민주정
체로 바뀌는 원인은 여러 가지다. 그런데 소크라테스는 마치 처음
에는 모두 아니면 대부분이 부자였기라도 한 것처럼, 사람들이 지
나친 낭비로 빚을 져 가난해졌기 때문이라는 한 가지 원인만 지적
하고 있다. 그러나 이런 설명은 사실과 다르다. 국가의 지도급 인사
들이 재산을 잃으면 변혁을 꾀하지만, 다른 사람들이 재산을 잃으
면 별다른 일이 일어나지 않는다. 또한 전자의 경우에도 정체는 민
주정체보다는 다른 정체로 바뀌는 경우가 허다하다"(POL, 1316b10-
1316b20).

나아가서 아리스토텔레스는 과두정체에 대해 설명하는 곳에서 높
은 공직에는 높은 재산 자격이, 그리고 일반 공직에는 낮은 재산 자
격이 필요하다고 주장함으로써 재산이 정치참여의 질과 성격에도 큰

영향을 미친다는 점을 인정했다. 이런 논의는 최선의 민주정체에 관한 논의에서도 반복된다. 그에 의하면 "대중이 농업과 목축으로 살아가는 곳에서는 민주정체를 구성하는 데 어려움이 없다. 가진 재산이 많지 않은 그들은 여가가 없어 민회에 자주 참석하지 못할 뿐만 아니라, 생필품이 모자라 항상 생업에 종사하며 남의 것을 탐내지 않기 때문이다.…실제로 몇몇 민주정체에서는 대중이 공직자 선출에 참가하지 못하고 만티네이아에서처럼 전 시민 가운데 번갈아 선출된 자들만이 공직자 선출에 참가한다고 하더라도 심의권만 주어지면 그것으로 만족한다. 이런 이유에서 앞서 말한 민주정체에서는 전 시민이 공직자를 선출하고 감사하고 법정의 배심원이 되지만 고위 공직자들은 재산 자격 요건에 근거하여 선출하거나—고위 공직자일수록 더 높은 재산 자격 요건을 요구해야 한다—아니면 공직 취임에 재산 자격 요건이 필요하지 않을 경우 능력 있는 자들에게 공직을 배분하는 것이 유익하기도 하거니와 관행이기도 하다. 그런 정체를 가진 국가는 잘 다스려질 수밖에 없다"(POL, 1318b10-1318b32).

아마도 정체 형태와 경제적 기반의 연관성에 관한 가장 유명한 부분은 최선의 정체—혼합정 또는 온화한 민주정(polity)—를 뒷받침하기 위해서는 중산계급이 두터워야 한다고 주장한 부분일 것이다.

"행복한 삶이란 방해받지 않고 탁월함에 따라 사는 삶이며, 탁월함은 중용(mesotēs)에 있다는 것이 사실이라면, 중도적인 삶이, 누구나 도달할 수 있는 중용의 삶이 최선의 삶임에 틀림없다. 그리고 좋고 나쁨을 결정하는 이런 판단 기준은 국가에도 정체에도 똑같이 적용되어야 한다. 정체는 말하자면 국가의 삶의 방식이기 때문

412

이다.…한 국가에서 가장 안전한 것이 중산계급이다. 그들은 빈민들처럼 남의 재물을 탐하지도 않거니와, 빈민들이 부자의 재물을 탐하듯, 아무도 그들의 재물을 탐하지 않기 때문이다.…따라서 중산계급으로 구성된 정체가 최선의 국가 공동체고, 중산계급이 많아서 가능하다면 다른 두 계층[빈민층과 부자층]을 합한 것보다, 아니면 적어도 어느 한쪽보다 더 강한 국가는 훌륭한 정체를 가질 것이 분명하다"(POL, 1295a34-1295b38).

이처럼 아리스토텔레스는 경제적 기반, 곧 재산의 분배 상태가 정체 형태 및 변동과 밀접히 연관되어 있을 뿐만 아니라 정치참여의 질과 성격에도 중요한 영향을 미친다고 주장함으로써 재산의 정치적 성격을 부각시켰다. 다만 그는 시대적 한계로 인해 재산이 개인의 인격적·도덕적 특성을 표현하거나 발전시킬 수 있는 매개체가 될 수 있는 가능성을 간과함으로써 사유재산의 정치성을 도구적으로만 평가했다. 그럼에도 아리스토텔레스가 강조한 사유재산의 정치적 도구성은 재산이 인간과 공동체의 공동 번영을 위해 사용될 때 가치가 있다는 것, 다시 말해 재산이 더 큰 목적에 이바지 할 때 가치가 있다는 점을 부각시킴으로써 이후 다양한 목적론적 재산이론이 발전할 수 있는 토대를 제공했다. 아마도 18세기 후반에 등장하여 19세기를 거쳐 오늘날까지 계승·발전되고 있는 공리주의적 재산이론은 그와 같은 목적론적 이론들 중에서 영향력이 가장 큰 이론일 것이다.

로크

로크의 사유재산권 이론은 어떤 정치성을 함축하고 있는가? 로크는

자연상태의 개인들이 (자연법에 따라) 노동을 통해 재산을 정당하게 획
득할 수 있다고 주장함으로써 사유재산권을 前정치적이거나 超정치
적인 권리인 듯 설명하고 있다. 이것은 로크가 기독교 신학의 관점에
서 자연법과 사유재산권의 보편적 타당성을 믿었기 때문일 것이다.
하지만 자연상태에서는 자연법을 집행할 수 있는 강제기구가 존재하
지 않기 때문에 개인들이 사유재산권을 침해당했을 경우 자력으로
방어할 수밖에 없다. 이런 상황은 사유재산권을 매우 불확정적이고
불안정한 권리로 만들기 때문에 실정법적인 권리로 전환할 필요가
있다. 자연상태의 개인들이 사회계약을 통해 정치권력을 수립하게
된 것은 바로 이와 같은 이유에서다. 자연법적 권리를 침해당한 개인
과 그에 동조하는 개인들이 자연법을 직접 집행할 가능성이 있지만,
공정한 제3의 심판자가 없을 경우 자연상태는 홉스적인 전쟁상태로
악화할 개연성이 있기 때문이다.

　이처럼 로크는 사유재산권 자체가 지닌 중요성 때문에 정치사회가
조직되었다고 본다. 정치는 사유재산권을 보호하는 데 주된 목적이
있다. 이런 관점에서 보면 정치는 초정치적인 목적을 위해 존재하는
것처럼 보인다. 하지만 이점을 받아들인다고 해도 사유재산권의 정
치성은 부정하기 어렵다. 맥퍼슨이 단호한 어조로 주장한 바와 같이,
사유재산권을 권리로 인정한다는 것은 타인들이 개인의 재산권을 존
중할 의무를 지며, 그 의무를 이행하지 않을 경우 국가가 그 의무의
이행을 강제한다는 것을 의미한다(Macpherson ed, 2013, 83-92/4021).
만일 재산권을 권리로 인정하면서도 재산권의 침해에 대해 국가가
무관심하다면 사유재산권은 권리로서의 특성을 잃고 만다. 권리는
국가가 보장해줄 수 있는 능력과 의지를 갖추고 있을 때만 실효성이

있기 때문이다.

이런 관점에서 보면, 로크의 자연권은 칸트가 잠정적인 권리로 본 것과 유사한 지위를 갖는다. 자연상태의 재산권은 시민사회의 법률로 공인되기 전까지는 진정한 권리가 아니라는 의미에서 잠정적인 권리(혹은 도덕적 권리)로 볼 수 있다. 다만 잠정적인 권리라고 해도 그 권리의 대체적인 내용은 이미 정해져 있기 때문에 실정법적인 권리로 전환된 이후에도 그 권리의 내용에는 큰 변화가 없어야 한다.

로크의 사유재산권 개념이 지닌 정치성은 주로 사유재산권을 실정법적인 권리로 보장하기 위해 정치사회가 필요하다는 주장에서 확인할 수 있지만, 사유재산권이 정치권력의 정당한 행사 범위를 설정하는 데도 중요한 역할을 한다는 주장에서도 읽을 수 있다. 사유재산권은 개인들이 재산을 가지고 자신의 삶을 계획적으로 영위할 수 있는 자유의 영역을 구성한다. 그러므로 이런 목적을 안전하게 그리고 평화적으로 추구하기 위해 정치사회를 조직했다는 사실은 그와 같은 자유의 영역을 보호해줄 경우에만 정치권력이 정당성을 얻을 수 있다는 것을 의미한다. 따라서 사유재산권의 존재는 정치권력이 개입하거나 간섭해서는 안 되는 불가침의 영역이 존재하는바, (매우 엄격한 조건을 충족시키지 않을 경우) 정치권력의 정당한 행사 범위를 원천적으로 제한하는 효과가 있다. 로크가 홉스가 옹호한 절대국가를 거부하고, 자연권을 최대한 존중해줄 수 있는 자유주의 국가만이 정당하다고 주장한 것은 바로 이와 같은 이유 때문이다.

화폐의 도입 및 금융업의 발달과 함께 더욱 고양된 인간의 지성과 도덕성은 사유재산권의 정치성을 결정적으로 높여준다. 인간의 지성과 도덕성이 충분히 발전하지 않았던 역사의 초기 단계에서는 인간이 자연법에 담긴 신의 뜻을 충실히 이행하며 살아야 했다. 신이 자연법을 통해 직접 인간을 지배·관리했다고 볼 수 있다. 하지만 인간이 지적·도덕적으로 성숙해짐에 따라 신의 직접적인 지배와 관여의 필요성은 축소되고 대부분의 인간사를 인간 스스로 관장할 수 있게 되었다.

화폐의 도입은 이런 역사 발전의 결정적인 변곡점이었다. 화폐의 도입은 인간의 창의성과 근면성을 더욱 자극하여 (부패한계를 넘어) 재산을 무제한 축적할 수 있게 해주었으며, 인간을 자연에 예속된 존재에서 독립적이고 주체적인 존재로 변화시켰다. 신의 의지에 맹목적으로 복종하는 단계에서, 신에게서 독립하여 자신과 집단의 문제를 주체적으로 관리해나가는 단계로 나아갈 수 있게 된 것이다.

이런 변화가 사유재산권의 정치적 성격에 미친 영향은 심대하다. 이제 인간은 정치결사를 조직하여 사유재산권을 실정법적인 권리로 전환시킬 수 있게 된 것은 물론, 사유재산권의 내용마저도 자신과 공동체의 행복을 위해 스스로 조정할 수 있게 되었다. 그에 따라 사유재산권은 신이 부여한 생득적 권리에서 인간에 의해 통제될 수 있는 실정법적인 권리로 전환되었다.

요컨대 로크의 사유재산권은 역사 단계에 따라 그 성격이 달라지는 가변성을 지니고 있는바, 인간이 주도적인 역할을 담당할수록 사유재산권의 정치적 성격도 점점 더 선명해지는 경향을 확인할 수 있다. 이것이 로크의 재산이론을 역사 감각을 가지고 해석해야 하는 이유이다.

칸트

사유재산권(더 정확히 말하면 소유권)의 정치적 성격에 관한 한 칸트의 재산이론도 로크의 이론과 대동소이하다. 자연상태에서의 사유재산권을 잠정적인 권리로 보는 칸트의 시각은 재산권의 잠정적 정치성을 시사한다.

사실 권리의 강제적 성격을 두고 볼 때 잠정적인 권리 개념은 이해하기 어렵다. 권리로서의 강제성을 결여하고 있기 때문이다. 그러므로 칸트가 자연상태에서의 소유권을 잠정적인 권리로 규정했을 때, 그것은 실정법적 권리에 포함시켜야 할 예비적인 권리를 의미했다고 볼 수 있다. 그래서 칸트는 『도덕형이상학』 6권에서 "오직 시민 상태에서만 외적인 각자의 것이 존재할 수 있다"고 전제하고, "만일 외적 대상을 나의 것으로 소유하는 것이 법적으로 가능해야 한다면, 나와 함께 시민 체제로 진입한 것을 외적 대상의 소유와 관련하여 [나와] 분쟁을 일으키고 있는 다른 모든 사람에게 강요하는 것 역시 주체[나]에게 허용되어야 한다."고 주장했다(MM VI: 256. cf. VI: 312).

칸트는 누구보다도 권리를 정치적이고 법적인 개념으로 사용하고 있다. 자연상태에서의 잠정적인 권리는 권리가 지녀야 할 정치성과 법적 성격을 결여하고 있기 때문에 진정한 권리가 아니다(하지만 도덕적 권리라고 부를 수는 있다). 그래서 칸트는 소유권을 진정한 권리로 보장해줄 수 있는 국가를 수립하는 것이 최우선적인 과제라고 생각했다. 법을 수단으로 통치하는 정치결사로서의 국가가 존재하지 않을 경우 모든 권리는 신기루에 지나지 않는다는 것을 잘 이해하고 있었기 때문이다. 따라서 논리적 순서로 볼 때 칸트의 권리 철학은 권리를 결정하는 국가에 대해 먼저 다뤄야했지만, 개인의 도덕적 특성—

자율성—에서 권리의 필요성을 추론하는 방식을 취하고 있기 때문에 국가 수립에 관한 논의를 뒤로 미뤄둘 수밖에 없었다. 그럼에도 칸트는 온전한 소유권은 국가의 존재를 전제로 해서만 성립된다는 점을 충분히 이해하고 있었기 때문에 잠정적 권리에는 국가 수립의 의무가 포함되어 있다고 주장했던 것이다. 인간의 도덕성을 두고 볼 때 사유재산에 대한 권리는 반드시 보장될 필요가 있지만 자연상태에서는 그것을 권리로 보장해줄 수 있는 확실한 방법이 없다. 따라서 이런 딜레마에 직면한 개인들은 시민 상태로 이행해야 할 의무를 질 수밖에 없다는 것이 칸트의 논리였던 것이다. 사유재산권의 실효성을 담보하기 위해 정치질서가 구성되는 것이 우선이지만, 논리적으로는 잠정적인 권리를 확실한 권리로 확정짓기 위해 정치질서를 구성하는 순서로 진행되는 듯 설명하고 있는 것이다. 이처럼 칸트는 철저히 정치적·법적인 관점에서 소유권을 다루고 있다.

사유재산권(혹은 더 정확히는 소유권)의 정치적·법적 성격에 대한 이상의 설명은 칸트의 소유권 개념이 지닌 정치성을 다 포괄하지는 않는다. 칸트가 소유권을 자연권으로 규정한 데는 추가적인 정치적 함의가 있다. 소유권의 보장은 정치결사로서의 국가가 수립되는 가장 중요한 근거이기 때문에 국가가 개인의 소유권을 제약할 때는 매우 신중하고 엄격한 태도로 임해야 한다는 메시지를 함축하고 있다. 논리적으로 볼 때 소유권을 보장하기 위해 구성된 국가가 필요 이상으로 개인의 소유권을 침해하는 것은 모순이다. 칸트는 소유권을 국가권력의 정당성과 한계를 동시에 근거 짓는 주요 토대로 상정함으로써 자유주의적 법치국가 이론의 발전에 기여했다.

칸트가 (재산권이 아니라) 소유권에 관심을 국한시켰다는 사실도 재산권의 정치적 성격을 이해하는 데 시사하는 바가 크다. 소유권은 외적인 것들을 '나의 것'으로 소유하고 사용할 수 있는 법적인 권리이다. 그것은 개인이 자신의 것으로 공인된 것을 사용할 수 있다는 가장 기본적인 권리를 의미할 뿐이다. 이와 달리 재산권은 각 국가에서 소유권을 법적 권리로 구체화시킨 형태를 의미한다. 다시 말해 재산권은 상이한 상황에 처해 있는 국가들이 자국의 특수한 처지와 상황을 감안하며 적법한 절차에 따라 소유권을 구체화시킨 것을 의미한다. 따라서 재산권은 집단적인 정치적 결정에 의해 구체적인 형태와 내용이 달라질 수밖에 없는 유동적이고 가변적인 성격을 갖고 있다. 칸트는 인간의 도덕성에서 논리적으로 도출되는 소유권 개념을 정치적으로 결정되는 재산권 개념과 분명히 구분함으로써 사유재산권의 정치적 성격을 부각시켰다고 볼 수 있다. 아마도 각국은 자국의 특수한 상황과 처지 그리고 목표를 감안하면서 자국에 적합한 소유체제와 사유재산권의 구체적인 내용을 정치적으로 확정지을 것이다.

　칸트의 소유권 이론은 사유재산권의 정치적·법적 성격을 명료히 보여준다.[122] 칸트는 자연상태에서의 잠정적인 권리—소유권—를 실정법적인 권리의 근거로 삼았다는 점에서 형이상학적이고 초정치적인 자연권 개념을 도입하긴 했다. 하지만 잠정적인 소유권은 국가가 법적으로 보호해주어야 할 권리의 내용을 논리적으로 도출한 것일 뿐, 아직은 법적 강제력으로 뒷받침되는 실정법적인 권리가 아니다. 따라서 잠정적인 소유권 개념은 논리적인 모순을 내포하고 있으며,

관련 개인들의 의지가 집약되는 정치적인 결정을 통해 실정법적 권리로 확정되어야 모순에서 벗어날 수 있다.

헤겔

헤겔의 경우 재산권의 정치적 성격은 권리의 일반적 성격 및 재산권의 사회적 성격에서 확인할 수 있다. 먼저 권리로서의 사유재산권이 정치적·법적 성격을 지닌다는 것은 너무나 명백하다. 권리는 타인들의 법적인 의무와 한 쌍을 이루고 있고 법적 의무는 반드시 이행되어야 하는바, 사유재산권은 정치적·법적 성격을 지닐 수밖에 없다.

헤겔의 재산이론에서 사유재산권의 법적·정치적 성격은 재산이 매개하는 사회적 관계를 분석해보면 더 분명히 알 수 있다. 추상법 단계에서 인간은 자유의지를 지닌 인격체로, 다시 말해 소유 주체가 될 수 있는 잠재 능력을 지닌 존재로 규정된다. 하지만 재산을 매개로 타인들과 상호 인정 관계를 형성하게 된 단계에서는 다양한 사회적 관계에 참여하는 윤리적 존재로 발전한다. 순전히 주관적이고 개인적인 자유만을 누리는 단계에서 타인들과 상호 인정 관계를 형성하며 사회적 자유를 누리는 단계로 나아가게 된다. 개인적 자유도 그것을 뒷받침해줄 수 있는 윤리적 토대를 필요로 한다는 점에서 사회적인 차원을 내포하고 있는 것은 사실이다.[123] 하지만, 개인적 자유는 개인이 단독적으로 누리는 자유라는 점에서 반드시 타인들과 함께

---

[123] 그러므로 개인적 자유는 사회적 자유와 구분되면서도 사회적 자유의 체계를 구성하는 하위 요소라고 볼 수 있다. 사회적 자유는 개인적 자유를 필요로 하면서도 개인적 자유가 지니지 못한 윤리적 관계양식을 필요로 한다.

누려야 하는 사회적인 자유와 구분된다.

사회적 자유의 특징은 가정, 시민사회 그리고 국가와 같은 윤리질서들 및 시장과 민주주의와 같은 사회제도들을 통해서만 경험할 수 있다는 점이다. 예컨대 시장과 민주주의와 같은 사회제도 혹은 관계양식들은 많은 개인들이 소비자와 생산자로서, 혹은 시민들로서 서로 인정하고 존중하는 가운데 지속적인 관계를 형성할 때 발생하며, 동등한 자격으로 참여하는 모든 사람들의 상호 작용을 통해서만 유지된다. 이처럼 사회적 자유는 그 실천을 통해 형성·유지되는 사회제도 혹은 관계양식과 분리시켜 이해할 수 없다. 사회적 자유에는 그 실현 조건인 사회제도 혹은 관계양식이 전제되어 있기 때문이다 (Honneth 2014, 42-6).

이 사회적 자유 개념을 사유재산권 개념과 연관시켜 분석해보면 그 정치적·법적 성격이 분명히 드러난다. 헤겔은 시민사회의 대표 제도인 시장이 사회적 자유의 주요 경험 영역이라고 본다. 시장은 개인들 각자가 생산자와 소비자로서 (혹은 다양한 신분을 가진 참여자로서) 자신의 욕구를 추구하는 공간이면서도, 그런 욕구 충족 과정에서 타인들의 욕구 충족에도 기여하는 공간이다.

"노동과 욕구 충족의 상호 관계와 의존 상태에서 주관인 이기심은 다른 모든 사람들의 욕구 충족에 기여하는 방향으로 전환된다. [이러한 전환은] 보편자를 통해 특수자를 매개하는 것으로서 변증법적 운동이다. 그래서 각자는 자신을 위해 생계를 꾸리고 생산하고 향유하면서, 동시에 다른 이들의 향유를 위해 생산하고 생계를 꾸린다. 만인의 의존이 전면적으로 얽혀 있는 이 상황에 내재하는 필연성은, 모든 사람을 위한 보편적이며 지속적인 자산[부] (Vermögen)이 된다"(PR, § 199).

그런데 '욕구들의 체계'인 시민사회에 적용되는 원리는 "앎과 의욕의 고유한 특수성"으로, 기본적으로 소유의 권리를 통해 작동한다(PR, § 208). 시민사회에서는 참여자들이 특수한 신분을 가지고 상호적인 욕구 충족에 참여함으로써 자유를 실현하게 되는데, 국가는 소유권을 보호하는 사법체계를 통해 시장제도의 작동을 보호하고 감시함으로써 자유의 상호적인 실현에 이바지한다.

이것은 사회적 자유가 실현되는 다양한 제도와 관계양식들이 다양한 권리들의 체계를 보호·집행하는 국가의 의지와 강제력을 통해 뒷받침되고 있다는 것을 의미한다. 시민사회의 다양한 제도들은 모든 참여자들이 함께 욕구를 충족시킬 수 있는 "보편적이고 지속적인 자산"이기 때문에 국가는 법체계를 통해 그 제도들을 보호해주어야 한다. 하지만 시민사회가 '욕구의 체계'라는 사실은 시민사회가 담보하는 보편성이 아직은 추상적인 단계에 머물러 있음을 의미한다. "즉자대자적인 보편성, [즉] 자유의 보편성"은 최고의 인륜질서인 국가에서의 윤리생활에서 구현되는바, 시민사회의 보편성은 국가에서 실현될 구체적인 보편성을 암시해주는 추상적인 보편성이기 때문이다.

국가의 시민이 된다는 것은 개인의 윤리적 특성이 완성되고, 자유를 사회적인 자유 형태로 경험한다는 것을 의미한다. 다시 말해, 국가가 보편적인 인륜질서로 완성된다는 것을 의미한다. 그런 의미에서 "국가는 구체적 자유의 현실성"이며, 국가의 법률은 그런 보편적 질서를 표상하고 뒷받침하는 권리와 의무의 체계라 할 수 있다. 시민들은 국가가 구현하는 보편적인 인륜질서의 일원으로서 국가의 법률을 준수하며 다양한 공공생활에 참여하는 가운데 (주관적인 자유와 자유의식을 뛰어넘어) 객관적이고 보편적인 자유와 자유의식을 경험하게 된다.

사회적 자유와 그 실현에 필수적인 사회제도 및 관계양식들, 그리고 그런 제도와 관계양식들을 뒷받침하고 보호해주는 법체계의 필수성은, 소유권을 포함한 다양한 권리들이 초정치적이거나 비정치적인 기원을 갖는 것이 아니라 (관습에 기원을 두고 있는 경우라도) 정치적인 기원을 갖는 것임을 말해준다. 인격과 외적 대상(재산)의 관계를 외화와 내화의 과정을 통해 설명했던 추상법 단계에서는 그 정치적 성격을 확인하기 어려웠다. 하지만 재산소유자들의 상호 인정과 존중을 통해 사회적 관계가 형성·발전되고 개인의 자유의식도 더불어 고양되는 단계에 이르면, 소유권을 비롯한 다양한 권리와 의무의 체계들이 갖추어지면서 그런 사회적 관계들—제도와 관계양식들—을 뒷받침하게 된다. 이것은 인간의 의식과 사회관계가 형성·발전하는 과정에서 (그런 의식과 사회관계에 수반되는 보편적인 욕구 또는 의지를 표상하고 뒷받침할 수 있는) 정치적·법적인 제도들도 함께 형성·발전된다는 것을 의미한다.

헤겔에게 사유재산권은 단순히 개인들이 소유 대상을 배타적으로 소유하고 사용할 수 있는 권리만을 의미하지 않는다. 그것은 개인들이 서로를 재산소유자로서 상호 인정하고 승인하는 사회적인 과정을 함축하고 있으며, 국가의 보편적인 의지를 통해 그런 인정 관계를 공식적으로 보호하게 되는 정치과정까지도 함축하고 있다. 나아가서 헤겔은 사유재산권을 보호해주는 국가 자체를 인륜질서의 최고 단계로 상정함으로써, 시민들 혹은 그들의 정치적 대표자들이 재산권의 구체적인 내용을 가정, 시민사회, 그리고 국가에서의 바람직한 인류 생활을 뒷받침하기 위해 조정할 수 있음을 시사하고 있다. 이처럼 헤겔은 정교한 논리적 추론을 통해 사유재산권의 사회적·정치적·법적 성격을 종합적으로 드러내주고 있다.

공리주의

사유재산권의 정치적 성격을 가장 분명하고 단호한 어조로 강조하는 이론은 공리주의다. 벤담에 의하면, 자연권과 같은 개념은 '죽마 위의 허튼소리'에 불과하다. 사유재산권을 포함한 모든 권리는 입법의 산물이다. "법과 재산은 함께 태어나고 함께 죽는다. 법이 제정되기 전에는 재산이 존재할 수 없다." 벤담이 '안전과 재산의 평등'에 관한 논의를 입법자의 역할에 관한 논의로부터 시작하는 것은 바로 이와 같은 이유 때문이다. "입법자는 사회의 행복을 목표로 삼아" 생계유지, 풍요, 평등 그리고 안전이라는 목표를 추구해야 한다.

이 중에서도 벤담은 안전의 도모를 법의 가장 중요한 목표로 상정한다. 이것은 안전이 담보되지 않으면 다른 목표들을 안정적으로 추구할 수 없기 때문이다. 특히 사유재산과 관련하여 법은 소유물로부터 일정한 이익을 얻을 수 있다는 기대를 보호해줌으로써 사회 전체에 유익한 결과가 산출되도록 지원한다.

벤담에 앞서 사회적 유용성을 근거로 사유재산권을 옹호한 흄도 벤담과 유사한 논리를 폈다. 벤담은 철저한 법실증주의자의 입장에서 입법자들이 명확한 사회적 목표를 가지고 법률을 제정함으로써 사유재산권을 수립했다고 설명하는 반면, 흄은 경험주의자의 입장에서 사회적 유용성 때문에 사유재산에 관한 관습이 형성되고, 그 관습을 제도적으로 안정시키기 위해 정부가 수립되었다고 설명한다. 이처럼 사유재산권의 기원에 관한 설명의 차이를 제외하면, 벤담과 흄은 공히 정부와 법률이 사유재산권의 확고한 기초임을 명확히 밝히고 있다.

사유재산체제를 전면 폐지하는 급진적 실험이 아니라 사유재산제를 개선함으로써 재산소유자들의 행복을 증진시키고 사회진보를 꾀할 수 있다고 본 밀의 개혁주의적 입장도 사유재산제도의 구체적인 내용은 입법자의 판단과 의지에 따라 변경될 수 있다는 주장을 함축하고 있다. 즉, 입법자는 "공동체의 구성원 모두가 그 이익에 참여할수 있는" 사유재산체제를 모색할 임무를 지고 있는바, 사유재산권을 절대적 권리가 아니라 입법자 자신의 판단에 따라 (개인적·사회적 효용을 극대화할 수 있도록) 신축적으로 조정할 수 있는 유연한 권리로 간주한다. 밀에 의하면 재산권은 신성한 것이 아니다. 만일 재산권을 신성한 것으로 간주하게 되면 재산권에 대한 어떤 침해도 정당화할 수 없으며, 사회적 효용을 극대화한다는 명분으로도 그것을 제한할 수 없다.

요컨대 공리주의적 재산권 이론에 따르면, 재산권은 절대적인 자연권이 아니라 입법자(들)가 공리성의 원칙에 입각하여 정치적·법적으로 결정할 수 있는 권리로서, 입법자가 상황에 따라 그 구체적인 내용을 얼마든지 변경할 수 있는 가변적인 성격을 갖고 있다(Byrne 2016, 16-7). 특히 상속과 유증에 관한 벤담과 밀의 견해에는 공리성의 원칙에 따라 사유재산권의 내용을 얼마든지 변경할 수 있는 입법(정치) 기능의 역할에 대한 기대가 반영되어 있다.

　사유재산권에 대한 공리주의자들의 실증주의적인 관점은 사회의 탈종교화와 실용주의적인 변화를 반영하고 있다. 종교적인 자연법사상이 지배했던 시대에는 권리가 인간의 정치적 고안물이 아니라 신이나 자연이 부여한 생득적이며 절대적인 권리로 인식되는 경향이 있었다. 권리의 초월적이고 절대적인 성격은 블랙스톤적인 소유권 모델로 정립되었다.

　반면에 탈종교적이고 실용주의적인 시대로 접어들면서 권리는 인간이 세속적인 기준—예컨대 사회적 유용성이나 사회적 효용—에 따라 인위적으로 채택·수정·폐기할 수 있는 가변적인 것으로 간주되기 시작했다. 재산의 분배는 개인의 노동이나 인격성 또는 사회적 신분에 따라 이뤄지는 것이 아니라, 자원을 사회적으로 가장 효율적으로 사용할 수 있는 가능성에 따라 이루어진다(Knewitz 2021, 234; Diamond 2016, 52). 따라서 권리의 내용도 개인적·사회적 편익을 고려하여 얼마든지 조정될 수 있다. 이런 추세에 편승하여 공리주의는 재산을 절대적인 소유권으로 간주하기보다는, 입법자들이 개인적·사회적 편익을 고려하여 그 내용을 다양한 방식으로 구성할 수 있는 것으로, 즉 '권리묶음'으로 간주한다.

　공리주의자들이 재산권을 권리묶음으로 규정하는 경향이 있다는 사실은 사유재산권의 정치적·법적 성격을 명확히 보여준다. 공리주의자들은 권리의 형식과 내용을 결정하는 주체가 (정치사회를 초월해 있는 신이나 자연이 아니라) 입법자들이라는 점을 분명히 천명한다. 그들은 사회의 편익을 극대화시킬 수 있는 가장 효율적인 권리체계를 모색하려고 끊임없이 노력한다. 따라서 재산권은 입법자들이 결정한 특수한 권리들의 묶음으로서, 사회경제적인 변화에 따라 계속해서 조정될 수 있는 가변성을 갖고 있다. 네위츠는 공리주의와 친화성이 있는 '권리묶음' 모델에 대해 다음과 같이 설명한다.

"권리묶음 모델은, 단순히 확립된 개인의 권리를 보호함으로써 고정된 질서를 보존하기보다는, 더 역동적인 것으로 보인다. 역사적으로 이 모델은 19세기 말 기업혁명을 배경으로 등장한 이론체계로서, 법이 변화하는 경제구조에 대처해야 했던 상황에 맞춰 진화한 것이다. 권리묶음으로서의 재산권은 다양한 행위자들이 하나의 재산 대상에 대해 상이한 이해관계를 동시에 드러냈던 경제 현실에 밀접히 연관되어 있었다. 하지만, 그것의 기본 전제, 즉, 재산은 사회적 고안물이라는 통찰은 또한 진보적인 시대의 법학자들, 그중에서도 웨슬리 호펠드(Wesley Hohfeld)에게 자유방임 자본주의의 과도함에 대한 정부규제를 정당화할 수 있는 법적 조치를 고안할 수 있는 기회를 제공했다. …특히 권리묶음 모델은 재산권의 정치적 특성 즉, 모든 재산체제는 선택의 결과라는 사실을 부각시켜준다"(Knewitz 2021, 234).

롤스

주지하듯이 롤스의 재산권 이론은 포괄적인 자유주의 정의론의 일부로, 즉 정의의 첫째 원칙을 구성하는 기본권 체계의 일부로 제시되었다. 재산권은 다른 기본권들과 함께 질서정연한 사회의 기본구조—정치적·경제적·사회적 제도들—를 구성하는 요소로서, 궁극적으로 자유민주사회의 법률과 정치권력을 통해 보장된다.

하지만 롤스의 정의론에서 재산권은 더 깊은 정치적 의미를 갖고 있다. 롤스는 「공정으로서의 정의: 형이상학적이 아니라 정치적임」
(1988)에서 자신이 제시한 정의관의 정치적 성격을 분명히 밝히고 있
다. 공정으로서의 정의는 민주사회의 공공문화에 깔려 있는 기본 아
이디어에 입각하여, 다른 포괄적인 견해들과 독립적으로 구성되었다
는 점에서 근본적으로 정치적이다.

　롤스는 오랜 세월에 걸쳐 민주사회에서 확립된 기본 아이디어들에
입각하여 정의의 원칙들을 도출하기 때문에, 특정한 종교적·형이상
학적 관념에서 정의관을 연역해낼 필요가 없었다. 언뜻 보면 롤스는
인간의 도덕적 특성에 관한 칸트와 밀의 발상을 차용하고 있는 듯 보
인다. 하지만 인간 혹은 시민이 두 가지 도덕 능력—합리성과 정의
감—을 지니고 있다는 믿음은 자유민주사회의 주요 제도들이나 관
행 그리고 관계양식들에 깔려 있는 기본 관념으로서, 인간에 관한 특
별한 형이상학적 관념에서 도출할 필요가 없다. 어쩌면 인간에 관한
형이상학적 발상 자체가 민주사회의 공공문화에 깔려 있는 기본 관
념들을 추상화시켜 놓은 것으로 볼 수도 있다. 그러므로 롤스가 자신
의 정의관을 정치적인 발상으로 규정한 것은 자신의 정의관과 그 구
성요소인 재산권이 민주사회의 오랜 역사를 통해 확립된 (인간과 사회
에 관한) 기본 신념에 입각하여 구성된 것임을 밝힌 것이다.

　롤스가 정치적 정의관을 도출하는 방법도 그의 정의관과 사유재산
권의 정치적인 성격을 드러내준다. 롤스는 『정치적 자유주의』에서 정
치적 정의관을 도출하는 자신의 방법을 구성주의로 규정했다. 구성
주의는 민주사회의 공공문화에 함축되어 있는 기본 신념들 및 인간
과 사회에 관한 기본 사실들에 입각하여 정치원칙을 구성하는 방식
을 말한다. 롤스는 이 방법을 사용하여 자유주의적 정의관을 도출하

기 위해 원초적 상황을 조성하게 되는데, 원초적 상황에 참여하는 대표자들이 자신에게 유리한 정의 원칙을 선택하지 못하도록 개인적인 정보를 가릴 필요가 있다. 이처럼 원초적 상황의 대표자들이 자신의 개인적인 정보를 모른 채 합의에 참여하는 상황을 롤스는 '무지의 베일'로 이미지화하는데, 이것은 선택 혹은 합의의 공정성을 담보하기 위한 것이다.

이렇게 조성된 원초적 상황에서 각 계층을 대변하는 대표자들은 다양한 정의관들을 차례로 검토하며 민주사회에 가장 적합한 정의관을 선택한다. 여기서 정의관을 선택하는 행위는 다양하게 해석할 수 있다. 원초적 상황에서는 누가 선택하든지 공정으로서의 정의를 선택하도록 설계되어 있기 때문에 토론이나 심의를 거치지 않더라고 공정으로서의 정의를 선택할 수밖에 없다는 해석도 가능하다. 또한 원초적 상황은 이상적인 심의민주주의가 작동하는 상황으로 볼 수 있기 때문에 공정으로서의 정의는 심의민주주의의 산물로 해석할 수도 있다. 첫째 해석에 따르면 정의관의 정치적 성격이 다소 희석될 수 있다. 하지만 그 결정이 민주사회의 공공문화에 깔려 있는 기본 신념들을 반영할 뿐만 아니라, 민주시민들이라면 누구나 수용할 수밖에 없는 원칙들로 구성되어있다는 점에서 초정치적이거나 비정치적인 성격을 지닌다고 보기 어렵다. 그리고 정의관을 이상적인 심의민주주의를 거쳐 합의된 것으로 해석하는 경우에는 그 정치적 성격을 더 직접적으로 확인할 수 있다.

물론 정치적 정의관의 정치적인 성격을 부정할 수 있는 근거도 있다. 정치적 정의관이 선택되는 원초적 상황은 현실의 정치적 역학관계가 완전히 배제된 가상의 상황인 만큼 거기서 선택된 정의관은 전

혀 정치적이지 않다고 평가할 수도 있다. 정치사회를 규제하는 원칙
들은 결국 정치적으로 결정될 수밖에 없는데, 가공의 이상적인 상황
에서 선택될 것으로 기대되는 정치 원칙들은 결국 비정치적이거나
심지어 反정치적인 성격을 지닐 수밖에 없다는 것이다. 이런 측면에
서 보면, 롤스의 정치적 정의관은 정치사회의 역학 관계를 전혀 고려
하지 않는 철학자들의 선입견을 반영한 비정치적인 발상에 불과하
다.[124]

　　그럼에도 이와 같은 이유로 롤스의 정치적 정의관 및 사유재산의
정치적 성격을 송두리째 부정하는 것은 온당치 않다. 그의 정치관이
현실의 권력관계 및 이해관계의 복잡한 상호작용을 배제한 비현실적
인 상황을 배경으로 도출되었다는 사실이, 정치적 정의관의 역사성
및 구성적 성격에 반영되어 있는 정치성을 완전히 부정해야 할 근거
가 될 수는 없다. 특히 롤스는 헌법적 필수사항과 기본적 정의의 문
제들을 구분하는 한편 후자를 구체적인 정치적 입법 사항으로 간주
하고 있기 때문에 그의 정의관이 정치의 역할을 철저히 무시한다고
볼 수는 없다. 실제로 시민들은 (직접적으로든 대표자들을 통해서든) 자본
재산과 관련된 문제를 포함하여 다양한 영역에서 정치적 결정에 참
여할 수 있다. 그러므로 롤스가 '단번에 그리고 최종적으로(once and
for all)' 후세대까지 적용될 수 있는 정의관을 제시함으로써 정치의 역
동적인 성격을 다소 제한하고 있긴 하지만, 재산권과 관련된 많은 영

124　이에 관해서는 다음 글을 볼 것. 김비환, 「롤스의 정치철학과 정치세계의 다차원성」,
　　　『롤즈 정의론의 이론과 현실』(철학과 현실사, 2021), 50-74.

역에서 시민들은 여전히 중요한 결정에 참여할 수 있는 자유와 권리를 누릴 수 있다.

주지한 바와 같이 재산소유민주주의체제의 구체적인 형태를 결정하는 문제도 정치적인 선택의 영역에 속한다. 정의관에 부합하는 구체적인 정치경제체제는 각 사회의 시민들이 자국의 역사와 문화 전통을 감안하여 독자적으로 선택해야 한다는 롤스의 주장은 기본권의 정치적인 성격을 인정한 것이며, 앞으로도 정치적 결정을 통해 사유재산권을 포함한 다양한 권리들의 구체적인 내용이 변경될 수 있다는 것을 의미한다. 특히 개인적인 재산과 생산수단으로서의 재산을 구분하고 생산수단의 소유 형태는 입법단계에서 결정하는 것이 바람직하다고 보는 롤스의 입장에는 사유재산권의 정치적 성격에 대한 이해가 명확히 나타나 있다.

맺음말

지금까지 살펴본 바와 같이 모든 재산이론들은 재산권(혹은 소유권)의 정치적·법적 성격을 인정하고 있다. 종교적이거나 형이상학적인 인성론에 입각하여 사유재산권의 필요성을 정당화한 경우라 하더라고 공동체 구성원들의 단합된 의지와 정치적 결정이 재산권 체제의 구체적인 내용을 확정짓는 결정적인 요인임을 부인하지 않는다.

이것은 그동안 우리가 자연스럽게 받아들이고 있었던 절대적인 재산권 관념이 현실과 부합하지 않으며, 법조계의 이해와 판이하다는 것을 말해준다. 사유재산권은 정치사회 이전부터 존재해온 자연권이라는 생각은 현존 소유질서의 정당성과 신성성을 뒷받침해온 대중화된 이데올로기로서, 현존 재산체제에 대한 불만과 개혁의지를 봉쇄하는 가장 효과적인 무기로 활용되어 왔다.

　　하지만 대부분의 사상전통에서 확인할 수 있듯이 사유재산권(혹은 소유권)은 정치적 결정을 통해 확정되고 변경될 수 있는 유동적인 성격을 갖고 있다. 특히 우리 시대를 대표하는 공리주의 재산이론은 이 점을 단호하고 분명한 어조로 강조하고 있는바, 절대적인 사유재산권 신화에 강력한 도전을 가하고 있다. 재산권이 초정치적인 기원을 갖지 않고 정치적으로 결정되고 변경될 수 있는 가변적인 성격을 갖고 있다면, 소유구조의 심각한 왜곡―지나친 불평등과 양극화―이 야기하는 다양한 사회·정치 문제들에 대처하기 위한 첫걸음은 기존의 왜곡된 소유구조를 온존·고착시키는 데 기여해온 대중이데올로기―절대적이고 배타적인 재산권 관념―를 해체하는 일일 것이다. 사유재산권의 정치적·역사적 성격을 부각시킨 본 장의 시도는 바로 이와 같은 문제의식을 반영한다.

02

소유권 신화의 이데올로기

머리말

사유재산은 신성하고 절대적인 자연권이라는 신화의 부정적인 결과에 대해서는 아무리 강조해도 지나침이 없을 것이다. 이 신화는 현존하는 소유체제를 유지하는 데 매우 중요한 역할을 한다. 무엇보다 현 소유체제의 정당성을 뒷받침하는 이데올로기적인 힘으로 작용함으로써 소유구조나 재산권체제의 내용을 개혁하려는 의지를 꺾어버린다. 특히 현재의 소유구조와 재산권체제는 정치적 결정을 통해 변경될 수도 변경되어서도 안 되는 절대적인 권리라는 대중적 믿음은, 현재의 재산권 체제에서 수혜를 입고 있는 사회정치세력들의 정치적 행보와 결합함으로써 재산권체제를 변혁하려는 움직임을 봉쇄하는 데 지대한 역할을 한다.

하지만 이미 살펴보았듯 사유재산권은 초정치적인 신성불가침의 권리가 아니라 사회경제적인 변화와 더불어 그 내용이 정치적으로 결정·변경되는 가변성과 역사성을 갖고 있다. 인간의 인격적·도덕적 특성에 입각하여 사유재산권을 정당화한 다양한 이론들은 사유재산권이 인간의 자기실현과 공공의 편익 증진을 위해 필요하기 때문에 반드시 기본권으로 인정되어야 한다는 것을 강조할 뿐, 실제로 사유재산권을 초정치적인 권리로 신성시해야 한다고 주장하지는 않는다. 결국 재산권은 공동체 구성원들의 단합된 정치적 의지를 통해 허용 여부 및 구체적인 내용을 결정해야 하기 때문이다. 이런 관점에서 보면, 사유재산권을 일종의 자연권으로 간주하고 절대시하는 태도는 사유재산권의 정치적 성격을 이해하지 못한 소치이며, 오랫동안 사유재산의 신화에 노출되어온 사회구성원들의 인식과 태도에 의해 지탱되어왔다고 할 수 있다.

사유재산권의 역사적·정치적·법적 성격을 부정하기 어렵다면, 현존하는 재산권체제가 어떤 정치적 결정을 통해 확립되었고 또 유지되고 있는가를 살펴볼 필요가 있다. 물론 재산권의 구체적인 내용을 정치적으로 결정하는 문제는 단순하지 않다. 다양한 이해관계를 지닌 정치세력들이 다양한 문화적(이념적)·경제적·정치적 자원을 활용하며 자신들에게 유리한 재산권체제를 세우려 하기 때문이다. 본서에서 소개된 여섯 가지 이론들도 어떤 면에서는 현재의 재산권체제를 유지하거나 변혁하기 위해 제시된 측면이 있는바, 다양한 정치세력들은 자신들에게 유리한 문화적·정치적 자원을 동원하며 현재의 재산권체제를 옹호하거나 비판함으로써 정치 과정과 결과를 자신들에게 유리하게 만들기 위해 경쟁하고 있다.

이런 문제의식을 가지고 재산권체제에 접근할 경우, 재산권의 허용 여부와 범위 그리고 그 구체적인 내용은 복잡한 이해관계와 이념들이 충돌하는 상황에서 정치적 결정을 통해 결정된다고 볼 수 있다. 특히 조세체제에 관한 입법은 소유구조와 재산권체제의 대체적인 윤곽을 정하는 데 결정적인 역할을 한다. 조세체제는 좁게 보면 단순히

434

정부의 활동을 뒷받침하고 공공재를 제공하기 위해 재원을 마련하는 제도이다. 하지만, 넓게 보면 사회의 소유구조와 재산체제를 결정하고 분배적 정의를 실현함으로써 이상적인 정치공동체를 조성하는 데 필요한 핵심 제도라고 할 수 있다. 물론 현존하는 재산체제가 오로지 조세제도에 의해 결정되었다고 말하는 것은 다소 과도한 주장일 것이다. 하지만 조세제도가 상당 부분 현재의 소유구조 혹은 재산체제를 좌우한다는 점은 부인하기 어렵다. 그러므로 한 사회의 재산체제 혹은 소유구조가 조세제도와 어떤 연관성을 갖고 있는지를 좀 더 체계적으로 고찰해볼 필요가 있다.

하지만 (다음 절에서) 소유구조와 조세제도의 연관성을 고찰하기 전에 이 절에서는 먼저 소유권의 신화가 굳건히 유지되고 있는 이유를 살펴보고자 한다. 소유권의 신화를 유지시키는 기제를 이해하게 되면 그만큼 소유권의 신화를 해체하는 데 도움이 될 뿐만 아니라, 소유권의 신화와 맞물려 있는 정치적 이해관계를 파악할 수 있게 됨으로써 정치개혁이 조세정책 및 소유구조의 개혁과 직결되어 있는 문제임을 이해할 수 있기 때문이다.

소유권 신화의 유지 기제

자유주의 사회에서 개인의 재산은 소유자의 절대적이고 배타적인 권리에 속한다는 인식이 일반화되어 있다. 공리주의 공공철학의 등장과 확산으로 인해 전문적인 법조인들 사이에서는 이와 같은 대중적 인식이 깨진 지 오래지만, 대중과 정치인들 사이에서는 여전히 이 신화가 강고히 자리 잡고 있다.

절대적이고 배타적인 소유권 개념은 자연권 사상 및 블랙스톤적인 재산 개념을 통해 널리 확산됨으로써 대중문화의 일부로 편입되었다. 소유권은 절대적이고 배타적인 개인의 권리라는 믿음—소유권의 신화—이 장기간에 걸쳐 대중문화에 뿌리를 내리면서, 그 문화에서 태어나 성장한 개인들은 절대적인 소유권 개념을 자연적인 질서의 일부로 받아들이게 되었다. 기성 체제의 기득권층 또한 다양한 방식으로 이런 신화를 이용하며 기득권을 유지하기 위해 노력함으로써 소유권 신화를 강화시켜왔다.

19세기 이후 급변하는 사회경제 상황에 대처하기 위해 법 개정이 지속적으로 이루어지면서 재산권에 대한 전문 법조인들의 인식은 크게 변했다. 그들은 재산권이 정치적으로 결정되고 변경되는 가변적인 성격을 지니고 있으며, 다양한 권리들의 묶음으로 구성되어 있다는 사실을 잘 알고 있다. 재산권이 절대적이고 배타적인 권리가 아니라는 사실을 잘 이해하고 있는 것이다. 하지만 재산권에 대한 일반인들의 인식에는 그다지 큰 변화가 일어나지 않았다. 이런 현상을 어떻게 이해해야 하는가? 기존의 소유구조가 지나치게 왜곡되어 있다면 이런 구조를 바꾸기 위해서는 개혁 입법이 필요하고, 법을 개혁하기 위해서는 개혁적인 입법자들을 대거 의회로 진출시켜야 할 것이다. 하지만 그들을 의회로 보내기 위해서는 재산권에 대한 일반 유권자들의 인식이 바뀔 필요가 있다. 일반 유권자들 다수가 현재의 소유구조를 개혁할 필요가 있다고 생각하기보다는 (혹은 설령 그럴 필요가 있다고 생각할지라도) 개인의 소유권이 무엇보다 중요한 신성한 권리라고 인식하는 한, 기존의 소유구조를 고수하는 보수적 정치인들에게 표를 던질 확률이 높기 때문이다. 따라서 현재의 왜곡된 소유구조를 개혁하기 위해서는 먼저 대중문화에 깊이 뿌리 내린 소유권 신화를 해체할 필요가 있다.

그렇다면 소유권의 신화는 어떻게 해체할 수 있는가? 이에 대한 답을 찾기 위해서는 먼저 소유권의 신화가 온존·유지되고 있는 이유를 살펴보아야 한다. 『소유권의 신화: 조세와 정의』(2002)에서 머피(Liam Murphy)와 네이글(Thomas Nagel)은 소유권의 신화—환언하면, 일상의 자유지상주의(everyday libertarianism)—가 유지되어온 이유에 대해 매우 상식적이지만 설득력 있는 설명을 제공한다(Murphy and Nagel 2002, 8-10).

머피와 네이글은 재산권의 협약적·정치적 성격이 너무나 분명함에도 불구하고 그런 협약적 성격이 너무 쉽게 간과되고 있는 이유를 다음과 같이 설명한다.

"우리 모두는 재산권의 획득, 교환 그리고 전달을 관할하는 정교하게 구조화된 법체계로 태어나 들어오는바, 소유권이 세상에서 가장 자연스런 것처럼 보이게 된다.…충분히 확산되어 있는 관습은 자연의 법칙처럼 보일 수 있다. 재산권은 항상 이와 같은 기만적인 효과를 누려왔다. 남북전쟁 전 미국 남부의 노예소유주들은 노예수입을 금지시키려는 노력이 수반했던 재산권의 침해에 대해 분개했다. 도망친 노예들이 캐나다로 건너갈 수 있도록 돕는 것과 같은 더 강력한 노예폐지 운동에 대해서 분개했던 것은 말할 필요도 없이 말이다. 하지만 노예재산은 미국 헌법이 보호한 법적 고안물이었다. 노예제도에 대한 그와 같은 간섭의 정의로움은 제도 자체의 정의와 분리해서 평가될 수 없었다"(Murphy and Nagel 2002, 8).

머피와 네이글에 의하면, 잘 확립된 관습(혹은 협약)은 자연적인 규범의 외양을 띠게 되어 인습적 성격이 은폐된다. 인습은 사람들의 의식에 내면화되어 (자연적인 규범처럼) 사람들의 생각과 행동을 좌우하는 규범적 장악력을 지니게 된다. 심지어 아리스토텔레스와 같은 위대한 철학자도 관습의 규범적 장악력을 비판적으로 보지 못하고 노예제도를 자연의 질서에 부합하는 질서라 생각했다. 또한 여성을 남성보다 열등한 존재로 생각하여 정치에 참여해서는 안 되는 존재로 생각했다. 그러므로 인위적인 제도의 장기적인 결과를 자연의 사실처럼 설명하는 것은 순환론에 빠지게 된다(Murphy and Nagel 2002, 8-9).

세금과 재산권의 경우 상황은 더 복잡하다. 사실 상 협약에 의해 수립된 재산권을 무비판적으로 수용한 결과 갖게 된 감정─재산권이 자연권이라는 느낌─은 현상유지에 관한 만족감으로, 이 감정은 재산권을 자연스럽고 절대적인 권리로 받아들이게 한다. 이런 생각이나 태도를 견지할 때 다음과 같은 오류에 빠질 수 있다. 즉, 사실상 인위적인 제도의 장기적인 결과를 자연적인 권리로 인식하고, 그에 입각하여 현존 제도의 부자연스러움을 평가하는 오류를 범할 수 있다. 요컨대, 사유재산권은 명백히 인위적이며 정치적인 결정의 산물임에도 불구하고, 그것이 오랫동안 유지되어온 결과 자연적인 권리라는 믿음이 일반화되어 기존 제도를 평가하기 위한 보편적인 기준으로 채택됨으로써 재산권의 비판과 개혁을 봉쇄하는 문화적인 방벽이 된다. 다시 말해, 인공적인 제도의 장기적인 결과를 자연적인 규범이나 기준으로 오인하고, 그것을 가지고 역으로 현재의 소유체제를 평가하는 모순이 발생한다.

"이것은, 우리가 주장했듯 너무나 분명하다. 하지만…잊기 쉽다. 적절한 형태의 재산권체제 및 조세정책을 통한 재산권체제의 형성은 어려운 문제이며, 그것을 다루기 위해서는 개인의 자유, 개인간 의무, 그리고 집단적·개인적 책임에 관한 많은 윤리적 이슈들을 다룰 필요가 있다. 재산권은 이런 주제의 출발점이 아니라 결론인 것이다"(Murphy and Nagel 2002, 9-10).

파군데스(David Fagundes)는 소유권의 신화를 재산절대주의로 명명하고, 재산권에 대한 전문 법조인들의 인식은 물론 법의 내용이 재산절대주의와 양립될 수 없을 정도로 변했음에도 불구하고, 재산절대주의가 지속되고 있는 현상을 당혹스러운 현상으로 규정한다(Fagundes 2016, 21). 보통 실정법은 권리에 관한 대중들의 생각을 계도하는 데 매우 중요한 역할을 수행해왔다. 하지만 재산권만은 예외에 속한다. 법의 내용과 법조인들의 인식이 근본적으로 변했음에도 불구하고 소유권의 신화, 곧 재산절대주의에 대한 대중들의 믿음은 거의 변하지 않았다. 예컨대, 남녀 성차별과 갑질 문화에 대한 개혁 입법과 법적용은 비교적 단기간에 걸쳐 대중들의 의식과 태도를 크게 바꿔놓았지만 소유권의 신화는 별반 달라지지 않았다. 소유권의 신화 형성에 기여한 블랙스톤 마저도 재산권이 처음 도입된 시기부터 재산권을 규제해야 할 특수한 상황들이 있음을 인정했다. 그럼에도 불구하고, 재산절대주의에 대한 대중들의 믿음은 여전히 맹위를 떨치고 있다. 이런 상황이 현존하는 재산권체제와 소유구조에 어떤 영향을 미칠 것인지는 불을 보듯 빤하다.

파군데스는 재산절대주의가 지속되는 현상을 세 가지 이유를 들어 설명한다(Fagundes 2016, 23-34). 첫째는 일반인들의 복지극대화 성향을 일반적 배경으로 들 수 있다. 다수의 일반인들은 블랙스톤적인 절대적 소유권 개념이 자신의 복지를 극대화시켜줄 가능성이 가장 높다고 보기 때문에 소유권 신화를 지지한다.

예컨대, 공리주의의 20세기 버전으로 볼 수 있는 법경제학파는 인간이 자신의 개인적 효용을 극대화하기 위해 합리적으로 행동한다고 보고, 효율성을 법의 핵심적 조직 원칙으로 채택했다(Posner 2003, 3-10). 뎀세츠 또한 자원이 개인적인 가치를 갖게 될 때 재산이 출현한다고 주장했다. 이런 이론들에 따르면 행위자들은 자신의 복지를 극대화하기 위해 사물을 획득·소유·거래하게 되는데, 재산법은 일차적으로 그런 사물들에 대한 권리의 소유와 이전을 뒷받침하기 위해 제정된다. 요컨대, 이런 이론들이 전제하고 있는 합리적인 행위자 모델은 인간의 행위를 추동하는 것은 개인의 복지이며, 재산권은 개인들이 자신의 소유물에서 가치를 추출할 수 있도록 허용해줌으로써 부를 증식할 수 있게 해준다고 주장한다. 반면에 재산권에 대한 제한—소유물의 사용, 배제, 이전에 대한 권리들을 제한하는 실정법이나 코먼로—은 소유물에서 가치를 추출할 수 있는 능력을 제한함으로써 소유물의 가치를 떨어뜨린다고 본다.

인간은 자신의 이익이나 복지를 극대화하기 위한 방법을 찾는다는 가정 및 사유재산이 복지를 극대화하는 가장 효율적인 소유형태라는 (널리 확산되어 있는) 믿음은 오늘날까지도 절대적인 소유권 신화가 끈질긴 대중적 장악력을 행사하고 있는 이유를 어느 정도 해명해준다. 이런 신화가 일반화되어 있는 상황에서 자기 이익을 극대화하기를 바라는 일반인들은 본능적으로 이 신화에 이끌리게 된다.

파군데스에 의하면, 일반인들의 복지극대화 성향으로 소유권 신화의 대중적 장악력을 설명하는 데는 한계가 있다(Fagundes 2016, 25-6). 이 설명은 상당한 재산을 소유하고 있는 일반인들이 그 신화에 이끌리는 이유를 설명해줄 수는 있지만, 빈곤층을 포함한 대부분의 일반인들이 그 신화를 지지하는 이유를 충분히 해명해주지 못한다. 또한 오래 전부터 법의 내용이 블랙스톤적인 소유권 개념에서 상당히 멀어져왔음에도 불구하고, 일반인들이 그런 발상에 경도되어 있는 이유를 깊이 있게 설명해주지 못하는 한계가 있다. 다시 말해, 복지극대화 성향이나 자기이익에 기반을 둔 설명은 개인들이 최대한 부를 많이 축적할 수 있는 재산제도를 원한다는 것을 설명해줄 수는 있어도, 그들이 법이 실제로 허용하는 것보다 훨씬 더 넓은 소유권을 원하고 있는 현상에 대해 만족스런 설명을 제공해주지 않는다. 이처럼 절대적인 소유권 개념을 일반인들의 복지극대화 성향에 기대어 설명하는 방식은 소유권 신화가 전체 일반인들에게 강력한 영향력을 미치고 있는 현상을 깊이 있고 설득력 있게 설명해주지 못하는 한계가 있다.

파군데스는 이런 설명을 보완하기 위해 본질주의적 설명을 도입한다. 일반인들의 복지극대화 성향에 토대를 둔 설명방식은 부와 소유의 불평등이 심각해진 사회에서 소유권 신화가 지닌 강력한 영향력을 설득력 있게 설명해주지 못한다. 따라서 이런 한계를 보완하기 위해 모든 행위자들이 소유하고 있는 자질들에 눈을 돌려볼 필요가 있다. 즉 소유권의 신화를 모든 인간이 공유하고 있는 前법률적인 성향의 산물—생물학적 성향이든 의식 속에 뿌리 깊게 박혀 있는 사회규범의 결과이든—로 해석해볼 필요가 있다. 복지극대화 성향을 강조하는 첫 번째 접근방법은 소유권 신화를 의식적이고 전략적인 선택의 결과로 해석하는 반면, 본질주의적 설명은 무의식적인 성향의 산물로 설명하기 때문에 유산자는 물론 무산자까지도 그 신화에 이끌리는 이유를 설명해줄 수 있다.

실제로 많은 학자들이 인간의 의식 속에 뿌리 깊이 박혀 있는 소유 본능에 대해 연구해왔으며, 어느 정도 그런 소유 본능의 존재를 확인하기도 했다(Stake 2004, 359. Fagundes 2016, 27에서 재인용). 일부 학자들은 이와 같은 소유 본능을 확인하기 위해 심지어 동물들의 영역 독점 본능을 원용하기도 했다. 인간의 소유본능을 확인한 일부 연구들은 재산이 국가의 법률에 따라 일방적으로 결정되기보다는 법에 앞서 존재하는 인간의 생물학적·심리학적 특성에 토대를 두고 있다고 주장한다. 즉, 인간은 주변의 사물들을 통제하고자 하는 기본적인 욕구를 가지고 있는데, 소유가 이런 욕구를 반영하고 만족시켜준다는 것이다. 이처럼 재산제도가 모종의 前법률적 토대를 갖고 있다면, 우리가 실질적인 해가 전혀 없는 형식적인 재산권 침해에 대해서도 반대하는 이유를 어느 정도 이해할 수 있다. 이처럼 본질주의적 설명은 우리가 공유하고 있는 본능이나 성향에 입각하여 소유권의 신화를 설명하기 때문에 복지극대화 성향에 입각한 설명보다 더 광범위한 설명력이 있다.[125]

그럼에도 불구하고 본질주의적 설명 역시 소유권 신화가 유지되는 이유를 충분히 해명해주지 못한다. 즉, 그런 설명은 모든 사람들이 소

---

[125]　빈곤층도 부유층과 동일한 소유본능을 갖고 있기 때문에 소유권 신화에 이끌린다고 설명하기 때문이다.

유권 신화에 이끌리는 이유를 설명해주지만, 법이 계속해서 소유권의 절대성을 부정하고 있는 상황에서도 일반인들이 그런 신화에 경도되는 이유를 충분히 이해시켜주지 못한다. 인간의 소유욕은 (소유권이 절대적인 권리가 아니라는 법의 강력하고도 지속적인 메시지에도 불구하고) 결코 변하지 않는 인간의 본질인가? 인간의 소유본능이 어떤 압력이나 영향에도 불구하고 결코 변하지 않는 보편적인 본질이라면, 전문 법조인들이나 입법자들이라 해서 전혀 다를 것이 없을 것인바, 소유권을 제한하려는 어떤 입법도 아예 시도조차 되지 않았을 것이다. 따라서 본질주의적인 설명은 전문 법조인들을 제외한 일반인들 사이에서 소유권의 신화가 여전히 강력한 영향력을 발휘하고 있는 현실을 만족스럽게 설명해주지 못한다.

이에 파군데스는 제3의 보완적 설명으로 행태주의적 설명을 제시한다(Fagundes 2016, 29-34). 행태주의적 설명방법은 사람들의 현상유지편향(status quo bias), 소유효과(endowment effect), 그리고 확증편향(confirmation bias)에 근거하여 소유권 신화를 풀어나간다.

먼저 현상유지편향에 초점을 둔 설명은 다음과 같다. 인지심리학에 따르면 사람들은 원래의 기준이나 바탕에서 멀어지는 것을 두려워하는 강력한 경향이 있다. 이런 성향은 우리가 일상적으로 행동하는 과정에서 어떤 행동이 최선이 아님에도 불구하고 그것을 디폴트 옵션으로 놔두는 경향에서 나타난다. 이런 경향을 소유권 신화에 적용해보면, 사람들이 애초에 강력한 소유본능을 가지고 출발했다고 가정할 경우, 현상유지편향에 의해 그런 출발선(혹은 바탕)에서 멀어지는 것을 매우 어려워한다고 추론할 수 있다. 절대적 소유권에 대한 믿음이나 기본적인 소유본능은 현상유지편향을 통해 우리의 결정에 너무나 큰 영향을 미친다. 물론 이것은 우리가 그런 소유본능이나 절대적인 소유권 신화를 도저히 극복할 수 없다는 뜻은 아니다. 오랫동안 법학전문대학원에서 수련한 법조인들이 그 과정을 통해 원초적인 소유 본능이나 소유권 신화에서 벗어나게 되는 현상은 현상유지편향도 결국 극복될 수 있음을 예시한다. 하지만 이런 예는 법학을 전공하지 않은 일반인들에게는 적용할 수 없다. 현상유지편향의 강력한 영향에서 벗어나기 어렵기 때문이다.

다음으로 소유효과에 주목하여 소유권 신화의 대중적 장악력을 설명해보자. 소유효과는 사람들이 애초에 가지고 있었던 것을 잃게 되었을 때의 상실감이 새로운 것을 얻었을 때의 즐거움보다 훨씬 더 큰 감정적 반응을 불러일으킨다는 점에 주목한다. 그에 따라 새로운 재산 관련 법률이 초래하게 될 재산권의 변화에 대해 부정적으로 예상할 경우 사람들은 그와 같은 법적 변화에 아랑곳 하지 않고 애초의 신념을 고수하는 경향을 보인다고 설명한다.

애초에 사람들이 견지하고 있었던 소유권 신화는 자신들의 재산권을 절대적이고 폭넓은 것으로 오인하도록 유인한다. 재산법의 실상은 재산권이 여러 측면에서 제한적이며 온건한 것이라고 말하고 있는데도 말이다. 하지만 여기서 중요한 점은 기본적인 소유본능이나 소유권 신화에 대한 믿음이 (법적인 사실과 다르게) 재산권을 매우 강력하고 폭넓은 것으로 오인하도록 유인한다는 사실이다. 이 사실은 재산법 개정으로 인해 유산자들이 입게 될 예상 손실이 순전히 관념상의 것일 뿐 실제적인 손실이 아닐 경우에도 변함이 없다.

마지막으로 확증편향에 근거한 설명을 살펴보자. 다수의 연구에 따르면, 사람들은 세계에 대해 생각할 때 모든 활용 가능한 증거들을 초연한 자세로 꼼꼼히 검토한 후 가장 설득력 있는 결론에 도달하지 않는다. 그들은 우리의 기존 관념이나 믿음에 부합하는 증거를 선택하고 강조하는 경향이 있다. 이런 편향성은 두 가지 방향으로 작동한다. 사람들은 이미 자신들이 가지고 있는 신념과 일치하는 증거를 확인하고 강조하는 반면, 그런 신념에 일치하지 않는 증거를 무시하고 경시하는 경향이 있다.

이와 같은 확증편향은 일반인들이 (법의 사실적 내용과 상관없이) 재산권을 거의 절대적인 권리로 간주하는 경향을 이해하는 데 도움이 된다. 재산 소유자들이 믿고 싶어 하듯 법은 절대적이고 폭넓은 재산권을 옹호하지 않는다. 그럼에도 법은 개인적인 소유권에 대해서도 어느 정도 배려하고 있다. 이것은 재산법이 사유재산권을 규제할 수 있는 조항을 포함하고 있으면서도 사유재산권의 절대성을 뒷받침할 수 있는 증거도 포함하고 있다는 것을 의미한다. 이런 상황에서 확증편향은 사람들로 하여금 자신들에게 유리한 증거만을 선택·강조하도록 유인함으로써 (법은 그렇지 않다는 시그널을 보내지만) 절대적인 소유권 신화를 고수하도록 작용한다. 사람들은 사유재산권을 제한하는 법조항들이 자신의 신념에 일치하지 않기 때문에 그것들을 무시하거나 경시하는 반면 소유권 신화는 고수한다.

마지막으로 파군데스는 사람들이 복잡하거나 까다로운 관념들을 더 간단명료한 관념으로 단순화하려는 경향을 갖고 있다고 주장함으로써, 소유권 신화가 지속적으로 대중적인 장악력을 발휘하는 현상에 대한 설명을 종결짓는다. 세상은 복잡하고, 사람들은 세상을 정확히 이해하기 위해 모든 관련 증거들을 모으고 비교할 수 있는 시간이 부족하기 때문에 신속한 결정을 내리는 데 도움이 되는 간단명료한 준거틀을 더 선호한다.[126] 사람들이 세 개 이상의 선택지보다 두 가지 선택지 중에서 선택하는 것을 더 선호하는 것은 이런 경향 때문이다. 많은 국가에서 다당제보다 양당제가 더 선호되는 이유도 복잡한 것보다 단순명료한 것을 더 선호하는 사람들의 공통된 심리 때문이다.

행태주의적 설명, 복지극대화 경향 및 소유본능에 의거한 설명을 결합시켜 보면, 현대사회에서 절대적인 소유권 신화가 지속적인 대중적 영향력을 발휘하는 있는 현상을 상당히 설득력 있게 설명할 수 있다. 복지극대화 경향에 주목하는 설명은 이익을 극대화하려는 (일부) 인간의 성향이 절대적인 재산권 신화에 이끌리도록 유인한다고 보며, 본질주의적인 설명은 이런 가정을 더 확장시켜서 모든 사람들이 재산에 관하여 생각할 때 절대주의적인 가정을 가지고 접근하는 경향이 있어서 소유권 신화를 지지하게 된다고 설명한다. 하지만 어느 쪽도 소유권 신화가 지속되는 이유를 충분히 설명해주지는 못한다. 행태주의적 설명이 바로 이런 부분을 보완해준다. 행태주의적 설명은 많은 연구 결과들을 동원하여 행위자들이 원래의 출발선에 집착하고, 예상되는 이익을 반기기보다는 예상되는 손실에 더 민감하게 반응하며, 기존의 신념에 일치하는 증거들을 우선시하고, 복잡한 관념보다는 간단명료한 관념을 선호한다는 것을 보여줌으로써 절대적인 소유권 신화가 지속되는 이유를 설명해준다.

지금까지의 설명은 블랙스톤적인 재산권 개념, 즉 절대적이고 배

---

126 이와 달리 전문 법조인들은 매우 복잡한 재산법을 공부할 수 있는 시간과 충분한 정보를 갖고 있다.

타적인 소유권 개념이 지속되는 이유를 이해하는 데 큰 도움이 되면
서도, 개혁 입법을 통해 한 사회의 소유구조와 재산체제를 개혁하는
일이 얼마나 어려운 일인가를 이해하는 데도 도움이 된다. 결국 재산
법의 개정은 입법자들에 의해 이뤄지고, 그 입법자들을 일반 유권자
들이 선출하는 것이 민주사회의 기본 사실이라고 볼 때, 재산권에 대
한 일반 유권자들의 인식은 재산권 관련 입법에 영향을 미치는 가장
중요한 요인이라고 볼 수 있다. 특히 정치인들은 유권자들의 지지와
표를 얻어야만 공직에 진출할 수 있기 때문에 절대적인 소유권 신화
에 경도되어 있는 일반인들의 편견에 호소하는 수사와 전략을 구사
함으로써 소유권 신화에 대한 일반인들의 편견을 더욱 강화시킨다.
그러므로 법의 실제와 대중적인 인식의 간극을 줄이는 일은 재산 관
련 개혁 입법이 성공할 수 있는 문화적인 토대를 구축하는 데 관건이
된다.

　이하에서는 이런 노력의 일환으로 재산권이 초정치적이고 절대적
인 권리가 아니라 공동체의 정치적인 결정에 의해 구체적인 내용이
정해지는 역사적이고 가변적인 권리묶음임을 조세제도와 소유구조
의 관계를 예로 들어 설명해본다.

03

조세제도와 소유구조

머피와 네이글은 『소유권의 신화: 조세와 정의』에서 조세 정의에 관한 기존의 문제의식에 강력한 이의를 제기한다. 즉, 조세에 대한 지배적인 접근방법은 사회구성원들에게 조세 부담을 어떻게 분배하는 것이 정의로운지를 묻는 데서 시작하는데, 이것이 소유의 신화—더 정확히는 세전소득의 신화—를 온존·강화시키는 데 크게 기여해왔다고 본다. 이 질문은 세전소득이 관련 개인의 정당한 소득이라고 가정하고, 그 소득을 기준으로 해서 정부에 얼마만큼의 세금을 납부하는 것이 정의에 부합한가를 따진다는 것이다. 하지만 머피와 네이글에 따르면, 세전소득이 완전히 정당한 개인의 재산이라는 관념은 하나의 신화에 불과할 뿐 여하한 도덕적 중요성도 없다.

그렇다면 왜 세전소득은 신화에 불과한가? 머피와 네이글에 따르면, 과세를 부과하기 이전의 소득인 세전소득은 세금을 부과하는 주체인 정부가 없는 상황을 가정한 소득이다. 이것은 세전소득이 무정부 상황에서의 소득이라는 것을 의미하는데, 무정부 상황에서는 누구도 소득을 보장받을 수 없기 때문에 세전소득 개념은 논리적인 모순을 안고 있다. 정부가 없는 상황을 가정한 세전소득은 제로이거나

448

아예 존재할 수 없다. 그리고 세전소득 이라는 개념 자체가 성립할 수 없다면, 사람들이 세전소득에 대한 권리를 갖고 있다는 주장은 부조리한 주장이 아닐 수 없다. 따라서 세전소득을 개인들의 정당한 재산으로 간주하고 그에 입각하여 세금 부담을 정하는 것은 논리적인 모순일 뿐만 아니라, 세전소득에 관한 잘못된 신화를 유포함으로써 세제 및 소유구조 개혁을 어렵게 만든다.

머피와 네이글에 의하면, 개인들이 정당한 권리를 갖는 소득은 정당한 정부 하에서 정당한 세금제도를 통해 세금을 납부한 뒤에 남는 소득이다. 이것은 세금제도의 정당성을 평가하기 위해 세전소득을 참조해서는 안 된다는 것을 의미한다. 세전소득이라는 개념은 일상의 자유지상주의와 함께 널리 유포되어 있는 신화에 불과할 뿐 실체가 없기 때문이다(Murphy and Nagel 2002, 33-4). 요컨대, 머피와 네이글에 의하면, 조세 정의에 관한 문제는 세후소득을 어떻게 분배할 것이냐의 문제이지, (세전소득을 근거로) 세금 부담을 어떻게 분배할 것이냐의 문제가 아니다. 세금 부담에 관련된 문제가 아니라 세금을 부담한 '결과'에 관련된 문제라는 것이다(Murphy and Nagel, 2002, 98).

머피와 네이글에 따르면 조세부담의 정의에 초점을 맞춘 기존의 접근방법은 세간에 확산되어 있는 일상의 자유지상주의로 인해 대중적인 호소력을 갖게 되었다. 이 자유지상주의는 사람들이 정부의 도움 없이 세전소득을 벌어들임에도 불구하고, 정부가 정부운영과 공공서비스를 위해 세전소득의 일정 부분을 거둬가 버린다고 선전한다. 말하자면, 정부의 도움 없이 시장에서 번 세전소득의 상당 부분을 정부가 정당한 근거 없이 (혹은 최소한의 정당한 세금을 초과해서) 거둬가 버린다고 보는 것이다.

"세금은 자연스럽게 대부분의 사람들에게 그들의 재산을 몰수해가는 행위로 받아들여진다. 즉, 그들로부터 원래 그들의 것들 중 일부를 몰수하여 정부가 결정하는 다양한 목적을 위해 사용하는 것으로 인식된다. 우리는 대부분의 사람들이 본능적으로 그들의 세전소득을 정부가 몰수해가기 전까지 자신의 것으로 생각하며, 다른 사람들의 소득과 부에 관해서도 마찬가지로 생각한다고 가정한다. 정치적 수사는 이와 같은 자연스런 사고방식을 이용하여 '당신은 당신의 돈으로 무엇을 해야 할지를 정부보다 더 잘 안다', '잉여(surplus)는 정부의 것이 아니라, 당신의 것이다.'"고 선동한다 (Murphy and Nagel 2002, 175).

머피와 네이글은 세전소득의 신화가 대중문화에 강고히 뿌리박혀 있는 한 세후소득의 배분에 초점을 맞추는 분배적 정의 이론 및 조세 정의론이 성공할 개연성이 낮다고 본다(Murphy and Nagel 2002, 176). 그럼에도 그들은 세후소득의 분배에 초점을 맞춘 분배적 정의론은 재산권을 정치적으로 결정되는 권리묶음으로 간주하는 전문 법조계의 이해와 부합할 뿐만 아니라, 점점 더 악화하는 소득 및 자산 불평등 구조를 개선하기 위한 강력한 이론적 무기가 될 수 있다고 확신한다. 세전소득을 세원으로 삼아 조세부담을 결정해온 방식은 소득 및 자산 양극화를 더 심화시켜왔다. 더구나 부유한 자산가들과 고소득자들에게 응당 자신의 것으로 인정받아야 할 자산과 소득의 일부를 부당하게 빼앗긴다는 느낌을 불러일으켜왔으며, 자신들은 정부와 사회에 마땅히 지불해야 할 몫을 훨씬 더 초과하는 세금을 납부했기 때문에 악화하는 자산과 소득 불평등에 대해 아무런 책임감이나 부담

450

감을 느낄 필요가 없다고 믿게 만든다.

이와 달리 세후소득의 분배에 초점을 맞춘 머피와 네이글의 조세 이론과 경제적 정의 이론은 악화하는 소득 및 자산 격차를 잘못된 조세 정의론(혹은 경제적 정의론)에 근거한 잘못된 정치적 결정의 산물로 간주한다. 즉, 자유지상주의적인 경제 정의론에 입각하여 세전소득을 근거로 조세 부담을 결정하는 정치적 결정 방식이 자산 및 소득 불평등을 심화시키는 주된 원인이라고 분석한다. 따라서 이들은 롤스의 '현실적 유토피아'와 같은 좋은 사회의 비전을 뒷받침할 수 있는 분배적 정의론에 입각하여 세후소득의 분배를 결정해야 한다고 주장한다.

그런데 자유지상주의자들, 혹은 소유의 신화에 매료된 다수 일반인들은 세전소득의 정당성을 인정하지 않는 머피와 네이글의 입장에 대해, "미국인들은 세금에 대해 불평하는 것을 그만두고, 정부가 자비로운 마음으로 우리에게 허용해준 돈에 만족해야 하며," "정부는 당신이 수행한 노동의 결실을 소유하는바, 당신의 진정한 소득은 언클 샘(Uncle Sam. 정부)이 너에게 허용해준 것이다."고 주장하고 있다고 비난해댄다(Zelenak 2003, 2268에서 재인용). 엡스타인(R. Epstein) 또한 머피와 네이글이 "재산은 신화이며" "우리의 권리는 전적으로 정부에 달려 있다."고 주장하고 있다고 비판한다(Zelenak 2003, 2268에서 재인용). 하지만 젤레낙(L. Zelenak)이 적절히 설명하듯이, 무어(S. Moore)와 엡스타인의 비판은 지극히 과장된 것으로, 머피와 네이글은 결코 정부가 시민들이 수행한 노동의 모든 결실을 소유할 권리가 있다고 주장하지 않는다(Zelenak 2003, 2268). 그들은 이렇게 부연한다.

"사람들은 소득에 대한 권리를 갖고 있다. 하지만 그 소득의 정당성
은 그 배경이 되는 특정한 절차와 제도들에 달려 있다. 그들은 이런
절차와 제도들을 배경으로 소득을 획득한다. 여기서 특정한 제도들
은 다양한 형태의 기회평등 및 공공재 그리고 분배적 정의와 같은
것들을 포함하고 있을 때만이 공정하다"(Murphy and Nagel 2002, 74).

머피와 네이글이 필요 이상의 비판을 초래한 데는 자신들의 책임
도 있다. 세전소득에 근거한 조세정책의 부당성을 반박하고 세후소
득의 분배에 초점을 맞춘 조세정책을 옹호하는 과정에서 지나치게
시장 분배의 정당성을 폄하하고 정부의 정당성을 지나치게 강조한
나머지 홉스적인 절대국가를 옹호하고 있는 듯한 인상을 주고 있기
때문이다. 즉, 오해의 소지가 많은 책 제목에 오해 소지가 많은 표현
방식을 쓰고 있기 때문에 필요 이상의 비판을 자초한 것이다. 하지만
그들은 자유지상주의자들이 비난하는 것처럼 정부만능주의에 빠져
있지도 시장의 도덕적 역할을 폄훼하지도 않는다. 그들은 정부가 모
든 사람들의 소득을 몰수하는 체제는 결코 정의롭지 않다고 주장한
다(Murphy and Nagel 2002, 176).

"반면에 우리는 지금까지 다음과 같은 문제를 제기해왔다. '조세제
도가 사회적 생산물을 개인의 사적인 통제와 정부 통제 사이에 어
떻게 분할해야 하는가? 그리고 누가 무엇을 갖도록 결정하는 데 어
떤 요인들이 작용하는가?' 이미 살펴보았듯, 이런 식으로 문제를
제기하는 것은 답변에 대한 근본적인 의견불일치의 여지를 남겨놓
고 있다. 그것은 사회적 생산물 전체가 실로 정부에 속하며, 모든

세후소득은 우리 각자가 (정부가 우리에게 호의적으로 대할 경우) 정부로부터 받는 일종의 복지수당으로 봐야 한다는 주장과 매우 흡사하게 들린다. 이에 대해 자연스럽게 다음과 같은 분개의 반응이 일어난다. 우리 모두가 동일한 국가의 국민들이라고 해서, 우리가 우리의 생산적인 기여 분을 포함해서 집단적으로 서로를 소유한다는 결론은 도출되지 않는다. 그러나 여기에 오해가 있다. 우리는 서로를 소유하지 않는 것이 사실이다. 하지만 이 견해는 개인의 자유와 책임감을 중시하는 재산권체제에 관한 논쟁의 맥락에서나 적절한 것이다. 그것은 세전소득―이에 대해서는, 논리의 문제로서, 개인들이 완전한 통제권을 갖고 있지 않다―을 기준으로 삼고 시작하는 것을 정당화시켜주지 않는다. 국가는 시민들을 소유하지 않으며, 시민들 또한 서로를 소유하지 않는다. 하지만 개별적인 시민들은 국가에 의해 제정되고 집행되는 법률을 통하지 않고서는 어떤 것도 소유하지 않는다. 그러므로 조세에 관한 이슈는 국가가 시민들이 이미 소유하고 있는 것을 어떻게 수용·분배해야 하는가에 관한 것이 아니라, 소유권을 어떤 식으로 결정해야 하는가에 관한 것이다"(Murphy and Nagel 2002, 176).

자유지상주의자들의 비판과 달리 머피와 네이글은 국가가 재산권에 관련된 모든 것을 자의적으로 결정할 수 있다고 보지 않는다. 개인의 자유와 책임이 중요한 역할을 하는 곳에서는 그 결과를 존중해 주어야 한다고 주장한다. 그러므로 머피와 네이글이 국가가 모든 사회적 생산물을 소유해야 할 뿐만 아니라 그것을 일정한 원칙에 따라 나눠주는 절대적인 권한도 가져야 한다고 주장하고 있는 것처럼 해석하는 것은 명백한 오해이거나 의도적인 곡해에 불과하다. 만일 자유지상주의자들의 비판이 옳다면, 머피와 네이글이 사회적 생산물을 평등하게 분배해야 한다고 주장하지 않고 복지국가적 분배이론과 조세정책을 지지하는 이유를 어떻게 설명할 수 있을까?

　요컨대 머피와 네이글이 세전소득 대신에 세후소득의 분배에 초점을 맞춘 이유는 시장 원리와 재분배적 복지정책—누진적 조세정책을 포함—을 조화시켜 부와 소득 격차를 완화시키기 위함이다. 이런 관점에서 보면, 세전소득을 근거로 공정한 세금부담을 결정하는 입장도, 세후소득의 분배에 초점을 맞추는 입장도, 정치적인 결정을 통해 목표를 추구한다는 점에서는 똑같이 정치적이다. 세전소득을 바탕으로 세금부담을 정하는 것이 옳다고 보는 입장도, 세후소득의 분배에 초점을 맞추는 것이 경제적 정의에 부합한다고 보는 입장도 더 구체적인 세부사항에서는 다양한 입장으로 갈릴 수밖에 없는데, 어떤 비전과 세부 입장을 택할 것인가 하는 문제는 결국 정치공동체의 구체적인 정치과정을 통해 이뤄질 수밖에 없다. 이처럼 소유구조와 조세제도의 관계가 공동체의 구체적인 정치적 결정과 입법에 의해 좌우된다고 볼 때, 조세제도가 다양한 사회정치세력들의 격렬한 정치투쟁이 벌어지는 전장이 될 수밖에 없는 이유를 알 수 있다. 조세정책으로 인한 소유구조의 변화 및 조세정의와 정의사회에 관한 비전들의 충돌은 조세정책이 단순히 세금부담을 정하는 문제가 아니라 우리가 어떤 가치 어떤 사회를 지향할 것인가와 관련된 거대한 비전 투쟁과 연관되어 있음을 말해준다. 따라서 최선의 조세제도를 모색하는 과제는 이와 같은 거대한 비전 투쟁과 연관되어 있는 문제로, 현대 정치의 가장 치열한 논쟁 영역을 형성하고 있다.

04
맺음말

지금까지 사유재산권을 정당화한 여섯 가지 철학전통을 살펴보고 다음과 같은 몇 가지 결론에 이르렀다. 첫째, 재산권의 필요성과 정당성은 다양한 입장에서 충분히 입증될 수 있다. 둘째, 본질적으로 사유재산권은 정치적인 성격을 지니고 있다. 셋째, 대중문화에 깊이 뿌리내리고 있는 절대적 소유권의 신화를 해체하지 않고서는 부의 양극화와 빈곤, 그리고 지배/예속 관계의 근원이 되는 현재의 소유구조를 개혁하기 어렵다.

한편으로 여섯 가지 철학전통이 한결같이 사유재산권의 필요성과 정당성을 옹호하고 있다는 사실은, 사유재산권의 보편적 확산 현상과 함께 사유재산제의 정당성에 대한 믿음을 더욱 강화시켜주고 있다. 다양한 철학전통이 모두 상이한 이유로 사유재산권을 옹호한다는 사실은 그만큼 사유재산권의 필요성과 정당성이 강력하다는 증거로 볼 수 있는바, 사유재산제의 폐지나 대폭적인 축소를 주장하는 입장을 반박할 수 있는 유력한 근거가 된다.

특히 등소평 등장 이후 흑묘백묘론에 입각한 중국의 실용주의적 개방정책과 1990년을 전후한 시기 동구 공산권의 붕괴는 사유재산권을 인류의 보편적인 제도로 인식하는 분위기를 조성하는 데 크게 기여했다. 사유재산제에 대한 이데올로기적인 도전은 매력과 설득력을 상실하게 되었으며, 인간의 (역사적) 본성을 이해하지 못한 시대착오적인 소치로 치부되기에 이르렀다.

물론 사유재산권의 정치성은 사유재산이 개인의 목표와 이익에 복무하면서도 공공적·사회적 가치를 동시에 내포하고 있다는 것을 의미한다(Byrne 2016, 1-12). 정치적 결정은 이미 정해져 있는 개인들의 선호와 이익을 집약하는 과정이면서도, 평등한 자유와 존엄, 정의와 공정, 사회의 번영과 행복, 치안과 안보, 기후환경 보호와 같은 공적인 가치들을 동시에 구현하는 과정이기도 하기 때문이다.

그럼에도 사유재산권의 보편적 도입 및 그에 따른 절대적 소유권 신화의 확산은 현존 소유구조로 인해 발생하고 있는 사회적 거악들을 해결하는 데 큰 장애로 작용하고 있다. 개인의 안위와 사회의 공동 번영을 해치고 있는 거악들의 존재를 인식하고 그에 대한 해결책을 고안해야 한다는 사회적 공감대가 형성되어 있음에도 불구하고, 사유재산은 신성하고 절대적인 권리이기 때문에 어떤 제한과 간섭도 정당화될 수 없다는 믿음이 널리 퍼져 있어서 소유구조의 실질적인 개혁을 도모하기가 쉽지 않기 때문이다. 이런 믿음이 소유구조의 개혁에 뜻을 둔 정치인들의 의회진출에 큰 장애가 되고 있으며, 현존 소유구조에서 고통을 받고 있는 사람들마저도 현존 소유구조의 보전을 지지하는 정치인들을 지지하도록 유인하고 있기 때문이다. 분단이라는 대한민국의 특수한 상황을 배경으로 현존 소유구조의 개혁을 시도하는 세력에게 친북세력이거나 공산주의자라는 낙인을 찍어버리는 전략도 현존 소유구조를 유지하는 데 매우 효과적으로 작용한 것으로 보인다.

하지만 사유재산제도의 건강한 재편과 발전은 사유재산제에 내재하는 결함을 극복하려는 노력과 함께, 모두가 공동 번영할 수 있는 정치공동체의 비전을 효과적으로 뒷받침할 수 있는 사유재산제 및 조세제도에 대한 탐구를 통해서만 달성할 수 있다. 그렇지 않으면 일부 특권층은 많은 자유와 안전을 누리며 번영을 구가하지만 다수 서민들은 그런 축복에 동참하지 못하는 현재의 소유구조가 (소유권의 절대성 신화와 함께) 고착·유지될 개연성이 높다. 이런 상황이 지속될 경우 현존 재산권체제와 소유구조에서 큰 혜택을 입고 있는 기득권층에도 결코 유리하지 않다. 2008년 금융위기가 지구촌을 덮쳤을 때 월가를 점령하라는 구호가 전 세계적으로 확산되었던 것처럼, 현재의 소유구조가 고착되거나 악화될 경우 사유재산제에 대한 새로운 위협과 도전이 봇물 터지듯 발생할 수 있기 때문이다.

인간의 도덕적 특성상 사유재산제도가 필요하고 정당하다면, 그리고 모든 인간이 인격적·도덕적으로 평등하다면, 사유재산제의 혜택은 모든 개인들이 누릴 수 있어야 한다. 사유재산이 인간에게 반드시 필요한 제도라고 주장하면서도, 모든 인간이 그 제도의 혜택을 (어느 정도는) 누릴 수 있어야 한다는 주장은 받아들이지 않는 것은 지독한 모순이다. 여기서 내가 옹호하고 싶은 것은 재산의 평등한 분배가 아니다. 인류의 역사를 돌이켜보면, 재산의 강제적인 평등 분배는 극악한 억압과 지배, 착취의 근원이 될 수 있다. 따라서 나는 모든 개인들이 인간으로서의 존엄을 유지할 수 있는 최소치의 재산을 지니는 것이 바람직하다고 보는바, 민주적인 절차와 과정을 통해서 소유구조를 점진적으로 개혁해가는 한편으로 절대적인 소유권 신화를 해체하

기 위한 이론적·실천적 노력을 병행해야 한다고 본다. 재산권의 정
당성을 옹호한 다양한 이론들이 재산권을 정당화한 동일한 논리와
근거로 재산권에 대한 규제의 필요성을 인정하고 있다는 사실은, 사
유재산이 독립적이고 자유로운 개인들의 행복과 번영만을 위해 존재
하는 것이 아니라, 모든 개인과 사회가 함께 번영하는 데 필요한 정
치적 제도라는 인식을 반영하고 있다.

　재산권체제의 결정과 그에 따른 소유구조의 변화는 결국 정치적
으로 결정된다. 이것은 정치가 변하지 않고서는 소유구조가 변할 수
없다는 것을 의미하며, 나아가서는 절대적 소유권 신화에 대한 대중
들의 믿음이 변하지 않고서는 정치의 변화도 소유구조의 변화도 기
대할 수 없다는 것을 의미한다. 대중들의 신념은 정치 선전과 전략
에 따라 강화되기도 하고 약화되기도 하는 만큼, 현재의 소유구조에
서 고통을 받고 있는 다수 시민들과 그들 편에 서 있는 사회정치세력
의 의식변화가 정치의 혁신을 일으킬 수 있을 때에야 재산체제와 소
유구조는 점진적으로 변하기 시작할 것이다. 사유재산의 정치철학은
이런 인식 변화를 자극하고 여론을 변화시킴으로써 모든 개인들이
자유와 행복 그리고 번영을 함께 누릴 수 있는 사유재산체제로의 개
혁을 뒷받침한다.

　주지한 바와 같이 사유재산제도는 정치적 결정에 따라 유동적으로
결정된다. 특히 조세제도가 어떤 형태로 입안되고 실행되는가에 따
라 한 사회의 소유구조는 확연히 달라질 수 있다. 조세 정책은 크게
세전소득에 입각하여 공정한 조세부담을 정하는 방식과 세후소득의
분배 구조를 예상하여 세금을 정하는 방식으로 구분할 수 있다. 각각
의 방식을 구체적으로 제도화하고 운용하는 방법은 매우 다양하게

나타날 수 있다. 그러므로 현재의 사유재산제와 소유구조를 더 바람직하게 개혁하기 위해서는 그런 개혁을 뒷받침할 수 있는 특정한 조세이론 및 좋은 국가에 대한 비전으로 뒷받침할 필요가 있다.

하지만 이 책에서는 조세이론과 좋은 국가의 비전에 관한 연구를 후속 연구로 남겨두고자 한다. 조세에 관한 철학적 논의와 정책적 방향 설정, 그리고 그런 논의의 배경이 되는 좋은 국가에 관한 비전을 종합적으로 다루는 연구는 이 책을 집필하는 데 걸린 시간보다 훨씬 더 많은 시간을 요하는 작업이기 때문이다.

참고문헌

권경휘. 2015. 「로크의 재산권 이론」. 『법철학연구』. 제18권 제3호.

김남두. 1990. 「사유 재산권과 삶의 평등한 기회 : 로크를 중심으로」. 『철학연구』. 제27집.

김병곤. 2009. 「인권과 정치사상 : 근대 자연권 이론의 기원과 Property: Locke 와 Paine」. 『사회과학연구』. 제35권 제3호.

김비환. 2011. 『플라톤과 아리스토텔레스의 변증법적 법치주의』. 성균관대학교 출판부.

김비환. 2018. 『개인적 자유에서 사회적 자유로: 어떤 자유, 누구를 위한 자유인 가?』. 성균관대학교 출판부.

_____. 2021. 「롤스의 정치철학과 정치세계의 다차원성」. 『롤즈 정의론의 이론 과 현실』. 철학과 현실사. 50-74

김석수. 2007. 「소유론을 통해 본 칸트와 헤겔」. 『철학논총』. 제10권. 49-72.

김옥경. 2002. 「칸트와 헤겔의 법철학에서 자유와 소유」. 『칸트연구』. 제9권. 154-180.

김준수. 2008. 「토마스 아퀴나스의 소유론 – 사적 소유의 신학·도덕적 정당화」. 『대동철학』. 제44권.

_____. 2016. 「헤겔 『법철학』의 「추상법」 장에 관한 몇 가지 물음들」. 『사회와 철학』. 제31집.

김종철. 2016. 「로크의 재산(property)과 인격(person) : 로크의 재산 개념에 어 떤 존재론적 함의가 있는가?」. 『한국정치학회보』. 제50권 제4호.

나종석. 2006. 「헤겔의 소유이론과 그 몇 가지 문제에 대하여」. 『사회와 철학』. 제11권.

_____. 2020. 「헤겔의 『법철학』에서 소유권 이론」. 『사회와 철학』. 제39집.

양삼석. 2007. 「로크의 사유론(私有論)에 나타난 몇 가지 논점」. 『대한정치학회 보』. 18집 2호. 129-148.

이충진. 2000. 「칸트의 재산권 이론」. 『철학연구』. 제48권.

_____. 2001. 「자유와 소유 : 칸트의 이성법적 소유론」. 『철학연구』. 제53집.

_____. 2015. 「칸트 소유론의 옹호 : 김준수의 해석에 대한 반론과 보론」. 『사 회와 철학』. 제30권.

임화연. 1990. 「헤겔에 있어서 사적 소유권의 문제」. 『철학』. 제34권.

정대성. 2012. 「추상적 소유이론에 대한 헤겔의 비판」. 『인간연구』. 제22호.

한상수. 1999. 「로크의 재산권론」. 『공법학연구』. 제1권.

황경식. 1990. 「소유와 자유 – 소유권의 자유주의적 정당화」. 『철학연구』. 제 27집(가을)

Alexander, Gregory S. 2018. *Property and the Obligation to Support the Conditions of Human Flourishing*. Oxford University Press.

_____. 2009. "The Social-Obligation Norm in American Property Law." *Cornell Law Review*. Vol. 94, No. 4. 745-820.

Alexander, Gregory S. & Penãlver, Eduard M. 2012. *Introduction to Property Theory*. Kindle Edition. Cambridge University Press.

_____. 2018. *Property and Human Flourishing*. Oxford University Press.

Anderson, T. L. and Hill, J. P. 1975. "The Evolution of Property Rights: A Study of the American West." *Journal of Law and Economics*. Vol. 18, No. 1.

Aristotle. 2006. 『니코마코스 윤리학』. 이창우·김재홍·강상진 옮김. 이제이북스.

Aristotle. 2009. 『정치학』. 천병희 역. 도서출판 숲.

Arneil, Barbara. 1996. "The Wild Indian's Venison: Locke's Theory of Property and English Colonialism in America." *Political Studies*. XLIV. 60-74.

Ashcraft, Richard. 1986. *Revolutionary Politics and Locke's Two Treatises of Government*. Princeton University Press.

Axelrod, Robert. 1984. *The Evolution of Cooperation*. New York: Basic Books.

Becker, Lawrence C. 1977. *Property Rights: Philosophic Foundations*. London: Routledge and Keagan Paul.

Bentham, Jeremy. 1978[1830]. "Security and Equality of Property." [in *Principles of Civil Codes*] in *Property: Mainstream and Critical Positions*. Toronto: University of Toronto Press.

Berlin, Isaiah. 1969. *Four Essays on Liberty*. Oxford University Press.

_____. 2005. 『낭만주의의 뿌리』. 강유원·나현영 옮김. 이제이북스.

Blumenfeld, Samuel L. and Cunningham, R. L. eds. 1974. *Property in a*

Humane Economy. Open Court Publishing.

Bowles, Samuel and Choi, Jung-Kyoo. 2019. "The Neolithic Agricultural Revolution and the Origins of Private Property." *Journal of Political Economy*. Vol. 127, No. 5.

Brubaker, Stanley C. 2012. "Coming into One's Own: John Locke's Theory of Property, God, and Politics." *The Review of Politics*. Vol. 74. 207-232.

Buchanan, James and Tullock, Gordon. 1962. *The Calculus of Consent*. Ann Arbor: The University of Michigan Press.

Byrne, J. Peter. 2016. "The Public Nature of Property Rights and the Property Nature of Public Law." in *The Public Nature of Private Property*. Edited by R. P. Malloy and M. Diamond. London and New York: Routledge.

Campbell, Tom. 2010. *Justice*. 3rd Edition. Palgrave Macmillan.

Chitty, Andrew. 2013. "Recognition and Property in Hegel and the Early Marx." *Ethical Theory and Moral Practice*. Vol. 16. 685-697.

Dagan, Hanoch. 2013. "The Public Dimension of Private Property." *King's Law Journal*. Vol. 24, No. 2. 260-288.

Davis, Ann E. 2015. *The evolution of the property relation: understanding paradigms, debates, and prospects*. New York: Palgrave Macmillan.

Demsetz, Harold. 1967. "Toward a Theory of Property Rights." *The American Economic Review*. Vol. 57. 347-359.

Diamond, Michael. 2016. "Shared Equity Housing: Cultural Understanding and the Meaning of Ownership." in *The Public Nature of Private Property*. Edited by R. P. Malloy and M. Diamond. London and New York: Routledge.

Dukeminier, Jesse, *et al.* 2010. *Property*. 7th Edition. New York: Aspen Publishers.

Duncan, Samuel. 2017. "Hegel on Private Property: A Contextual Reading." *The Southern Journal of Philosophy*. Vol. 55, Iss. 3. 263-284.

Ellis, Elisabeth. 2006. "Citizenship and Property Rights: A New Look at Social Contract Theory." *The Journal of Politics*. Vol. 68. No. 3. 544-555.

Engels, Frederik. 2010. *The Origin of the Family, Private Property and the State*. Kindle edition. Penguin.

Epstein, Richard Allen. 2008. *Supreme neglect: how to revive constitutional protection for private property*. Oxford University Press.

_____. 2000. *Constitutional protection of private property and freedom of contract*. New York: Garland Pub.

Etzioni, Amitai. 1994. *The Spirit of Community: Rights, Responsibilities and the Communitarian Agenda*. Touchstone.

Farrelly, Colin and Solum, Lawrence B. 2008. *Virtue Jurisprudence*. Palgrave Macmillan.

Finnis, John. 1980. *Natural Law and Natural Rights*. Oxford: Clarendon Press.

Fagundes, David. 2016. "Explaining the Persitent Myth of Property Absolutism." in *The Public Nature of Private Property*. Edited by R. P. Malloy and M. Diamond. London and New York: Routledge.

Francis, Matthew. 2012. "'A Crusade to Enfranchise the Many': Thatcherism and the 'Property-Owning Democracy'." *Twentieth Century British History*. Vol. 23, No. 2. 275-297.

Gardner, R. and Ostrom, Elianor. 1991. "Rules and Games." *Public Choice*. Vol. 70, No. 2.

Gautier, David. 1977. "The Social Contract as Ideology." *Philosophy and Public Affairs*. Vol. 6, No. 2. 130-64.

Gordon, H. Scott. 1954. "The Economic Theory of a Common-Property Resource: The Fishery." *Journal of Political Economy*. Vol. 62.

Hardin, Garret. 1968. "The Tragedy of the Commons." *Science*. Vol. 162.

Hegel. G. W. F. 1967. *The Philosophy of Right*. translated with Notes by T. M. Knox Oxford University Press.

_____. 1982. 『정신현상학』. 임석진 역. 분도출판사.

_____. 2020. 『법철학』. 서정혁 옮김. 지식을만드는지식.

Heinze, Eric. 2007. "Epinomia: Plato and the First Legal Theory." *Ration Juris*. Vol. 20, No. 1. 97-135.

Henry, John, F, 1999. "John Locke, Property Rights and Economic Theory." *Journal of Economic Issues*. Vol. 33, No. 3. 609-622.

Hirschman, Albert O. 1977. *The Passions and the Interests*. Princeton University Press.

Hobbes, Thomas. 1968. *Leviathan*. Harmondsworth: Penguin Books.

Hodgson, Louis-Philippe. 2010. "Kant on Property Rights and the State." *Kantian Review*. Vol. 15, No. 1. 57-87.

Hoffman, Mathew. 2018. "Private Property in the Context of Community." *American Journal of Economics and Sociology*. Vol. 77, No. 1.

Honneth, Axel. 2014. *Freedom's Right: The Social Foundation of Democratic Life*. Translated by J. Ganahl. Columbia University Press.

Hume, David. 1985. *Essays: Moral, Political and Literary*. Liberty Fund Inc.

_____. 2009. 『인간이란 무엇인가』. 김성숙 옮김. 동서문화사.

Ince, Onur Ulas. 2011. "Enclosing in God's Name, Accumulating for Mankind: Money, Morality and Accumulation in John Locke's Theory of Property." *The Review of Politics*. Vol. 73. 29-54.

James, David. 2016. "Independence and Property in Kant's Rechtslehre." *British Journal for the History of Philosophy*. Vol. 24, No. 2. 302-322.

Judge, R. P. 2002. "Restoring the Commons: Toward a New Interpretation of Locke's Theory of Property." *Land Economics*. Vol. 78, No. 3. 331-338.

Kalyvas, Andreas and Katznelson, Ira. 2008. *Liberal Beginning: Making a Republic for the Moderns*. Cambridge University Press.

Kant, Immanuel. 2010. *The Philosophy of Law*. translated by W. Hastie. The Lawbook Exchange, Ltd.

464

_____. 2018. 『도덕형이상학』. 이충진 · 김수배 옮김. 한길사.

_____. 2019. 『도덕형이상학을 위한 기초 놓기』. 이원봉 옮김. 책세상.

Kelly, Paul. 2007. *Locke's Second Treatise of Government*. London and New York: Continuum.

_____. 2003. "Bentham." in *Political Thinkers: From Socrates to the Present*. Edited by D. Boucher and P. Kelly. Oxford University Press.

_____. 2003. "Hume." in *Political Thinkers: From Socrates to the Present*. Edited by D. Boucher and P. Kelly. Oxford University Press.

Khair, Muhamd H. M. and Hashim, Haswira N. M. 2020. "Justifications of Intellectual Property Rights: a Discussion on Locke and Hegel's Theories." *Jurnal Hukum*. Vol. 11, Iss. 2. 114-123.

Kirzner, Israel. 1974. "Producer, Entrepreneur, and the Right to Property." in *Property in a Humane Economy: A Selection of Essays*. Edited by S. Blumenfeld. LaSalle III: Open Court.

Knewitz, Simone. 2021. *The Politics of Private Property*. Lexington Books.

Knowles, Dudley. 'Hegel on Property and Personality.' *Philosophical Quarterly*. Vol. 33.

Lamb, Robert. 2021. *Property*. Cambridge: Polity.

Layman, Daniel M. 2015. "Sufficiency and Freedom in Locke's Theory of Property." *European Journal of Political Theory*. Vol. 17, No. 2.

Long, Douglas. 1977. *Bentham on Liberty: Jeremy Bentham's Idea of Liberty in Relation to his Utilitarianism*. University of Toronto Press.

Locke, John. 2011. 『통치론』. 김현욱 옮김. 동서문화사.

_____. 1970. *Two Treatises on Government*. edited by Peter Laslett. 2nd Edition. Cambridge University Press.

Love, S. M. 2020. "Communal Ownership and Kant's Theory of Right." *Kantian Review*. Vol. 25, N. 3. 415-440.

MacIntyre, Alasdair. 1981. *After Virtue*. London: Duckworth.

Macpherson, C, B. ed. 1978. *Property: Mainstream and Critical Positions*.

Oxford: Basil Blackwell.

_____. 1962. *The Political Theory of Possessive Individualism*. Oxford: Clarendon Press.

Malloy, Robin Paul. 2008. *Private property, community development, and eminent domain*. Burlington: Ashgate,

Mathie, W. 1979. "Property in the Political Science of Politics." in *Theories of Property*. Edited by A. Parel and T. Flanagen. Wilfrid Laurier University Press.

Mautner, Menachem. 2020. "Property and the Obligation to Support the Conditions of Human Flourishing." *Law and Social Inquiry*. Vol. 45, No. 2. 521-538.

Mayhew, Robert. 1993. "Aristotle on Property." *Review of Metaphysics*. Vol. 46. 803-831.

Meade, James. 1949. "Next Steps in Domestic Economic Policy." *Political Quarterly*. Vol. 20.

Mill, J. Stuart. 2010. 『정치경제학원리: 사회철학에 대한 응용을 포함하여 2』. 박동천 옮김. 나남.

_____. 1987. *Utilitarianism and Other Essays*. Edited with an Introduction by Alan Ryan. Penguin.

Miller, David. 1986. "Aristotle on Property Rights." *The Society for Ancient Greek Philosophy Newsletter*. 317. and https://orb.binghamton. edu/sagp/317.

Moller, Dan. 2017. "Property and the Creation of Value." *Economics and Philosophy*. Vol. 33, No. 1.

Morlino, L., Dressel, B., and Pelizzo, R. 2011. "The Quality of Democracy in Asia-Pacific: Issues and Findings." *International Political Science Review*. Vol. 32, No. 5. 491-511.

Mossof, A. 2012. "Saving Locke from Marx: The Labour Theory of Value in Intellectual Property Theory." *Social Philosophy and Policy*. Vol. 29, Iss. 2. 283-317.

Murchland, Bernard. 1997. "The Rigors of Citizenship." *Review of Politics*. Vol. 59, No. 1. 127-41.

466

Murphy, Liam and Nagel, Thomas. 2002. *The Myth of Ownership: Taxes and Justice*. Oxford University Press.

Nozick, Robert. 1974. *Anarchy, State and Utopia*. Oxford: Blackwell.

Nussbaum, Martha. 1990. "Aristotelian Social Democracy." *in Liberalism and the Good*. edited by B. Douglas and H. Richardson

Olson, Mancur Jr. 1965. *The Logic of Collective Action*. Harvard University Press.

Ostrom, Elinor. 1990. *Governing the Commons*. Cambridge University Press.

Parel, Anthony and Flanagan, Thomas. 1979. *Theories of Property: Aristotle to the Present*. Wilfrid Laurier University Press.

Penãlver, Eduardo M. 2009. "Land Virtues." *Cornell Law Review*. Vol. 94. 821-888.

Penner, J. E. 2013. *Philosophical foundations of property law*. Oxford University Press.

Piketty, Thomas. 2013. 『21세기 자본』. 장경덕 외 옮김. 파주: 글항아리.

Posner, Richard A. 2003. *Economic Analysis of Law*. 6th Edition. Wolters Kluwer Law & Business.

Proudhon, Pierre Joseph. 『소유란 무엇인가?: 권리와 통치의 원리에 관한 연구』. 이용재 옮김. 서울: 아카넷.

Radin, Margaret J. 1993. *Reinterpreting Property*. University of Chicago Press.

_____. 1982. "Property and Personhood." *Stanford Law Review*. Vol. 34. 957-1015.

Raz, Joseph. 1986. *The Morality of Freedom*. Oxford: Clarendon.

Rawls, John. 2007. *Lectures on the History of Political Philosophy*. The Belknap Press of Harvard University Press.

_____. 2001[2016]. *Justice as Fairness*.(『공정으로서의 정의: 재서술』) 김주휘 역. 이학사.

_____. 1993. *Political Liberalism*. New York: Columbia University Press.

_____. 1971. *A Theory of Justice*. Oxford University Press.

Reeve, Andrew. 1985. *Property*. London: Macmillan.

Ricker, William H. and Sened, Itai. 1991. "A Political Theory of the Origin of Property Rights: Airport Slots." *American Journal of Political Science*. Vol. 35.

Ripstein, Arthur. 2009. *Force and Freedom: Kant's Legal and Political Philosophy*. Harvard University Press.

Rousseau, Jean-Jacques. 1973. *Social Contract and Discourses*. London: Dent.

Russell, Daniel. 2004. "Locke on Land and Labor." *Philosophical Studies: An International Journal for Philosophy in the Analytic Tradition*. Vol. 117, No. 1/2. 303 – 325.

Ryan, Alan. 1984. *Property and Political Theory*. Oxford: Blackwell.

Sandel, Michael. 1982. *Liberalism and the Limits of Justice*. Cambridge University Press.

Schmidt am Bush, H.-C. 2008. "Personal Respect, Private Property. and Market Economy: What Critical Theory Can Learn From Hegel." *Ethical Theory and Moral Practice*. Vol. 11. 573-586.

Sened, Itai. 1997. *The Political Institution of Private Property*. Cambridge University Press.

Sheffler, Samuel. 1997. "Relationships and Responsibilities." *Philosophy and Public Affairs*. Vol. 26. 189 – 209.

Simmel. Georg. 1971. *Georg Simmel: On Individuality and Social Norms*. Edited and with an Introduction by D. N. Levine. Chicago University Press.

Simmons, John A. 1998. "'Denisons' and 'Aliens': Locke's Problem of Political Consent." *Social Theory and Practice*. Vol. 24, No. 2. 161-182.

Smith, Henry E. 2002. "Exclusion Versus Governance: Two Strategies for Delineating Property Rights." *Journal of Legal Studies*. Vol. 31, No. 4. 453-487.

Staeheli, Lynn A. 2008. *The people's property?: power, politics, and the public*. New York & London: Routledge.

Stake, Jeffrey Evans. 2004. "The Property 'Instinct'." *Philosophical Transaction of the Royal Society B.* Vol. 359, Iss. 1451.

Stiglitz, Joseph E. 2013. 『불평등의 대가: 분열된 사회는 왜 위험한가?』. 이순희 옮김. 파주: 열린책들.

Sun, Haochen. 2010. "Designing Journeys to the Social World: Hegel's Theory of Property and His Noble Dreams Revisited." *Cosmos and History: The Journal of Nature and Social Philosophy.* Vol. 6, No. 1. 33-59.

Thomas, Alan. 2017. *Republic of Equals: Predistribution and property-Owning Democracy.* Oxford University Press.

_____. 2012. "Rawls, Adam Smith, and an Argument From Complexity to Property-Owning Democracy." *The Good Society.* Vol. 21, No. 1. 4-20.

Waldron, Jeremy. ed. 1984. *Theories of Rights.* Oxford University Press.

_____. 1988. *The Right to Private Property.* Oxford: Clarendon Press.

_____. 2002. *God, Locke, and Equality: Christian Foundations in Locke's Political Thought.* Cambridge: Cambridge University Press.

Weinrib, Ernest J. 2003. "Poverty and Property in Kant's System of Rights." *Notre Dame Law Review.* Vol. 78, Iss. 3. 795-828.

Wesche, Tilo. 2013. "The Concept of Property in Rawls's Property-Owning Democracy." *Analyse & Kritik.* Vol. 35, Iss. 1.

Williamson, Thad. 2014. "Realizing Property-Owning Democracy: A 20-Year Strategy to Creat an Egalitarian Distribution of Assets in the United States." in *Property-Owning Democracy: Rawls and Beyond.* Edited by M. O'Neil and T. Williamson. Chichester: Wiley Blackwell. 225-248.

Williamson, Thad and O'Neill, Martin. 2009. "Property-Owning Democracy and the Demands of Justice." *Living Reviews in Democracy.* Vol. 1. 1-10.

Zelenak, Lawrence. "The Myth of Pretax Income." *The Michigan Law Review.* Vol. 101, No. 6. 2261-2274.

찾아보기

470